novum pro

Britt Brandenburger

Frauen klagen an

Das wütende Virus

novum pro

Bibliografische Information
der Deutschen Nationalbibliothek:

Die Deutsche Nationalbibliothek
verzeichnet diese Publikation in der
Deutschen Nationalbibliografie.
Detaillierte bibliografische Daten sind
im Internet über
http://www.d-nb.de abrufbar.

ISBN 978-3-99003-282-4
Lektorat: Angelika Glock
Umschlagfoto:
Stocksnapper | Dreamstime.com
Umschlaggestaltung, Layout & Satz:
novum publishing gmbh

Gedruckt in der Europäischen Union
auf umweltfreundlichem, chlor- und
säurefrei gebleichtem Papier.

www.novumpro.com

AUSTRIA · GERMANY · HUNGARY · SPAIN · SWITZERLAND

Vorwort

Die in den Jahren 1978/79 gesetzlich vorgeschriebene und durchgeführte Anti-D-Immunprophylaxe mit Hepatitis-C-verseuchtem Serum, bei fast siebentausend Impfungen, fordert ihre Opfer.

Zahlreiche Frauen mit Rhesusfaktor negativ, die nach einer Geburt, einem Schwangerschaftsabbruch oder einer Fehlgeburt zwischen dem 2. August 1978 und dem 14. März 1979 diese Injektion erhielten, wissen womöglich immer noch nicht, dass sie Hepatitis-C-infiziert sind.

Frauen übertrugen das Virus auf bis heute medizinisch noch nicht eindeutig geklärten Wegen auf eine immer noch unbekannte Zahl an „Kontaktpersonen", die folglich mittelbar geschädigt wurden.

Dieser Impfskandal, deren Folgen nicht einschätzbar sind, wird heruntergespielt, verharmlost, vertuscht. Hintergründe stehen unter der Rubrik:

GEHEIME VERSCHLUSSSACHE

Ein Buch im stillen Angedenken an die verstorbenen Frauen, Kinder und Kontaktpersonen.

Hintergründe als Nachlass für die Menschheit.

Aufklärung für Betroffene, die mit der Krankheit HCV leben.

Wie muss Gisela in den letzten Monaten ihres jungen Lebens gelitten haben. Starb sie doch mit gerade dreiundzwanzig Jahren an den Folgen einer Hepatitis-C-Erkrankung, mit deren Erregern sie sich nach der Geburt ihres Babys im Jahr 1978 infiziert hatte.

„Straftat" schießt es mir durch den Kopf, es war eine Straftat.

Aus geheimen Unterlagen des Bundesarchivs, die mir anonym zugeschickt wurden, filtere ich ihre Todesbestätigung heraus.

Ich starre den Text an, lese ihr Geburtsdatum und erkenne, Gisela wäre heute genauso alt wie ich. Mich schaudert es. Eine Kältewelle durchfährt meinen Körper.

Meine Hände zittern, und das Blatt Papier zittert mit.

„So sieht eine Todesbekanntgabe aus", denke ich. „Es könnte genauso gut mein Name auf diesem Blatt stehen, wenn ich bedenke, dass auch ich im Jahr 1978 ein Kind bekam und mit Hepatitis-C-Viren aus einer Ampulle der gleichen Charge infiziert worden bin." Lange schweige ich das Papier an. Vor mir liegt ein Schicksal, endgültig beendet. Buchstaben, Abkürzungen und Zahlen bestätigen es.

„Warum musste diese junge Mutter sterben?" Ich schüttle unentwegt den Kopf und ziehe Parallelen. Uns verbindet nicht nur das gemeinsame Geburtsjahr sowie das unserer Kinder im Herbst 1978, uns verbindet auch die gemeinsame Infizierung aus einer Charge mit der Nummer 100678.

„Warum kommt diese Todesbekanntgabe von Gisela in meine Hände? Was soll ich damit? Wer will, dass ich sie lese?

Sonderbar. Mir nützt dieser Schein nichts. Ich kannte sie nicht einmal", denke ich. Eine Weile sitze ich auf meinem Drehstuhl und bewege ihn von links nach rechts, von rechts nach links. Ich lege das Schriftstück beiseite, ziehe meine Beine an und lasse mich einige Runden im Kreis drehen. Gegenstände um mich herum ziehen schnell vorüber. Schwankend halte ich mich an meinem Schreibtisch fest. Hastig überfliegen meine Augen die Unordnung, dann fährt mein Blick wieder über die Bescheinigung und bleibt auf ihr hängen.

„Wenn Gisela mit dreiundzwanzig Jahren tatsächlich eines natürlichen Todes gestorben ist, dann wäre wohl vermutlich ein Gutachten aus der Gerichtsmedizin nicht notwendig gewesen."

In einem vorliegenden Schriftstück vom 07. Juli 1980 lese ich: (Quellenangabe: Bundesarchiv Bestandssignatur DQ 1, Aktenband 11705)

Zitat:

„sofortmeldung gem. 1.2.(4.)

betreff:	todesfall mit zweifelhaftem bzw. schwer feststellbarem sachverhalt.
wann:	todeseintritt 02.06.80
vp bekannt:	03.07.80
wer:	unbekannt
wo:	… goerlitz, entbindungsklinik im bezirkskrankenhaus
was:	verdacht fahrlaessiger toetung gem. § 114 abs. 1 strafgesetzbuch
wie/womit:	betroffene entband am 11.10.1978, wurde am 12.10.1978 wegen rh-negativ, blutfaktor mit 5 ml anti-d-serum immunisiert. verwendete ampulle aus charge-nr. 100678 fiel am 12.01.1979 unter sperrung, da bei anderen frauen komplikationen bekannt wurden. immunisierte frauen waren zu aerztlicher ueberwachung zu melden. meldung der betroffenen unterblieb aus bisher nicht geklaerten gruenden. sie erkrankte dezember 1979 an hepatitis. kausalzusammenhang zwischen immunisierung, erkrankung und todesfolge (leberkoma) ist zu pruefen.
wen:	s. gisela, geb. … 1957 in …, ledig, …
warum:	verdacht fahrlaessig versaeumter meldepflicht.
was veranlasst:	anzeige gefertigt, erforderliche gutachten bei gerichtsmedizin beantragt, beweismittelsicherung, notwendige zv erfolgen, interessierte dienststellen verstaendigt …“ Zitatende

Noch einmal lese ich den Text sehr genau. „Zweifelhafter Sachverhalt, Meldepflicht, fahrlässige Tötung. Es kann kein natürlicher Tod gewesen sein."

Still sitze ich in meinem Zimmer. Erinnerungen flammen auf. „Aha, meine Einweisung in ein Krankenhaus nach der Geburt meiner Tochter geschah auf Anweisung. Es bestand damals eine Meldepflicht. Und Gisela? Erst gestorben und dann gemeldet?" Mir ist, als säße ich auf glühenden Kohlen.

Angespannt und wissbegierig überfliege ich weitere Kopien aus dem Bundesarchiv. Alle stehen in Verbindung mit der zwischen dem 2. August 1978 bis zum 14. März 1979 in der ehemaligen Deutschen Demokratischen Republik stattgefundenen Massenverseuchung mit dem Hepatitis-C-Virus und G-Virus.

Bei Müttern mit negativem Rhesusfaktor soll mit einer Schutzimpfung vorsorglich der Rhesusfaktorunverträglichkeit zwischen ihr und einem weiteren Kind vorgebeugt werden.

Im Falle einer neuen Schwangerschaft kann so ein möglicher Schaden vom Kind abgewendet werden. Für diese Fälle war seit dem 17.12.1970 die Gabe der Anti-D-Immunprophylaxe gesetzlich vorgeschrieben.

Die Massenverseuchungen wurden durch Pflichtimpfungen ausgelöst, durch eine mit Viren kontaminierte Anti-D-Immunprophylaxe bei fast siebentausend Frauen. Geimpft wurden die Frauen nach einer Geburt, Schwangerschaftsunterbrechung oder Fehlgeburt in Krankenhäusern oder gynäkologischen Einrichtungen.

Damals schrieben drei Mitarbeiter des Ministeriums für Staatssicherheit Folgendes:
(Quellenangabe: Blatt 84 in der geheimen Verschlusssache GVS JHS 001 – Nr. 32/81)

Zitat:
„… Es erkrankten nach der HIG ‚Anti D'-Immunisierung …

2.636 Frauen, davon
665 ikterisch (gelb gefärbt) und
1.971 anikterisch sowie
133 Säuglinge und sonstige Kontaktpersonen,
davon
4 ikterisch und
129 anikterisch,
an einer Hepatitis infectiosa."

„… Folgen bestanden in der gesundheitlichen Schädigung von 2.636 Frauen und 133 Säuglingen durch die iatrogen ausgelöste Hepatitiserkrankung. Dadurch wurde das sozialistische Gesundheitswesen in seiner Zuverlässigkeit erschüttert … Der gesellschaftspolitische Schaden muss hoch eingeschätzt werden … Die folgerichtige Anerkennung der Hepatitiserkrankungen als Impfschaden in Verbindung mit der staatlichen Haftung machte hohe finanzielle Aufwendungen für die Geschädigten erforderlich … Die erforderliche stationäre Behandlung der Erkrankten machte zusätzliche Leistungen im staatlichen Gesundheitswesen notwendig." Zitatende

So kann ich es also auf den Punkt bringen, „unser sozialistisches Gesundheitswesen unzuverlässig und in seiner Glaubwürdigkeit erschüttert, hoher gesellschaftspolitischer Schaden und hohe finanzielle Aufwendungen für die Geschädigten." Jetzt wird mir klar, „wir haben den DDR-Staat viel Geld gekostet. Schon im Jahre 1979 wurden wir ein materielles, unüberschaubares Übel.

Was war mit den Jahren nach 1980? Hatten wir da ebenso hohe finanzielle Aufwendungen verursacht? Wurden viele infizierte Frauen aus diesem Grund vergessen?"

Aus den vorliegenden Unterlagen geht hervor, dass letztlich 6.773 Frauen diese gesetzlich vorgeschriebene Anti-D-Immunprophylaxe erhalten hatten.

Was ich daraufhin noch erfahren muss, ist unfassbar. Mir stockt der Atem. Laut der vorliegenden Unterlagen wussten die Verantwortlichen damals, also bereits schon vor der Verabreichung, dass diese Mittel mit Hepatitis-Viren verseucht waren. Als ich das lese, wird mir schlecht. Ich renne ins Bad, muss mich übergeben.

Stunden vergehen, bis ich weiterlesen kann. Anklageschrift, nicht öffentliche Hauptverhandlung, alle anwesenden Personen werden verpflichtet, über diese Problematik nicht zu sprechen. Stasi-Mitarbeiter sitzen im Saal, 5 Sitzungstage, Urteil. Es gab einen Geheimprozess im Bezirksgericht Halle, 4. Strafsenat, Aktenzeichen 4 BS 13/79, der über die Anklageschrift vom 30.10.1979 und über das seit dem 15.02.1980 rechtskräftige Urteil, die Vorkenntnis über die Hepatitis-Viren-infizierten Anti-D-Chargen beurkundet.

Erst nach dreißig Jahren werde ich endlich aufgeklärt, weil mir zusammengestellte Dokumente anonym übersendet wurden.

Ich denke an die lustigen Filme über die ehemalige DDR, die seit einiger Zeit in Mode gekommen sind. Mit heiteren Kinder-Kaufmannsladen-Mentalitäten wird ein naives, unbeschwertes Leben vorgeführt, auf dem großen Spielplatz DDR. Hiervon kann bei unserem Geschehen, mit den lebenslangen Folgen für unschuldige Mütter und Kinder, nun wirklich keine Rede sein.

Bei dreißig Jahren Filmstoff bräuchte es Unmengen an Taschentüchern. Aber dazu wird es nicht kommen, wir sind nicht populär. Wir waren und sind in gewisser Weise zum Teil noch heute „geheime Verschlusssache". Über den Zusammenbruch des politischen Systems hinaus blieben die wahren Hintergründe der Masseninfektionen und das wahre Ausmaß ihrer Folgen eine Geheimsache. Spätere Handlanger ebenso.

1978/79: Einer der größten Arzneimittelskandale in der Geschichte der Menschheit nahm und nimmt noch heute so seinen Lauf.

Aber wer weiß über all das schon Bescheid? Wer weiß Bescheid über dieses Vergehen?

So hatte es sich z.B. erst vor Kurzem in meinem Beisein zugetragen, dass eine mir unbekannte wohlbeleibte Dame, die beim Einkauf in einer Bäckerei von den geschädigten Frauen hörte, sich in das Gespräch zwischen der Verkäuferin und meiner Bekannten einmischte. Die fremde Dame erklärte kurzerhand: „Diese Frauen sind doch alle schon tot …"

Meine Bekannte drehte sich um und sagte „Da irren Sie."

Ich starre wie hypnotisiert die Backware an und schweige. Da kann man wieder einmal sehen. Die Unwissenheit ist groß.

Zu Zeiten des DDR-Unrechtsregimes wurden nur Auserwählte über die Hepatitis-Viren-Infizierungen informiert. Nicht einmal die betroffenen Frauen selbst wussten und wissen über die Hintergründe genau Bescheid, geschweige denn von dem geheimen Prozess und Urteil. Sie haben über all die Jahre hinweg nur das erfahren, was sie laut den Anweisungen der Behörden der DDR erfahren sollten. Auf der einen Seite stand das undurchsichtige Unrechtsregime mit seinen treuen Handlangern. Auf der anderen Seite gibt es Tausende unschuldig infizierte Frauen und Kinder mit nur einem Leben, die an den Folgen leiden.

Aber auch über die Wendezeit hinaus scheint das Thema „krank gespritzte Mütter – lebenslange Folgeschäden" in der Öffentlichkeit nicht besonders beliebt zu sein. Ganz besonders nicht nach einer virusreduzierenden Therapie ab dem Zeitpunkt, wo sich zwar die Hepatitis-C-Virenlast unterhalb des messbaren Bereichs befindet, die Frauen aber trotzdem weiterhin chronisch krank sind. Was für eine Welt …

Tatsächlich leben noch Geschädigte, aber eben nicht alle. Mit meinen Bemühungen und mit dieser Schrift möchte ich die Frauen ehren, die bereits an den Folgen der Hepatitis-C-Virus-Infektion verstorben sind. Ich möchte ihnen ein würdiges Denkmal setzen. Unseren noch lebenden kranken Frauen, die neben ihren Infektions-Folgekrankheiten durch das Geschehene oftmals zusätzlich schwer traumatisiert sind, möchte ich Mut spenden. „Traut euch zu sagen, was hier zu sagen ist. Deckt auf, was die Handlanger des DDR-Regimes vertuschten und was noch immer verschwiegen wird."

„Wissen denn überhaupt alle Rhesusfaktor-negativen Frauen, dass sie damals, in der Zeit von August 1978 bis März 1979, nach einer Schwangerschaftsunterbrechung, Geburt oder Fehlgeburt eine gesetzlich vorgeschriebene Anti-D-Schutzimpfung erhalten haben? Noch dazu eine, die mit Hepatitis-C-Viren kontaminiert war? Wissen das alle Frauen?" Wieder pendle ich mit meinem Drehstuhl von der einen Seite zur anderen und folge meinen Gedanken.

Immerhin erfuhr ich im Jahr 1978 von der gesetzlich vorgeschriebenen Anti-D-Immunprophylaxe gar nichts. Sollte ich die Einzige gewesen sein? Die Notwendigkeit einer Aufklärung war hier anscheinend fehl am Platz. Erst 17 Jahre später erfahre ich durch einen schlichten Zufall von meiner Infektion. Ich erfahre, dass der Inhalt der Ampulle schließlich mit Hepatitis-Viren belastet war. Siebzehn Jahre später! Unvorstellbar.

In der damaligen Deutschen Demokratischen Republik gab es bereits für Kinder schon jede Menge Pflichtimpfungen.

Keuchhusten, Windpocken, Masern, Kinderlähmung … weiß der Kuckuck, wogegen noch alles. Es wurde geimpft und geimpft, kaum ein Mensch erkundigte sich nach den Nebenwirkungen. Impfungen zogen sich durch unser Leben, waren keine außergewöhnliche Sache im sozialistischen System. Widerstand zwecklos. So auch im Jahr 1978. Durch die Geburt meiner Tochter entkräftet, legte ich also meinen Arm ohne Protest zur Infizierung bereit. Keine Aufklärung, keine Unterschrift. Pflichtimpfung eben!

Und weil es so war, wie es war, ist es durchaus vorstellbar, dass viele andere Rhesusfaktor-negative Frauen, die im damalig angegebenen Zeitrahmen in der DDR ein Baby auf die Welt brachten, eine Unterbrechung vornehmen ließen oder eine Fehlgeburt erlitten haben, auch bis heute noch nicht wissen, dass sie möglicherweise mit Hepatitis-C-Viren infiziert worden sind.

Eine Information über die Verseuchung von offizieller Stelle wurde, wie ich jetzt erst weiß, nicht nur in meinem Fall unterlassen. Warum wohl? Waren wir zu viele Opfer? War die Anzahl der erfassten Frauen ausreichend für die staatlich angeordnete Beforschung? Hätten alle erfasste Infizierte zu viel gekostet? War letztlich eine Geldfrage der Grund dafür, dass nur ein Bruchteil der Infizierten benachrichtigt wurde?

„Gesetzlich vorgeschriebene Schutzimpfung!", schreie ich laut. Durch diese Pflichtimpfung wurden Tausende Frauen in einer Zeitspanne von acht Monaten verseucht. Tausende Unschuldige in acht Monaten, dies nur aufzuschreiben … ist für mich kaum zu ertragen.

Die Massenproduktion von Impfstoffen hatte in der DDR zu funktionieren. Sie durfte unter keinen Umständen unterbrochen werden. So lautete eine Anweisung. Der sozialistische Staat wollte ohne jegliche Unterbrechung seine Bürgerinnen und Bürger immer mit Impfstoffen versorgen können.

Und wenn nach den gesetzlichen Regelungen geimpft werden sollte, dann wurde geimpft. Getreue Bürgerinnen und Bürger leisten keinen Widerstand. Sie sind gut erzogen.

„Es ist nicht zu fassen!", schreie ich noch lauter, während ich mich noch einige Male mit meinem Stuhl kreisend bewege. Aus meiner Empörung wird Wut. „Acht lange Monate wurden Frauen und auch Kinder mit dem Hepatitis-C-Virus infiziert. Fast ein Dreivierteljahr lang! Mir unbegreiflich, aber trotzdem wahr. Wer weiß denn schon hiervon?"

Mein Interesse, so viel wie möglich über die Hintergründe dieses Skandals zu erfahren, ist groß. Welche Umstände führten dazu? Wer war daran beteiligt? Wie konnte eine derart breitflächige Infizierung über einen so langen Zeitraum stattfinden?

Was haben die ausgewählten Ärzte später bei den registrierten Frauen an diagnostischen Daten erhoben, zwischen den Jahren 1978/79 und dem Zusammenbruch des politischen Systems am 3. Oktober 1990?

Gab es hierzu Anweisungen von den DDR-Behörden? Existierten bis zum Anfang der 90er-Jahre überhaupt sinnvolle Behandlungsmöglichkeiten für die Hepatitis-C-Virusinfektion und die Folgekrankheit „chronische Hepatitis C"?

Was geschah mit den gesammelten ärztlichen Forschungsdaten nach der Wende? Was geschah mit den Patientendaten, die der Ärzteberatungskommission zugeleitet wurden? Befinden sich unsere persönlichen Daten immer noch bei den ausgewählten DDR-Ärzten?

Was werde ich herausbekommen?

Meine Nachforschungen nach der 1978 und 1979 ausgelösten Viren-Verseuchung sind enorm aufwendig und langwierig. Das ganze schmutzige Geschehen wurde vorsorglich weit unter den Teppich gekehrt. Nach über dreißig Jahren hat sich inzwischen der Schmutz zu einer Betonplatte verfestigt. Geduldig werde ich Stück für Stück aus dem Beton herausbrechen.

In meinem ersten Buch „Die Frau(en) und das Virus" beschreibe ich nicht nur meine eigene Betroffenheit und Situation. Hierin berichte ich auch von der Übertragung des Hepatitis-C-Virus auf meine zweitgeborene Tochter, und zwar im Jahr 1980.

Nur durch Eigeninitiative finde ich siebzehn Jahre später heraus, dass auch meine Tochter Hepatitis-C-Virus-positiv ist.

Erst jetzt, nach über dreißig Jahren, begreife ich, warum mir behandelnde Internisten und Gynäkologen im Jahr 1979 zu einer Schwangerschaftsunterbrechung geraten hatten.

Eine Begründung für den Rat zum Abbruch hatte ich damals nicht erhalten.

Mit einer Hausmitteilung vom 18.1.1979, von HA III/D/3/Dr. Di/Sie an M1 wird mitgeteilt:
(Quellenangabe: Bundesarchiv, Bestandssignatur DQ 1, Aktenband 11705)

> Zitate: „Betr.: Anti-D-Immunprophylaxe
> Im Ergebnis der heutigen Beratung der Expertengruppe sind die notwendigen Maßnahmen festgelegt worden. Die

Bezirksärzte werden durch anliegendes Fernschreiben angewiesen. Die Ursachenforschung ergibt, dass der Hersteller, Bezirksinstitut für Blutspende- und Transfusionswesen Halle, wissentlich Plasmen von Spendern eingesetzt hat, die klinisch an Gelbsucht erkrankt waren ..." Zitatende

Mit Schreiben vom 2. März 1979 erteilte der Ministerrat der Deutschen Demokratischen Republik, Ministerium für Gesundheitswesen –, Der Minister – den Bezirksärzte die – Weisung Nr. 3 –: (Quellenangabe: Bundesarchiv, Bestandssignatur DQ 1, Aktenband 11705)

Zitat: „... Hepatitiserkrankungen nach Anti-D-Immunprophylaxe – Weisung Nr. 3 –
„Zur Gewährleistung der konsequenten politischen und fachlichen Leitung und Durchführung der erforderlichen Maßnahmen zur medizinischen und finanziellen Rehabilitation, der im Zusammenhang mit der Anti-D-Prophylaxe an Hepatitis Erkrankten wird in Ergänzung der außerordentlichen Beratung mit den Stellvertretern der Bezirksärzte am 22.2.79 angewiesen:
...
... 1.2. Die Kreisärzte sind für die konsequente Durchsetzung aller Maßnahmen und das fachlich und politisch korrekte Auftreten der Mitarbeiter des staatlichen Gesundheitswesens persönlich verantwortlich zu machen. Für die Aussprachen mit den betroffenen Bürgern ist das Argumentationsmaterial (Anlage) zugrunde zu legen ...
... 1.3. In den Kreisen sind entsprechend politisch und fachlich qualifizierte Mitarbeiter als Betreuer für die betroffenen Familien festzulegen, ...
... 2.1. Alle Erkrankten sind in die Hepatitis-Dispensairebetreuung aufzunehmen ..." Zitatende

Zum Zeitpunkt des 02.03.1979 wurden weiterhin junge Frauen infiziert. So viele Infizierungen hätten vermieden werden können!

Mit Schreiben vom 13. März 1979 erteilt der Ministerrat der Deutschen Demokratischen Republik, Ministerium für Gesundheitswesen –, Der Minister –, den Bezirksärzte die – Weisung Nr. 4 –: (Quellenangabe: Bundesarchiv, Bestandssignatur DQ 1, Aktenband 11705)

> Zitat: „Hepatitiserkrankungen nach Anti-D-Immunprophylaxe – Weisung Nr. 4 –
> Ergänzend zu den bisherigen Weisungen über Hepatitiserkrankungen nach Anti-D-Prophylaxe informiere ich Sie über die Notwendigkeit weiterer Maßnahmen. Die im Januar angewiesene Chargensperrung von Immunglobulin ‚Anti-D' der Chargen 08 bis 15 (Herstellung 1978) trug dem Umstand Rechnung, dass diese Chargen als sicher kontaminiert angesehen werden mussten.
> Die Weiterführung der Anti-D-Prophylaxe mit den Chargen 16 bis 23 (Herstellung 1978) konnte nach gewissenhafter Einschätzung der von mir berufenen Expertengruppe und des Staatlichen Kontrollinstituts für Seren und Impfstoffe erlaubt werden, da beim vorliegenden Kenntnistand eine Kontamination weitestgehend ausgeschlossen werden konnte …
> Es sind jetzt 3 Hepatitiserkrankungen aufgetreten, bei denen ein Zusammenhang mit den Chargen 16 und 17 nicht auszuschließen ist … Darüber hinaus weise ich an: … 2. Es ist dafür Sorge zu tragen, dass in den nächsten Wochen eine konzentrierte Unterbringung von Hepatitiserkrankten im möglichen Zusammenhang mit der Anti-D-Prophylaxe unterbleibt …
> Auf Anfrage ist den Patienten, die verdächtig sind, eine Hepatitis nach Gabe von Charge 16 und 17 bekommen zu haben, die Auskunft zu geben, dass die Zusammenhänge noch zweifelhaft sind, …" Zitatende

Mit Schreiben vom 14.03.1979 teilt der Rat des Bezirks Cottbus, Abteilung Gesundheits- und Sozialwesen, dem Ministerium für Gesundheitswesen, Genossen Minister OMR Prof. Dr. sc. med. M, Folgendes mit:

(Quellenangabe: Bundesarchiv, Bestandssignatur DQ 1, Aktenband 11705)

Zitat:
„III 10/12 14.03.1979
Bericht zur Durchsetzung der Weisung Nr. 3 (Anti-D-Immunprophylaxe) im Bezirk Cottbus
Werter Genosse Minister!
Zur Durchsetzung der Weisung wurden am 26. Februar 1979 alle Kreisärzte durch den Genossen MR K…, der als Bezirksbeauftragter eingesetzt ist, eingewiesen. Es wurde das Argumentationsmaterial erläutert und übergeben. Gleichzeitig wurden alle Kreisärzte verpflichtet, bis spätestens 03.03.1979 die Aussprachen zu führen … Die Zusammenarbeit mit der Bezirksdirektion der Staatlichen Versicherung der DDR war von Anfang an unkompliziert … Ein beauftragter Vertreter der Bezirksdirektion steht seit Anfang Februar in ständigem persönlichem Kontakt mit dem Bezirksbeauftragten und der Bezirkshygienikerin. Die Aussprachen mit den Patientinnen und deren Ehepartner sind termingemäß erfolgt … Alle Kreisbeauftragten der Staatlichen Versicherung haben seit 08.03.1979 mit den Kreisärzten Kontakt aufgenommen …
Mit sozialistischem Gruß MR Dr. med. … Bezirksarzt“ Zitatende

Mit Schreiben vom 15.03.1979 teilt der Rat des Bezirks Schwerin, Abteilung Gesundheits- und Sozialwesen, dem Ministerrat der Deutschen Demokratischen Republik, Minister für Gesundheitswesen, Folgendes mit:
(Quellenangabe: Bundesarchiv, Bestandssignatur DQ 1, Aktenband 11705)

Zitat: „Sehr geehrter Genosse Minister! Zur Gewährleistung der konsequenten politischen und fachlichen Leitung und Durchführung der erforderlichen Maßnahmen zur medizinischen und finanziellen Rehabilitation, der im Zusammenhang mit Anti-D-Prophylaxe an Hepatitis Erkrankten wurde entsprechend Ihrer Weisung verfahren. Der stellvertretende Bezirksarzt wurde mit der Koordinierung und Durchsetzung aller Maßnahmen des Gesundheitswesens und als Kontaktpartner zur Staatlichen Versicherung eingesetzt. Bereits mit VD-Schreiben vom 23.2.79 wurde alle Kreisärzte beauftragt, persönlich die Verantwortung für alle damit im Zusammenhang stehenden Maßnahmen wahrzunehmen, die Beratung der Erkrankten entsprechend dem übergebenen Argumentationsmaterial durchzuführen, die Patienten entsprechend der gültigen Hepatitis-Richtlinie zu überwachen, zu behandeln und in die Dispensairebetreuung einzubeziehen … Die Behandlung der Patienten erfolgt entsprechend Ihrer Weisung … Am 8.3.79 erfolgten mit dem Direktor der Bezirksdirektion der Staatlichen Versicherung und seinem Stellvertreter genaue Absprachen zur weiteren Verfahrensweise. Es wurde in Übereinstimmung festgelegt, die entsprechend vorheriger Vereinbarungen bearbeiteten und durch die Bezirkskommission für die Begutachtung von Impfschäden beratenen, der Versicherung bereits übergebenen Anträge noch mit dieser Verfahrensweise abzuschließen, bei allen folgenden Anträgen entsprechend Ihrer Weisung vom 2.3.79 Pkt. 3.1 zu verfahren. Die persönliche Beratung der Bürger über die Grundsätze der Schadensregulierung erfolgt nach Absprache mit der Versicherung und den Kreisärzten in der Mehrzahl der Fälle gemeinsam. Mit sozialistischem Gruß MR Dr. M… Stellv. Bezirksarzt" Zitatende

Aus einem Schreiben vom Rat des Bezirks Potsdam, Abt. Gesundheits- und Sozialwesen, Bezirksarzt, vom 15. März 1979 an den Ministerrat der DDR, Ministerium für Gesundheitswesen –, Minister –, wird ersichtlich:
(Quellenangabe: Bundesarchiv, Bestandssignatur DQ 1, Aktenband 11705)

Zitat: „Vertrauliche Dienstsache, Nachweisbereich 19, Lfd. Nr. 62, Jahr 79, Blatt 1"

„Hepatitiserkrankungen nach Anti-D-Immunprophylaxe

Sehr geehrter Genosse Minister! Entsprechend Ihren Weisungen 1 bis 3 wurden alle Kreisärzte von mir persönlich für die politische und fachliche Führung verantwortlich gemacht.

Als mein Beauftragter ist der stellvertretende Bezirksarzt eingesetzt. Der Vorsitzende des Rates und der zuständige Sekretär der Bezirksleitung der SED werden im notwendigen Umgang informiert. Zur analogen Information wurden die Kreisärzte aufgefordert.

In allen Kreisen sind fachlich und politisch geeignete Betreuer, meistens Ärzte und verantwortliche Internisten, benannt.

Am 9.3.79 wurde Ihre Weisung 3 und meine daraus resultierende Weisung gegenüber den Kreisärzten in einer Kreisärztedienstbesprechung gemeinsam mit dem Bezirkshygienearzt und einem leitenden Mitarbeiter der Bezirksdirektion der Staatlichen Versicherung beraten … Bei sich abzeichnenden Eingaben führen die Kreisärzte bzw. ihre beauftragten Ärzte sofort persönliche Gespräche … Mit sozialistischem Gruß MR Dr. med. …" Zitatende

„Es wird der Anschein erweckt, dass angeblich alle Infizierten namentlich bekannt sein könnten. Adressen ebenfalls, wie aus weiteren Berichten verschiedener Bezirke zur Durchsetzung der Weisungen hervorgeht."

Ich wische mir mit der gespreizten Hand über das Gesicht. „Hä? Mich hat damals niemand etwas gefragt. Mir hat keiner etwas gesagt." Empört greife ich mir an den Kopf. „Es gab für mich nur eine Einweisung in ein Krankenhaus. Ohne Kommentar." Ich zerre an meinen Haaren.

„Wurden 1979 in der DDR plötzlich die Briefmarken knapp, sodass es für die Benachrichtigung wirklich aller Frauen nicht mehr gereicht hatte? Oder warum musste Gisela so früh sterben?"

Ärzte wurden angewiesen und mit der speziellen Überwachung von uns Frauen beauftragt. Es ist denkbar, dass sie über ein mögliches Übertragungsrisiko des Hepatitis-Virus von der Mutter auf das Kind informiert waren.

1979 wurde ich erneut schwanger. Da sämtliche Informationen über meine Infizierung vor mir zurückgehalten wurden, entschied ich mich für ein weiteres Kind trotz mehrerer Beratungsgespräche über einen Schwangerschaftsabbruch.

Ich sitze auf meinem Drehstuhl und finde es absurd, dass lange genug keine Untersuchungen bei meiner Tochter Britta vorgenommen wurden, obwohl das Risiko der Virus-Übertragung von der Mutter auf das Kind besteht und hinreichend bekannt war. Was für eine potenzierte menschenverachtende Ignoranz gegenüber unschuldig infizierten Müttern und Kindern.

Ab dem Jahr 1978, dem Jahr der Infizierung, durchlebte ich eine sehr schwere Zeit. Ich magerte auf achtundvierzig Kilogramm ab, das Essen viel schwer. Warum es mir so schlecht ging, wusste ich nicht. Aufklärung? Fehl am Platz. Für mich grenzt es an ein Wunder, dass ich die Virushepatitis-Infektion und den Krankheitsausbruch überlebte. „Was für ein Glück ich doch hatte." Das denke ich sehr oft, seit ich weiß, dass Gisela dieses Glück nicht hatte. Ihr verblieb nicht viel Zeit, ihr Kind zu trösten, wenn es weinte, es zu liebkosen, wenn es lachte.

„War es tatsächlich fahrlässige Tötung?"

Gisela wird die Hintergründe nicht mehr erfahren. Auf ihrem Grab ruht ein schwerer Stein.

Frauen erhielten in der Zeit vom 2. August 1978 bis 14. März 1979 die Anti-D-Immunprophylaxe.

Eine Tabelle soll verdeutlichen, wie viele Ampullen in den Verkehr gebracht wurden:

(Quellenangabe: Deutscher Bundestag, Bundestagsdrucksache 13/2732 vom 24.10.1995, Antwort der Bundesregierung auf die Große Anfrage zu „Hepatitis-C-Infektionen durch „Anti-D"-Impfprophylaxe in der früheren DDR", Bundestagsdrucksache 13/1649)

Chargennummer	*Gesamtzahl Ampullen*	*Bestand 20.7.79*	*Differenz*
08 05 78	1.107	336	771
09 05 78	1.168	286	882
10 06 78	1.146	492	654
11 06 78	1.011	889	122
12 07 78	1.038	639	399
13 07 78	1.030	489	541
14 07 78	1.031	697	334
15 08 78	1.143	985	158
16 09 78	1.156	328	828
17 10 78	1.106	234	872
18 10 78	1.033	361	672
19 10 78	1.150	791	359
20 11 78	1.138	1.045	93
21 11 78	1.171	1.123	48
22 12 78	994	954	40
Summe	16.422	9.649	6.773

Angeblich sind bis zum Sommer 1979 nur 2.533 Frauen an Hepatitis, sprich Leberentzündung, erkrankt. Ich denke heute, wegen mangelnder Nachweise könnten es gut und gerne sehr viel mehr Erkrankte sein.

Im Februar 1979 erhielt ich eine Zwangseinweisung in ein Krankenhaus, nachdem eine Blutkontrolle angeordnet und durchgeführt worden war. Den Grund für die Einweisung erfuhr ich nicht. Es ging mir verdammt schlecht. Beim Betreten des Krankenzimmers sahen mich elf Frauen an. Ein Bett war nur noch frei. Ich erinnere mich an einen Raum, der nur ein frei hängendes Waschbecken zur Verfügung hatte. Ohne Vorhang, ohne Sichtschutz. Es war ein eher dunkler Saal mit spärlicher Beleuchtung. Die Seuchenstation erstreckte sich über die gesamte Ebene des Obergeschosses und umfasste mehrere Zimmer. Die Infektionsstationen im gesamten Land waren zu diesem Zeitpunkt gefüllt.

Da mein damaliger Mann der Nationalen Volksarmee diente und meine Eltern voll berufstätig waren, musste ich mein Baby auf einer Säuglingsstation abgeben.

Der Tagesablauf in unserem Krankenhaus war für uns junge Frauen einfältig, die Schonkost geschmacklos. Die Unterkunft dürftig, kalt und lieblos, mit Wänden farblos bis grau. Wir wurden betreut und bekamen täglich Magnesium zu trinken. Damals dachte ich, es wäre Zuckerwasser.

Woche für Woche floss unser Blut in zahllose Röhrchen und wurde untersucht. Heute weiß ich den Auftraggeber. Eine Überwachung wurde vom Gesundheitsministerium der DDR angeordnet.

In einem Schreiben der Bezirks-Hygieneinspektion Dresden, datiert 9. Mai 1979, an die Leiter der Kreis-Hygieneinspektion steht:
(Quellenangabe: Schreiben des Bezirks-Hygieneinstitut Dresden vom 9.5.1979)

> Zitat: „Dresden, 9.5.79, MR Dr. K.../Z... Nur für den Dienstgebrauch!
> Leiter der Kreis-Hygieneinspektionen (mit der Bitte um Information der Ärzte, die im Territorium mit der Betreuung

der Hepatitiserkrankungen nach Anti-D-Prophylaxe beauftragt sind)

Einsendung von Seren der betroffenen Frauen im Rahmen der Dispensairebetreuung (Bezug: Weisung der BHI vom 16.03.79 und OWI 15/79)

Die beauftragten Mitarbeiter der Medizinischen Klinik der MAD bedanken sich für die zwischenzeitlich eingesandten Rekonvaleszentenseren von erkrankten Frauen, die ein äußerst wertvolles Material darstellen.
Zur vollständigen Lösung der in diesem Zusammenhang zu erfüllenden Forschungsaufgaben werden weitere Seren vom Personenkreis der erkrankten Frauen benötigt.
Die Materialien sollten anlässlich einer Vorstellung im Rahmen der Dispensairebetreuung etwa im 5.–6. Monat nach dem Beginn der Erkrankung entnommen werden, …
Es wird gebeten, 2–3 ml Serum einzusenden und dazu nach Möglichkeit kleine Plastikbehälter, wie sie für die Automatenlaboratorien verwendet werden, zu benutzen (nicht Bedingung). Der Begleitschein soll die Zielstellung „Bestimmung von Antikörpern gegen A/C-Virus" sowie folgende Angaben enthalten: Personalien, Datum der Anti-D-Prophylaxe, Datum der Erkrankung, höchster Transaminasenwert, letzter vorliegender Transaminasenwert.
Empfänger der Proben ist wieder Herr OA Dr. P. …
Wir bitten Sie, dieses Vorhaben auch weiterhin … aktiv zu unterstützen …
… MR Dr. B…" Zitatende

Die Bezirks-Hygieneinspektion Dresden forderte unter der Bezugnahme auf eine Weisung die im Bezirk mit der Betreuung der Hepatitiserkrankungen nach Anti-D-Prophylaxe beauftragten Ärzte auf, diverse personengebundene Daten und die Einsendungen von Seren zur Lösung des Forschungsauftrags einzusenden und dieses Vorhaben weiterhin aktiv zu unterstützen.

Wohl wissend wurde so mit uns Patientinnen während der Blutentnahmen nicht gesprochen. Dass wir ein überaus wichtiges und wertvolles Material in uns tragen, erfahre ich erst dreißig Jahre später, beim Lesen diverser Schreiben aus dem Bundesarchiv. Wir dienten für Forschungsvorhaben der DDR. Persönliche Daten wurden weitergeleitet? Unfassbar.

Aufschlussreich ist nur, dass im Jahr 1979 der Name HC (Hepatitis C) verwendet worden war. Mir ist einmal gesagt worden, dass dieses Virus erst Mitte der 90er-Jahre identifiziert werden konnte und erst dann seinen Namen erhielt.

In einem Schreiben vom 22. Mai 1979 wird wie folgt informiert: (Quellenangabe: Bundesarchiv Bestandssignatur DQ 1, Aktenband 11465)

> Zitat: „Aus der Medizinischen Klinik (Direktor: ...) und dem Institut für gerichtliche Medizin (Direktor: ...) der Medizinischen Akademie ... Dresden
>
> Erste Ergebnisse zur Virushepatitis C als klinisch und immunologisch definierbare Form der Non-A/Non-B-Hepatitiden
>
> ...
>
> ... International bemühen sich die Forschungsgruppen in retro- und prospektiven Studien intensiv um die Definition des klinischen Bildes und einen immunologischen Nachweis. Neuerdings berichtet SHIRACHI et al. von einem Antigen, das sich im Doppeldiffusionstest bei akuten Non-A/Non-B-Hepatitiden nach Transfusion mit dem korrespondierenden Antikörper aus einigen Rekonvaleszentenseren nachweisen ließ. Die Autoren halten die Bezeichnung C-Hepatitis für berechtigt.
> Untersuchungen unserer Arbeitsgruppe an eingelagerten Seren und einer Gruppeninfektion durch kontaminierte Serumderivate haben uns zu einem erfolgreichen Nachweis eines Antigens und korrespondierenden Antikörpers geführt

sowie zu klinischen Daten, aus denen sich die Abgrenzung einer immunologisch definierbaren Virushepatitis ergibt.
Der *Nachweis* erfolgt mittels Doppeldiffusionstest nach Ouchterlony in der Mikromodifikation …
… Wir kontrollierten 109 Personen, unmittelbar nachdem erkannt wurde, dass das verabfolgte Serumderivat durch Non-A/Non-B kontaminiert war … Die gewonnenen Daten gestatten eine relativ sichere und einheitliche Aussage zur Infektiösität und zum klinischen Bilde.

Von den 109 Personen boten 43 keinerlei Zeichen für eine Erkrankung.

Eine nichtparenterale, sondern durch engen Kontakt – möglicherweise durch Stillen – übertragene Hepatitis wurde bei 9 Säuglingen nachgewiesen. Auch die Mütter waren manifest erkrankt. Bei den Säuglingen bestand lediglich eine mäßige Erhöhung der Transaminasen. Bioptisch wurde eine Virushepatitis gesichert …

Bei 52 Personen ergab die Routinekontrolle ein- oder mehrfach erhöhte Serumtransaminasen. Hierbei lag die GPT fast immer höher als die GOT. Die Leber war gering vergrößert, kaum druckempfindlich … Die Patienten hatten keinerlei Krankheitsgefühl. Sie wurden jedoch bis zur Normalisierung der Transaminasen stationär beobachtet. Die anfangs regelmäßig durchgeführte Biopsie ergab immer eine Virushepatitis …

Nur 14 Patienten hatten Krankheitsgefühl im Prodromalstadium …“ Zitatende

„Mai 1979, erste Ergebnisse zur Virushepatitis C“, denke ich während ich lese. „Bei kleinen Säuglingen wurden Biopsien der Leber durchgeführt.“ … „Patienten mit keinerlei Krankheitsgefühl und regelmäßig durchgeführte Biopsien.“ „Zu welchem Zweck wurde sogar Säuglingen die Leber punktiert?“ … „Leber-Punktionen bei Patienten, die nicht mal ein Krankheitsgefühl hatten?“ … Mir ist, als gefriere mir das Blut in den Adern. Ich bin entsetzt und schüttle mich.

„Hintergründe der Infektion, Erkrankungsverlauf, Hepatitis-C-Virus. Eingelagerte Seren. Gruppeninfektion. Internationale Forschungsgruppen. International – mein Blut ist eingelagert worden und wird international erforscht.“ Von alledem wusste ich nichts. Unglaublich!

Während wir Frauen wochenlang kontrolliert und medienfrei die Zeit in den Krankenhausbetten verbrachten, tagten Expertengruppen über eine mögliche Ruhigstellung der Familienangehörigen.

Bei positiven Befunden nach Blutkontrollen der Betroffenen haben sogenannte und anerkannte „Verteiler“ die Berichtsformulare durch ein „H“ zu kennzeichnen, damit die Bezirksdirektion der Staatlichen Versicherung der DDR den Schaden so schnell und unbürokratisch wie nur möglich regulieren konnte.

An ein Ereignis diesbezüglich kann ich mich sehr genau erinnern. Diese genannten Vorschläge waren Realität.

Etwa ein halbes Jahr nach der Geburt meiner Tochter Tina und der Entlassung aus dem Krankenhaus erging ein Schreiben an mich, mit der Aufforderung, bei der Staatlichen Versicherung vorstellig zu werden.

Uns wurde anscheinend ein Schweigegeld angeboten, auch Entschädigung genannt. Einhundert Mark für den Erhalt der Spritze wurden also an mich gezahlt, ohne dass ich überhaupt begriffen hätte, was hier genau stattfand.

„Wollte der sozialistische Staat uns mit dieser großzügigen Geste ruhig stellen?“ Wieder dreht sich mein Stuhl, um durch die Rotation Energie zutage zu fördern. „Einhundert Mark, das war wohl die Entschädigung für den Erhalt der verseuchten Spritze.“

Wenn ich bedenke, dass mein Gehalt als Pädagogin 1979 gerade fünfhundert Mark betrug und das Kindergeld von zwanzig Mark auch keinen Wohlstand brachte, warum hätte ich diese 100 Mark nicht nehmen sollen? Dieses Geld bekam ich bar in die Hand ausgezahlt, und zwar ohne ein Begleitschreiben. Im Moment des Erhaltens und schließlich des Besitzens dieses einen Scheines stiegen Hochgefühle in mir auf. Ich erhielt einhundert Mark einfach so geschenkt. Wirklich großzügig, zumal ich über den wahren Hintergrund nichts wusste. Das Geld erleichterte für kurze Zeit das Beschaffen von lebensnotwendigen Dingen. „Was habe ich doch für ein Glück!" Das waren damals meine Gedanken.

Heute ärgere und schäme ich mich abgrundtief über diese Geste des Gebens und Nehmens. Ich hatte dieses Geld empfangen. Glaubte damals, alles sei gut. Arglos, wie ich war.

Ich überlege und muss feststellen, dass zum Teil die gesunden Familienangehörigen damals mehr für Pflege oder Arbeitsausfall entschädigt wurden als wir Kranken.

Warum? Nur für den entstandenen Aufwand, oder sollten diese Entschädigungen auch Schweigegeld sein? Hatten sie mit unserem baldigen Ableben gerechnet? Ruhe bewahren? Panik vermeiden?

In einem Schreiben „Betr.: Interne MBB" werden Vorstellungen geäußert, ohne Verfasser.
(Quellenangabe: Bundesarchiv Bestandssignatur DQ 1, Aktenband 11705)

> Zitat: „… Weitere Probleme … – Gegenwärtig erhalten nur alle registrierten Erkrankten eine Bescheinigung über einen Gesundheitsschaden, der auf der Grundlage der 2. DB anerkannt worden sind.
> Es steht die Frage der Verfahrensweise bei allen anderen Frauen, da Leberspätschäden auch bei zurzeit unauffälligen Leberenzymwerten nicht mit Sicherheit ausgeschlossen werden können. Es empfiehlt sich, diesen Frauen keine Bescheinigung über eine mögliche eintretende Schädigung in die Hand zu geben, …" Zitatende

Sofort schließe ich einige Sekunden lang meine Augen und verharre regungslos auf meinem Platz. Dunkelheit und Leere übernehmen meinen Körper. Als wolle ich an gar nichts mehr denken, existiert in meinem Hirn eine Ruhepause.

Ich öffne meine Augen und lese den Satz noch einmal laut.

> „… Es empfiehlt sich, diesen Frauen keine Bescheinigung über eine mögliche eintretende Schädigung in die Hand zu geben, …"

Eine Runde und noch eine Runde. Ich springe von meinem Stuhl, muss mich fast übergeben. „Nein!" Mir glühen die Ohren. Mit blankem Entsetzen denke ich über diese Anordnung immer und immer wieder nach.

„Was dort steht, haut mich um." Von fern zeige ich mit ausgestrecktem Zeigefinger auf das Schreiben mit dieser Aussage. „Das heißt, dass von den virusinfizierten Frauen nicht alle eine bescheinigende Anerkennung über diese Infizierung erhalten haben!" Sogleich schmeiße ich mich wieder auf meinen Stuhl und rede laut weiter.

„Das ist die Bestätigung dafür, dass ab dem Infizierungszeitpunkt Unterschiede gemacht worden sind. Die einen ins Kröpfchen, die anderen ins Töpfchen. Infiziert ja, bescheinigt nein. Gegenwärtig erhalten nur alle ‚registrierten' Erkrankten eine Bescheinigung über einen Gesundheitsschaden. Also nur die ‚Registrierten', die beweisbar eine ‚Gelbsucht' bekamen? Und wie viele Beweise wollten die Staatsdiener damals denn noch suchen und finden? Ist ihnen beim heimlichen Durchzählen der Opfer die Luft weggeblieben? Ist ihnen beim Schreiben bzw. Registrieren die Tinte ausgegangen? Was ist mit den Frauen geschehen, die NICHT registriert worden sind? Die von vornherein nicht schriftlich erfasst worden sind, weil sie ja NUR mit Hepatitis-Viren INFIZIERT worden sind, aber keiner sie darüber informiert hat? Gut vorstellbar, dass keiner mehr wissen und nachweisen wollte, ob und wann sie nun an einer unentdeckten Leberentzündung erkrankten oder nicht. Anscheinend wurde zugesehen, wie diese Frauen absoffen. Unterlassen, einfach unterlassen. Wo kein Kläger, da kein Richter.

Es wurden irgendwelche Zahlen als Entschädigungen festgelegt. War ich nun auf der Grundlage der 2. DB anerkannt? Wahrscheinlich nicht, sonst hätte ich irgendeinen Schein, einen Nachweis darüber erhalten." Eine Runde und noch eine Runde.

„Was heißt DB? Durchführungsbestimmung? Mitglied der Stasi?" Ich äffe noch einmal diesen Satz mit lauter Stimme nach. „Es empfiehlt sich, diesen Frauen keine Bescheinigung in die Hand zu geben. Diesen Frauen. Wie reden die eigentlich von uns? … Diesen Frauen, den verseuchten Frauen. Wer hat sie, uns Frauen, denn verseucht. Hä?" Ich koche vor Wut, bin dem Siedepunkt nah. O.k., beruhigen, weiterlesen.

Da unsere Masseninfizierung aus einer Infektionsquelle stammt und sogar die Infektionszeitpunkte erfasst sind, sind wir als Forschungspotenzial enorm interessant und überaus wichtig.

In einem Schreiben vom 14.03.1980 wird Folgendes mitgeteilt: (Quellenangabe: Bundesarchiv Bestandssignatur DQ 1, Aktenband 11705)

> Zitat:
> „HA III/D Gen. Keil
>
> 5643 HA III/3/Dr.Bu/GK 14.3.80
> Antrag zur Bereitstellung von Programmier- und Rechenkapazität im …
> … *Auswertung einer Hepatitisepidemie in der DDR*
> Zur Auswertung von ca. 700 Verdachts-, Erkrankungs- oder Kontaktfällen an Hepatitis ist vorgesehen, die notwendigen Daten in großen Infektionskliniken (Berlin, Leipzig, Dresden, Karl-Marx-Stadt und Dessau) zu erheben.
> Die organisatorischen Vorbereitungen laufen, die klinischen Parameter sind unter Leitung von Prof. Dr. R… (II. Medizinische Klinik der Charité), der für diesen Teil verantwortlich ist, ausgearbeitet worden. Für den epidemiologischen Teil und die Realisierung mithilfe der EDV sind die FG

Hepatitis (Mitarbeiter: ...) und die HA III des MfGe zuständig.
In Zusammenarbeit mit einem Programmierer ist der Erfassungsbogen zu erarbeiten und die gesamte EDV-Strecke abzusichern. Spätestens am Ende des Jahres 1980 sollten die Ergebnisse vorliegen.
Ich bitte um Prüfung, ob dieses Vorhaben im Rechenzentrum des OSOG zu realisieren ist.
Es handelt sich bei diesen Hepatitiserkrankungen um eine außergewöhnliche Epidemie von hohem wissenschaftlichem Wert.

OMR Dr. T... Direktor" Zitatende

Nach meinem Informationsstand sollen in Irland, Rumänien und Bulgarien andere virusinfizierte Kohorten leben. Wobei Studienergebnisse mir nur aus Irland vorliegen und für eine seriöse Aufklärung genutzt werden könnten.

Mein Schreibtisch füllt sich mit immer mehr Informationen. Ich sitze mitten in Beschlüssen, Befehlen, Anweisungen, vorgefertigtem Argumentationsmaterial und Zahlen.

Infolge dieses Hepatitis-C-Virus-Infektion-Massenausbruchs wurden im DDR-Staatssystem zahlreiche Menschengruppen beschäftigt. Verschiedene Ministerien, Gremien, Staatliche Versicherung, beauftragte Forschungsgruppen mit ihren Medizinern, Laboratorien ... Von deren Aktivitäten habe ich all die Jahre, bis heute, nicht das Geringste mitbekommen. All diese Menschen waren mit uns beschäftigt.

Trotz dieser Aktivitäten konnte das Verbrechen an uns geheim bleiben. Sämtliche Auskünfte an uns wurden entweder so knapp wie möglich gehalten, oder wir haben erst gar keine erhalten. Strategie. Mit fehlenden Informationen und ohne uns untereinander zu kennen, können wir natürlich nicht aufmucken. Logisch, das leuchtet ein.

Ende April 1979, nach meinem angeordneten Krankenhausaufenthalt, marschierte ich mit einem stationären Begleitschreiben in der Hand geradewegs zu dem bereits aufgeklärten und angewiesenen Internisten in meiner Stadt. Wohlwollend empfing mich der Herr Doktor und führte mich nun in seiner eigenen Statistik weiter. Behandlungen seinerseits waren regelmäßige Blutkontrollen und die Beratung einer Schwangerschaftsunterbrechung. Eine medikamentöse Behandlung wurde zu keiner Zeit angestrebt.

Wieder drehe ich auf meinem Stuhl eine Runde im Kreis.

„Hatte mein damaliger Internist also Anweisungen, mir keinen Diätschein auszuschreiben? Hätte dieser Schein die Anerkennung dieser Schädigung bedeutet? Er hätte mir geholfen“, überlege ich.

Damals gab es noch Diätläden. Läden, in denen kranke Kunden wie Diabetiker zuckerfreie Lebensmittel erwerben konnten. Es gab Diätbrot und Fruchtsaft. Vorwiegend gesunde Kost, magere Wurst und Fleisch. Mit so einem Diätschein wäre ich berechtigt gewesen, in diesem Laden einzukaufen. Da ich trotz akuter Hepatitis nicht anerkannt wurde, schlich ich von außen um diesen Laden herum und fragte hin und wieder Passanten oder Kunden, ob sie mir vielleicht etwas aus diesem Geschäft besorgen könnten.

Da ich von all diesen Beschlüssen der Expertengruppen sowie den „Verteilern“ nichts wusste, fühlte ich mich eine Zeit lang bei diesem mir zugewiesenen Internisten auch ohne Schein und Medizin gut aufgehoben und betreut. Immerhin habe ich reichlich Blut fließen lassen, wodurch ich glaubte, bestens behandelt zu sein.

Ich erinnere mich genau an die schreckliche Zeit 1979 und an all die folgenden Jahre, in denen wir, meine Kinder und ich gezuckerte Limonade getrunken haben, weil der Fruchtsaft zu knapp war. Einmal in der Woche gab es frisches Gemüse. Einmal im Jahr Südfrüchte. Schweinefleisch und Speck gab es aber immer zu kaufen, vertragen habe ich es nicht.

„Warum bitte wurde ich denn nicht als eine an Virushepatitis erkrankte Person anerkannt? Als eine Leberkranke, die einen

Diätschein hätte erhalten können? Mir ging es zum Brechen schlecht, ich fühlte mich elend und durfte keine Unterstützung, kein Medikament, keine Vitamine, keine Schonkost erhalten? Ich bin so was von empört und außer mir. Es ist alles nicht wahr! Es ist nicht wahr! Was war denn das für ein Unrechtsstaat? Warum wurde mit mir und anderen so verfahren? Ging es nur um Geld? Waren denn bereits zu viele geschädigte Frauen registriert? Wären noch mehr anerkannte kranke Frauen zu teuer geworden?

Ich erhebe mich von meinem Stuhl und laufe unkontrolliert in meinem Zimmer umher. „Ich muss an die frische Luft!"

Hastig ziehe ich meine Halbschuhe an und werfe mir eine Jacke über. Ich trete aus meinem Grundstück heraus und bin mir nicht ganz schlüssig, in welche Richtung ich laufen werde. „Ist doch egal, einfach los", denke ich, und schon bewege ich mich in Richtung nach rechts, wo nach drei Kilometern der Wald beginnt. „Weg von der Zivilisation. Weg vom Bundesarchiv. Weg von diesen Verbrechern."

Meine Glieder schmerzen. Erst nachdem ich einige Kilometer durch den Wald geschlichen bin, beginne ich mich zu beruhigen. Die frische Luft tut gut. Mein Kopf wird freier, ich kann wieder einen klaren Gedanken fassen. „Nichts wie nach Hause. Ich bin schlapp." Im Haus angekommen, koche ich mir einen Tee und lege mir einige belegte Brote bereit, Belag fettarm, versteht sich.

Mit Schwung setze ich mich auf den Stuhl. Die erste Drehung gelingt mit einem Abstoß.

Hoch geladen, aber neu motiviert, sitze ich wieder vor den diversen Schreiben.

Eines ist mir völlig klar geworden. Der Massenausbruch sollte so geheim wie nur irgend möglich gehalten werden. Alles schön zudecken. Möglichst keine Kontakte unter den Betroffenen. Das ist die beste Garantie zum Totschweigen. Kein Wissen, keine Revolte. Schön in Ruhe forschen.

Nach der Geburt meiner zweiten Tochter wurde mir zu meiner Verwunderung eine Kur in einem benachbarten Land angeboten. Verwirrt über die Großzügigkeit, ins Ausland fahren zu dürfen, trat ich die 4-wöchige Kur gerne an.

Da diese Massenverseuchung ein heikles und totgeschwiegenes Thema in unserem damaligen Heimatland, der DDR, war, konnte es nur die richtige Entscheidung gewesen sein, betroffene Frauen über die Ländergrenzen hinaus zu schicken, wo wir weder etwas ausplaudern noch zu irgendeinem Sachverhalt aufgrund der Sprachbarriere befragt werden konnten.

Mit der Zeit zog wohl in einigen Landesteilen um unsere Infektionen und deren Folgen noch mehr Ruhe ein. Einige Jahre nach Ausbruch der Virushepatitis wurden einige Geschädigte, wie es scheint, noch dazu vorsorglich bewusst vergessen. Obwohl wir hoch virusinfektiös sind, gab es zum Teil keine Kontrollen.

Eine Ansteckung und Verbreitung wurde in Kauf genommen, so waren Betroffene dem Selbstlauf überlassen. Sinnvolle Medikamente, die die Krankheit hätten stoppen können, gab es nicht.

Sachbearbeiterinnen fanden in ihren Ämtern auf Nachfrage plötzlich die Krankenakten nicht mehr. Es wurde von Verjährung gesprochen. Und so gut, wie wir als Volk erzogen waren, wurde das Wort Verjährung meist ohne Protest entgegengenommen und als solches verstanden. Widerstand gegen das SED-Regime zwecklos. Die Partei hat immer recht.

Obwohl es mir seit 1978 über all die Jahre hinweg nicht mehr gut ging, bewältigte ich den Alltag in der mausgrauen DDR irgendwie.

Nach einer Scheidung war ich neu verliebt. Es folgte wieder eine Trennung und so weiter.

Als Musiklehrerin durfte ich die Sprösslinge unserer schönen DDR unterrichten und wir sangen gemeinsam sozialistische Lieder. „Bau auf, bau auf! Bau auf, bau auf! Freie Deutsche Jugend, bau auf. Für eine bessere Zukunft …“ oder „Du hast ja ein Ziel vor den Augen, damit du in der Welt dich nicht irrst. Damit du weißt, was du machen sollst, damit du einmal besser leben wirst …“ Grandiose Texte zur Verschleierung vieler menschenunwürdiger Ereignisse.

Bis zur politischen Wende, dem Zusammenbruch des politischen Systems der DDR und dem Beitritt zur Bundesrepublik Deutschland am 03.10.1990, war alles irgendwie stehen geblieben. Unebene Straßen, stinkende Autos, qualmende Schornsteine, leere Regale, geduldige Bürgerinnen und Bürger.

Wie es in der geheimen DDR über all die Jahre gelungen ist, Menschen zu treuen und widerstandslosen Bürgern im Sinne von Marx, Engels und Lenin zu erziehen – für mich ein Phänomen.

Wie die Ursachen und weitere Hintergründe der gefährlichen Massenverseuchung dieser Größenordnung, mit dem hohen Ausmaß an Infektionsfolgeschäden und unter der Beteiligung von Mitwissern, trotzdem so perfekt im Verborgenen gehalten werden konnten, gleicht schon einer strategischen Meisterleistung.

Von einer möglichen Übertragung eines Hepatitis-Virus auf andere Menschen war einfach keine Rede. Da wir Frauen keine Ahnung über unsere hochinfektiöse Krankheit hatten, konnten wir Kontaktpersonen, wie Familienangehörige, Sexualpartner, Gynäkologen, Zahnärzte nicht vor den Viren schützen.

Es sei an dieser Stelle erwähnt, dass Frauen, die in Krankenhäuser eingewiesen worden waren, von einer „Leberkrankheit" wussten, die im Volksmund „Gelbsucht" genannt wurde. Damals glaubten aber viele noch, dass diese Gelbsucht gewöhnlich nach 6 Wochen ausgeheilt, bzw. unwiederbringlich beendet ist. Beendet heißt weg, abgeschlossen, kommt nicht wieder.

Wir wussten jedoch nichts von dieser, über das Blut übertragbaren Hepatitis-Virus-Infektion, und schließlich auch nichts über Hepatitis-C- und Hepatitis-G-Viren. Wir infizierten Frauen konnten nicht wissen, dass die anonyme Hepatitis-C-Virus-Infektion zu späten Leberentzündungen und zum Leberumbau führen kann. Wie hätten wir auch nur ansatzweise erahnen können, dass bei uns diese Virusinfektion viele, viele andere, schlimme Folgekrankheiten verursachen kann, die überhaupt nichts mit einer Leberentzündung zu tun haben, also auch keine Folge hiervon sein können.

Selbst heute, nach über dreißig Jahren, wissen die wenigsten von uns, dass als wissenschaftlich gesicherte Spätfolgen der Hepatitis-C-Virus-Infektion z.B.Veränderungen im Gehirn, abnorme Müdigkeit, kognitive Störungen und Leistungsschwäche, die HCV-Encephalopathie, Depressionen, Ängste, die Minderung der mentalen und psychischen Lebensqualität, fibromyalgieforme Beschwerden, Muskelschmerzen, Gelenkschmerzen, Gelenkentzündungen, die Vasculitis und Schilddrüsenerkrankungen gelten.

Schlimm genug, dass wir unwissend gelassen wurden. Sehr schlimm aber auch, dass wir zum Teil bis heute nicht allumfassend aufgeklärt worden sind und auch nicht aufgeklärt werden!

Außerordentlich mysteriös ist die unaufgeklärte, vergessene Zeit bis zu jenem Tag der Erkenntnis, dass bei vielen dieser Frauen nun Hepatitis-C-Viren nachweisbar waren. Seitdem fragen sich die Geschädigten, ob es nicht auch ein Politikum war oder sogar kriminell ist, was damals 1978/79 geschehen ist.

Unsere geschädigten Frauen durchlebten dieses entsetzliche, endlose Geschehen in einem diktatorischen Staatssystem, einem Unrechtsstaat. Ein Netzwerk von politisch Linientreuen war mit unserer Folgebeobachtung betraut.

Es war eine Schmach, dass 1978/79 in unserem Land, dem denkbar besten Sozialstaat, nachweisbar mehrere Tausend junge Mütter und auch Kinder krank geimpft worden sind.

Nachdem festgestellt wurde, wie immens groß das Ausmaß der Hepatitis-Infektionen war, musste überlegt werden, wie mit diesem Desaster und den Folgen umgegangen werden sollte. Es war schnell klar, dass ein Geheimhalten und Herunterspielen der Angelegenheit der einzige Weg sein könnte.

Unser Staatssystem war schließlich das beste. Das Ansehen der DDR stand auf dem Spiel. Nicht nur für die eigenen Bürgerinnen und Bürger und die anderen sozialistischen Staaten. Nein, da gab es ja auch noch die kapitalistischen Staatsfeinde, vor denen das Versagen verborgen bleiben sollte.

Und es ging um Geld. Natürlich ging es um Geld. Geld für Entschädigungen, die die Staatliche Versicherung der DDR an registrierte Geschädigte auszahlte. Allerdings war die Voraussetzung dafür die, dass die festgelegten Ärzte ihnen bescheinigten, dass sie im Zeitraum von a) … bis b) … im Zusammenhang mit der kontaminierten Anti-D-Immunprophylaxe Hepatitis-krank waren.

Viele kranke Opfer kosten viel Geld.Viel mehr kranke Opfer kosten viel mehr Geld.Viele Folgeschäden kosten viel Geld.Viel mehr Folgeschäden kosten viel mehr Geld.

So kam es wohl, dass schon Anfang der 80er-Jahre die Hauptdirektion der Staatlichen Versicherung der DDR ihre Anweisungen über die gestattete prozentuale Höhe der erlaubten Krankschreibungen pro Quartal erhielt. Diese hatte die Versicherung an die entsprechenden Stellen weiterzuleiten.

Da muss ein Mensch erst einmal drauf kommen. All das durchschauen unwissende kranke Frauen nicht. Erst nach dem Zusammenbruch des politischen Systems, ab dem Zeitpunkt des Beitritts der DDR am 03.10.1990 zur Bundesrepublik Deutschland, war es uns überhaupt möglich, ein kleines Stück weit herauszufinden, was damals genau passiert ist.

Ja, und mehr als ärgerlich ist, wie heute mit uns umgegangen wird. Nach siebzehn Jahren also, im Jahr 1995, erfahre ich durch einen Zufall von meiner Hepatitis-C-Virus-Infektion und der chronischen Hepatitis, die mich wieder in das Spinnennetz der Überwachung trieb. Ich erhalte endlich eine Registrierung:

„Chronische Hepatitis nach Rh-Anti-D-Immunprophylaxe."

Immer und immer wieder rekonstruiere ich die Vergangenheit und das Herumirren im Labyrinth der Verschwiegenheit.

„Hatte ich damals etwas überhört? Warum wurde mit einigen von uns nie gesprochen? Warum wurden einige vergessen und nicht einmal mehr zur Blutkontrolle aufgefordert? Was wäre gewesen, wenn ich Marlies, eine Bekannte, nicht getroffen hätte, die mir die Telefonnummer eines Arztes gegeben hat, der einige unserer Fälle verwaltet?

Schweigend sitze ich auf meinem Stuhl und denke intensiv darüber nach. „Was bekomme ich heraus, wo setze ich meine Nachforschungen an?" Ich kratze mich an der Nasenspitze und koche vor Anstrengung. Eisern und beharrlich lese ich Berichte, Ärzteschreiben, geheime Dokumente.

Laut den Statistiken und anderen Aufzeichnungen, die mir das Internet entgegenwirft, werden hier Zahlen von weit unter 3.000 Anti-D-Infizierungen genannt, die ich aus den schon zuvor dargestellten Gründen der mangelnden Nachweise und der unterlassenen Aufforderungen zu Blutkontrollen für nicht zutreffend halte. Durch einen Zufall stelle ich eine Zahl im Getriebe der Zusammenhänge des Anti-D-Geschehens dar. Durch einen späten Zufall besitze ich nun eine Registrierung. Die Vernachlässigung Tausender Frauen in unserem Land bewerte ich als unverantwortlich und als vernichtendes Unterlassen. Ich werde berichten.

Wir Wissenden, die wir chronisch krank sind, ziehen uns an einem seidenen Faden durchs Leben und greifen nach jedem nur denkbaren Strohhalm, der Hilfe verheißt. Doch selbst die Hilfe ist hilflos, da die Zeit noch nicht reif für Erkenntnisse ist, die uns tatsächlich gesund machen könnten. Was nützt uns nach dreißig Jahren die messbare Reduzierung einer Hepatitis-C-Viren-Last bis unter die limitierte Nachweisgrenze, wenn wir trotzdem weiter krank sind?

Geheilt heißt nur „geheilt". Geheilt heißt nicht „gesund".

Auch wenn diese Tatsache, wie es scheint, gelegentlich von gewissen Interessengruppen in andere Worte gekleidet wird.

Doch wer könnte „geheilt" in diesem Zusammenhang wohl besser beurteilen, als wir, die wir seit dreißig Jahren mit den chronischen Folgekrankheiten der Hepatitis-C-Virus-Infektion leben müssen?

Unsere Lage ist ernst, sehr wahrscheinlich nicht zu verbessern. Meine Hoffnung stirbt, seitdem ich weiß, dass es trotz begonnener Studien und virusreduzierender Therapien immer noch keine wirkliche, spürbare Hilfe für uns chronisch Kranke gibt.

Mit den neuen Erkenntnissen hat sich mein Denken grundlegend geändert. Politiker vertrösten und verzögern, Mediziner beruhigen, Wissenschaftler forschen, die Pharmaindustrie verdient an virusreduzierenden Medikamenten.

Drei Jahrzehnte nach der Viren-Verseuchung kommen unsere Schreie nach Hilfe verfrüht. Der Prozess unseres langsamen Abganges aufgrund der Infektionsfolgekrankheiten ist nicht aufzuhalten. Was hörte ich neulich von einem Wissenschaftler? „Unsere Aufgabe ist es erst einmal, das Virus zu verstehen.“ Ein einziger Satz, gesprochen im Jahre 2008, prägt sich ein. Er verdeutlicht unsere Lage, es ist beängstigend.

„... erst einmal ...“ dauert für uns so furchtbar lange und immerhin schon dreißig Jahre. Erst einmal ... bis ungewiss, diese Zeit überstehen viele Frauen nicht. Ich werde berichten.

Die Wahrheitsfindung kostet mich Zeit, ist für mich überaus schmerzlich und anstrengend. Es ist nur zu gut vorstellbar, dass die Erforschung des Hepatitis-C-Virus noch Jahrzehnte verschlingen wird. Bis das Virus und der Mechanismus für die Entstehung seiner Folgeschäden endlich verstanden sind, wird es uns wohl nicht mehr geben.

Sicher wird in ferner Zukunft, den an dieser Infektion und an den Folgekrankheiten leidenden Menschen besser geholfen werden können. Wenn der geheimnisvolle Hepatitis-C-Virus Genotyp 1b lang genug beobachtet worden ist und schließlich wirkungsvollere Medikamente eingesetzt werden können. Den durch diese Virus-Infektion ausgelösten körperlichen, vor allem aber geistigen Verfall zu stoppen, das werde ich wahrscheinlich nicht mehr erleben dürfen. Leider.

Wenn uns seriöse Studien angeboten werden würden, an denen wir teilnehmen könnten, wären wir die lebende Vorhut für eine bessere Zukunft der Menschheit.

„Für eine bessere Zukunft ...“ Plötzlich singe ich dieses Lied. Wir müssen fest daran glauben. So schleicht sich eine positive Perspektive in mein Denken und wertet mein Dasein auf.

Einen Teil von dem, was die Mediziner mir verschwiegen haben, entnehme ich einer Studie, die den „natürlichen Verlauf“ der Hepatitis-C-Virus-Infektion darstellen soll. Dabei vergessen Experten die gleichzeitige Erwähnung der Kontaminierung mit dem G-Virus. Doch dazu später mehr.

Obwohl die Erforschung des Hepatitis-C-Virus noch in den Kinderschuhen steckt, sprechen gewisse Studienziele bereits von der Ausrottung. Meine Verwunderung ist groß, Fiktion und Realität klaffen eben oftmals weit auseinander.

Immer wieder schließe ich die Augen. Vielleicht kann ich mich so besser konzentrieren.

„Was steckt hinter der Studie, die über den sogenannten natürlichen Verlauf der Hepatitis-C-Virus-Infektion so bereitwillig Auskunft geben will? Warum werden hier nur ganz bestimmte Fragen gestellt und beantwortet? Warum will man gerade das eine wissen und im Ergebnis darstellen, das andere aber nicht? Wer bezahlt so eine Studie eigentlich? Und was soll mit den dargestellten Daten hinterher erreicht werden?"

Ich öffne meine Augen wieder. Dabei verfängt sich mein Blick fragend an den „Drei Affen", die am Kamin in meinem Zimmer ihren Platz gefunden haben.

„Das könnt ihr mir auch nicht sagen, oder?"

Eine Ewigkeit starre ich die Holzkreaturen an. Denke über den einzigartigen, tiefsinnigen Hintergrund ihrer Posen nach. „Da hockt ihr nun, stumm, blind und taub. Jeder von euch voll konzentriert auf nur eine Sache, nicht reden, nicht sehen, nicht hören. Was ist los mit euch? Warum erfahre ich so wenig? Ihr könntet doch einmal irgendetwas preisgeben. Irgendetwas. Ich bitte euch." Keine Reaktion. „Holzköpfe!", rufe ihnen zu.

Seriöse Studien an uns deutschen Frauen, die dem Zweck dienen, die schlimmen gesundheitlichen Infektionsfolgeschäden, wie z.B. die Veränderungen am Gehirn oder am zentralen Nervensystem aufzudecken, haben leider erst in jüngster Zeit begonnen. Derartige Studien sind seit vielen Jahren längst überfällig!

Wir leiden seit und nach der Hepatitis-C-Virus-Infektion unter zunehmenden Funktionsstörungen, die mit dem Gehirn und dem zentralen Nervensystem zusammenhängen. Natürlich ist es in unserem eigenen Interesse, dass hier genauer geforscht wird, mit dem Ziel, zu erfahren, was wir gegen diese Beeinträchtigungen tun können.

Allerdings möchten wir nicht, dass derartige Studien von den alten DDR-Seilschaften organisiert und durchgeführt werden. Wir haben lange genug miterlebt, dass unsere multiplen Infektionsfolgekrankheiten schon all die Jahre nicht gesehen und zum Teil heruntergespielt worden sind. Die Reduzierung der Hepatitis-C-Virus-Infektionsfolgen nur auf eine Leberkrankheit war über dreißig Jahre lang verkehrt. Von endlosen Blutkontrollen und unnötigen Leberpunktionen haben wir die Nase voll! Diese Leute wollen wir nicht mehr sehen!

Aber seriöse sinnvolle Studien kosten Geld, müssen gefördert werden. Leider sind in unserem Land wohl immer andere Dinge wichtiger.

Wissentlich virusinfizierte Frauen warten auf Hilfe. Die Zeit läuft gegen uns. Begreift das eigentlich niemand? Hört uns denn das Bundesministerium für Gesundheit und Soziales und das Bundesministerium für Bildung und Forschung?

Wie oft gibt es in der Geschichte der Menschheit schon eine derartige Gruppe an lebendigen Untersuchungsmaterialien und Reserven an Blut?

Seriöse Wissenschaftler hätten die einmaligen Chancen, mit großen Kohorten (Menschengruppen) ergebnisorientiert zu arbeiten.

Eine sinnvolle, gute Sache, aber wer bezahlt das?

Viele der registrierten Frauen fühlten sich in der Deutschen Demokratischen Republik für die Forschung benutzt. Unsere Daten der Blutwerte und Leberpunktionsergebnisse legen sich wie ein Spinnennetz über uns. Die schwarze Spinne, die dieses geheime Terrain heute streng überwacht, ist mitnichten gefällig.

Mediziner verschließen scheinbar aus Unwissenheit ihren Mund. Machtorgane aus finanzpolitischen Gesetzesgründen anscheinend ihre Ohren. Wir Frauen irgendwann für immer unsere Augen.

Wir schreien „Unrecht!“ in die Welt, doch noch immer sind wir offenbar zu leise. Ist es nicht vorgesehen oder vielleicht verfrüht, uns zu verstehen? Das gerufene Wort passt nicht in die

Statistik. Bereits erkannte, verstandene Verläufe passen nicht ins Budget.

Nachdem ich meine zweite Interferontherapie (freiwillige Studienteilnahme) im Jahr 2004 beendet hatte und voller Optimismus hoffte, dass das Hepatitis-C-Virus für immer weg sein könnte, verdrängte ich die Besorgnis um meinen Gesundheitszustand, der weiterhin mit Ängsten und Schmerzen einhergeht. Echte Freude über den festgestellten negativen Laborbefund bleibt unerklärlich aus. Erst Jahre später erfahre ich, dass nach meiner Virus-Infektion die Laboruntersuchungen mit ihren Ergebnissen gar keine Aussage darüber treffen konnten, ob meine Hepatitis-C-Virus-Infektion tatsächlich weg ist oder nicht. Die technischen Messmethoden sind limitiert.

Meine Aktivitäten bleiben träge, und die Müdigkeit nimmt zu.

„Freu dich doch, dass du negativ bist", spricht meine Mutter während eines Besuchs zu mir. Sie verfolgt genau mein Befinden und erhofft meine Unternehmungslust zurück. Doch ich kann ihr diesen Wunsch nicht erfüllen.

„Mutti, irgendetwas wurde durch die Medizin oder durch das Virus in mir ausgelöscht. Ich weiß nicht, was. Die Hepatitis-C-Virus-Infektion ist mit der erfolgreichen Therapie nicht beendet, die Folgekrankheiten sind nicht weg. Es ist nur so, dass mit der virusreduzierenden Therapie die Viren unter die messbare Nachweisgrenze gedrückt wurden. Sie können jederzeit wieder messbar werden. Wer kennt schon vorher die Verläufe und Ausgänge? All die Nebenwirkungen der Medizin?" Traurig und still sitzen wir eine Zeit lang nebeneinander. Dann kurbele ich meinen müden Geist an, um Mutter nicht unnötig zu beunruhigen. Wir trinken gemütlich Kaffee, und sie erkundigt sich nach meiner Freundin Iris, die ebenfalls Hepatitis-C-Virus-Betroffene ist.

Seit der Infizierung begleiten wir uns. Iris ist ein Teil meiner Familie geworden und oft Mittelpunkt unserer Unterhaltungen. Dass uns die Krankheit auf ewig verbinden könnte, ahnten wir beim Kennenlernen im Krankenhaus nicht. Iris war meine Bettnachbarin, wir freundeten uns schnell an. Wir gaben uns damals charakteristische Spitznamen. Wutnoppe, so hieß Iris. Manchmal nenne ich sie heute noch so. Mein Name war Gichtassel, weil ich immer so erbärmlich blaugraue kalte Füße hatte. Es gab eine Goldrippe, weil diese junge Frau zum Fürchten gelb aussah. Der Name Pickelfee wurde vergeben, weil eine so wunderbare Pickel auf ihrem Hinterteil hatte, die wir alle beim Waschen vor dem einzigen, offen sichtbaren Waschbecken sehen konnten. Eine hieß Flugente, eine junge, magere Frau Viertelpfund, eine andere junge Mutter nannten wir Püschelmasche.

Der Nachmittag bei meinen Eltern verfliegt, und wir verabschieden uns herzlich und innig. „Lasst es euch gut gehen", rufe ich meinen Eltern durch die geöffnete Fensterluke meines fahrenden Autos zu. „Du dir auch!", ruft Vater zurück.

„Ich muss morgen unbedingt ein Treffen mit Iris organisieren!", denke ich und schließe die Tür hinter mir zu. Auf dem Weg in das Bad ziehe ich mich nackt aus und betrachte neugierig meinen Körper. „Bald geschafft, bald habe ich wieder ein normales Körpergewicht."

Tag für Tag stelle ich mich auf die Personenwaage und erfreue mich an der stets heranwachsenden Zahl des Zeigers. Mit Schwung springe ich auf das Messgerät und sehe, wie die Drehscheibe gründlich ausschlägt. Doch zu guter Letzt bleibt die Zahl Fünfzig noch immer unerreicht.

Ich bürste mein Haar und freue mich, dass wenigstens der Haarausfall nachgelassen hat. Meine Wangenknochen, so scheint es, sind nicht nur noch von Haut überspannt. „Es wird schon wieder", sage ich mir und betrachte mich im Spiegel. Vorwärts immer, rückwärts nimmer, das haben wir ja gelernt. Die trockene Haut schnell eingecremt, und schon schlüpfe ich in mein Nachthemd.

Dennoch spüre ich kaum Kraft und Energie. Noch immer bin ich abgemagert und leicht wie eine Feder. Für den Abend lege ich mir eine Vielfalt von Gaumenfreuden bereit und widme mich dem angebotenen Fernsehprogramm. Immer wieder greife ich nach Konfekt, das ungezählt zu Hause in Schachteln verteilt herumliegt und danach schreit, gegessen zu werden. Hatte ich die bereitliegenden Chiptüten schon erwähnt? Der Abend verläuft harmonisch und so genüsslich, wie schon lange nicht mehr. Ich rufe meine Freundin Iris an, und natürlich ist sie mit einem Treff am morgigen Tag einverstanden.

„Sie müssen etwas essen“, sagt eine mitfühlende Bekannte. Wir begegnen uns geradewegs vor einer Kindereinrichtung, in der ich meinen Nachmittag verbringen werde.

„Ich esse mich schon satt. Der eine kann essen, was er will, und nimmt nicht zu, ein anderer wird schon beim Blick auf eine Torte füllig. Machen Sie sich keine Gedanken.“ Ich will nichts aus meiner Lebensgeschichte preisgeben. So weiche ich aus und vertröste die Menschen aus meinem Bekanntenkreis, die es ganz sicher nur gut mit mir meinen und die sich ernsthaft um mich sorgen. Ich kann ihnen die Wahrheit nicht sagen.

Jegliche Tätigkeiten übe ich schonend aus. Bloß keine unnötigen Kalorien verbrennen.

Weihnachten steht vor der Tür, und als selbstständige Musiklehrerin bin ich nicht nur mit zahlreichen Konzerten beschäftigt, die gründlich vorbereitet und organisiert werden müssen. Ich arbeite an meiner Figur und denke an meine Familie.

„Das ist für Sie – und viele Grüße von meinen Eltern und frohe Weihnachten!“, sagt eine kleine Schülerin freudig. In der letzten Unterrichtsstunde vor den Feiertagen streckt sie mir eine Schachtel Konfekt entgegen.

„Oh, wie nett, da freue ich mich sehr. Sage deinen Eltern vielen Dank, und ich wünsche eurer Familie auch frohe Weihnachten.“

Schon beim Nachhausefahren öffne ich den Kasten mit der süßen Köstlichkeit. Mein verschwundener Geschmackssinn hatte sich nach der Therapie besonnen und ist zurückgekehrt, wenigstens etwas. Unterwegs halte ich an einem Kaufhaus an, um für Iris eine beeindruckende Kleinigkeit zu erbeuten. „Diese leuchtend fröhlichen Farben heißen die Kunden wirklich willkommen“, denke ich. Beim Betreten schwirrt mir betörender

Duft entgegen, den ich genieße und von dem ich mich in den Schlund der Verführungskunst hineinziehen lasse, in ein Kaufhaus eben. Weihnachtliche Musik berieselt die Kunden und animiert zum Verweilen. Die zarten Düfte des Buttergebäcks frohlocken und ziehen mich magisch an. Da gibt es die leckersten Kekse mit Schokolade, aber auch ohne. Die Regale sind übervoll, und die Menschen plauschen gerne vor den Genüsslichkeiten. Es hat etwas Sanftes, Friedliches, etwas von einer heilen Welt.

Eine seltsame Furchtsamkeit überkommt meinen Körper, und ich bemerke, dass ich dieser geruhsamen Geschäftigkeit noch immer nicht standhalten kann. Ich klammere mich an meinen Einkaufswagen, der mir ein Stück weit Sicherheit und Halt gibt. Ich denke an die schlimmen Depressionen im Therapiejahr 2003, deren Ausläufer ich nicht loswerde. Ich gebe mir alle Mühe und befolge die Ratschläge meiner Psychologin, die mir empfiehlt, dass ich mit der Angst reden solle, wenn sie zu mir kommt. Nur kann ich ja nicht ständig mit mir und meiner Angst reden. So versuche ich die Ängstlichkeit zu verscheuchen.

„Ist ja gut, mir passiert schon nichts. Was soll mir denn auch vor den Regalen mit den wunderbaren Leckereien passieren? Alles ist so hübsch dekoriert. Die Mitarbeiter des Hauses gaben sich enorm viel Mühe, um die Kunden zu verführen, und was mache ich? Ich komme hier rein und rede mit meiner Angst. O.k., ich muss mich ja nicht verführen lassen, so bekomme ich auch keine Schulden und brauche dann auch keine Angst vor der Zukunft zu haben. Was ich wirklich brauche, ist etwas, was mir hilft, gesund zu werden.“ So führen mich meine Gedanken durch das endlos überfüllt erscheinende Kaufhaus.

In meiner Erinnerung taucht ein kleiner Laden auf, der eine Fläche von sechzig Quadratmeter hatte.

Diese Verkaufseinrichtung war dafür zuständig, mindestens zweitausend Menschen zu versorgen. Hier lagerte alles, was wir zum Überleben benötigten. Milch, Butter, Salz, Zucker, Brot, Käse, sonstige Gewürze, Limonade, Wein, Bier, Kaffee.

Ein aus Metall geflochtenes kleines Handkörbchen, das unmittelbar am Eingang stand, sowie mein eigener Korb, an den sich meine Kinder klammerten und der mich mit leerem Flaschengeklirr bis zu dieser Verkaufseinrichtung begleitete, wurden an den Regalen entlanggeschleppt und oft genug ertönte ein „Oh, Entschuldigung!"

Die kurzen Gänge waren etwa einen Meter breit. Die Kunden rangierten sehr rücksichtsvoll aneinander vorbei. Das Einkaufsgut lag oder stand leblos in den Regalen. Die matte Beleuchtung zwang oft zum Befühlen oder Riechen an Gewürztüten. Oft befand sich ein kleines, von Hand beschriebenes Schildchen an den Pfeffertüten oder am Tomatenmark. „Bitte nur einmal nehmen." Sobald ich so eine Bitte las, war die Hamsterei vorprogrammiert.

„Oje, der Ketchup geht aus. Ich muss in einen anderen Laden und mich mit Ketchup bevorraten. Wer weiß, wann die nächste Lieferung kommt?!" Die Kundschaft wurde durch diese kleinen Schildchen am Laufen gehalten. Letztlich hatte ich aber immer mehr in meinen Küchenschränken, als ich tatsächlich verbrauchen konnte. Bis auf die Diätwaren, die fehlten.

Im Ausgangsbereich des kleinen Ladens wartete das schwere Flaschengut, das erst nach dem Bezahlen in den eigenen Korb gestellt wurde. Das Finanzproblem löste eine Verkäuferin auf einem Zettel per Kopfrechnen, und der Kunde vertraute ihr. Es sei denn, dieser war schneller als die Kassiererin. Unspektakulär und zügig verlief so ein Einkauf, dafür mehrmals in der Woche. Es gab zusätzlich Gemüsetage. Auch Joghurt wurde nur einmal in der Woche angeliefert. So konnten wir Kunden immer davon ausgehen, dass die Waren frisch, aber auch sofort vergriffen waren.

Mehr als zwei Glasflaschen Milch, zwei Flaschen Limonade, Brot, Butter, Marmelade, eine Packung Eier, vielleicht einen Klatsch auf ein Stück Papier geworfenen Quark, Sauerkraut aus einem Fass oder anderes Gemüse wie Weißkraut oder Möhren gingen eh nicht in meinen Korb, den ich unter den Kinderwagen in die Ablage stellte. Die Stabilität dieses Kinderwagens war enorm und unübertrefflich. Zu meiner Freude brach nicht einmal eine Achse, und auch das Netz riss nicht, das mir stets überfüllt vor den Beinen baumelte, obwohl ich allerlei Krimskrams aus dem Kindergarten, einem Textiliengeschäft oder Schuhladen von A nach B etwa fünf Kilometer heimwärts schieben musste, nach meiner Arbeit.

Der Fleischer, mit einer noch viel kleineren Verkaufsfläche, befand sich gleich neben dem Lebensmittelladen. Einmal in der Woche suchte ich ihn nach meinem Besuch im Konsum auf. Das Einkaufsgut verblieb derweil im Kinderwagen. Meine Mädchen wurden ausgefädelt und in den stets überfüllten Fleischerladen getragen, wo sie vom Steinboden aus den Käufern unter die Wäsche schauen konnten.

Wenn auch nicht immer der ersehnte Braten erworben wurde, so diente dieser kleine Laden doch oft zum Aufwärmen oder Gesprächebelauschen. Die Menschenschlange rückte langsam von außen nach innen und kräuselte sich dann im Laden selbst. Die Enge überraschte keinen einzigen Kunden. Jeder war froh, wenn er die Ladentür von innen schließen konnte. So quetschten sich zahllose Menschen in den Verkaufsraum und genossen den Duft der frisch geräucherten Wurstwaren.

Mehr als einmal, genau genommen sehr häufig, konnte ich beobachten, wie sich Kunden über die niedrige Theke schwangen und dann sehr leise mit der Verkäuferin redeten. Diese verschwand danach sofort in einen Nebenraum. Aus diesem holte sie etwas ganz Besonderes. An der Endsumme konnte ich feststellen, dass nicht nur Knochen für eine Suppe in diesen Paketen gelegen haben konnten.

Mein Berufsstand als Pädagogin und meine finanziellen Möglichkeiten boten für die Fleischerei keinen Anreiz zu einem Sonderpaket. Rouladen, Schnitzel und Eisbein ade. Nicht ein Mal verschwand die Verkäuferin wegen mir in ihren „eigentlichen" Laden. Nicht ein einziges Mal. Mein Mann war kein Elektriker, Ofensetzer, Klempner oder Bürgermeister. Einen Diätschein hatte ich auch nicht.

Seit der politischen Wende, der Wende von Ost zu West, Sozialismus zu Kapitalismus, schlich sich ein völlig neues Kaufgefühl ein. Die kleinen Läden verschwanden, und der Zeitfaktor meines Einkaufens hatte sich geändert. Gnadenlos werden wir nun an den verführerischen Regalen vorbeigezerrt. Die Auswahl ist groß, was die Entscheidung für ein Produkt unendlich erschwert. Angestachelt durch Beleuchtungen, Farben, Düfte, Musik und vermeintliche Preisreduzierungen, sollen wir dem Kaufrausch verfallen.

Oft genug entscheidet jedoch der Kontostand über den Einkauf. Anonym stillen wir unser Verlangen nach Besitz, und prall gefüllte Wagen rattern vom Einkaufsgelände, damit der Inhalt in die größeren Blechwagen umsortiert werden kann. Während ich gerade noch dabei bin, über die Frage nachzudenken, „wie haben wir das früher nur geschafft?", wird mein Sinnen jäh unterbrochen.

Ein zartes Stimmchen dringt an mein Ohr: „Du bist ja ganz versunken. Du siehst überhaupt keinen Menschen mehr!"

Meine suchenden Augen verlassen die bunten Preisschilder, und mein Blick landet schließlich bei einer Dame.

„Heute, habe ich mir gedacht, spreche ich dich einfach einmal an. Schon zweimal hast du mich nicht bemerkt", sagt Marlies, eine langjährige Bekannte und auch eine vom Impfskandal betroffene Frau, von der ich einst die wichtige Telefonnummer und die Adresse meines Blutkontrolleurs erfuhr. Unsere Plauderei geht sofort los. Ab und zu schnappe ich dabei kurz die Kaufhausluft, so, als strenge mich das Gespräch besonders an. Scheu schaue ich die Gänge auf und ab, damit bei unserem heiklen Thema kein bekanntes Ohr mithören kann. Es geht einzig und allein um unseren Gesundheitszustand.

Während wir reden, werden jede Menge Einkaufswagen an uns vorbeigeschoben. Ab und an greift ein Kunde zwischen uns hindurch nach einer Kekstüte oder schimpft seinen Wagen an, weil ein Rad klemmt oder schleift und so das zügige oder gemütliche Einkaufen hemmt.

„Ich muss hier raus", sagt Marlies plötzlich, „mir wird das alles zu viel. Wir können uns doch einmal treffen und in Ruhe reden?!"

„Sehr gern" erwidere ich. „Lass es dir gut gehen!" „Ja, du dir auch, ich melde mich nach dem Weihnachtsfest bei dir!", rufe ich ihr kurz hinterher.

Zielstrebig laufe ich an den Regalen mit Keksen und Waffeln entlang und lege einige Schachteln in meinen Einkaufswagen, ohne diese auf Zucker und Fettgehalt zu überprüfen. Ich habe keine Zeit, einen Preisvergleich anzustellen, denn ich will, so schnell es geht, diesem Trubel entkommen und schließlich zum vereinbarten Treff mit Iris gelangen. So beeile ich mich, die nötigen Appetithappen einzuhamstern. Mir ist klar, dass die teuersten Produkte in Augenhöhe und bequemer Reichweite für den Kunden liegen, und so bücke ich mich beim Einladen der Tüten und hoffe dabei, dass die Verkaufsstrategie sich nicht geändert hat.

Butterkekse mit Zucker bestreut, Mandelhörnchen aller Sorten und alles, was mich anlacht, lade ich in meinen Korb. „Ich muss die fünfzig Kilo Körpergewicht erreichen." Es bereitet mir wieder etwas mehr Freude, süße Genussmittel zu kaufen und schließlich zu verzehren.

„Das nehme ich Iris mit", denke ich und halte ein Netz voller Orangen in die Luft. „Sie muss unbedingt Vitamine zu sich nehmen, sonst kann sie den körperlichen Qualen der bevorstehenden Interferontherapie nicht standhalten." Während der ursprüngliche Anlass meines Einkaufs eilig in meinem Einkaufswagen landet, bleibe ich auf einem Fleck stehen, orientiere mich kurz und laufe geradlinig auf ein Regal zu, wo ich noch etwas Hübsches für die Dekoration vermute. „Wo kann ich denn das Zeug hier finden? DEKO war doch sonst immer hier?!", schnaufe ich und schaue suchend den Gang entlang. „Die haben schon wieder umgeräumt. Furchtbar! Damit die Kunden an Produkten vorbeimüssen, die sie noch nicht kennen. Dieses andauernde Hin- und Hergeräume macht einen ganz verrückt. Eh man da was findet, ist es Abend." Schon hängen meine Gedanken wieder in dem kleinen Laden fest, wo Jahre lang kein Produkt von seinem Platz weggeräumt wurde. „Übersichtlich bitte, ich hätte es gerne bleibend übersichtlich", murmle ich vor mich hin.

„Na endlich, gefunden. Nichts wie raus hier", denke ich und schiebe mich dem Kassenbereich entgegen. An irgendeine Kasse stelle ich mich an. Anscheinend ein guter Beobachtungsposten.

Meiner Ängstlichkeit entfliehend, erheitere ich mich über das Verhalten der emsigen Kundschaft links und rechts von mir. Alle suchen nach der absoluten Vorteilskasse, was den Zeitfaktor Warteschlange angeht.

„Aha, siehe da, zwei ganz Schlaue." Ein Pärchen trennt sich, und verschiedene Kassen werden angepeilt. Sie driften auseinander, um sich schließlich getrennt an verschiedene Kassen anzustellen. Wir warten. Urplötzlich schiebt die Frau ihren Wagen durch die Menschenschlange, in der ich mich befinde. Sie steuert zügig ihrem Mann, links von mir, entgegen. Dort muss es wohl viel schneller gehen. „Sehr sportlich." So lasse ich mich eine ganze Weile unterhalten, bis ich selbst, so zielstrebig wie vorhin herein-, nun auch wieder hinausfahren kann.

Iris ist an einem Punkt angekommen, an dem ich zuvor war, als ich den Stapel Zettel in die Ecke geworfen hatte, auf dem eine Riesenanzahl von Nebenwirkungen stand, die diese Medikamente Interferon und Ribavirin verursachen können. Ich denke mit Grausen an die Zeit zurück, in der ich mein Leben als nicht mehr lebenswert eingeordnet habe, sofern mir eine Einordnung meines Zustands in einer psychiatrischen Abteilung überhaupt noch möglich gewesen war. Ich denke mit Schaudern daran, wie mich damals Wattefetzen umhüllten und wie mein Geisteszustand weder tot noch lebendig war.

Nachdem ich meine zweite Therapie überstanden habe, noch lebe und mich langsam erhole, möchte ich Iris so gut ich kann mit aller Kraft und Energie unterstützen. Ich werde sie in allen Lebenslagen des bevorstehenden Jahres, in dem sie ihre zweite Therapie durchführen wird, begleiten.

Iris erwartet mich schon wie gewohnt, und wir erkundigen uns als Erstes gegenseitig nach unserem Befinden. Wir umarmen uns, und ich weiß, dass ich ihr an diesem Abend viel Mut und Kraft zusprechen muss.

„Lass dir die Orangen schmecken, liebe Iris. Eine kleine Weihnachtsüberraschung. Du musst sie aber auch wirklich essen."

„Vielen Dank. Na, da hab ich ja etwas vor mir", sagt Iris und zeigt auf einen blauen Eimer voller Orangen. „Den gab es heute bei uns im Kaufhaus. Zum Selbstbeladen, bis der Henkel kracht." Wir lachen uns an.

Fest entschlossen, nach all dem, was sie im letzten Jahr erlebt hat und erleiden musste, will Iris nun der Vermehrung des Hepatitis-C-Virus trotzen.

Bevor sich Iris die erste Spritze gibt, sieht sie mich an und fragt: „Soll ich diese Therapie wirklich durchführen?" Sie kennt meine Therapiegeschichte sehr genau, und sie weiß, was ich in dieser furchtbaren Zeit durchlebt habe.

„Ich weiß es auch nicht. Da diese Therapie nur eine virusreduzierende Therapie ist, könntest du es eigentlich auch lassen. Es ist nur eine einzige Quälerei. Bei mir ist seit der Therapie keine gesundheitliche Besserung eingetreten. Im Gegenteil. Obwohl die Therapie erfolgreich war, der Virus nicht mehr messbar ist, bin ich immer noch unverändert krank. Eine wesentliche Änderung habe ich damit nicht erreicht, jedenfalls keine Besserung." Ich bin traurig und versuche, es mir nicht anmerken zu lassen.

„Das sagst du mir jetzt, wo ich dieses Zeug daliegen habe?! Ich muss es einfach probieren. Kommst du mich auf der Psychiatrie besuchen?", fragt Iris, und ich antworte: „Auf jeden Fall, ist versprochen. Du kannst auf mich zählen. Vielleicht erkennen mich die Pfleger und Krankenschwestern ja noch."

„Ich habe schon Angst vor den Nebenwirkungen, das kannst du dir sicherlich vorstellen. Ich habe mich bei anderen Frauen erkundigt. Es kann sein, dass auch unter der Therapie neue Krankheiten entstehen, die hinterher bleiben. Trotz der Therapie muss nichts besser werden. Chronische Folgekrankheiten der Infektion sind nach vielen Jahren nicht ohne Weiteres auszumerzen", sagt Iris leise und traurig.

„Ausgeheilt sein ist leider nicht mit einem Gesundsein gleichzusetzen. Wenn es so wäre, dann bräuchte ich mir für meine letzten paar Jährchen keine so großen Gedanken und Sorgen mehr machen." Iris hält inne. Dann fährt sie mit leiser, trauriger und zitternder Stimme fort: „Einfach so wurde mir das Leid zugefügt, und nun muss ich mich diesen Qualen aussetzen, ein ganzes Jahr lang. Wir alle müssen uns sorgen und müssen zusehen, wie wir klarkommen."

Ich höre meiner Freundin aufmerksam und ebenfalls traurig zu. Wie es ihr tatsächlich in diesem Moment geht, kann ich nur erahnen. Ich erkenne ihre Wut und ihren Zorn über die damalige Straftat und sehe das Leid, auch aufgrund ihres allgegenwärtigen schlechten Lebensgefühls. Unser Sein ist ungewiss.

„Möchtest du, dass ich bei dir bleibe, wenn das Medikament wirkt?"

„Also gut, ich werde mir die Nadeln in den Leib jagen. Ich werde den interessierten Beteiligten zu neuen Ergebnissen verhelfen. Ich werde mein Blut der Wissenschaft zur Verfügung stellen. Du musst aber nicht dableiben. Nein, musst du nicht, du hast doch auch einen langen Tag hinter dir. Ich werde es schon überstehen und hoffentlich überleben."

In diesem Moment rollen Tränen aus meinen Augen. Schnell wische ich sie weg. Ich will Iris doch Kraft geben und sie unterstützen. Ich darf jetzt nicht wehleidig sein, kein Jammerlappen.

Ich denke an die erste Medikamentengabe bei meiner zweiten Therapie. Damals war ich froh, bei meiner Mutter in sicherer Obhut und unter Aufsicht die Wirkungen zu ertragen.

Die Reaktion auf die erste Spritze, zum Zeitpunkt der ersten Therapie, durchlebte ich in einem Krankenhaus. In dieser Nacht dachte ich, meine letzte Stunde sei gekommen. Die Zeiten verändern sich, und der Beginn einer Therapie in einem Krankenhaus anscheinend nicht mehr nötig. Wir Patientinnen erhalten die Medizin, eine kurze Einweisung in die Handhabung der neumodischen Spritzentechnik und die Worte „alles Gute".

Iris trug in den vergangenen Jahren ihre Eltern zu Grabe, und ihre seelische Verfassung hätte weitere Strapazen nicht zugelassen. In dieser Stunde der Entscheidung kann ich ihr nur Mut zusprechen, wie es ihre Mutter getan hätte. Die Kraft für die medikamentöse Behandlung muss Iris allein aufbringen.

„Liebe Iris, du weißt, dass ich immer für dich da sein werde, egal, wie es dir geht. Ruf mich sofort an, wenn du etwas brauchst.

Auch wenn du nur reden möchtest. Ich werde sofort bei dir sein. Kopf hoch, halte durch! Ein Jahr geht schnell vorüber. Rufe mich morgen Abend bitte an, damit ich weiß, wie es dir geht." Iris bedankt sich für meine Worte, und wir verabschieden uns. „Alles Liebe und Gute, und wenn etwas ist, dann werde ich da sein. Du schaffst es. Du musst es schaffen. Du kannst mich doch nicht alleinlassen!" Wir umarmen uns noch einmal, und ich schaue auf die bereitgelegte Spritze und auf die Tupfer zur Desinfektion der Einstichstelle. Dieser Anblick und der Geruch lösen entsetzliche Gefühle in mir aus, doch lasse ich es Iris nicht spüren.

Ich setze mich in mein Auto und fahre los. In mir kocht unbändige Wut, dieses Wahnsinns wegen. Als ich außer Sichtweite bin, halte ich an und weine einfach so los. Obwohl ich Iris meine Unterstützung zusagte, habe ich nicht die geringste Ahnung, wie ich ihr beistehen könnte. Ich fühle mich selbst hilflos. Seit nunmehr dreißig Jahren leben wir mit der Hepatitis-C-Virus-Infektion. Ein Wunder schlechthin, dass uns die Folgekrankheiten noch nicht gänzlich vernichtet haben.

Am nächsten Abend schiele ich unentwegt zum Telefon und warte auf den Anruf von Iris. Kein Läuten, nicht einmal das leiseste Knistern gibt das Gerät von sich. Ich hebe den Hörer ab und überprüfe, ob die Leitung noch funktionstüchtig ist. Äußerst vorsichtig lege ich den Hörer wieder auf. Es ist nach zwanzig Uhr. Voller Sorge rufe ich meine Freundin an, doch es nimmt niemand ab.

„Was ist denn mit ihr? Hoffentlich ist nichts passiert." Ich lenke mich mit häuslichen Nebensächlichkeiten ab.

Endlich, es klingelt. Ich laufe zum Apparat und nehme den Hörer ab. Undeutlich, fast flüchtig, höre ich den Namen eines Herrn, den ich nicht sofort einordnen kann. Wer könnte das sein? Seine Worte prasseln unaufhaltsam auf mich ein, sodass es mir schwerfällt, einen klaren Gedanken zu fassen. Aufgebracht röhrt er sein Anliegen in den Hörer, sodass ich ihn schließlich doch an der Stimme erkenne. Es ist nicht das erste Gespräch dieser Art, das ich mit diesem Herrn führen „darf".

Es ist der Vater eines Schülers, der mir soeben mitteilt, dass er seinen Sohn ab dem neuen Jahr nicht mehr in die Musikschule schicken wird. Er rechnet mir meinen Lohn vor, und ich bin baff, wie viel ich verdiene. Er schätzt meine Einnahmen ein und sagt: „So viel wie Sie möchte ich einmal verdienen. Wir können uns dieses Honorar für Sie nicht mehr leisten. Wir können nicht nur für andere arbeiten. Wir halten das Gedudel nicht länger aus. Mein Sohn will zukünftig zum Reiten gehen, und das kostet zusätzlich."

Ich schlucke bedeutungsvoll, mir fehlt die Kraft zum Streiten. Um überhaupt etwas zu sagen, antworte ich so sachlich wie nur möglich. „Sie haben vollkommen recht mit Ihrer Vermutung. Es ist unglaublich horrend, wie viele Versteuerungen, Gebühren und Abgaben ein arbeitender Mensch zu erbringen hat. Zahlungen, von denen er weder satt noch glücklich wird.

Wer von meiner Selbstständigkeit alles lebt, Herr P. Sie haben gar keine Vorstellung. Möchten Sie das wissen?" Mein Puls steigt.

„Sicherlich das Finanzamt mit der sogenannten lieblichen Märchensteuer", plärrt der Herr sofort nach, „das Steuerbüro, die Mineralölgesellschaften, die Kommunen, denen die Gewerbesteuer in den Rachen geschleudert wird. Ich bin auch selbstständiger Unternehmer."

Dank seiner Lautstärke ist seine funkenschlagende Wut nicht zu überhören. Er äußert sich abfällig, referiert ausgiebig über Ungereimtheiten in diesem Staat und über die miese Auftragslage. Dabei sind Punkt und Komma zwischen seinen Sätzen nur zu vermuten. „Wie schafft er das mit der Atmung?", überlege ich. Er redet und redet, aber ich kann ihm nicht folgen. Iris ruft jetzt vielleicht in diesem Moment an, und er hält die Leitung besetzt. Gereizt unterbreche ich seinen zornigen Anfall: „Sie treffen den Nagel auf den Kopf. Sie haben so was von recht!"

Ich stelle mich auf sein Niveau ein und bin völlig seiner Meinung. Irgendwo, vermutlich in der Mitte der Leitung, trifft unsere Wut aufeinander. Seine Angriffslust und sein Ton verärgern mich, es kostet mich Kraft, ruhig zu bleiben.

„Es ist unglaublich, Herr P., wer alles von Ihrem Geld lebt. Alle halten die Hand auf, alle die Menschen, die nicht in der Lage sind, durch ihren Einsatz selbst Geld zu erwirtschaften. Alle die Menschen, die die Paragrafen bewachen und aufpassen, dass ihnen ja keiner entgeht, der in die Versäumnisfalle tappt.

Ihr schwer verdientes Geld, Herr P., fließt uferlose Bäche hinunter." Ich hole tief Luft, und der Herr P. lässt mir jetzt Zeit, weiterzusprechen. Offenbar hat er meine Verärgerung bemerkt. „Allein die Mehrwertsteuer gibt uns nicht das zurück, wonach sie klingt. Hören Sie einmal, M E H R W E R T -Steuer. Für wen eigentlich ist denn diese Mehrwertsteuer mehr Wert? Es sind wichtige Zahlzeichen im Getriebe unseres Bürokratismus, und sie haben enorm viel Wert für die Wertigkeit unseres Staates. Für Gebäude und fette Steine, kalte große fette Steine. Diese Steuern schleichen doch an den Werten des Lebens vorbei, oder? Wertsteuer! Verstehen Sie, was ich meine? An den Werten des Lebens vorbei. Gehen wir nach einer Erhöhung der WERTSTEUER herzlicher miteinander um? Haben unsere Kinder mehr Spaß und Erfolgserlebnisse, die sie so nötig brauchen? Bekommt denn Ihr Kind die nötige Aufmerksamkeit und besondere Förderung, die es locker vertragen könnte? Ich höre lieber auf, sonst unterhalten wir uns morgen noch über die unangenehmen Seiten des Lebens." Dabei denke ich an Iris, die mich vielleicht gerade anzurufen versucht. „Aber ich kann Sie sehr gut verstehen. Was ich Ihnen aber unbedingt noch sagen möchte, ihr Sohn ist ein sehr kluger und ehrgeiziger Schüler in der Musik. Er könnte es einmal sehr weit bringen. Sie können stolz auf ihn sein, was Sie ja auch sicher sind."

„So? Mein Martin ist ein guter Schüler? Zu Hause hört sich das aber nicht so an."

„Herr P., wenn Sie das Üben meinen, das Üben muss erst einmal schief klingen, sonst hieße es nicht Üben. Wie könnte denn ein kleines Kind schon alles richtig spielen, wenn es beginnt, diese neue Lektion und das Lied erst zu erarbeiten? Wichtig ist für Martin, dass Sie seine guten Fortschritte loben, so wie Sie es bis jetzt schon durchführen."

„Ja, also …" Herr P. erwidert versöhnlich: „Ich finde auch, dass Martin das schon ganz gut macht." „Aber natürlich. Er ist doch noch ein kleiner Junge. Er hat doch erst begonnen."

„Bis nächstes Jahr dann. Ich wünsche Ihnen noch ein schönes Weihnachtsfest", sagt Herr P. sehr freundlich und stolz, und ich erwidere: „Das wünsche ich Ihnen und Ihrer Familie auch. Bis nächstes Jahr dann."

Nachdem ich ein Klicken vernehme, lege ich den Hörer ganz vorsichtig auf. Behutsam, auf Zehenspitzen gehend, entferne ich mich vom Telefon. „Wer weiß, was er jetzt von mir denkt. Vielleicht geht es ihm im Moment auch nicht so gut", denke ich und versuche, das Gespräch positiv zu werten. „Immerhin wird Martin hoffentlich vorerst der Musik treu bleiben, zumindest wünsche ich es mir für ihn."

Über die unfreundlichen Worte bin ich nicht wirklich erschüttert. Der Umgangston der Menschen ist untereinander schroffer geworden, und ich stelle mich langsam darauf ein.

Ich arbeite in der Öffentlichkeit, was offensichtlich heißt, dass alle Menschen sich mir gegenüber öffnen dürfen. Ich bin der Menge ausgesetzt und die Gesellschaft mir. Wem ist es nicht schon mal passiert, dass er Gespräche führen musste, mit deren Verlauf er nicht rechnen wollte, ja nicht rechnen konnte. In jedem Gespräch werden kleine Pfeile abgeworfen, die in den Kreis eines anderen einzudringen versuchen. Aus jedem Gespräch wird ein Gewinner oder Verlierer hervorgehen. Angenehm und erstrebenswert ist, wenn beide Gesprächspartner ein Wohlgefühl haben und glauben, der Gewinner zu sein.

Auch in Zukunft werde ich nicht zulassen, dass ich mit zügellosen Worten beschossen werde. „Doch ich muss auf mich achtgeben, meine Kräfte schonen." Erschöpft grübele ich vor mich hin.

Kein Mensch hat das Recht, sich respektlos an der Energie eines anderen zu bedienen. Ich denke an Menschen, die glauben, sie könnten mit giftigen Worten etwas für sich erreichen. Sie reagieren sich auf Kosten anderer ab, indem sie verbale Angriffe starten. Was geht in ihren Köpfen vor?

Sinnlose Wortgefechte sind überflüssig. Ich möchte meine Energien nicht verschwenden, sondern lieber Kraft tanken, wo Energiequellen für mich bereitstehen. Manchmal helfen mir einfach nur Ruhe oder die Besinnung auf die wahren menschlichen Werte. Auch die Lebenshygiene, das bewusste Überdenken des eigenen Lebens, hat eine heilsame Auswirkung. Ein Mensch, der in sich ruht, strahlt Kraft und Zufriedenheit aus. Er birgt Energien, deren sich ein Fremder nicht bemächtigen kann.

Es gibt Momente im Leben, in denen alle Ruhe nichts nützt. Meine Friedseligkeit nutzte einmal ein Mann aus, der nicht in der DDR aufgewachsen war. Ich lernte ihn nach der Grenzöffnung kennen. Sehr lange hatte ich geduldig und schweigend seine abwertenden Einschätzungen über den Osten, vor allem über die Ostfrauen, geduldet. Wir Menschen aus der ehemaligen DDR haben gelernt, uns einzufügen, abzuwarten, unterzuordnen, mitzulaufen, geduldig anzustellen.

Da tauchte nun plötzlich ein Mann in meinem Leben auf, der all das überhaupt nicht kannte. Er wollte von mir immer wieder wissen, warum ich mich nie aufrege. Umso mehr regte er sich über jeden kleinen Pups auf. Er schimpfte und bewertete jeden Missstand äußerst laut und demonstrativ. Seinen Frust über den Verzicht gewisser Annehmlichkeiten, wie den Genuss einer Heizung in jeder Wohnung, die es nach dem Fall der Mauer lange Zeit noch nicht gab, klappernde und undichte Fenster, tropfende Wasserhähne, lud er überdeutlich bei mir ab. Auf die nächstliegende Idee, diese Umstände zu ändern, zu verbessern, kam er nicht. So blieb eben alles, wie es war und Herr Besserwisser auch.

Seine grundsätzliche Missachtung, Selbstüberschätzung und seine materielle Gier brachen unserer Verbindung das Genick. Ich mochte nicht länger zulassen, dass er mir immer wieder das Gefühl vermitteln wollte, auf der Seite der Verlierer zu stehen. Argumentationen wie, wir ostdeutschen Frauen könnten doch nichts, wir sollten erst einmal etwas lernen, überhörte ich zwar anfangs noch großzügig, allerdings nur bis zu dem Moment, als ich aus meiner störrischen Ruhe erwachte und mich von ihm trennte. Noch heute schüttle ich den Kopf, wenn ich an diese Verbindung denke.

„Warum ruft Iris nicht an, was ist los? Ich warte noch eine halbe Stunde, wenn sie sich bis dahin nicht meldet, dann rufe ich noch einmal an."

Während ich in der Wohnung aufräume, fällt mir eine kürzlich erlebte Begebenheit auf dem Weihnachtsmarkt ein. „Kling, Glöckchen, kling" bimmelte und „Oh du fröhliche" erschallte aus jeder Richtung. Arm in Arm schlenderten mein Rainer und ich an einem frostigen Dezembertag von Bude zu Bude.

Mit uns wandelten dick vermummelte Weihnachtsmänner umher, die aus Riesensäcken süße Kleinigkeiten an die Kinder verschenkten. Anmutige Weihnachtsengel mit lockigen Haaren und silbernen schimmernden Flügeln nahmen von jedermann Wunschzettel entgegen. Wie jedes Jahr entdeckten wir die altbekannten Stände und den Weihnachtsschmuck sowie jede Menge Klunker, so wie sie auf einem Weihnachtsmarkt auf gar keinen Fall fehlen dürfen.

Große und kleine Glaskugeln, Holzfiguren, Stollen, Pfefferkuchen mit verschiedenen Glasuren, kandierte Äpfel und Mandeln, Zuckerwatte, Lederwaren, flauschige Decken, diverses Holzspielzeug, merkwürdig anmutende Wurzelgebilde und Masken, Trockengestecke, Gewürze, Weihnachtsschmuck, Sterne in allen Farben, Kerzen in allen Größen und Formen, Taschen, Hüte und Pelzwaren. In jeder Hütte warteten andere Produkte auf Kundschaft. Plötzlich befand sich eine Gruppe junger Herren vor uns.

Auf den begrenzten Wegen war es eng, daher wimmelte es nur so von Menschen, und das Gewühle war groß. Um die Bodenunebenheiten nicht zu übersehen, lief ich einige Minuten mit gesengtem Blick umher. Plötzlich bemerkten wir, dass wir vor einer menschlichen Barriere standen. Mit diesem Stillstand hatten wir nicht gerechnet. Hinter uns liefen andere Besucher auf. Irgendwie geriet ich aus der Armbeuge meines Mannes. Rainer wurde weitergeschoben.

„Was guckst du?“, rief ein junger Mann mir zügig zu. Irritiert, überlegte ich kurz. „Was wollen mir diese Worte sagen?“, dachte ich, während ich einem fremden Menschen in das Gesicht sah, von dem ich in diesem Moment auch keinen Gruß erwartete. „Was guckst du? Ja, was guck ich denn? Was soll ich von der Frage und der Situation halten, und vor allem, was soll ich denn jetzt antworten?“

In diesem Moment konnte ich diesen jungen Menschen nur bedauern, weil er zu mehr ganz offensichtlich nicht in der Lage war. Ich erwartete kein Gespräch, auch keinen Gruß. Eigentlich erwartete ich nichts von diesen fremden Personen. Eigentlich erwartete ich nur, dass diese Herren mich vorbeiließen und gut. Oder warteten diese jungen Männer, dass ich sie vorbeiließ?

„Irgendetwas erwarten sie von mir, sonst hätte der eine mich nicht angesprochen“, denke ich. „Der Herr, der diesen Satz ‚Was guckst du?‘ aussprach, erwartete von mir eine Reaktion. Er wollte von mir wahrgenommen werden. Vielleicht wartete er auf ein „Hallo“ oder „Wie geht's?“ Vielleicht wollte er wirklich nur wissen, was mich auf diese Erde verschlagen hat. Oder warum ich über diesen Weihnachtsmarkt spazierte. Wer weiß das schon? Vielleicht vermutete er Interesse meinerseits an seiner Person, vielleicht wollte er mir helfen, weil ich so fragend und suchend schaute?

Seine schnelle, provozierende, das Kinn nach oben ziehende Kopfbewegung bei der Frage „Was guckst du?“ wurde vielleicht von mir auch nur als Provokation bewertet. Vielleicht war sie das gar nicht. Ich könnte diese Frage nicht annähernd so gut in einer mir fremden Sprache stellen, mit einer Geste, die auch noch zu dieser Frage passt.

Ich würde nicht eine einzige fremdländische Vokabel sprechen können, weil ich einfach nicht in der Lage bin, diese in meinem durchlöcherten Gehirn zu speichern“, denke ich. Daher gilt mein Respekt denjenigen, die Griechisch von Italienisch und Türkisch von Spanisch oder Französisch von Chinesisch unterscheiden können. Nun kam da ein Mensch auf mich zu und sagte: „Was guckst du?“, was so viel heißen mag, wie „Was schaust du? Was suchst du? Kann ich dir helfen?“

Ich stand noch immer vor diesen jungen Herren, die mir nicht ansatzweise den Weg räumen wollten. Nun gut, ich hatte es in diesem Moment auch nicht eilig. Ich war auf diesen Weihnachtsmarkt gekommen, um zu genießen, zu riechen, zu gucken und zu erleben. Ich lächelte den dunkelhaarigen Mann an und sagte: „Hey, gut hier, gut hier oder nicht gut hier?" Dabei versuche ich, mit meinem Mund, mit meinen zuckenden Schultern, mit meinem schüttelnden Kopf, Kinn nach oben und nach unten, so ähnlich wie der junge Mann, ein Fragezeichen darzustellen.

Sofort hätte ich mir an die Stirn langen können. Unternahm aber nichts und dachte: „Warum kann ich denn nicht einfach einen normalen, grammatikalisch vernünftigen Satz auf Deutsch formulieren? Warum frage ich nicht einfach: ‚Hey, was machen Sie hier? Dass wir aber auch genau hier zusammentreffen! Was für ein Zufall! Wenn Sie mich bitte vorbeilassen würden. Ich wünsche noch einen schönen Bummel.'"

Ich schüttelte den Kopf, aber nur ganz wenig und so unauffällig wie möglich, damit der dunkelhaarige Herr nicht glauben konnte, ich provozierte ihn. Warum sollte er das auch glauben? Er hatte keinen Grund, anzunehmen, dass ich Streit wollte.

Es kamen die anderen Jungs dichter heran und stellten sich ebenfalls vor mich. Ich wich nicht von der Stelle. „Jungs, soll ich euch einmal etwas sagen?", plapperte ich. „Da vorn, wenn ihr genau diesen Weg entlanggeht", ich trat mutig noch dichter an die Gruppe heran und streckte meinen Arm dicht an der Nase des einen entlang und wies in eine andere Richtung, „da bekommt ihr einen super Glühwein, das kann ich euch versprechen. Mein Mann schwärmt nur so davon. Es ist kalt, wärmt euch auf. Ich finde es ganz großartig hier und ihr?" In einem solch perfekten Hochdeutsch hatte ich schon lange keine Sätze mehr formuliert. Wie von Geisterhand lösten die jungen Herren sich vor mir auf, sagten „Danke!", und weg waren sie. Nun griff ich mir aber wirklich an die Stirn und dachte: „Na so etwas, wie einfach. Es gibt Länder und Zivilisationen, wo die Menschen noch miteinander reden, und diese Menschen wissen zudem noch, was in kalten Jahreszeiten ein wirklich guter Glühwein wert ist."

Wie schnell sich eine mulmige Situation in Wohlgefallen auflösen kann, nur durch einen kleinen Satz in ordentlichem Deutsch. Fabelhaft! Da ich der türkischen, griechischen, italienischen, spanischen, ungarischen … Sprache nicht mächtig bin, warum sollte ich mich nicht einmal der deutschen Sprache korrekt bemächtigen? Ich war stolz auf mich.

Ich schmunzelte noch einmal kurz vor mich hin und dachte: „Wie freundlich diese jungen Herren doch waren.“ Mein Blick drang suchend ein in die wühlende Menschenmenge und siehe da, ich sah nichts. Zumindest nicht meinen Mann, nach dem ich Ausschau hielt.

„Wo ist er? … Er ist weg. Er hätte es nicht bemerkt, wenn ich entführt worden wäre. Er hätte es nicht bemerkt, wenn ich verprügelt worden wäre. Er hätte es nicht bemerkt, wenn ich in diesem Moment einen alten Freund getroffen, ihn umarmt, geheiratet und noch fünf Kinder in die Welt gesetzt hätte. Vermutlich hätte er sich in zehn Jahren gewundert, wenn wir uns zufällig auf der Straße begegnet wären. Er mit einem Einkaufsbeutel in der Hand, ich einen Handwagen voller Lebensmittel hinter mir herziehend. Er hätte sich … Wo ist er?“ Ich stellte mich auf die Zehenspitzen, reckte meinen Hals nach oben und suchte nach der mir bekannten Farbe seiner Kleidung. Doch die fünf gewachsenen Zentimeter nutzten gar nichts.

Ich lief aufgeregt die Stände ab und hielt Ausschau nach meinem Mann. Zumindest hatte ich nun ein Ziel, eine echte Aufgabe und einen Vorwand, mich etwas hastiger an den Menschenmengen mit den sperrigen Tüten vorbeizudrängeln. Sehr oft sagte ich: „Entschuldigung!“ und irrte weiter. Ich wusste, dass ich keinen Autoschlüssel dabeihatte und nur noch fünf Euro für ein heißes Getränk und eine Tüte geröstete Mandeln. „Er muss mich doch auch vermissen“, hoffte ich zumindest und suchte weiter die Umgebung ab. Ich blieb letztlich im nahen Umkreis der Stelle, wo ich den netten Jungs begegnet war.

In dem von mir frisch gesteckten Beobachtungsgebiet, das auf einer Landkarte niemals zu finden sein wird, lief ich so ca. eine gute Stunde hin und her. Dabei hörte ich „Oh du fröhliche“ und „Kling, Glöckchen, kling“ in allen Versionen und sah immer wieder große und kleine Glaskugeln, Holzfiguren, Stollen, Pfefferkuchen mit verschiedenen Glasuren, kandierte Äpfel und Mandeln, Zuckerwatte, Lederwaren, Decken, merkwürdige Wurzelgebilde, Spielzeug, Weihnachtsschmuck, Trockengestecke, Sterne in allen Farben, Kerzen in allen Größen und Formen, Taschen, Hüte und Pelzwaren.

„Endlich!“ Wie vom Donner gerührt, blieb ich stehen. Ich sah meinen Rainer. Selbst in diesem Augenblick versteckte er sich noch hinter einem mächtigen Mann. „Er hat mich entdeckt und versteckt sich auch noch, und das nach fast zwei Stunden!“ Einerseits kochte ich vor Wut, andererseits dachte ich: „Was kann mein Mann dafür, dass ich ihn verloren habe. Nichts.“ Zumindest freute ich mich sichtlich, dass wir uns nun endlich wiederentdeckt hatten. Wir gingen aufeinander zu … und gerade in dem Augenblick, als wir uns wieder in die Arme schließen wollten, waren plötzlich die talentierten Jungs wieder da. Wie selbstverständlich stellten sie sich vor uns hin und grüßten freundlich.

„Hey, deine Idee mit dem Glühwein, gut! Echt lecker. Super!“ Sie ulkten eine Weile mit mir herum, und mein Mann schaute verblüfft zu.

„Du kennst diese Leute?!“, meinte Rainer und kniff die Augen zusammen. Als ob er meine Gedanken lesen konnte, wies sein linker Zeigefinger schnurstracks auf den Weg zum hintersten Winkel des Platzes. „Die Bratwurst auf der anderen Seite schmeckt auch ganz toll. Vielleicht probiert ihr die auch einmal.“ Die jungen Herren nickten vertrauensvoll und zuversichtlich. Nach kurzem Blickaustausch zogen sie von dannen, Richtung Bratwurst. Rainer nahm meine Hand, und ich ging daran, ihm nun genau zu berichten, was bei unserer gemeinsamen Weihnachtstour in den vergangenen zwei Stunden alles passiert war.

Noch immer warte ich mit Hochspannung auf den Anruf von Iris. In meinem ersten Buch „Die Frau(en) und das Virus“ verabschiedete ich mich mit den Worten „… anstößige Begebenheiten verbanne ich aus meinem Gedächtnis. Respektlosigkeit ignoriere ich. Unwissenheit entschuldige ich." Die Erinnerung an den Anruf von Herrn P. schiebe ich beiseite. Ich zermalme ein dickes Stück Konfekt in meinem Mund, und genau jetzt klingelt das Telefon. Mit vollgestopftem Mund kann ich nicht sprechen. Hastig wetze ich die süße Masse weg und schlucke die unzerkauten Mandelsplitterbrocken herunter. Ich möchte verstanden werden, wenn ich zu einer Antwort aufgefordert werde. Zögerlich nehme ich den Hörer ab, und ich bin auf Verteidigung eingestellt. Ein zartes, hilfloses Stimmchen sagt: „Grüß dich. Ich bin es, Iris."

„Wie schön, dass du es bist, und … wie geht es dir?" Bevor Iris antwortet, atmet sie durch. Langsam und leise entsteht unser Gespräch.

„Mein Körper ist ganz heiß, und merkwürdige Dinge spielen sich im Inneren ab."

„Oh ja, das kenne ich nur zu gut", erwidere ich ruhig und atme ebenfalls kräftig durch.

„Mich schiebt es immer in irgendeine Ecke. Dinge verzerren sich", sagt Iris. „Mein Kontrollsystem scheint zu versagen. Ich werde mich auch sofort wieder hinlegen. Entschuldige, dass ich dich erst so spät anrufe. Ich bin nur froh, wenn ich liegen kann. Ich weiß noch gar nicht, wie das morgen auf der Arbeit werden soll. Für heute hatte ich vorsichtshalber einen Urlaubstag genommen."

„Morgen wird es dir bestimmt besser gehen. Zumindest werden die Fieberattacken nicht mehr ganz so schlimm sein."

„Na hoffentlich", flüstert Iris kraftlos. Dann höre ich nichts mehr und sage: „Ich will dich auch nicht lange aufhalten. Sieh zu, dass du wieder ins Bett kommst. Du brauchst dringend Ruhe. Melde dich, wenn etwas sein sollte, dann komme ich auch in der Nacht zu dir." Aus Rücksicht halte ich mich kurz.

„Viel Kraft, alles Gute! Du hörst von mir", sage ich leise und lege den Hörer sacht ab.

Niedergedrückt gehe ich mit der Teetasse in der Hand in den Garten. Ohne nachzudenken, lege ich mich einige Sekunden ins eiskalte, feuchte Gras. Über mir befinden sich unzählige eingestreute Sternenflächen. „Eigentlich eine wunderbare klare Nacht", denke ich. „Aber nicht für Iris", das macht mich traurig.

Auch ich muss versuchen, endlich wieder zu Kräften zu kommen. Abend für Abend erlabe ich mich an Süßigkeiten, so verstreicht die Zeit. All die Leckereien, auf die ich so lange verzichten musste, weil ich keinen Appetit hatte und weil meine Kehle für den Transport der Nahrung zu trocken war, darf ich jetzt genießen.

„Ich kann die Menschen nicht verstehen, die absichtlich hungern", denke ich. Eilends stülpe ich meinen leicht geöffneten Mund nach vorn, damit meine zwei Finger ein Nuss-Nugat-Stück auf die Zunge fallen lassen können, und sogleich verschwindet ein neues Stück Konfekt in meinem Mund. Um die Würze vollends auskosten zu können, verharre ich regungslos auf meinem Thron, einem gemütlichen Ohrensessel. Ich schließe die Augen, konzentriere mich auf den Schmelzvorgang, auf das behutsam beginnende Erscheinen und abrundende Aufblühen der Schokoaromen. Was für ein Hochgenuss. Ich schwelge in Köstlichkeiten.

Die Weihnachtsfeiertage verfliegen so schnell, wie überhaupt das gesamte vergangene Jahr vergangen ist. Noch immer verweigere ich mich einer Therapie-Nachkontrolle, der Kontrolle der Messbarkeit des Hepatitis-C-Virus. Mein letzter Wissensstand „Laborbefund: nicht messbar" soll so bleiben, auch wenn ich weiß, dass trotzdem Infektionsfolgeschäden existieren.

Die Last der Wahrheit sitzt mir im Genick. Ich kann sie schwer ertragen, will sie nicht wissen.

Die Zeit saust eilig an mir vorüber. Mit großer Sorge erkundige ich mich immer wieder nach dem Befinden von Iris. Ich verfolge mit Erschrecken, wie ihre Kräfte zusehends abnehmen, es geht ihr sehr schlecht.

Immer wieder schildert sie ihre Gänge zu den Medizinern, die nicht viel veranlassen können, um ihre schweren Nebenwirkungen zu lindern. „In diesen zumeist 12 Monaten Therapie mit schweren Nebenwirkungen sollten alle betroffenen Frauen eine Minderung der Erwerbsfähigkeit (MdE) von 100 v.H. erhalten“, denke ich. Für viele von uns ist der Zustand sehr schlimm. Wir sind keine frisch infizierten und dabei ansonsten kerngesunden Patientinnen. Wir sind inzwischen dreißig Jahre krank …

Verseuchte Lebensjahre. Gestohlene Lebensjahre. Geschenkte lebenslange Folgeschäden.

Wie schwer uns nach der Antragstellung auf die Anerkennung der Infektionsfolgeschäden der Umgang und die Auseinandersetzung mit den Behörden fallen, und auf welch steinigen Wegen wir erkrankten Frauen um unsere Gesundheit und um unser Recht kämpfen müssen, ist mit Worten kaum zu beschreiben.

Jede von diesem Skandal betroffene Frau lebt ihr eigenes Leben auf ihre Weise. Eine jede plagt sich mit den chronisch gewordenen Folgeschäden der Hepatitis-C-Virus-Infektion herum. Wir Infizierten wühlen in Dokumentationen und kämpfen uns ab mit dem hartleibigen Bürokratismus in diesem einen einzigen Leben. Mit der ständigen Angst im Nacken, ohne Zukunft zu sein.

Wie viele unserer Frauen wurden wohl nach der Therapie in ihrer zuvor anerkannten Minderung der Erwerbsfähigkeit (MdE) höher eingestuft? Das würde mich interessieren.

Wochen später. Der Alltag fordert mich. Ich stehe am Auto und stopfe die letzten Einkäufe hinein. Mineralwasser, Küchenrolle, Tomaten, die dicken Socken im Fünferpack … denn der nächste Winter kommt bestimmt, die gute Butter zum Backen für Sonntag und ein Glas Mischgemüse, weil ich Mischgemüse nun mal seit der Kinderzeit verfallen bin. Mit dem übrig gebliebenen Blumenstrauß steige ich ein.

„Ich muss los, sonst komme ich zu spät zu meinen Unterrichtsstunden.“ Schlüssel rein, starten, los. Keine zehn Minuten später fällt mir plötzlich die überfällige Zahlung der Kfz-Steuer ein. „Verflixt“, denke ich. „Vergessen! Morgen muss ich unbedingt daran denken." Eine Weile grolle ich, hinter dem Lenkrad sitzend, meiner Vergesslichkeit hinterher, und sofort fällt mir der Schornsteinfeger ein, der sich ebenfalls angemeldet hatte. „Nicht vergessen, Schornsteinfeger, Schornsteinfeger." Mehrfach sage ich die Worte „Steuer und Schornsteinfeger" laut für mich auf, um sie mir besser einzuprägen.

Da fällt mir ein Elterngespräch ein, dass ich terminlich so geplant habe, dass ich den Schornsteinfeger am morgigen Tag gar nicht würde empfangen können. Mein Mann ist ebenfalls auf der Arbeit, und ich überlege, wie dieser Herr Schornsteinfeger nun erfahren könnte, dass er unbedachterweise höchst unwillkommen ist. „Nun gut", denke ich, „der schwarze Mann hat einfach einen Zettel an die Türe geklebt, wo draufsteht, dass er morgen kommt, ob es uns nun passt oder nicht." Entschlossen lege ich fest, dass ich einen weiteren Zettel an die Türe kleben werde, wo draufsteht, dass wir nicht da sind, ob es ihm nun passt oder nicht. Kurz darauf denke ich: „Eigentlich Quatsch mit Soße. Er wird es doch merken, wenn wir nicht da sind." Dennoch bereite ich am Abend einen kleinen Klebezettel vor. Meine gute Kinderstube zahlt sich wieder aus. „So viel Zeit muss einfach sein."

Ich schlage ihm einen für uns günstigen Termin vor. „Ja, gut so." Der Zettel klebt an der äußersten Spitze meines Zeigefingers, und so trage ich ihn zur Außenseite der Haustüre und denke: „Warum fragt er denn nicht einfach nach, ob uns sein Termin passt, bevor er den Zettel an die Türe klebt? Ich wäre zu Hause gewesen. Fällt das Reden denn so schwer?" Mehr Energie möchte ich an fremde Männer nicht verschwenden, und schon klebt eine zweite Nachricht neben der des Schornsteinfegers.

Mein Blick verfängt sich am Blumenstrauß, den ich eigens für mich gekauft habe. „Wie er duftet!"

Mit Leidenschaft führe ich seit Jahren meine Arbeit als Musiklehrerin aus. Kinder sind ehrlich, klar, charakterlich unverdorben. Doch immer öfter überraschen mich in diesem Zusammenhang einige Erlebnisse und Äußerungen meiner Schüler, die mich sehr nachdenklich stimmen.

Das Arbeiten mit der Musik hat sich gewandelt, es ist ein anderes geworden. Mir fällt auf, dass viele Kinder zunehmend dreister werden. Respektlosigkeiten erschweren das Unterrichten, was meine pädagogischen Fähigkeiten auf das Empfindlichste ausreizt.

Allabendlich bin ich erschüttert, wie aggressiv die Kinder ihre Eltern, Erzieher oder Lehrer bevormunden wollen oder auszunutzen versuchen.

Da ich kein herkömmlicher Lehrer an einer der ganz normalen Schulen bin, höre ich am Nachmittag allerhand abwertende Gespräche untereinander, die die Kinder in ihrer Freizeit über Erwachsene führen.

Die unschönen Geschehnisse während meiner Arbeitszeit türmen sich auf, machen mich unzufrieden.

Es ist unübersehbar, dass es Kinder gibt, die die Grundwerte des Lebens, wie z.B. Achtung und Höflichkeit, weniger gut oder gar nicht mehr kennen.

Wie wenig Geduld sie für irgendeinen neu entdeckten Zeitvertreib aufbringen und wie dürftig sie an sich arbeiten, um einen Erfolg zu erzielen, ist erschreckend. Hobbys werden im Rhythmus der Bettwäsche gewechselt. Der modern gewordene Satz, den ich von Eltern immer öfter höre „… ich kann doch mein Kind nicht zwingen“, führt unterdessen bei mir zu einem solch großen Unwohlsein, das selbst zwei verfutterte Schachteln Konfekt nicht auslösen könnten.

Ich glaube, es liegt nicht an den Kindern, es liegt an den Eltern. Wie soll ein Kind gesund reifen und Lust auf seine Entwicklung bekommen, wenn elementarste Ziele von einigen Eltern nicht mehr erkannt, somit für die Kinder auch nicht klar definiert und gesteckt werden? Oftmals fehlt es nicht an der Lust eines Kindes, sondern an der Motivation der Eltern.

Dass die Kinder nicht zu etwas gezwungen werden sollen, versteht sich von selbst, darüber muss nicht gesprochen werden. Es geht hier um sehr viel mehr, nämlich um ein gesundes Miteinander, das den Bach hinunterzugehen droht. Es bräuchte nur einfachste Regeln im gemeinsamen sozialen Miteinander, um diesen Werteverfall zu stoppen. Allerdings müssten diese den Kindern zuvor auch von den Eltern nahegebracht werden.

Es war noch nie ein Geheimnis, dass Kinder mit Freundlichkeit und Motivation an die schönen, guten Werte des Lebens herangeführt werden können. Wenn in jungen Jahren aufgrund des Versäumnisses der Eltern die wichtigen Verhaltensweisen wie gegenseitiger Respekt und Achtung, Freude am Miteinander, Übernahme von Verantwortung, Ausdauer nicht erlernt werden, so ist dies für das Kind nicht nur ein prägendes Moment für den Augenblick. Fehlende soziale Eigenschaften begleiten die Menschen ihr Leben lang, und dies durchaus mit fatalen Folgen.

Irgendwann, in später Zukunft, sind sie vielleicht nicht einmal mehr in der Lage, ihre lebensnotwendigen Ausgaben zu erwirtschaften, weil sie in frühen Jahren nie gelernt haben, irgendetwas stetig und konsequent durchzuhalten. Liebe, Fürsorge, Besonnenheit, Kontinuität, Weitblick. Kontinuität! Wenn die Eltern ihre Verantwortung nicht wahrnehmen, wenn sie nicht begreifen und kurzsichtig handeln, dann werden ganz sicher nicht nur sie keine Früchte ernten.

In Gedanken sage ich mir: „Ich kann eh nichts ändern, warum verschwende ich eigentlich meine Kraft an fremde Geister?“ Dennoch gehen mir die Kinder nicht aus dem Kopf, die sich eben auf ihre Art und Weise zu äußern versuchen. Wer von uns Erwachsenen sieht in ihrem auffälligen Verhalten die Hilfeschreie? Meist fühlen wir uns gestört, dabei bleibt es dann. Doch wir haben die Pflicht, genauer hinzusehen und es uns nicht zu leicht zu machen. Wir haben die Pflicht, uns mit ihnen auseinanderzusetzen. Kinder sind unschuldig, immer.

Sie werden eines Tages das von Mutter und Vater Erlernte nachahmen, nachleben. Durch meine pädagogische Arbeit kann mir nicht verborgen bleiben, dass vorausschauend zu erwarten ist, dass eine Welle von Menschen über uns rollen wird, die weniger Grundwerte kennen.

Wenn wir nicht achtgeben, werden Worte wie „Menschlichkeit“, „Einfühlungsvermögen“, „Respekt“, „Würde“, „Rücksicht“ oder „Vertrauen“ irgendwann nur noch in einem Fremdwörterbuch oder im Duden zu finden und nachzulesen sein.

Auf dem Weg zum Unterricht gehe ich bedächtigen Schrittes an einer Gruppe Kindern vorbei, die im Sand sitzen und Burgen bauen. „Projekttag, stimmt ja. Da habe ich gar nicht mehr dran gedacht.“

Mein Kommen ist nun unpassend, aber ich halte meinen Unterrichtsplan ein. Die gebauten Festungen stehen, und ich schaue auf einige erschaffene Werke, die wirklich großartig sind. Ich würdige die Sandbauten mit Kennerblick und sachtem Kopfnicken. Sofort stürmen Kinder auf mich ein, um mir genau ihre Burg zu zeigen. Ehe ich mich versehe, strömen unzählige Kinder zu mir. „Schauen Sie bitte, den Turm hier habe ich gebaut.“ „Um die Festung führt eine Straße mit einer Brücke zum Tor.“ „Hier, das ist der Schlossgraben.“ Alle sind stolz. In meiner knapp bemessenen Zeit kann nicht alles einzeln erfassen und würdigen. Natürlich finde ich bei all den Kunstwerken jeweils etwas Besonderes und Bestaunenswertes. Mit freudiger Begeisterung lobe ich die kreativen Ideen der Kinder.

„Großartig“, sage ich, „ihr seid richtige Meister. Nun müssen wir aber mit unserer nächsten Kunst beginnen. Kommt, ihr kleinen Künstler.“

Das Spielen im Sand ist etwas ganz Natürliches, Normales. Ich finde, dass Kinder sich an der eigenen Erschaffung ihrer Bauten erfreuen sollten, ohne dafür einen Preis zu erhalten. Aber es gibt Prämierungen.

Nachdem kleine Preise vergeben sind, höre ich ein Mädchen von acht Jahren sagen: „Diesen Mist brauche ich nicht, das bekommt meine kleine Schwester.“ Sie hält ein Springseil und einen Artikel aus der Kosmetikbranche in die Luft und wirft sie in hohem Bogen weg. Ich beuge mich zu ihr hinunter, schaue die Kleine freundlich an und frage: „Worüber hättest du dich denn gefreut?“ Darauf antwortet sie mir nicht.

Ich beginne mit meinem Unterricht, schüttle immer wieder unbemerkt den Kopf und denke: „Die Erzieherinnen gestalten einen interessanten Nachmittag, organisieren Preise für alle. Warum? Ersetzt in Zukunft eine materielle Wertschätzung ihr mündliches Lob? Ein Foto des Kindes, neben seiner Burg, wäre vielleicht angebrachter gewesen. Das Kind wäre auf ewig stolz, die Erzieher hätten Zeit gespart, die sie anschließend mit den Kindern hätten verbringen können.

Müssen es wirklich immer materielle Dinge sein, die jedes Kind daheim zuhauf ansammelt und mit denen es letztlich wenig anzufangen weiß?

Wie viele namenlose Puppen liegen heutzutage in den Regalen der Kinderzimmer herum oder in irgendeiner Ecke, stumm und ungekämmt? Wer kennt denn die Herzenswünsche der Kinder? Brauchen sie nicht einfach nur Zuwendung, Aufmerksamkeit, Wärme?

Reicht denn nicht ein Plüschtier, mit dem so ein kleines Kind spielen könnte? Eines, das auch tatsächlich einen Namen und einen Platz am Küchentisch erhält und von dem die gesamte Familie weiß? Tanten und Verwandte schenken im Überfluss. Sie schleppen Spielzeug ohne Ende in das Haus eines Zwerges. Damit sich das Kind am Anblick der überbunten Dinge erfreut oder aber sich irgendwann an die Tante erinnern soll?

Ohne schlechtes Gewissen wird geschenkt und geschenkt. Sind wir noch normal?

Braucht denn jedes Kind wirklich das neueste Computerspiel? Wie wäre es mit einer sinnvollen Beschäftigung? Ein Besuch mit den Eltern oder Freunden in einem Zoo? Oder im Wald? Wäre das nicht einfach wunderbar und entspannend für alle?

Anscheinend ist heute der Tag, an dem ich über alles, was mir über den Weg läuft, nachdenken möchte. Heute bin ich analysierfreudig, dann soll es eben so sein.

Mit dem Auto unterwegs, entdecke ich ein paar Teenager, die auf der Straße stehen. Backfische mit Ohrtrompeten. „Muss eigentlich die Autistenklammer, so wie sie unsere Jugendlichen auf den Ohren tragen, ständig schwer betäubende Klänge und

Geräusche abgeben? In einer Lautstärke, bei der die Außenwelt abhanden kommt? Das Signal „Verbindung abgebrochen" funktioniert geradewegs in diesem Moment, wo sie hier auf der Straße herumstehen.

Haben diese Erdenbewohner die Kommunikation mit anderen schon aufgegeben, leben sie bereits in einer anderen Welt? Wie kommt ein junger Körper zur Ruhe, wenn er ständig unter Dauerbeschallung steht? Außer ihrer Welt nehmen die Entrückten rein gar nichts wahr. Mein Auto und ich scheinen unsichtbar zu sein. Wenn ich gleich den Jugendlichen übermitteln möchte, dass sie bitte so liebenswürdig sein sollen und von der Straße gehen möchten, weil ich mit dem Auto sonst nicht weiterfahren kann, dann habe ich Probleme. Was kann ich tun? Rufen, wild herumbrüllen? Beides wäre unsinnig.

Also halte ich erst einmal an. Ich bleibe stehen und warte, warte viele Augenblicke ab. Geduld. Erst als sie mich entdecken, lächle ich ihnen, freundliche Signale sendend, aus meinem Auto zu. Da ich dicht genug vor ihnen stehe, müssten sie die irgendwann empfangen, hoffe ich. Tatsächlich. Einen Moment lang tauchen sie aus ihrer Welt auf, hüpfen sogar erschrocken zur Seite, machen den Weg frei. Toll! Ich bin nicht nur erfreut, ich bin auch überrascht. Bis eben wusste ich gar nicht, dass ich die Fähigkeit in mir trage, wortlos Signale senden zu können. Noch dazu solche, die verstanden werden. Das muss ich mir unbedingt merken. Man kann nie wissen, ob man so etwas noch einmal brauchen kann.

Die Halbwüchsigen sehen mich entgeistert an. Genau in diesem Moment sind sie perplex. Wie es scheint, haben sie ausnahmsweise einmal einen Erwachsenen erblickt, der sie weder angeschrien hat noch zeternd fortjagen wollte. Ja, das Leben steckt eben voller Überraschungen und Erfahrungen.

„Immerhin konnte ich Blickkontakte knüpfen. Das ist doch schon ein Glücksmoment für mich", denke ich und fahre an ihnen vorüber.

Da unsere Autos immer leiser werden, die Musik, dank der Technik, dagegen immer lauter, können Jugendliche unter Autistenklammern ein heranbrausendes Auto gar nicht hören. Wir müssen behutsam mit unseren Nachfolgern umgehen, mit Verständnis. Sie können nichts dafür.

Wir dürfen nicht vor ihnen weglaufen oder gar an ihnen vorbeisehen. Wir sollten ihnen keinen Vogel zeigen und sie nicht laut beschimpfen. Wir müssen uns sanft und zart wie eine Feder bemerkbar machen und ihnen zeigen, dass wir auch noch existieren. Probieren wir es mit Lichthupehinweisen, Winken oder einer gutmütigen Berührung. Ein nettes Lächeln, eine graziöse Armbewegung, verbunden mit der Bitte, uns vorbeifahren zu lassen, so könnte es gehen.

Letztlich sind wir, die Erwachsenen verantwortlich dafür, wenn die neue Generation uns gering schätzt, wenn wir versäumen, ihnen zu zeigen, wie es anders gehen kann.

Wenn man es genauer betrachtet, dürfen wir uns nicht wundern. Ein häufig fehlendes soziales Miteinander, sinnlose Streitigkeiten, ungelöste Konflikte in der Familie sind ein Pool für negative Emotionen. In der Politik werden offenkundige Rivalitäten von mächtigen Parteien vorgelebt. Es gehört zum Geschäft, der Rubel muss rollen. Die Parteien kämpfen ihre Machtspielchen in aller Öffentlichkeit aus.

Das gegenseitige Anfeinden der Mächtigsten in unserem Land wird über die Medien alltäglich in die Wohnzimmer der Familien getragen, also auch in die Köpfe unserer Kinder.

Vorsichtig umfahre ich Glasscherben, die von zerschmetterten Kornflaschen stammen, die eben übrig geblieben auf der Straße liegen. Wie ein Lauffeuer scheint der Extrem-Konsum von Alkohol um sich zu greifen. „Erst wenn die Flasche kaputt ist, ist sie leer oder was?" Ich schüttle den Kopf und denke über die Schlagzeilen in den Medien nach. Der Dauerbrenner: Jugendliche besaufen sich bis zur Besinnungslosigkeit oder mindestens bis zum Abtransport ins Krankenhaus. Wo bitte sind die Eltern?

Ein Erwachsener ist oft ein „eh, Alter", der im Weg steht. Wenn uns angetrunkene, zerstörungswütige Kinder leere Flaschen vor die Autos schmeißen, dann sollten diese Verrückten fotografiert und der Polizei übergeben werden. Handys mit

Fotofunktionen oder ein separater Fotoapparat könnten hier gut eingesetzt werden, damit die haltlosen Kinderchen bemerken können, dass uns Erwachsenen nicht alles egal ist.

Dass Jugendliche ihre leeren Flaschen selten gegen Geld eintauschen, ist eine Tatsache. Doch warum sie ihre leeren Flaschen zerschmeißen müssen, dazu sollten wir sie einmal befragen.

… „Was ich mir wieder für Gedanken darüber mache, wie man die jungen Wilden retten kann … Bestimmt komme ich dafür in den Himmel." …

Beim Weiterfahren sehe ich sie in Trauben vor der Schule stehen, die soeben den Kinderschuhen Entwachsenen. Sie warten gelangweilt auf den Nachmittag. Wie auf Kommando spuckt wieder einmal einer von ihnen schwungvoll sein Innerstes auf die Straße, mitten zwischen die vorbeirollenden Fahrzeuge.

Da der „Spucker" aber mein Auto nicht getroffen hat, verkneife ich mir jede wütende Geste. In solchen Momenten denke ich: „Soll ich dazu jetzt etwas sagen? Oder sehe ich einfach darüber hinweg?" Oftmals sage ich dann doch etwas. So etwas wie: „Dein Kinderzimmer muss ja schlimm aussehen, bei diesem Speichelfluss. Du müsstest dringend einen Arzt aufsuchen." Damit habe ich wenigstens irgendetwas gesagt. In mir kocht die Frage „Warum werden unsere Nachfolger immer respektloser, immer übermütiger? Ist es nur Revolte oder auch Hoffnungslosigkeit?"

Menschenleben

Ein Mensch wird uns geboren.
Auf Erden größtes Glück.
Doch wohin geht die Reise?
Er kann nicht mehr zurück.

Begleiten wir das junge Leben.
Behüten wir die Schritte.
Es ist ein Leben uns geschenkt,
in unsere Menschenmitte.

Bewahren wir die Ehrlichkeit,
mit der ein Kind geboren.
Die umsorgende Wachsamkeit,
geht viel zu schnell verloren.

Er wird erzogen, dieser Kleine.
Wo ziehen wir ihn hin?
In die Dunkelheit des Lebens,
Leben ohne Sinn?

Wie soll er friedlich denken lernen
wenn Mächtige sich streiten.
Streit, der völlig losgelöst
von allen Urgezeiten.

Zeigen wir ihm Einigkeit,
Liebe, Freude, Glück.
Soll er dies finden, dieser Kleine.
Er kann nicht mehr zurück.

Endlich zu Hause. „Auto fahren ist wirklich anstrengend", denke ich, während ich meinen Mantel an die Garderobe hänge. Müde ziehe ich die Schuhe aus und lasse mich in den Sessel fallen. Froh, wieder daheim zu sein, schließe ich die Augen. Mit ausgestreckten Beinen versuche ich mich zu entspannen. Meine Glieder schmerzen. „Auch schon ein Dauerzustand", begreife ich und spüre die Erschöpfung. Ein feiner Geruch von Kiefernnadeln hängt in der Luft, der mich an die frühen Jahre meiner Kindheit erinnert. Mir fällt ein, woher ich diesen kenne. Damals war jeden Samstag unser Badetag. Wir hatten einen Badeofen, der mit Kohlenanzünder, kleinen Holzstückchen und Holzscheiten angeheizt wurde. Erst wenn das Holz richtig brannte, wurden die Kohlen nachgelegt. Nach einer guten Stunde brodelte das Wasser im heißen Ofen, und im Badezimmer kroch die Wärme in jeden Winkel. Große runde Brausetabletten mit Kiefernnadelduft waren zu jener Zeit die Krönung in unserem Badewasser. Es war immer ein Akt, manchmal sogar unmöglich, das eng anliegende Papier von den Tabletten zu trennen. Am Ende waren selbst die Hände grün und klebrig, und trotzdem war es wunderbar.

„Badewanne", denke ich. „Ein wohlig warmes Bad, das wäre jetzt schön." In aller Ruhe entspannen und den Tag abschließen. Und genau das mache ich dann auch.

Am nächsten Tag erlebte ich in einer Kindereinrichtung eine Mutter, deren Allüren sich in mein Gehirn einbrannten. Sie holte gerade ihr Kind ab. Es sollte alles sehr schnell gehen. Wahrscheinlich hatte sie wenig Zeit.

„Beeile dich", herrscht sie ihre Tochter an. „Zieh dir endlich die Schuhe an. Los, komm, ich habe noch so viel zu erledigen."

Das kleine Mädchen läuft kurz zu ihrer Erzieherin, um sich zu verabschieden. Mürrisch billigt dies die Mutter. „Du sollst dich sputen", ruft sie. Dann zerrt sie ihr Kind hinter sich her, als wäre es ein sperriges Stück Holz. Die Kleine weint, und die Mutter schimpft: „Hör auf zu nörgeln, sonst lass ich dich hier."

Fassungslos stehe ich da. Alles passierte überraschend und so schnell, dass ich nicht einmal etwas sagen konnte. So auffällig, wie ich nur kann, schüttle ich den Kopf. Und so was nennt sich Mutter! Wie kann sie ihr eigenes Kind nur so schlecht behandeln? Denkt sie nicht nach, glaubt sie, dass ihr Verhalten folgenlos bleibt? Auch sie wird eines Tages nur ernten können, was sie heute sät. Ich stelle mir vor, wie später die Tochter ungeduldig ihre alte Mutter anherrschen und hinter sich herschleifen wird. Ob ihr das gefallen würde? Warum kann sie nicht vorher nachdenken, alles erledigen und anschließend in Ruhe ihr kleines Kind abholen. Für diese unbeherrschte Verhaltensweise habe ich kein Verständnis.

Da ich tagtäglich viel Zeit mit meinen Schülern verbringe, sehe ich immer wieder, dass oftmals freundliche Zuwendung oder eine winzige Kleinigkeit wie ein kurzes Lob ein Kind sehr erfreuen kann. Doch auch einige Schüler überraschen mich gelegentlich, z.B. indem sie mir die Türe aufhalten. Das erkenne ich an, mit einem Lächeln und einem „Sehr freundlich, vielen Dank!"

Wir Erwachsenen könnten uns mehr Zeit dafür nehmen, unserem Nachwuchs diese kleinen, höflichen Umgangsformen und Normen beizubringen, wo doch alles in unserem Land so unübertrefflich genormt ist. Sogar die Länge und Breite einer Banane. Für unser Miteinander können ein höfliches und freundliches Benehmen nur von Vorteil sein. Ab und an suchen wir die guten Werte vergebens.

Es gehört längst zum Alltag, dass weder Begrüßungen noch Verabschiedungen stattfinden, dass Jungen ihre Baseball-Caps am Schul- und Essenstisch aufbehalten, dass selbst im Unterricht Kaugummi gekaut wird und den Aufforderungen des Lehrers nicht nachgekommen wird. Wo werden wir hinkommen, wenn wir weiterhin vieles wortlos hinnehmen? Oft genug könnten wir Erwachsene etwas sagen oder einschreiten und machen es nicht. Warum? Haben wir Angst vor einer Auseinandersetzung mit einem Kind?

„Ja, ich mache mir eben Gedanken um die Vorzüge und Nachteile in der Entwicklung von Kindern, die nicht meine sind. Warum auch nicht? Das sollte der eine oder andere auch mal versuchen. Schließlich gibt es nicht nur den eigenen Dunstkreis."

In meinen Unterrichtsstunden arbeite ich die ersten fünf Minuten nur daran, dass die kleinen Seelen zur Ruhe kommen und mir ihr Interesse schenken. Danach erhalten sie meine volle Aufmerksamkeit, das tut ihnen gut. Ich bestärke sie in ihren Fähigkeiten und lobe sie bei jeder sich bietenden Gelegenheit. Es darf gerne auch nur ein mündliches Lob sein.

Es ist Muttertag. Für diesen schönen Anlass organisiere ich die Räumlichkeiten, um mit meinen Schülern, den Kindern fremder Mütter, ein kleines Konzert zu geben. Rosen liegen bereit, die die kleinen Künstler im Anschluss ihren Muttis schenken dürfen. Da der Muttertag nur einmal im Jahr als ein solcher gefeiert wird, muss ich mich mit meinen Konzerten, die nur an verschiedenen Orten stattfinden können, leider sehr beeilen. So lege ich die erste Musikaufführung auf Sonntag, neun Uhr.

Alle Kinder kommen pünktlich und sind ausgeschlafen. Aufgeregt freuen sie sich auf ihren Auftritt, bei dem sie ihr Können vorzeigen dürfen. Je nach Alter spielen sie großartige Musik. Nach dieser Dreiviertelstunde, die sich die Muttis für ihre Kinder haben Zeit nehmen können, kommt eine junge Frau direkt auf mich zu. „Also noch einmal komme ich aber nicht. So früh, und das am Sonntag! Können Sie das nicht anders planen?" Schlagartig verpufft meine Freude über die gelungene Überraschung mit dem letzten Hall der Musik. Ich schaue auf die Rose, die sie in der Hand hält, und bin baff. Was wollte sie von mir, sollte ich mich bei ihr entschuldigen? Noch bevor ich reagieren kann, kommt glücklicherweise in diesem Moment eine kleine Künstlerin auf mich zu, die meine Hilfe brauchte. Das war gut so, denn ich hätte nicht gewusst, was ich darauf antworten sollte.

Nach dem Konzert, das um elf Uhr aufgeführt wurde, tauchte eine kleine, zierlich wirkende Mutti neben mir auf. Sie sagte ungeduldig: „Hätten Sie nicht eher beginnen können? Mein Mann erwartet pünktlich sein Essen!" Diesmal bin ich nicht perplex. Ich reagiere sofort.

„Gut, dass Sie mir das sagen. Ich werde es mir für die Zukunft merken oder besser noch, mit einplanen", erwidere ich mit weit geöffneten Augen und spitze dabei die Lippen. „Wenn Sie mir Ihre Telefonnummer geben, dann werde ich Sie im nächsten Jahr vorher anrufen, damit wir alles ganz genau absprechen können. So wie ich es mit den anderen achtundzwanzig Eltern auch besprechen werde. Schenken Sie Ihrem Mann doch diese Rose, die Sie gerade in der Hand halten, damit er nicht ganz so wütend ist." Als sie eilig ihr Kind an die Hand nimmt und zügig den Raum verlässt, sehe ich ihr nach und denke: „Es ist Muttertag, und der Mann erwartet pünktlich sein Essen. Leben wir im 18. Jahrhundert?"

Ich bin enttäuscht, weil anscheinend nicht bei allen Muttis das angekommen ist, wofür unsere Konzerte gedacht waren. Mit diesen kleinen Musikaufführungen sollten die Mütter geehrt werden. Ein Dank der Kinder mit ihrer selbst geschaffenen Musik.

Ich schüttle den Kopf und denke: „Die Mütter müssen nichts tun. Sie sitzen nur auf ihrem Stuhl und können der Kunst ihrer Kinder lauschen. Die Verärgerung mancher Mütter über eine einzige geänderte Gewohnheit scheint in solch einem Moment größer zu sein als der Wunsch danach, dem eigenen Kind ein Lob auszusprechen und stolz auf es zu sein. Immerhin, sieben Rosen bleiben übrig, an denen ich mich erfreuen werde.

Ich nehme mir vor, zukünftig den Muttertag bei meiner eigenen Mutter zu verbringen. Viel zu selten kann ich bei ihr sein. „Das wird sich ändern", denke ich. Traurig denke ich in diesem Augenblick daran, dass kürzlich eine Krebserkrankung bei ihr festgestellt worden ist.

Noch am selben Tag rufe ich meine geliebte Mutter an, gratuliere ihr und frage nach ihrem Befinden. Mit leiser Stimme erzählt sie mir, dass demnächst eine Operation ansteht. „Bitte, kommt alle unbedingt noch einmal vor diesem Eingriff zu mir", flüstert sie ängstlich.

Wir sind alle pünktlich. Die Stimmung ist gedämpft, und keiner lacht, wie es sonst in unserer Familie üblich ist. Wir wissen, dass der heutige Anlass unseres Zusammenseins ein unendlich trauriger ist. Die niedergedrückte Stimmung kann keiner verbergen. Wir setzen uns an den Tisch, auf dem das Kaffeegeschirr schon gedeckt ist. Wie immer ist alles schön und mit viel Liebe arrangiert. Meine Aufmerksamkeit gilt meiner Mutter. Sie zupft umständlich und lange den Blumenstrauß zurecht und kann uns dabei nicht ansehen. Ihr Blick wandert zum Fenster und verharrt dort. Keiner sagt ein Wort. Wie sonst auch sitzen wir in der gewohnten Runde, und doch ist alles anders.

An der Stirnseite des Tisches sitzt Mutti und will uns etwas sagen. Wir alle wissen, dass es ihre Abschiedsrede sein könnte. Es ist still. Betroffen schauen wir in ihr blasses Gesicht. Mutter bemüht sich, ringt nach Worten, aber das Reden fällt ihr schwer. Sie dreht und windet ein besticktes Baumwolltaschentuch in ihren Händen, doch sie bringt kein einziges Wort heraus. Schließlich fällt sie traurig in den Sessel zurück. Hilflos und kopfschüttelnd sitzt sie da und schnappt nach Luft. Es ist beängstigend, auch für uns.

Augenblicke später sagt sie ergriffen: „Ich kann nicht darüber sprechen, ich kann einfach nicht." Sie sackt in sich zusammen und sitzt wie ein Häuflein Unglück vor uns. Ich schaue in ihr erschöpftes Gesicht und sage leise: „Mutti, das musst du auch nicht."

Mir kommen die Tränen, und ich frage mich, was wohl in ihr vorgehen mag. Mutti schaut zu Vater hinüber. Er versteht sofort, dass es besser wäre, wenn er die vorab besprochene Rede hält. Vater erhebt sich von seinem Stuhl und sagt leise: „Ihr Lieben, mir fällt es auch nicht leicht." Ich sehe die Tränen in seinen Augen.

Ruhig und bedächtig spricht er weiter: „Wie ihr wisst, hat Mutti jetzt eine schwere Operation vor sich. Wir haben uns erkundigt, in dem Krankenhaus ist sie in den besten Händen. Hoffen wir, dass alles gut verlaufen möge."

Wir brechen lautlos in Tränen aus. Mutter sitzt vor uns und ringt um Fassung, die niemand von ihr erwartet. Sie atmet tief durch, und wir, jeder Einzelne unserer Familie, erheben das Glas. „Auf das Gelingen der Operation. Darauf, dass du bald wieder gesund bei uns bist." Mutter sagt mit kaum hörbarer Stimme: „Ja, das wünsche ich mir."

„Es wird gelingen, es muss gelingen", sage ich. Mutter richtet sich auf und sagt entschlossen: „Kümmert euch um Vati." Vater hat nur einen Arm, den linken, mit dem er seit fünfzig Jahren sein Leben bewältigt. Alles schluchzt. Die jüngste, zwölfjährige, Enkeltochter geht zur Oma und sagt entschieden: „Ich gebe dem Arzt mein Sparschwein, damit er sich bei der Operation ganz viel Mühe gibt." Gerührt nimmt Mutter sie in die Arme. Traurige, hilflose Augen blicken im Zimmer umher. Danach umarme ich meine Mutter und tröste sie. Sie streichelt mich sanft. Lange Zeit sitzen wir schweigend beieinander. Als sich die Tafel auflöst, überhäufen wir Mutter mit Küssen und guten Wünschen. Wir sprechen ihr Mut zu und wünschen ihr Kraft.

Als ich das Nachthemd für den Krankenhausaufenthalt noch einmal frisch aufbügle, tropfen Tränen auf den blumigen Kragen. Ich lasse sie trocknen und flüstere „Muttichen, du wirst es schaffen. Du musst es schaffen."

Aus dem geöffneten Fenster des Autos winke ich meinen Eltern noch einmal zu. Dass nur noch Vater vor der Türe stehen könnte und winkt, allein die Vorstellung ist unerträglich.

Eine Woche lang bin ich in Gedanken ständig bei meiner Mutter. In mir flammen meine eigenen Ängste auf. Ich erinnere mich an die Therapiezeit, als ich nicht wusste, ob ich die eine oder andere Nacht überstehen würde. Seltsamerweise ist der Gedanke an den eigenen Tod nicht so qualvoll wie der an den Tod eines geliebten Menschen.

Der Tag der Operation ist endlich gekommen. Schon am frühen Morgen zünden alle Verwandten eine Kerze für Mutter an. Egal, wohin ich auch laufe, die Kerze begleitet mich. Für meinen Unterricht habe ich eine Vertretung besorgt. Heute kann ich nicht lachen, es wäre nicht möglich, humorvoll zu unterrichten. Den ganzen langen Tag bangen wir.

Am Abend kommt endlich der erlösende Anruf meines Vaters. „Mutti hat die Operation überstanden. Vierfünftel des Magens wurden entfernt. Ihr Kreislauf ist stabil. Sie liegt auf der Intensivstation." „Danke, Vati." Ein Stein fällt mir vom Herzen. Ich bin erleichtert. „Jetzt können wir nur hoffen, dass alles Weitere ohne Komplikationen verläuft." Wir dürfen hoffen.

Das Leben geht manchmal seltsame Wege. Zur gleichen Zeit erwartet meine Tochter Tina ihr zweites Baby. In wenigen Tagen soll es so weit sein. Ihr kleiner Sohn kann bereits laufen und ist der Sonnenschein der ganzen Familie. Und jetzt wartet unsere Großfamilie voller Ungeduld auf das nächste Glück, das ohne düsteren Schatten das Licht der Welt erblicken soll.

„Meine Mutter liegt auf der Intensivstation, ringt um ihr Leben, und meine Tochter erwartet in Kürze ein Baby." Jeden neuen Tag begrüße ich mit den Worten „Es muss alles gut gehen. Es wird alles gut gehen."

Von einem unsensiblen, taktlosen Menschen hörte ich einst den Satz „Einer geht, einer kommt." „Nein. Das wird bei uns aber nicht zutreffen", denke ich. Mit großer Geste verscheuche ich das Gehörte. Natürlich kenne ich diesen Spruch. Kurz nach der Geburt meines Enkelsohnes traf er zu. Damals war die Urgroßmutter väterlicherseits tatsächlich kurz nach der Geburt verstorben. Aber damals war damals und ist nicht heute.

Meine Tochter Tina ist inzwischen überfällig, deshalb wird die Geburt eingeleitet. Eine gesunde Tochter erblickt das Licht der Welt. Einen Tag nach dem Geburtstag meiner Mutter.

Eilig fahren mein Mann Rainer und ich ins Krankenhaus. Uns erwartet ein neugeborenes Baby im Arm der glücklich strahlenden jungen Mutter. Stolz küsse ich meine Tochter und sage: „Ich gratuliere dir, mein Schatz!" Erfreut betrachte ich meine zarte Enkeltochter, die recht munter in die Gegend schaut. „Kleiner Engel, willkommen in unserem Leben!" Natürlich machen wir Fotos, die, digital gespeichert, mit uns auf die Reise ins nächste Krankenhaus gehen.

Mit gemischten Gefühlen betreten wir die Intensivstation, auf der Mutter gestern noch lag.

Entwarnung. Mutter ist von der Intensivstation auf eine normale Station zurückverlegt worden. Wir eilen in die nächste Etage.

Nach leisem Klopfen öffne ich vorsichtig die Tür zum Krankenzimmer. Als wir eintreten, entdecken wir einen hilflosen Körper, angeschlossen an Überwachungsgeräte und Schläuche. Mutter lächelt uns zaghaft entgegen. Sie freut sich über unseren Besuch. Schwach fragt sie: „Und wie geht es euch?" Nicht zu glauben, dass sie sich in ihrem Zustand nach unserem Befinden erkundigt, typisch Mutter.

„Muttichen, uns geht es gut. Wir haben dir eine Überraschung mitgebracht." Mutter schaut uns fragend an.

Ich trete so dicht es geht an ihr Bett heran, neige mich zu ihr hinab und flüstere ihr ins Ohr. „Ich gratuliere dir zur Urgroßmutter. Es ist ein Mädchen, und sie heißt Wanda." Mutti freut sich. Sie sieht sich die Bilder an und fragt: „Ist alles wohlauf"?

„Nicht ganz, deine Gesundheit fehlt uns noch."

„Ich strenge mich an, es wird schon alles wieder werden." Genau auf diesen Satz habe ich gewartet. Mutter ist eine Kämpfernatur. Und wenn sie es will, dann wird auch alles besser werden.

„Nun wirst du dich erholen. Wanda braucht dich ganz dringend.“ Mutter weiß, dass sie demnächst jede Menge Wolle zu verstricken hat. Außerdem wird sie ihre Urenkelin in der schon fertig gestrickten Ausfahrgarnitur bewundern wollen. Zuvor hatte sie kleinere Knöpfe für das Babyjäckchen bei mir erbeten. Sie griff also in meine Knopfkiste, die schon seit Jahren mit allerlei Knöpfen vollgefüttert worden war und auseinanderzubersten drohte. Sowohl hellblaue als auch rosa Knöpfchen suchte sie heraus.

Optimistisch verlassen wir das Krankenhaus. „Es wird alles gut“, denke ich. „Es muss.“

Voller Neugier und Erwartung fahre ich nach Chemnitz, wo Frauen des Bundesverbandes „Anti-D“ arbeiten und um Gerechtigkeit für die Geschädigten kämpfen.

„Hallo, ihr Frauen!“, rufe ich in das kleine Büro hinein, in dem sich Aktenberge in knappen Regalen stapeln. Das Büro ist sehr klein und gerade noch bezahlbar. Zwei an den chronischen Folgen der Hepatitis-C-Virus-Infektion erkrankte Damen vom Vorstand des Verbands arbeiten einmal in der Woche in dieser Unterbringung. Ebenfalls betroffenen Frauen wird hier telefonisch Auskunft gegeben, wenn diese nicht weiterwissen. Sei es mit der Anschrift eines Rechtsanwalts oder mit der Erklärung eines Paragrafen aus unserem Anti-D-Hilfegesetz. Bei meiner Begrüßung sehe ich ernüchtert in traurige, blasse Gesichter.

„Es ist ein undenkbar schlechter Zeitpunkt, hier aufzutauchen“, ahne ich.

„Kommen Sie ruhig herein“, sagt Frau Sabine Schl. „Schön, dass Sie gekommen sind. Wenn Sie möchten, können Sie sich gerne schon mal setzen. Gleich haben wir Zeit für Sie. Wir sind gerade dabei, etwas Wichtiges anzufertigen. Einen Augenblick noch.“ Frau Sabine Schl. füllt eine Trauerkarte aus und erzählt mir mit betroffener Stimme, dass in der vergangenen Woche eine der Frauen aus dem Vorstand unseres Verbands an Leberkrebs gestorben ist. Ich bin schockiert. Lange Zeit ist es still.

„Wir suchen ein neues Vorstandsmitglied“, sagt Frau Schl., dabei sieht sie mich fragend an. „In unserem Vorstand wechseln die Namen häufig. Oft ist der schlechte Gesundheitszustand oder das Ableben einer unserer Frauen die Ursache."

„Ich bin zu Ihnen gekommen, um mehr über Ihre Arbeit und das Schicksal der Frauen zu erfahren", sage ich.

„Ich weiß gar nicht, wo ich anfangen soll." Frau Schl. sieht müde aus. Sie atmet tief durch und berichtet: „Abends falle ich total kaputt ins Bett, und am nächsten Morgen laufe ich zur Arbeit. Zusätzlich führen wir hier dieses Büro. Das Telefon klingelt laufend. Die Aktenberge werden immer höher. Viele Frauen schicken uns Briefe. Sie schreiben, wie es ihnen geht. Sie berichten und beklagen sich darüber, was für einen Riesenaufwand sie betreiben und wie lange sie durchhalten müssen, nur damit sie überhaupt eine kleine Chance darauf erhalten, dass die Ämter die Folgekrankheiten ihrer Hepatitis-C-Virus-Infektion anerkennen.

Erst kürzlich haben wir neurologische Untersuchungen durchführen lassen. Es wurde festgestellt, dass infolge der Virus-Infektion Konzentrationsschwächen bestehen.

Zum Beispiel kommt es zu Wortfindungsstörungen. Diese schlimmen Krankheitszeichen, die unsere Lebensqualität seit vielen Jahren beeinträchtigen, werden vom Amt für Familie und Soziales dennoch nicht im Zusammenhang mit der Hepatitis-C-Virus-Infektion oder ihren Folgeerkrankungen gesehen. Ich gebe Ihnen gern die neuesten Forschungsergebnisse diesbezüglich mit. Es wird aber niemandem etwas nützen."

Ich greife mir an die vom Rheuma geplagten Armgelenke und stelle mir vor, wie es sein wird, wenn ich meine Arme gar nicht mehr bewegen kann. Meine Glieder und Muskeln brennen. In den Fingerspitzen hackt ein Schmerz. „Werde ich die Nächste sein, die draufgeht?" Ich verdränge diesen Gedanken und wende mich den Frauen zu.

Frau Schl. berichtet über die Erlebnisse der Frauen, die neuesten Erkenntnisse, und ich ärgere mich, dass ich kein Diktiergerät zur Hand habe. Aufgrund meiner Erfahrungen in den letzten Jahren weiß ich jetzt schon, dass ich wieder vieles von dem Gesagten vergessen haben werde, noch bevor ich zu Hause angekommen bin. Etwa eine Stunde verbringe ich mit Frau Fi. und Frau Schl. in diesem winzigen Büro. Immer wieder kann ich nur fassungslos den Kopf schütteln.

„Aktivitäten seitens unseres Verbands werden dermaßen übergangen …“ Frau Schl. hält inne. Dann spricht sie weiter. „Nach wie vor stoßen wir unschuldig infizierten Frauen auf taube Ohren. Es ist unglaublich“, sagt sie.

„Ich verspreche Ihnen, dass wir in Verbindung bleiben. Ich möchte so viel wie möglich über Ihre Arbeit und die kranken Frauen erfahren“, sage ich und verlasse das Büro.

Wieder zu Hause melde ich mich für einen Besuch bei Iris an.

Iris sieht bleich aus. Sie wirkt schwer angeschlagen, wie während einer Grippe. Das Schlucken fällt ihr ungemein schwer.

„Was ist mit dir?“, frage ich. Iris verzieht ihr Gesicht. „Ich kann kaum reden. Meine Schleimhäute sind total trocken, der Reizhusten ist kaum auszuhalten … und diese Gliederschmerzen.“

Sie hält sich die Hand an den Hals. „In meinem Hals haben sich Aphthen gebildet, und die tun höllisch weh. Ich habe keine Widerstandskraft mehr. Vom Hals-Nasen-Ohren-Arzt habe ich ein Rezept erhalten und soll die Aphthen bepinseln. Aber das geht überhaupt nicht. So weit komme ich gar nicht in meinen Hals. Da muss ich würgen. Ich gehe nun täglich zum HNO-Arzt und lasse mich behandeln. Das Schlimme ist, diese Aphthen verbreiten sich schon im ganzen Mund. Ich weiß nicht, was noch so alles auf mich zukommt.“

Ich schaue Iris traurig an und sage: „Liebe Iris, halte durch. Was sagt denn die Ärztin, die dich durch die Therapie begleitet?“

„Ich darf nur noch die Hälfte des Interferonmedikaments spritzen. Meine Leukozyten sind an der untersten Grenze angekommen.“

„Ich weiß nicht, was das für mich bedeutet.“ Dabei hat Iris immer noch die rechte Hand um den Hals geschlungen. Sie führt die andere Hand ebenfalls an den Hals und drückt, als wolle sie sich erdrosseln. Dabei steckt sie ihre Zunge heraus und stößt einen krächzenden Schrei heraus. Die Augen dreht sie nach oben. Es sieht ziemlich echt aus. Natürlich muss ich lachen. Auch Iris lächelt ein bisschen, als sie ihre Hände herunternimmt.

„Was wiegst du inzwischen?", frage ich meine Freundin. „Kann sein, dass ich gerade noch fünfzig Kilogramm auf die Waage bringe. Mehr bestimmt nicht."

„Das ist nicht gerade viel", bemerke ich und streiche mir über meinen Leib, der in den vergangenen Monaten wieder etwas runder geworden ist. „Na komm", flüstert Iris heiser. „Dich habe ich ja auch fast nicht mehr gesehen, so dünn, wie du warst."

„Das wird wieder, hoffe ich jedenfalls", sage ich. Ich will sie aufmuntern, doch es gelingt mir nicht wirklich.

Iris fasst sich schon wieder an den Hals. Außer kaltem, flüssigem Trinkjoghurt kann sie nichts schlucken. „Der läuft wie Öl in meiner Speiseröhre herunter", erklärt sie mir.

„Ich bin gespannt, was mich in diesem Jahr noch alles an unangenehmen Überraschungen erwartet."

„Fallen deine Haare schon aus?", frage ich. Iris schüttelt den Kopf, und schon liegen ein paar Haare auf dem Tisch, die sie schnell beseitigt.

Ich erzähle ihr von meinem Besuch bei den Frauen in Chemnitz. Auch davon, dass in den letzten Monaten Frauen an Leberkrebs gestorben sind.

„Da verabschiede ich mich schon mal", nuschelt Iris leise in den Raum. „Ich werde verhungern, weil ich nichts mehr essen kann."

„Du kannst immer noch künstlich ernährt werden. Es wird alles wieder besser. Halte dieses verflixte Jahr durch. Du wirst überleben, das kannst du mir glauben. Erfolgreiche Ergebnisse sind für die Studien wichtig."

Ich verschweige Iris, dass die Dame, die kürzlich erst verstorben ist, schon vier Therapien hinter sich gebracht hat. Ich schließe meine Freundin ganz fest in meine Arme und wünsche ihr alles Gute.

„Ja, lass es dir auch gut gehen", flüstert sie. Sie begleitet mich am späten Abend zu meinem Auto und winkt mir nach. Ich schaue in den Rückspiegel, hebe die Hand, und schon bin aus ihrer Sichtweite.

In mir kocht die Wut darüber, dass Iris die Sorge um ihre Gesundheit allein am Hals hat.

Die Ärzte haben ihre Anweisungen, Gesetze und Budgets einzuhalten. Nach außen hin scheint alles kontrolliert und richtig. Wer aber sorgt sich um die einzelne Seele? Diese unschuldige, schwer angeschlagene Seele läuft sich unter der Therapie die Hacken wund, damit ihre Aphthen richtig behandelt werden.

Meine Gedanken führen mich in die Psychiatrie, auf deren Station ich während meiner Interferontherapie auf Hilfe hoffte. Es war Visite, und eine Gesellschaft in Weiß saß vor mir. Etwa fünf Mediziner schätzten meinen Zustand ein, den ich selbst nicht mehr verstand. Ihnen gegenübersitzend, versuchte ich zu erklären, dass mein ramponierter, kaputter Zustand von der Therapie kommen könne. Keiner dieser Herrschaften konnte jedoch einen Zusammenhang mit der Interferontherapie herstellen.

„Natürlich konnten sie diesen Zusammenhang nicht erkennen, weil sie um die Nebenwirkungen der Medikamente nicht wussten. Die Medizin wurde damals, während einer Studie, getestet."

Ich schimpfe in meinem Auto über den Bürokratismus, der uns betroffenen Frauen den Atem nimmt. Ich schimpfe über das Amt für Familie und Soziales, welches mir erst im Jahr 1995, dann noch einmal 2000 nach dem Anti-D-Hilfegesetz eine chronische Hepatitis C mit einer MdE 30 v.H. anerkannt hat, aber mir dann nach der erfolgreichen Interferontherapie kurz und bündig einen Bescheid nach § 48 Abs. 1. Sozialgesetzbuch – Zehntes Buch (SGB X) schickte, in dem steht, dass mir eine Rente nach dem AntiDHG nicht mehr zusteht.

Schreiben des Amtes für Familie und Soziales … Versorgungsamt … Mai 2006

Zitat:
„Von Amts wegen ergeht folgender

BESCHEID

nach § 48 Abs. 1 Sozialgesetzbuch – Zehntes Buch (SGB X)

Entscheidung
Der Bescheid des Amtes für Familie und Soziales … vom … 1995, einschließlich der Folgebescheide, wird insoweit aufgehoben, als die Gesundheitsstörung neu zu tenorieren und die Höhe der Minderung der Erwerbsfähigkeit (MdE) neu festzustellen ist.
Es ergeht folgende neue Entscheidung:
Als Gesundheitsstörung nach dem Anti-D-Hilfegesetz (AntiDHG) wird anerkannt ab … Juli 2006:
„Behandelte Hepatitis-C-Infektion ohne funktionelle Beeinträchtigung"
Die hieraus resultierende MdE ist mit 0 v.H. zu bewerten.
Eine Rente nach dem AntiDHG steht daher nicht mehr zu.

Begründung
Soweit in den tatsächlichen oder rechtlichen Verhältnissen, die beim Erlass eines Verwaltungsaktes mit Dauerwirkung vorgelegen haben, eine wesentliche Änderung eintritt, ist der Verwaltungsakt mit Wirkung für die Zukunft aufzuheben (§ 48 Abs. 1 SGB X).

Mit Bescheid des Amtes für Familie und Soziales … vom … 1995 wurde ihr Anspruch auf Gewährung von Beschädigtenversorgung nach dem Bundesseuchengesetz (BSeuchG) festgestellt. Dabei wurde als Schädigungsfolge im Sinne des § 51 BSeuchG „chronische Hepatitis C nach Rh-Immunprophylaxe" anerkannt und die Höhe der Minderung der Erwerbsfähigkeit (MdE) nach § 30 Abs. 1 Bundesversorgungsgesetz (BVG) mit 30 v.H. festgelegt.

Mit Inkrafttreten des Gesetzes über die Hilfe für die durch Anti-D-Immunprophylaxe mit dem Hepatitis-C-Virus infizierten Personen (Anti-D-Hilfegesetz: AntiDHG) zum 01.01.2000 erloschen die nach dem BSeuchG festgestellten Ansprüche zu diesem Zeitpunkt.
Aus diesem Grund wurde mit Bescheid vom 17.10.2000 eine Feststellung nach dem AntiDHG getroffen. Dabei wurde festgestellt, dass Sie infolge der am … 1978 durchgeführten Anti-D-Immunprophylaxe und der dabei verwendeten infizierten Charge des Bezirksinstituts für Blutspende- und Transfusionswesen des Bezirks Halle mit dem Hepatitis-C-Virus infiziert wurden. Die MdE infolge der HCV-Infektion wurde bei Ihnen mit 30 v.H. bewertet.

Im Rahmen einer von Amts wegen durchgeführten Nachuntersuchung ist gemäß versorgungsärztlicher Stellungnahme die Leidensbezeichnung, sowie die Höhe der MdE neu festzustellen …

Gemäß aktuellem medizinischem Kenntnisstand erfolgte von … 2003 bis … 2004 eine Kombinationstherapie mit Ribavirin und Interferon. Die zuvor vorgenommene Leberhistologie (… 2003) hatte eine diskrete Progredienz, insbesondere beim Grading (vormals Grad 1, 2003 dann Grad 2 bei persistierendem Stadium 1) ergeben. Dies stellte nun die Indikation zu einer erneuten Therapie dar.
Aus den beigezogenen Unterlagen … ist ersichtlich, dass sich die Leberwerte und die PCR noch unter der Therapie normalisierten. Bei Therapieende … 2004, sowie späteren Kontrollen (…) ist eine anhaltende Negativierung der Virusvermehrung (HCV-PCR) sowie Normalisierung der Leberwerte belegt.
Nach Auswertung aller vorliegenden Befunde ist die Hepatitis C nach derzeitigem Stand der Wissenschaft als ausgeheilt zu betrachten.

Infolge der Interferontherapie ist es zu einer anhaltenden Besserung gekommen. Es liegt keine Funktionsbeeinträchtigung der Leber mehr vor, sodass eine Rückstufung der MdE … zu begründen ist … Aktuell ist die Hepatitis C als ausgeheilt zu betrachten … Die Zahlung der monatlichen Rente nach dem AntiDHG wird mit Ablauf des Monats eingestellt, der auf die Bekanntgabe des die Änderung aussprechenden Bescheides folgt (§ 60 Abs. 4 BVG) …“ Zitatende

Meine Wut ist fast am Siedepunkt angekommen. Fragt sich das Amt nicht, was mit der chronischen Hepatitis C ist? Sie können überhaupt nicht wissen, ob die Leberentzündung noch weiter existiert oder nicht. Denn nach der Therapie wurde meine Leber nicht punktiert … Als ausgeheilt zu betrachten, was soll das heißen? Das ist doch kein Beweis. Denken ist nicht wissen. Die Leberentzündung kann noch existieren, genau wie vor der Therapie. Ich muss um meine Anerkennung kämpfen.

Ich bemerke, wie ich vor Empörung innerlich koche. Aufgebracht, fahre ich in der dunklen Nacht umher und denke immer wieder an Iris und ihre Situation. Ich gebe Gas, lasse mein Auto rollen, um Benzin zu sparen, gebe wieder Gas, um vorwärtszukommen. Eine Weile fahre ich mit dieser Methode über den nächtlichen Asphalt und brüte vor mich hin. Urplötzlich wird es vor mir blitzhell. Ein greller Lichtschein erschreckt mich so sehr, dass ich kurzfristig gar nichts mehr sehen kann. Ich zucke schlagartig zusammen, und mein ganzer Körper ist heiß. Bis zum Zeh ist mir heiß. Das Licht war so grell, dass ich die Augen zusammenkneifen muss.

„Was war das denn jetzt?“ Irritiert halte ich mich am Lenkrad fest. „Sie haben mich fotografiert. Mensch, war das hell.“

Auf meinem Tachometer stelle ich eine Überschreitung der zulässigen Geschwindigkeit von achtzehn Kilometern in der Stunde fest, nachdem ich vom Gaspedal gehe.

„Nein, was für ein Schreck!“, schimpfe ich. „Ist denn das die Möglichkeit? Da kann ja wer weiß was passieren.“ Ich fühle, wie mein Herz aufgeregt pumpt und nun noch mehr Verärgerung durch meinen Körper zu transportieren hat. „Wo soll ich denn mit so viel Wut hin, die im Bauch, im Kopf und überall ist?" Um Einsicht bemüht, drossle ich die Geschwindigkeit und fahre nun so langsam, als würde ich hinter dem nächsten Baum und der nächsten Kurve wieder einen Blitzer erwarten.

„Was denken sich die Leute, wenn sie ahnungslose Verkehrsteilnehmer derartig erschrecken? Macht es ihnen Freude, wenn sie schockierte Gesichter auf den Fotos sehen?" Eines ist mir sofort klar, das wird teuer. Wie hoch wird wohl mein Busgeld sein? Zwar habe ich die neuen Regelungen des Busgeldkatalogs letzthin in der Zeitung gelesen, aber merken konnte ich mir sie nicht. „Hoffentlich ist meine Fahrerlaubnis nicht weg", denke ich. „Wie sollte ich sonst zu meinen Kindern in die Kindereinrichtungen kommen? Wer würde ihnen Werte des Lebens vermitteln?" Ich kann mich nicht beruhigen. „DIE sind doch total verrückt! Mitten in der Nacht auf einsamer Landstraße einen Blitzer aufstellen, dafür haben sie Geld! …"

Tage später kommt ein Schreiben von der örtlichen Behörde mit der Aufforderung einer Anhörung zu folgendem Vergehen … einer im Rahmen sowieso mit Paragrafen sowieso … Erst lese ich dieses Einschreiben, dann sage ich zu mir selbst: „Ich soll oder darf Stellung nehmen. Aha, ich darf mich rechtfertigen, warum ich zu schnell gefahren bin … Ich kann ihnen ja alles ganz genau mitteilen, warum ich die Höchstgeschwindigkeit überschritten habe. Dafür bräuchte ich nur ein paar Jahre Zeit zum Schreiben. Wir werden einmal sehen, was sie dazu sagen." Ich schimpfe noch lauter und plärre meine Möbel an. „Ich kann ihnen ja schreiben, wie Iris und ich krank gemacht wurden. Und wie wir jetzt leiden. Und dass ich mich darüber empöre, wie mit uns umgegangen wird. Wir werden sehen, was die Behörden dazu sagen. Ich schreibe, dass mich all die Folgen aufregen und was auf Iris und mich noch alles zukommen kann. Auch, dass erst kürzlich vom HCV-Skandal betroffene Frauen an den Folgen gestorben sind. Wir werden ja sehen, wie die Behörden darauf reagieren!" Ich lege den Wisch auf meinen Schreibtisch.

„Ja, ich kann ihnen schreiben, dass mir das Amt meine gesellschaftliche Anerkennung und Rentenberechtigung aberkannt hat, nach über einem Vierteljahrhundert entzogener Lebensqualität. Bei noch immer vorhandener Leberschädigung und vielen Funktionsstörungen wie z.B. Unverträglichkeit von Nahrungsmitteln, ständiger Müdigkeit, Leistungsminderung, Abgeschlagenheit, Antriebslosigkeit, Gelenk- und Muskelbeschwerden, Angstattacken und Gedächtnisverlust.

Ha, … und was ich mir alles von der geschundenen Seele schreiben könnte. Sie werden große Augen bekommen … oder … nein …"

Kraftlos und müde blicke ich auf dieses leere Blatt Papier. „Sie werden sowieso nicht reagieren. Es wird sie nicht die Bohne interessieren." Wieder nehme ich den Zettel in die Hand und fahre mit meinen Selbstgesprächen fort. „So viel Platz ist gar nicht vorgesehen. Für all meine Gründe wäre überhaupt kein Platz. Die Behörden wollen ja doch nur das Geld. Ihnen ist egal, wie es zur Entstehung des Fotos kam. Verstoß ist Verstoß! Wenn ich mich mit ihnen herumstreite, kostet es nur meine Nerven. Sie haben den längeren Arm, sie sitzen am längeren Hebel. Ihr Denken und Handeln wird von Gesetzen und Paragrafen bestimmt."

So gut, wie es geht, balle ich meine schmerzenden Hände zu Fäusten. „Verstoß ist Verstoß. Und was ist mit dem Verstoß an uns, dem Verstoß an unserem Leib und unserem Leben?" Wir dürfen keine Strafzettel ausstellen. Wir dürfen Anträge stellen. Wir dürfen uns immer wieder die Leber punktieren und die Venen durchstechen lassen. Wir dürfen jeden Zentimeter von uns begutachten lassen und unser Lebensumfeld. Wir dürfen andere, fremde Menschen entscheiden lassen, was mit uns ist und was mit uns wird, bis zum Lebensende.

Sie werden meine Anhörung gar nicht erst lesen. Also werde ich meine Gründe nicht mitteilen, die Mühe kann ich mir sparen. Ich werde ihnen mein Geld überweisen, und ich nehme an, dass es gut angelegt ist. Ich nenne dieses Geld einfach ‚Spende'. Sie werden mein Geld in ihrer Haushaltskasse verbraten."

Ich fülle die Überweisung aus. „Mehr kann ich für die Städte und Gemeinden nicht tun. Eigentlich können sie froh sein, dass es mich noch gibt, wo ich sie doch materiell so gut unterstütze.“

Meine Rechtfertigung wird es nicht geben, stattdessen werde ich mir eine große Tafel Schokolade kaufen.

Deshalb mache ich mich auf den Weg zu einer Verkaufseinrichtung. Direkt im Eingangsbereich liegen viele bunte Werbeprospekte. Davon unbeeindruckt, greife ich schließlich doch nach einem. Hierin wird zum günstigen Picknick eingeladen, gleich um die Ecke in einer gastronomischen Abteilung. „Kauf ein Essen und trink so viel du magst“ steht hier, und schnurstracks gehe ich dorthin. Ich entscheide mich für den Gemüseteller und trinke einige Gläser Saft. Das Gemüse ist frisch und knackig, aber der Saft scheint angegoren und lässt zu wünschen übrig.

Nach dem Bezahlen plane ich das Örtchen ein. Als ich kurz davor bin, dieses aufzusuchen, heult plötzlich eine Sirene auf. Ich erschrecke fast zu Tode und trete bedeppert zwei Schritte zurück. Zwei Sicherheitsschranken lösten Alarm aus. Ängstlich sehe ich mich nach allen Seiten um, hoffentlich hat mich hier keiner erkannt. Nachdem nichts passiert, nehme ich den Gang auf das Örtchen noch einmal in Angriff. Doch schon wieder gibt es Alarm. Irritiert bleibe ich stehen. „Bin ich das? Wodurch wird dieser entsetzliche Krach ausgelöst? Ich habe gegessen, getrunken, bezahlt, und jetzt muss ich da rein. Wo ist das Problem?“ Niemand kommt. Da die Natur eindringlich ruft, gehe ich einfach zügig durch die Schranken. „Hoffentlich kommt keiner und filzt mich“, denke ich noch. Beim Verlassen rechne ich schon damit, dass es noch einmal Krach geben wird – und tatsächlich: Die Sirene reagiert auf mich und heult wieder los.

„Irgendetwas habe ich an mir“, überlege ich. „Vermutlich wird auch am Ausgang so ein Pieper auf mich warten. Er wird einen Höllenlärm machen. Es wird mir peinlich sein, wenn ich zurückgerufen werde. Das Personal wird kommen, und alle Kunden werden mich entgeistert anstarren. Sie werden darauf warten, dass mir unbezahlte Gegenstände unter der Kleidung hervorgezogen werden und dass die Polizei kommt, um mich zu verhaften. Vor allen Leuten werden sie mich abführen …“

Schon allein der Gedanke daran ist mir unangenehm, daher eile ich unverzüglich zum Informationsstand und berichte dem Verkaufspersonal von meinem Toilettengang. „So ein Blödsinn“, denke ich.

„Seltsam, niemand kam auf mich zu, als der Alarm losging“, sage ich dem Verkäufer. „Was kann der Auslöser dafür gewesen sein? Ich hatte nur gegessen und getrunken, unbezahlte Ware habe ich nicht.“

Wir sehen uns in die Augen. „Ich bin mir keiner Schuld bewusst.“ Der Mitarbeiter meint: „Sie können genauso gut eine Ware hereingebracht haben, die vorher nicht entwertet worden war.“ Ich bekomme knallrote Ohren. Es könnte also mein T-Shirt sein. Das hatte ich vor zwei Tagen gekauft, aber bezahlt. „Ich gehöre zu der Kundschaft, die grundsätzlich die Ware bezahlt.“

„Wissen Sie, bei uns piept es so oft, da hört schon gar keiner mehr drauf.“ „Ja, aber warum gibt es denn all diese Schranken, wenn sie ignoriert werden?“

„Gute Frage“, sagt er gelassen. „Durch den Ausgang kommen Sie aber nicht unbemerkt. Sagen Sie der Kollegin an der Kasse Bescheid. Dann gibt es keine Probleme.“

„Gut, so werde ich es machen.“ Was diese Sicherheit alles kostet, eigentlich ist sie unnütz. Spontan entscheide ich mich für zwei Tafeln Schokolade und komme an der Kasse an. Müde und noch immer verunsichert, melde ich den Vorgang der jungen Kassiererin.

Ruck, zuck steht sie auf, und ich werde untersucht. Während sie mir die Gelegenheit bietet, ihre frische Dauerwelle eingehend zu betrachten, entdeckt sie tatsächlich im Innenteil meines Pullis nicht nur die Waschanleitung, sondern auch ein monströses Anhängsel. Wir heben die Arme und strahlen uns an. Mit einem Siegerlächeln klärt sie mich auf: „In jedem Teil, das Sie bei uns kaufen, ist so ein Sicherheitschip eingearbeitet. In jedem. Sie müssen ihn aber zu Hause entfernen.“ Damit ist alles gesagt, und sie setzt sich an ihre Kasse zurück.

Hinter mir warten die Kunden und beginnen unwirsch zu drängeln. So bin ich im Zugzwang. Da ich an Ort und Stelle mein Shirt unmöglich ausziehen kann, hieve ich meinen Körper halb auf das Warenband. Beim hörbaren Piepen sind alle erleichtert. Selbst die Wartenden in der Schlange neben mir freuen sich. „Danke sehr für Ihren Tipp. Einen schönen Tag noch", sage ich erleichtert. Beim Verlassen des Geschäfts bleibt alles ruhig.

„Geschafft!" Befreit fahre ich vom Parkplatz. „So ein Aufwand. In jedes Teil ist solch ein Chip eingenäht. Was das alles kostet."

Auf dem Heimweg frage ich mich, vor wie vielen Jahren ich das letzte Mal eine Dauerwelle gesehen habe. „Eine junge Frau mit einer Dauerwelle", überlege ich, „vor dem Fall der Mauer habe ich so etwas das letzte Mal gesehen." Während ich nachdenke, kann ich der Versuchung nicht widerstehen. Ehe ich mich versehe, ist die erste Tafel Schokolade geöffnet. „Die zarten Vollmilchstücke zerschmelzen ja sonst, sie sind köstlich."

Zu Hause angekommen, nehme ich mir als Erstes den alten Kleiderschrank vor und durchforste den Inhalt. Bei einigen neuen Shirts und Rollis werde ich tatsächlich fündig. Aus allen Textilien schneide ich diese grässlichen Chips heraus. Übrig bleiben nicht zu erwischende, winzige Stoffreste, die fortwährend auf der Haut kratzen.

Unser Verband, der Bundesverband HCV-geschädigter Frauen nach Immunprophylaxe „Anti-D" e.V., lädt uns zur Jahresabschlussveranstaltung nach Chemnitz ein. Iris und ich nehmen die Einladung gern an. An diesem Tag der Hauptversammlung bitte ich um die Einsicht in das DDR-Urteil, in dem es um die Hepatitis-C-Virus-Infizierung von uns Frauen geht. Ich darf mir alle Seiten kopieren, um sie zu Hause in aller Ruhe durchzulesen.

„Endlich halte ich das Urteil in der Hand, in dem die an uns begangene Straftat beschrieben ist. Auf diese Informationen habe ich Jahrzehnte gewartet." Hier kann ich einen Teil der Wahrheit finden.

Während der Versammlung haben wir die einzigartige Gelegenheit, die Vorträge zweier Professoren zu verfolgen, die auf dem Gebiet der Hepatitis-C-Virus-Infektion forschen. Es geht um neurologische Folgen, Virologie und Hepatologie. Die Professoren wissen, dass sie vor in den Jahren 1978 und 1979 mit dem Virus infizierten Frauen sprechen, bei denen zum Teil heute keine Viren mehr nachgewiesen werden können.

Iris sagt: „Sieh mal, sie bringen einen Monitor mit. Vielleicht wollen sie uns wissenschaftliche Ergebnisse vorführen." „Das wäre sehr gut", sage ich. „Zusammengereimten Blödsinn haben wir lange genug gehört. Wir wollen die Wahrheit wissen." Alle Frauen sitzen an einem langen Tisch versammelt und lauschen erwartungsvoll.

Frau Professorin eröffnet mit dem Satz:

„Diese Müdigkeit ist keine gesunde Müdigkeit."

Iris sieht mich an und flüstert: „Ja, das könnten wir sofort bestätigen, wir erleben es jeden Tag."

Rechts neben mir sitzt Frau M., die leise sagt: „Es gibt dazu gesicherte wissenschaftliche Ergebnisse, auch international."

Mit ruhiger Stimme beginnt die Professorin ihren Vortrag. „Es gibt eine gesunde Müdigkeit, und es gibt eine ungesunde Müdigkeit.

Wenn wir morgens wieder fit sind, dann können wir von einer gesunden Müdigkeit sprechen. Sind wir aber morgens genauso schlapp wie am Abend, dann sprechen wir von einer ungesunden Müdigkeit. Diese Müdigkeit zerstört die Person. Für uns Neurologen ist es kein unbekanntes Phänomen. Wir fragen uns nun, wo liegt die Ursache der Beeinträchtigung der Beweglichkeit, der Konzentrationsstörungen?

Diese Müdigkeit bei einer neurologischen Erkrankung (Nervenerkrankungen) ist charakterisiert auch dadurch, dass die Patienten sagen, sie seien ständig erschöpft und hätten zusätzlich Probleme mit der Konzentration, der Aufmerksamkeit, mit dem Gedächtnis. Hinzu kommen Schlafstörungen, Depressionen, Antriebslosigkeit. Es treten Muskel- und Gelenkbeschwerden auf."

Frau M. neigt sich zu mir und sagt leise: „Das ist genau das, was ich seit Jahren beklage."

Frau Professor fährt fort: „Vergleichbar mit Multiple Sklerose oder der Parkinsonkrankheit. Die Personen haben das Gefühl ständiger Erschöpfung mit einem langsamen Gang und einer veränderten Körperhaltung.

Es sind Regionen im Gehirn geschädigt, z.B. die Mitte des Thalamus, ‚dem Tor der Seele'. Personen, die in diesem Bereich eine Schädigung haben, bei denen kommt es zu Bewusstseinsstörungen, Veränderungen der Wahrnehmung und ähnlichen Dingen."

Während die Frau Professorin spricht, können wir auf dem Bildschirm verschiedenfarbige Gehirnstrukturen und Regionen erkennen. Erstmals erfahre ich, wo mein Wachheitszentrum liegt.

„Wenn diese Region ernsthaft geschädigt ist", fährt die Frau Professorin fort, „dann kann die Person bewusstlos sein.

Es gibt zwischen der Hirnrinde und den tief gehenden Strukturen des Gehirns Verbindungsbahnen, die eine Schädigung, sozusagen Loch an Loch, haben. Dadurch kommt es zur Müdigkeit.

Vor allem gibt es die Patienten mit Hepatitis C, die über Müdigkeit klagen.

Wir führten an unserer Universität Tests durch und haben dabei festgestellt, dass bei den an Hepatitis C erkrankten Patienten Aufmerksamkeitsstörungen vorliegen. Die Patienten zeigten depressive Verstimmungen und waren viel ängstlicher.

Einer Depression liegt eine Stoffwechselerkrankung im Gehirn zugrunde.

Es ist klar, wenn die Person in ihrem Antrieb, in ihrer Aufmerksamkeit heruntergeregelt ist, kann sie ihre Aufgaben nicht mehr erledigen. Wir stellten bei ermüdeten Personen fest, dass weniger gut funktionierende Nervenzellen in der Hirnrinde vorhanden sind. Bei drei verschiedenen Gruppen, in Australien, England und Deutschland, also weltweit, wurden Veränderungen im Gehirn festgestellt.

Bei einer HCV-Erkrankung, sprich Hepatitis-C-Viren-Erkrankung, kommt es zu einem Nervenzelluntergang.

Es liegt eine deutliche Störung der Übertragungswege im Gehirn vor. Das Nervensystem zeigt eine Veränderung. Wir führten mit den Patienten Nuklearuntersuchungen und Aufmerksamkeitstest durch.

Klar ist, dass durch die Stoffwechselerkrankung weniger Zucker umgesetzt wird. Bei Gesunden haben Nerven eine Richtzahl unter 35. Bei eben diesen erkrankten Personen liegt die Kurve bei über 138, maximal 168.

Hier gibt es eine Region, die Schläfenlappen." Frau Professorin weist auf die entsprechende Hirnregion.

„Hier liegt die Gedächtnisfunktion", sagt sie, „und hier das Wachheitszentrum." Frau Professorin weist auf die einzelnen Gehirnareale, und wir folgen ihr, so gut wir können.

„Wir können bei dieser Patientin schlussfolgern, dass bei ihr der Stoffwechsel niedrig ist, somit auch die Nervenzellaktivität."

Ich stupse Iris an den Arm, wir sehen uns an und schütteln den Kopf. Inzwischen rutschen einige Frauen auf ihren Stühlen hin und her oder strecken sich, merklich um Konzentration ringend. Andere holen sich ein neues Glas Wasser oder eine Tasse Kaffee. Eine gewisse Unruhe ist spürbar, aber niemand stört die Rede der Frau Professorin.

„Durch die Verbesserung der Computertechnik ist es möglich, eine Verminderung der Gehirnsubstanz nachzuweisen. Mikrountersuchungen haben ergeben, dass das Virus im Gehirn nachgewiesen wurde."

„Hast du gehört?", flüstert Iris, „so was hat uns bisher keiner gesagt." Wir sind still und warten.

Zwischenzeitlich ergreift der Herr Professor das Wort.

„Wenn der Prozess der Zerstörung erst einmal angestoßen ist", so beginnt der Herr Professor seine Rede, „dann läuft dieser Prozess, ob mit Virus oder ohne Virus. Es ist also egal, ob das Virus weg ist oder noch da."

Ich greife nach meinem Wasser. Mit Schaudern denke ich an die Quälerei unter der virusreduzierenden Therapie, mit der die Medizin das Virus unter die Nachweisgrenze drücken konnte.

„Es ist also egal, ob das Virus nachweisbar ist oder angeblich weg. Da hätte ich mir diese Strapazen doch ersparen können. Interessant, dass ich davon erst jetzt erfahre! Ich habe mich schon die ganze Zeit nach der Therapie darüber gewundert, dass meine Beschwerden trotzdem geblieben sind. Manche davon sind sogar noch schlimmer geworden." Ich kann darüber nur den Kopf schütteln.

„So ein Pech", sagt Iris leise, „wenn ich das vorher gewusst hätte."

Der Herr Professor spricht weiter.

„Eine Antikörperuntersuchung wurde durchgeführt, und es ließen sich Antikörperprofile nachweisen und somit auch Schädigungen."

Er redet von Zirrhose, von Tumoren und von Fibrose sowie von Viren, Viren, Viren.

„Es gibt zum einem also diese typischen Lebererkrankungen, aber zum anderen gibt es eben diese besagten Leistungseinschränkungen", sagt der Herr Professor am Ende seines Vortrags.

Iris und ich verlassen leise den Raum. „So, so", sage ich, „und wer glaubt mir nun, dass genau diese Leistungseinschränkungen nach der Therapie zurückgeblieben sind? Und dass ich sie immer noch habe? Wie oft habe ich diese Müdigkeit dem Amt mitgeteilt, meine Konzentrationsstörungen und die Wortfindungsstörungen. Erst haben sie mir die Leberkrankheit Hepatitis C anerkannt, mit einer MdE von 30. Aber nach der erfolgreichen virusreduzierenden Therapie geht das Amt plötzlich davon aus, dass die Leberkrankheit als ausgeheilt zu betrachten sei. Obwohl eine neue Leberpunktion nach der Therapie nicht durchgeführt wurde."

Ich schüttle aufgewühlt den Kopf. „Dabei ist bekannt, dass nach erfolgreicher Therapie meistens diese Leberwerte normal sind und der Befund des Virusnachweis negativ ist, dass aber gleichzeitig diese Befunde trotzdem kein Beweis dafür sind, dass die chronische Leberkrankheit beendet sein könnte."

Ich schnappe nach Luft. Iris sagt ruhig: „Du sollst dich nicht aufregen!", und sie sucht nach Bonbons in ihrer Handtasche.

„Aber Iris, verstehst du das nicht? Das Ende der chronischen Leberkrankheit wäre nur über ein entsprechendes Ergebnis einer Leberpunktion zu beweisen! … Ohne neue Leberpunktion kann niemand wissen, ob die Leberkrankheit tatsächlich weg ist oder nicht."

Iris kramt eine Tüte und eine silberne Blechbüchse hervor und reicht sie mir herüber. „Menthol oder Frucht?" Ich nehme aus beiden. Ein Bonbon stecke ich in die Hosentasche, während ich das andere auswickle und in meinem Mund verschwinden lasse.

„Soll ich mir nun schon wieder die Leber punktieren lassen, nur weil das Amt behauptet, dass nach ihrer Auswertung der Befunde die Hepatitis C ausgeheilt sei und dass jetzt eine MdE 0 vorliegt? Anders kann ich überhaupt nicht beweisen, dass die Leber noch entzündet ist und welchen Grad die Fibrose hat."

Wir sehen uns an. „Das muss ich einfach so hinnehmen. Nach dem Hilfegesetz geht es um die Anerkennung von Folgeschäden der Hepatitis-C-Virus-Infektion. Was ist in diesen Ämtern los? Chronisch krank ist chronisch krank."

„So habe ich das noch nicht betrachtet", sagt Iris. „Genau genommen habe ich überhaupt noch nicht darüber nachgedacht. Ich verstehe nicht einmal das Gesetz. Ehrlich gesagt, das ist alles zu hoch für mich."

„Mensch Iris, ich verstehe auch nicht alles. Aber eines ist mir klar geworden. Der Laborbefund ‚Virusnachweis' sagt nichts darüber aus, ob chronische Folgeschäden oder Beschwerden existieren oder nicht … Ich habe Gesundheitsstörungen, ausgelöst durch die Hepatitis-C-Virus-Infektion, und zwar nach wie vor. Sie waren zu keinem Zeitpunkt weg. Was ist denn das für ein Bescheid, wer trifft denn diese Festlegung? Denkst du, ich bin die einzige Betroffene, bei der die Situation so beurteilt wurde? Wer gibt ihnen das Recht, so großzügig gegen Opfer zu entscheiden?"

Iris sagt: „Du schreibst Bücher, da wird dir sowieso niemand glauben, eine Wortfindungsstörung zu haben."

„Im Alltag reden ist nicht schreiben. Es treibt mich keiner, wenn ich schreibe. Wenn mir ein Wort nicht einfällt, habe ich endlos Zeit, um nachzudenken und nachzuschauen. Trotzdem ist es oftmals so anstrengend für mich, dass ich aufhören muss. Mir fehlen fortwährend buchstäblich die Worte. Ich ringe oftmals um Zusammenhänge. Einfachste Abläufe missglücken. Mein Geist ist träge. Bei einem Gespräch ist es nicht viel anders, mittendrin kann ich nicht mehr mitdenken. Blackout, Denkblockade, nichts geht mehr. Und das ziemlich oft. Mir ist es immer sehr peinlich.

Das Allerschlimmste ist meine zunehmende Vergesslichkeit. Zwei Meter weiter weiß ich nicht mehr, was ich gerade erledigen wollte oder will. Was ich in meinen Schränken hängen habe, fällt mir erst wieder ein, wenn ich ihn öffne. Weißt du, was ich immer wieder feststelle? Dass all die kranken Frauen, die ich kenne, diese Vergesslichkeit aufweisen. Eine Dame sagte neulich am Telefon: ‚Entschuldigen Sie bitte, dass ich Sie ständig unterbreche. Ich muss meinen Gedanken schnell noch zu Ende bringen, sonst ist er weg und fällt mir nicht mehr ein.' Dass es mir genauso geht, ist schon verblüffend.

Es entsteht im Inhalt des Satzes plötzlich ein Loch. Genau um diese Vergesslichkeit geht es. Der Gedanke muss ausgesprochen oder aufgeschrieben werden, sonst ist er einfach weg."

„Schlimm, schlimm, schlimm", sagt Iris. „Mir geht es genauso. Ich fahre im Kreis, weil ich plötzlich nicht mehr weiß, wohin ich eigentlich will oder wie ich zum Zielort kommen soll, obwohl mir die Fahrstrecke seit Jahren vertraut ist. Entweder ist es weg, oder ich kann nicht koordinieren, wie ich von A nach B komme. Schlimm, und es wird immer schlimmer."

Die Pause ist vorbei, und wir gehen zurück. Wir sind viel zu spät dran, denn der letzte Teil der Vorträge hatte längst begonnen.

Zum Abschluss erwähnt die Frau Professorin sehr feinfühlig, dass es für noch genauere Untersuchungen der Gehirne von HCV-infizierten Verstorbenen bedürfe, und zwar innerhalb von vierundzwanzig Stunden nach Eintritt des Todes. Auch die Gehirne von Infizierten, bei denen das Virus später nicht mehr messbar ist, würden benötigt.

Eilig ruft eine Frau in den Raum: „Meinen Körper können Sie haben, das habe ich schon festgelegt!“ Die Reaktionen der Teilnehmerinnen fallen unterschiedlich aus, einige schmunzeln, andere sind überrascht oder scheinbar betrübt. Für die anschließenden Gespräche können Iris und ich nicht mehr bleiben. Wir sind nicht mehr in der Lage, einer Diskussion zu folgen. Dieser Tag reizte unsere Fähigkeit zur Aufmerksamkeit aufs Äußerste aus.

Der Weg nach Hause verläuft eher still. Iris und ich sitzen im Auto, wir reden kaum miteinander. Ich kann nicht mehr richtig denken und bin froh, dass Rainer uns fährt. Er sagt: „Mädels, in der Garage habe ich eine Kassette gefunden, mit Ostmusik drauf und auf CD gebrannt, hört mal rein.“ Er schiebt sie ein und lacht. Es erklingt „Wo sind sie hin, die sozialistischen Helden?“ Ich bin müde, ich will es heute nicht mehr wissen und nicke ein.

Noch bevor es zu den schweren Straftaten, den Verabreichungen der verseuchten Substanzen an uns Frauen, kam, gab es im Juni und Juli 1978 einen Schriftwechsel.

Ein Schreiben aus Berlin, vom „Staatlichen Kontrollinstitut für Seren und Impfstoffe“ (SKISI) vom 14.07.1978 an das Bezirksinstitut für Blutspende- und Transfusionswesen Halle (BIBT), Direktor OMR Dr. med. W. S… informiert über den folgenden Sachstand:
(Quelle: Beweismittelsakte des Staatsanwalts des Bezirks Halle AZ 131-70-79 zur Strafsache AZ 4 BS 13/79)

> Zitat:
> „Staatliches Kontrollinstitut für Seren und Impfstoffe – Direktor: OMR Prof. Dr. sc. med. F. O… – …
>
> Bezirksinstitut für Blutspende- und Transfusionswesen Halle
> Direktor OMR Dr. med. W. Sch…
>
> Betr.: Human-Immunglobulin „Anti-D“

Sehr geehrter Herr Kollege Sch…!

Ihr Schreiben vom 23.06.1978 an Frau Doz. Dr. Th… habe ich zur Kenntnis genommen. Dazu teile ich Ihnen Folgendes mit:

1. Chargen-Nr. 06 03 78 und 07 04 78:

Sie selbst haben in Ihrem Brief vom 01.06.1978 bezüglich des Hepatitis-Risikos zum Ausdruck gebracht, dass ein derartiges Risiko nicht mit absoluter Sicherheit auszuschließen sei. Frau Dr. Th… hat Ihnen daraufhin am 15.06.1978 mitgeteilt, dass unter den von Ihnen geschilderten Umständen eine Freigabe nicht erfolgen kann.

2. Charge 09 06 77:

Sie erhielten bereits am 22.12.1977 die Mitteilung, dass die Charge nicht den Forderungen des 2. AB-DDR hinsichtlich des Freiseins von pyrogenen Verunreinigungen entspricht. Wir hatten damals empfohlen, nach einer Lagerung von ca. 6 Monaten die Prüfung im Institut für Arzneimittelwesen der DDR wiederholen zu lassen, da die Erfahrung besagt, dass pyrogene Substanzen während der Lagerung gelegentlich abgebaut werden.
Die Wiederholungsprüfung ist inzwischen erfolgt. Die Charge Nr. 09 06 77 ist nach wie vor pyrogenhaltig und damit die klinische Anwendung nicht zu verantworten.

3. Überleitung der Produktion nach Neubrandenburg:

Die Bemerkung im letzten Abschnitt Ihres Briefes vom 23.06.1978 bitte ich, gründlich zu überdenken. Sie sind als Produzent des registrierten Präparates entsprechend den arzneimittelgesetzlichen Bestimmungen verantwortlich für die Lieferung einer ausreichenden Menge in der geforderten

Qualität und auch dafür, dass es *ohne* Unterbrechung zur Verfügung steht. Sie meinen doch wohl nicht ernsthaft, dass im Falle, dass Sie dieser Verantwortung nicht nachkommen, die Rh-Prophylaxe in der DDR zeitweilig unterbrochen werden könnte. Einer derartigen Entscheidung kann unter keinen Umständen entsprochen werden.
Das Gleiche trifft auf den von Ihnen angedeuteten NSW-Import zu, wenn ein Präparat für einen Produzenten in der DDR registriert ist.
Mit kollegialer Hochachtung

OMR Prof. Dr. sc. med. F. O…"
Zitatende

Auszüge aus dem DDR-Urteil, Strafsache 4 BS 13/79
(Quelle: Akte des Staatsanwalts des Bezirks Halle zur Strafsache AZ 4 BS 13/79; 131-70-79)

Zitat:

„*4 BS 13/79* Rechtskräftig seit dem 15.02.1980
131-70-79

In der Strafsache

g e g e n 1. den Arzt Dr. med. W… Sch…
2. den Apotheker Dr. rer. nat. … B.

w e g e n Verletzung von Bestimmungen des Arzneimittelgesetzes hat der *4. Strafsenat des Bezirksgerichts Halle* (S) in der Hauptverhandlung am 27., 28. und 29. November sowie 3. und 7. Dezember 1979, an der teilgenommen haben …

für R e c h t erkannt:

Der Angeklagte Dr. Sch… wird wegen Verletzung von Bestimmungen des Gesetzes über den Verkehr mit Arzneimitteln i. d.

Fassung des Anpassungsgesetzes vom 11. Juni 1968 – Vergehen nach §§ 35 Abs. 1 und 3, 36 Abs. 1 des Arzneimittelgesetzes zu *2 (zwei) Jahren Freiheitsstrafe*

verurteilt.

Zusätzlich wird gegen den Angeklagten Dr. Sch… eine Geldstrafe in Höhe von 10.000 Mark (zehntausend) ausgesprochen.

Ihm wird ferner die Approbation als Arzt auf die Dauer von 3 (drei) Jahren e n t z o g e n.

Der Angeklagte Dr. B… ist des Vergehens nach § 36 Abs. 1 des Gesetzes über den Verkehr mit Arzneimitteln i. d. Fassung des Anpassungsgesetzes vom 11. Juni 1968 schuldig.

Er wird auf

B e w ä h r u n g

verurteilt.

Die Bewährungszeit wird auf zwei Jahre festgesetzt.

Für den Fall der schuldhaften Verletzung der Verpflichtung zur Bewährung wird dem Angeklagten Dr. B… eine Freiheitsstrafe von einem Jahr angedroht.

Die Auslagen des Verfahrens haben die Angeklagten zu tragen.

G r ü n d e

Der jetzt …-jährige Angeklagte Dr. Sch… besuchte die Grund- und Oberschule, legte 1946 die Reifeprüfung (Abitur) ab und war im folgenden Jahr zunächst als Lehrer tätig. In der Zeit von 1947 bis 1953 absolvierte er an der Karl-

Marx-Universität in Leipzig das Studium der Medizin, das er gleichermaßen mit Erfolg beendete. Im Frühjahr 1953 wurde ihm die Approbation als Arzt erteilt … am 1. Mai 1960 erfolgte seine Anerkennung als Facharzt für Innere Medizin.

… In den folgenden Jahren baute der Angeklagte Dr. Sch… das Blutspendewesen in den Bezirken Halle und Leipzig auf. Auf dem genannten Gebiet wurde er im Jahre 1962 als Facharzt anerkannt.

Jahrelang übte der Angeklagte Dr. Sch… die Funktion als ärztlicher Berater für das Blutspendewesen des Ministeriums für Gesundheitswesen beim Ministerrat der DDR aus und zeigte sowohl in dieser Tätigkeit als auch als langjähriger Ärztlicher Direktor des Instituts für Blutspende- und Transfusionswesen Halle (BIBT) anerkennenswerte Leistungen. Für seinen Anteil an der wissenschaftlichen Vorbereitung und umfassenden Einführung der Rhesus-Immunprophylaxe wurde ihm 1976 im Kollektiv der Nationalpreis der DDR III. Klasse für Wissenschaft und Technik verliehen. Er ist außerdem mit der Hufeland-Medaille in Gold und viermal mit der ‚Medaille für ausgezeichnete Leistungen' geehrt worden.

Dem langjährigen erfolgreichen Wirken des Angeklagten Dr. Sch… als ärztlichem Direktor des BIBT Halle sowie in weiteren, ehrenamtlich ausgeübten Funktionen folgte eine Periode, die von erheblichen Mängeln in seiner Leitungstätigkeit gekennzeichnet war. Er missachtete die Prinzipien der sozialistischen Demokratie und trat überheblich und autoritär auf. Abgesehen davon, dass er zeitweise übermäßig Alkohol zu sich nahm, zog er nicht die erforderlichen Lehren aus Hinweisen und Kritiken des Bezirksarztes sowie anderer leitender Mitarbeiter. Grobe Fehlentscheidungen, die, wie im Folgenden darzustellen sein wird, außergewöhnlich schwerwiegende Folgen auslösten, waren Anlass, den Angeklagten Dr. Sch… im Februar 1979 von der Leitung des BIBT Halle zu beurlauben.

In seiner Eigenschaft als Ärztlicher Direktor des BIBT trug dieser Angeklagte bis zu seiner Beurlaubung die Gesamtverantwortung für die Leitung des Instituts. Er übte außerdem die Funktion des Produktionsleiters aus. Seine unmittelbare Verantwortung erstreckte sich daher zugleich darauf, die Produktion und Bereitstellung des Arzneimittels Human-Immunglobulin Anti-D (...) – im folgenden HIG-Anti-D genannt – in einwandfreier Beschaffenheit und hochwertiger Qualität zu gewährleisten ...

Der ... Angeklagte Dr. B... besuchte ... die Erweiterte Oberschule mit Erfolg. Das ... aufgenommene Pharmaziestudium schloss er ... mit dem Staatsexamen ab. Dr. B..., promovierte ... zum Dr. rer nat. ... Im Jahre ... bewarb er sich im BIBT Halle um die Leitung der ... (TKOP). Seine Einstellung erfolgte im Herbst 1973. In der folgenden Zeit durchlief der Angeklagte Dr. B... die Ausbildung als Fachapotheker für Arzneimittelkontrolle. Die entsprechende staatliche Anerkennung ist ihm 1977 erteilt worden.

Diesem Angeklagten werden gute theoretische, praktische und arzneimittelrechtliche Kenntnisse bescheinigt. Es war ihm in kurzer Zeit möglich, sich mit der ihm zunächst fremden Problematik der Transfusionsmedizin vertraut zu machen. Dr. B... zeichnete sich durch Fleiß, Einsatzbereitschaft und Kollegialität aus. Infolge des hohen Vertrauens, das er bei den Mitarbeitern des Instituts genoss, wurde ihm die Funktion des BGL-Vorsitzenden übertragen.

Ebenso wenig wie für den Angeklagten Dr. Sch... existierte für den Angeklagten Dr. B... ein Funktionsplan. Die Arbeitsaufgaben des zuletzt Genannten werden im Arbeitsvertrag ... fixiert. Als Leiter der TKOP des BIBT Halle war der Angeklagte Dr. B... insbesondere dazu verpflichtet, die strikte Einhaltung der unter seiner Mitwirkung ausgearbeiteten, auf der Grundlage des § 17 des ‚Gesetzes über den Verkehr mit Arzneimitteln – Arzneimittelgesetz – vom 5.5.1964 (GBl. Teil I, Seite 101) beruhenden Gütevorschrift Nr. 14/76 zu kontrollieren. Sowohl das Arzneimittelgesetz als auch die genannte Gütevorschrift bildeten mithin wesentliche Rechtsvorschriften für die gesamte Tätigkeit des Angeklagten Dr. B. …

Als Ausgangsmaterial für die Herstellung von HIG-Anti-D im BIBT Halle dient Blutplasma, das durch die Immunisierung Rh-negativer Personen mit Erythrozyten Rh-positiver Personen gewonnen wird. Die auf diese Weise Immunisierten können Antikörper gegen die Blutgruppeneigenschaft D (Rhesusfaktor) bilden, die im Blutplasma enthalten sind.

Als Blut- bzw. Plasmaspender kommen nach der Richtlinie Nr. 1 zur Anordnung über den Blutspende- und Transfusionsdienst vom … 1967 (Verfügungen und Mitteilungen des Ministeriums für Gesundheitswesens Nr. 1/68) nur Personen in Betracht, ‚… die frei sind von übertragbaren Krankheiten. Es dürfen insbesondere solche Personen nicht herangezogen werden, die … innerhalb der letzten fünf Jahre an einer Hepatitis epidemica erkrankt waren.' …

Die Plasmen, die nicht in unbegrenzter Menge zur Verfügung stehen, gelangen zur Isolierung der antikörperhaltigen Fraktion und Herstellung von HIG-Anti-D zum BIBT Halle. Nach der Fertigung des Präparates erfolgt dessen Prüfung nach der bereits genannten Gütevorschrift unter der Verantwortung des TKO-Leiters. Muster des HIG-Anti-D mit den Prüfergebnissen werden sodann dem Staatlichen Kontrollinstitut für Seren und Impfstoffe Berlin (SKISI) zur staatlichen Prüfung und Freigabe übersandt. Erst wenn die Freigabe erfolgt ist, darf die Verwendung des HIG-Anti-D seiner Zweckbestimmung entsprechend erfolgen.

Sowohl der Angeklagte Dr. Sch… als auch der Angeklagte Dr. B… kannten die Befugnisse der SKISI. Sie wussten, dass das Kontrollinstitut auch ermächtigt war, die Freigabe der Arzneimittel zu versagen, …

Im März 1978 wurden dem BIBT Halle rund 3.000 ml Plasma der Spender S… und F… vom BIBT Neubrandenburg geliefert. Bis zum 17. April 1978 war ein Teil dieser Plasmen zur HIG-Anti-D-Charge 060378 und 070478 verarbeitet worden.

An jenem 17. April erhielt der Zeuge Dr. Schna… (BIBT Neubrandenburg) davon Kenntnis, dass fünf Spender, darunter die oben genannten S… und F…, mit Hepatitisverdacht erkrankt seien. Anhand entsprechender Unterlagen stellte er fest, dass Plasmen der beiden namentlich genannten Personen zur Verarbeitung im BIBT Halle sein müssten. Etwa gegen 10 Uhr desselben Tages setzte er sich daraufhin telefonisch mit dem Angeklagten Dr. Sch… in Verbindung und übermittelte diesem die ihm zugegangene Information weiter. Dr. Schna… brachte in Gegenwart der Zeugin Ma… zum Ausdruck, dass bei den Spendern S… und F… der Verdacht auf Hepatitiserkrankung vorliege und weitere drei Personen mit gleichen Symptomen erkrankt und in stationärer Behandlung aufgenommen worden seien.

Von der Mitteilung des Zeugen Dr. Schna… unterrichtete der Angeklagte Dr. Sch… die Zeugen Dr. Schö…, Geb… und den Angeklagten Dr. B… Die Zeugin Geb… nahm daraufhin Eintragungen im Materialbuch ‚IgG-Anti-D-Plasmen' in der Weise vor, dass sie in den Rubriken der Spender S… und F… die Vermerke ‚gesperrt' – (Hepatitis) bzw. ‚eingesetzt' – (Hepatitis) anbrachte. Für Dr. B… ergaben sich zunächst keine Maßnahmen, weil sich die Chargen 06 und 07 ohnehin unter TKO-Verschluss befanden.

Vom Angeklagten Dr. Sch… sind in der unmittelbar folgenden Zeit Prüfungen sowohl der Chargen 06 und 07 als auch der Plasmen der Spender S… und F… bei verschiedenen Instituten veranlasst worden, und zwar auf das Vorhandensein von Hepatitis-B(surface)-Antigen (HbsAG), die sämtlich ein negatives Ergebnis erbrachten. Noch bevor das Ergebnis eines im Institut für Impfstoffe in Dessau vorgenommenen Tests vorlag, hob er am 8. Mai 1978 die Sperrung der Plasmen der Spender S… und F… auf und ließ diese weiterverarbeiten. Dabei war er sich keineswegs sicher, dass diese Plasmen HBs-Antigenfrei sind.

Ende Mai 1978 wurden die Chargen 060378 und 070478 dem SKISI zur staatlichen Freigabe zugeleitet.

In einem Schreiben vom 1. Juni 1978 – gerichtet an das gleiche Institut – brachte der Angeklagte Dr. Sch… zum Ausdruck, für die genannten Chargen seien Plasmen verwendet worden, bei deren Spender der Verdacht auf eine Hepatitiserkrankung ca. 6 Wochen nach Lieferung bestand. Er wies in diesem Schreiben ferner auf die negativen Ergebnisse der Untersuchungen auf HBs-Antigene hin und teilte ferner mit, es sei zusätzlich eine Testcharge nach dem üblichen Fraktionierverfahren durchgeführt worden, die stark HBs-Antigenpositives Material als Ausgangsplasma hatte, … und im Radio-Immun-Assay (RIA) sei das Immunglobulin schwächer positiv als das Ausgangsmaterial. Er sehe daher gegen den Einsatz der Chargen keinen Einwand, …

Am 15. Juni 1978 teilte ihm das SKISI daraufhin mit, es könne in Anbetracht der bestehenden Unsicherheit bezüglich der klaren Aussage zur Diagnose Hepatitis kein Risiko eingegangen werden, sodass die Freigabe der Chargen 060378 und 070478 nicht erfolgen könne.

Der Angeklagte Dr. Sch… gab sich jedoch mit dieser eindeutigen Ablehnung der Freigabe nicht zufrieden. Er wandte sich am 23. Juni 1978 … an das SKISI. Bezüglich der genannten Chargen und einer anderen, leicht pyrogenhaltigen, schrieb er, er sehe aus medizinischer Sicht keinen Grund, diese Chargen nicht einzusetzen. Ferner brachte er in diesem Schreiben seine Besorgnis darüber zum Ausdruck, dass die Rh-Prophylaxe zeitweilig unterbrochen werden könne, weil sich die Übernahme der Hersteller des HIG-Anti-D durch das BIBT Neubrandenburg verzögere und die Produktion des Präparates ab 1979 im BIBT Halle wegen eines Erweiterungsbaus eingestellt werden müsse.

Mit Schreiben des SKISI vom 14. Juli 1978 erhielt der Angeklagte Dr. Sch… erneut einen abschlägigen Bescheid. In diesem heißt es wörtlich … dass ein derartiges (Hepatitis) Risiko nicht mit absoluter Sicherheit auszuschließen sei …‘ und ‚… unter den von ihnen geschilderten Umständen eine Freigabe nicht erfolgen kann.‘

Von diesem Schriftwechsel zwischen dem Angeklagten Dr. Sch… und dem SKISI war der Angeklagte Dr. B… informiert. …

Abgesehen davon, dass die Plasmen der Spender S… und F… in der folgenden Zeit weiter für die Herstellung des HIG-Anti-D verwendet wurden, veranlasste der Angeklagte Dr. Sch… die Umarbeitung der Chargen 060378 und 070478 zur Charge 150878. Bei dieser Entscheidung ließ er sich davon leiten, das Hepatitisrisiko werde dadurch ausgeschlossen.

Der Angeklagte Dr. B… hielt diese Entscheidung des Angeklagten Dr. Sch…, dem er als Ärztlicher Direktor voll vertraute und der nach seiner Auffassung ohnehin ‚das letzte Wort‘ zu sprechen hatte, für legitim …

Die Charge 150878 wurde schließlich vom Angeklagten Dr. B… dem SKISI zur staatlichen Freigabe zugeleitet. Der Hinweis, dass es sich dabei um das Resultat der Umarbeitung der gesperrten Chargen 06 und 07 handelte, unterblieb. Die staatliche Freigabe durch das SKISI erfolgte daher in Unkenntnis der tatsächlichen Zusammenhänge.

Das SKISI gab aber auch weitere Chargen, zu deren Herstellung Plasma der Spender S… und F… Verwendung gefunden hatte, zur Rh-Prophylaxe frei. Auch in diesen Fällen waren entsprechende Hinweise gegenüber dem SKISI unterblieben. Es handelte sich hierbei um die Chargen 080578 bis 140778, deren Freigabe in der Zeit vom 21. Juli bis 9. November 1978 erfolgte, und die Chargen 160978 bis 231278, deren Freigabe in der Zeit vom 9. November 1978 bis 16. Februar 1979 erfolgte.

Nachdem das Staatliche Kontrollinstitut erstmals Anfang Januar 1979 davon Kenntnis erhalten hatte, dass im Zusammenhang mit der Durchführung der Rh-Prophylaxe Hepatitiserkrankungen aufgetreten waren, erfolgte am 12. Januar 1979 die Sperrung der Chargen 080578, 100678, 110678, 140878 und 150878, am 17. Januar 1979 die der Chargen 090578, 120778 und 130878. Gesperrt wurden schließlich auch die Chargen 160978 bis 231278, nachdem Erkrankungen im Zusammenhang mit der Verwendung der Chargen 160978 und 171078 bekannt geworden waren.

Infolge der Verwendung von HIG-Anti-D, das aus den genannten, offensichtlich mit Hepatitis-Viren kontaminierten Chargen stammte, erkrankten in der Zeit
von Anfang Januar 1979 bis zur 25. Woche des Jahres 1979 insgesamt 2.533 Personen an Hepatitis, davon 95 Säuglinge, und zwar 1.758 Personen nach Anwendung des Präparates aus den Chargen 080578 bis 150878 und 775 Personen nach der Verwendung des HIG-Anti-D aus den Chargen 160978 und 221278, in die die Waschflüssigkeit der zuvor hergestellten Chargen einging.

Dem Angeklagten Dr. Sch… waren die ‚Herstellungsvorschriften …‘ vom 28. Oktober 1977 bekannt, zumal er im BIBT als Produktionsleiter fungierte. In Ziff. 5. (Blatt 6) dieser Vorschrift ist die Formulierung niedergelegt, dass ‚… die als IgG- enthaltene Waschlösung bei –20 °C eingefroren und bei der nächsten Charge zum Auflösen der IgG-Präzipitate weiterverwendet wird.‘ Das bedeutet, dass nicht nur ev. mit Hepatitisviren kontaminierte Plasmen in das daraus gewonnene HIG-Anti-D übertragen werden …, sondern dass die Gefahr der Übertragung derartiger Viren auch durch die Verwendung der Waschlösung zur Herstellung neuer Chargen des Präparates besteht. Diese Möglichkeit hat der Angeklagte Dr. Sch… bei den seinerzeit getroffenen Entscheidungen zur Verarbeitung der hepatitisverdächtigen Plasmen der Spender S… und F… nicht in Erwägung gezogen.

Infolge der Handlungen des Angeklagten Dr. Sch… gelangten 8.200 Ampullen HIG-Anti-D in den Verkehr. Deshalb waren mehr als 6.000 Personen gefährdet.

…

Den vorstehenden Sachverhalt hat die Beweisaufnahme ergeben …

…

Der Angeklagte Dr. Sch… hat sich in der Hauptverhandlung zunächst gegen die Beurteilung des Bezirksarztes vom 13. September 1979 gewandt, weil in dieser auf negative Züge in seiner Persönlichkeit bzw. in Bezug auf seinen Leitungsstil als Ärztlicher Direktor des BIBT Halle hingewiesen wird. Diesen Einwand hielt der Senat nicht für begründet.

…

Mithin war zu prüfen, inwieweit die Angeklagten Dr. Sch… und Dr. B… im Sinne der gegen beide erhobenen Klage, gegen Bestimmungen des Arzneimittelgesetzes verstoßen haben und dadurch fahrlässig eine unmittelbare Gefahr für das Leben und die Gesundheit von Menschen bzw. erhebliche Gesundheitsschäden bei Menschen im Gebiet der DDR verursachten, als schuldig anzusehen sind.

…

Nach der ihm obliegenden Verantwortung als Ärztlicher Direktor war der Angeklagte Dr. Sch… verpflichtet, einwandfreies und hochwertiges Arzneimittel … bedarfsgerecht bereitzustellen und dieses nur dann in den Verkehr zu bringen bzw. bringen zu lassen, wenn es den Gütevorschriften entspricht (§§ 1, 17 Abs. 1 AMG). … Durch die am 17. April 1978 vom Zeugen Dr. Schna… übermittelte Information, die er in der Hauptverhandlung grundsätzlich nicht bestritt, wusste er, dass das in seinem Institut vorhandene Plasma der Spender S… und F… hepatitisverdächtig war und dies ebenso auf die Chargen 06 und 07 zutraf.

Da dieser Verdacht in den folgenden Tagen und Wochen für ihn definitiv niemals ausgeräumt werden konnte – dazu erklärte er in der Hauptversammlung, er habe über die tatsächliche Erkrankung der genannten Personen keine Klarheit besessen und erst zu Beginn des Jahres 1979 sei ihn die Epikrisen S… und F… bekannt geworden –, waren die Voraussetzungen für die Herstellung einwandfreier Arzneimittel aus jenen Plasmen bzw. die Verwendung der Chargen 06 und 07 nicht gegeben. Hinzu kommt, dass die Diagnose ‚akute Virushepatitis' bereits im Mai 1978 gesichert war.

Die Spender S… und F… waren für den Angeklagten Dr. Sch… daher weder mit Sicherheit frei von übertragbaren Krankheiten noch war ausgeschlossen worden, dass sie innerhalb des … genannten Zeitraumes an einer Hepatitis epidemica erkrankt waren.

Indem der Angeklagte Dr. Sch… bereits im Mai 1978 die Aufhebung der Sperre über die Plasmen S… und F… anwies und deren Weiterverarbeitung – … –, hat er entgegen den … gesetzlichen Bestimmungen vorsätzlich nach § 6 Abs. 1 StGB Arzneimittel zunächst herstellen und schließlich auch in den Verkehr bringen lassen.

Das trifft prinzipiell auch auf die von ihm veranlasste Umarbeitung der Chargen 06 und 07 zur Charge 150878 zu. Soweit durch die klinische Verwendung der bereits näher bezeichneten Chargen des HIG-Anti-D erhebliche Gesundheitsschäden bei insgesamt 1.758 Personen in Form von Hepatitiserkrankungen auftraten, liegen neben den Tatbestandsvoraussetzungen des § 35 Abs. 1 auch die des § 35 Abs. 3 des Arzneimittelgesetzes vor.

Diese Folgen verursachte der Angeklagte Dr. Sch… fahrlässig im Sinne des § 8 Abs. 1 StGB; denn er hat sie ungewollt herbeigeführt, ohne sie vorauszusehen. Bei verantwortungsbewusster Prüfung der Sachlage, die zu dem Ergebnis geführt hätte, dass die Hepatitisgefahr nicht absolut ausgeschlossen war, wie er dies im Schreiben … an das SKISI zum Ausdruck brachte, hätte er diese jedoch voraussehen und bei pflichtgemäßem Verhalten vermeiden können. Das muss im Übrigen auch aus seinen umfangreichen Erfahrungen und seiner Qualifikation hergeleitet werden.

In den Fällen, in denen das unter den geschilderten Bedingungen hergestellte, in den Verkehr gebrachte, aber noch nicht zur Verwendung gelangte HIG-Anti-D im Umfang von rund 6.000 Ampullen in den entsprechenden Einrichtungen bereitgestellt war, trat durch die Handlungen des Angeklagten Dr. Sch… eine unmittelbare Gefahr für das Leben bzw. die

Gesundheit von Menschen ein, sodass in diesen Fällen der Tatbestand des § 35 Abs. 1 AMG objektiv und subjektiv erfüllt wurde (§ 8 Abs. 1 StGB).

Fahrlässig nach § 8 Abs. 2 StGB handelte der Angeklagte Dr. Sch… in Bezug auf die Erkrankung von 775 Personen als Folge der Verwendung der Chargen 160978 bis 221278, die in die Waschlösung der zuvor hergestellten Chargen einging. In der Hauptverhandlung erklärte er hierzu unwiderlegt, dass er die Möglichkeit der Kontamination neuer Chargen mit Hepatitisviren durch die Weiterführung der Waschlösung nicht bedacht hätte. In Anbetracht dieser Beweislage teilt der Senat die Auffassung des Staatsanwalts, nach der insoweit die Voraussetzungen für die Anwendung des §36 Abs. 1 AMG gegeben sind. Es fehlte dem Angeklagten zum Zeitpunkt jener von ihm getroffenen Entscheidungen an der inneren Bereitschaft, die möglichen Folgen – wie sie dargestellt wurden – in Betracht zu ziehen, sodass sein Verhalten als verantwortungslos gleichgültig (§ 8 Abs. 2 StGB) zu beurteilen sei.

Der Angeklagte Dr. B… ist wegen Verstoßes gegen § 36 Abs. 1 des Arzneimittelgesetzes strafrechtlich verantwortlich.

Er war als TKOP-Leiter des BIBT Halle dafür verantwortlich und mit dazu verpflichtet, zu überwachen und zu kontrollieren, dass Arzneimittel nur dann in den Verkehr gebracht werden, wenn sie den Gütevorschriften entsprechen, wie sich dies aus § 17 AMG ergibt … Er kannte auch den zwischen dem Angeklagten Dr. Sch… und dem SKISI geführten Schriftwechsel und wusste, dass die Freigabe dieser Chargen in dessen Ergebnis vom SKISI versagt worden war und versagt werden musste. Unter diesen Umständen durfte er nicht darauf vertrauen, dass die von Dr. Sch… erteilte Weisung zur Umarbeitung … in die Charge 150878 zulässig war …

Durch die geschilderte Unterlassung des Angeklagten Dr. B… ist letztlich die Freigabe der Charge 150878 und die Verwendung des … umfassenden Präparats mit den geschilderten Folgen bewirkt worden. Der Angeklagte Dr. B… hat demnach diese Folgen in Form der Erkrankung von 43 Personen mit verursacht und damit die Merkmale des § 36 Abs. 1 AMG in objektiver Hinsicht verwirklicht.

Nach dem Ergebnis der Beweisaufnahme ist davon auszugehen, dass sich Dr. B… zum Zeitpunkt seiner Entscheidung der von ihm begangenen Pflichtverletzung nicht bewusst war, weil er sich diese infolge verantwortungsloser Gleichgültigkeit, die im krassen Widerspruch zu seinem sonstigen Verhalten steht, nicht bewusst gemacht hat. Diese Charakterisierung wird daraus hergeleitet, dass er sich auf die Vorschrift des § 13 der 7. DB zum AMG berief, ohne dabei jedoch zu erkennen, dass die Verwendbarkeit von Arzneimitteln, die nach der staatlichen Prüfung nicht in den Verkehr gebracht werden dürfen, zwar durch die Entscheidung des verantwortlichen Leiters bestimmt werden, aber keinesfalls im Widerspruch zu der Entscheidung des Staatlichen Kontrollinstituts für Seren und Impfstoffe stehen darf. Zu dieser Erkenntnis hätte er aber gelangen müssen, wenn er diese Vorschrift genügend gründlich durchdacht hätte …

Das Verhalten des Angeklagten Dr. B… muss daher als der Ausdruck unzureichender, nicht genügend entwickelter Bereitschaft zur Wahrnehmung der im obliegenden, eigenständigen Verantwortung, beurteilt werden und stellt sich im Zusammenhang mit der Verletzung des § 36 Abs. 1 Arzneimittelgesetz als strafrechtliches Verschulden … dar.

Die vom Angeklagten Dr. Sch…, in geringerem Maße aber auch vom Angeklagten Dr. B… schuldhaft begangenen Verstöße gegen das Gesetz über den Verkehr mit Arzneimitteln werden vor allem durch die dadurch herbeigeführten schweren

Folgen gekennzeichnet. Sie finden ihren Ausdruck in der Erkrankung von mehr als 2.500 Personen. Nach den Darlegungen des Sachverständigen Dr. med. The… hat sich die Zahl der Hepatitiserkrankungen bis zur 35. Woche des Jahres 1979 weiter erhöht und beziffert sich nunmehr auf nahezu 3.000 Fälle. Die sich daraus ergebende Differenz bildet … ebenso wenig den Anklagegegenstand wie weitere mit den Erkrankungen verbundene finanzielle Aufwendungen in Höhe von rund 8,6 Millionen Mark, die von der Staatlichen Versicherung an die Betroffenen gezahlt wurden, und liegt daher auch der Verurteilung der Angeklagten nicht zugrunde.

Von Dr. The… wurde ferner darauf hingewiesen, dass die Erkrankungsdauer bei etwa 80% der Erkrankten bis zu fünf Monaten und bei etwa 20% über sechs Monate betrug. In Einzelfällen ist eine Erkrankungsdauer von einem Jahr zu erwarten, außerdem kann in diesen Fällen eine zeitweilige Invalidisierung nicht ausgeschlossen werden.

Es kann auch nicht daran vorbeigegangen werden, dass die Erkrankungen zu beträchtlichen Einschränkungen im persönlichen und gesellschaftlichen Leben der davon betroffenen Familien führten.
Sie zeigten sich in der durch die stationäre Betreuung bedingten Trennung zwischen Mutter und Kind, in verminderter körperlicher Belastbarkeit, Nichtaufnahme bzw. Verschiebung von Maßnahmen der Weiterbildung und neben anderen in dem Verbot von Maßnahmen der hormonellen Kontrazeptiva, und es versteht sich von selbst, dass umfangreiche Maßnahmen des sozialistischen Gesundheitswesens der DDR erforderlich waren …

Die schweren Folgen in ihrer Gesamtheit zwingen zu der Einschätzung, dass vor allem die Gesetzesverletzungen des Angeklagten Dr. Sch… von einem außergewöhnlichen hohen Grad objektiver Schädlichkeit charakterisiert ist.

Aber auch der hohe Grad der fahrlässigen Schuld des Angeklagten Dr. Sch…, der zusammen mit der objektiven Schädlichkeit das Vorliegen beträchtlicher Tatschwere begründet, machte den Ausspruch einer Freiheitsstrafe gegen diesen Angeklagten unumgänglich.

Der hohe Grad des Verschuldens des Angeklagten Dr. Sch… findet seinen Ausdruck nicht nur darin, dass er die Entscheidung zur weiteren Verwendung jener Plasmen bereits zu einem Zeitpunkt traf, als er über keine näheren Informationen über den Verlauf der vermutlich an Hepatitis epidemica erkrankten Personen besaß, sondern dass er sich selbstherrlich … in hohem Maße verantwortungslos über unmissverständliche Weisungen des SKISI hinwegsetzte. Es kann nicht geduldet werden, dass die international anerkannte Gesetzgebung auf dem Gebiet des Arzneimittelwesens des sozialistischen Staates durch Handlungen, wie sie von den Angeklagten Dr. Sch… und Dr. B…, in allerdings unterschiedlicher Intensität, begangen wurden, umgangen wird.

Aus diesen Gründen hat sich der Senat dem Antrag des Vertreters der Staatsanwaltschaft des Bezirks angeschlossen und gegen den Angeklagten Dr. Sch… auf zwei Jahre Freiheitsstrafe erkannt.
Zur Erhöhung der erzieherischen Wirkung dieser Maßnahme der strafrechtlichen Verantwortlichkeit ist zusätzlich 10.000 Mark Geldstrafe gegen diesen Angeklagten auf der Grundlage des § 49 Abs. 1 StGB ausgesprochen worden.

Die vom Angeklagten Dr. Sch… begangenen Verstöße gegen das Arzneimittelgesetz, …, führen ferner zu dem Schluss, dass die Voraussetzungen für die ihm erteilte Approbation gegenwärtig nicht vorliegen. Sie sei ihm daher, wie vom Staatsanwalt beantragt, auf die Dauer von drei Jahren zu entziehen. Diese Entscheidung stützt sich auf § 55 Abs. 1 und 2 StGB i. Verbindung mit § 54 Abs. 2 StGB.

Als weniger schwerwiegend ist der vom Angeklagten Dr. B... begangene Verstoß gegen das Arzneimittelgesetz zu beurteilen. ... Bei der Bemessung von Art und Höhe der gegen ihn auszusprechenden Maßnahme der strafrechtlichen Verantwortlichkeit war insbesondere zu beachten, dass dieser Angeklagte weitgehend auf die Richtigkeit der von Dr. Sch... getroffenen Entscheidung als Ärztlicher Direktor des BIBT vertraute und auch vertrauen durfte ...

Im Übrigen konnte den Anträgen beider Verteidiger, die Angeklagten freizusprechen, nicht gefolgt werden.

Beide Verteidiger haben insbesondere den Standpunkt vertreten, es seien Pflichtverletzungen der Angeklagten nicht festzustellen.

... Die Hauptverhandlung hat keinerlei begründete Hinweise darauf ergeben, dass Dr. Sch... oder Dr. B... an der verantwortungsbewussten Wahrnehmung der ihnen obliegenden Pflichten gehindert gewesen wären. Das gilt insbesondere für das vom angeklagten Dr. Sch... immer wieder vorgetragene Argument, dass seine Entscheidungen aus der Erkenntnis heraus getroffen wurden, es habe die Gefahr des Auftretens von Versorgungslücken in Bezug auf das Präparat HIG-Anti-D bestanden ..." Zitatende

Wie erschlagen sitze ich vor dem Urteil mit den sieben Strafpunkten und kann nichts begreifen.

„Die Sieben, wie absurd", denke ich. Gerade die Sieben wird oft in Märchen erwähnt, in denen am Ende alles gut wird.

Sieben Fliegen, die dem Schneider das Mus wegfressen, sieben Schwäne, sieben Schwaben, sieben Zwerge und die sieben Geißlein.

Die Masseninfektionen waren kein Märchen, sie sind blanke Realität mit schlimmen Folgen, auch nach über dreißig Jahren.

Mit dem rechtskräftigen Urteil war die Sache für den Angeklagten Herrn Dr. Sch… nicht erledigt.
In einem Schreiben des Rechtsanwalts Dr. B… vom 13. März 1980 an das Bezirksgericht Halle (Saale) wird Folgendes mitgeteilt:
(Quelle: Akte zur Strafsache 4 BS 13/79, 131-70-79, 4 BR 8/80 Bezirksgericht – Staatsanwalt des Bezirks Halle)

Zitat:
„An das Bezirksgericht Halle (Saale) …

In der Strafsache g e g e n
OMRat Dr. Sch…
– 4 BS 13/79 –

hat mich der Verurteilte beauftragt,

ein Gesuch um Aussetzung der Freiheitsstrafe auf Bewährung einzureichen.

Mein Mandant hat aufgrund der seinerzeitigen Beurlaubung im Zuge des Disziplinarverfahrens lange Zeit nicht arbeiten können, lange Zeit auch keine Gelegenheit gefunden, sich an einem neuen Arbeitsplatz zu bewähren. Aufgrund seiner gesundheitlichen Konstitution, er ist schwerstbeschädigt, und seiner jahrelang fachlich eng begrenzten Tätigkeit war auch lange ein Einsatz an einem anderen Arbeitsplatz nicht möglich …
Eine … bereits angeforderte Beurteilung über die Tätigkeit meines Mandanten wird umgehend nachgereicht.

Mein Mandant hat zwar während des Strafverfahrens seine Unschuld in strafrechtlicher Hinsicht immer wieder beteuert, dabei aber immer sein Bedauern über seine Fehlentscheidungen und deren Folgen zum Ausdruck gebracht. In Anbetracht seines Willens, sich jetzt zu bewähren, in Anbetracht der erzieherischen Wirkungen der Zusatzstrafen kann daher davon ausgegangen werden, dass der Zweck der Strafe erfüllt ist und ein Vollzug der Freiheitsstrafe nicht mehr erforderlich wird.

Gleichzeitig beantrage ich vorsorglich, einen Aufschub des Vollzuges nach § 49 StVG, um den Verurteilten die mit dem evtl. Antritt der Strafe verbundenen Nachteile zu mildern.

Rechtsanwalt"

Zitatende

Die im Schreiben angekündigte Beurteilung ... über den Angeklagten Dr. Sch... wurde vom Rat des Bezirks Halle, Bezirks-Hygieneinspektion und -Institut, vom Direktor und Bezirkshygieniker Herrn OMR Prof. Dr. sc. med. G... unterschrieben und mit dem 26. März 1980 datiert. Hierin wird Folgendes mitgeteilt:
(Quelle: Akte zur Strafsache 4 BS 13/79, 131-70-79, 4 BR 8/80 Bezirksgericht – Staatsanwalt des Bezirks Halle)

Zitat:
„Beurteilung für Herrn OMR Dr. Sch..., geb. am ...

Kollege Sch... wurde mit Wirkung des 1.1.1980 als Oberarzt in Bezirkshygieneinspektion und -institut eingestellt.

Sein Aufgabengebiet umfasst die Bearbeitung antiepidemischer Maßnahmen, Kernstrahlung und andere Kontrollaufgaben im Rahmen der Zivilverteidigung im Gesundheitswesen des Bezirks Halle.

Er hat sich zunächst mit den Grundlagen der Anwendung und Schutzmöglichkeiten gegen KBC-Waffen befasst und die ihm zur Verfügung stehende Literatur durchgearbeitet und geprüft, wie weit diese als Referentenmaterial auch zur Qualifizierung geeignet ist. Aufgrund seiner fehlenden Kenntnisse über die Grundlagen der Kernphysik hat sich Kollege Sch… durch Literaturstudium in die Grundlagen eingearbeitet, um diese für die Ausbildung hygienisch-antiepidemischer Trupps im Bezirk Halle einschließlich Literatur verwenden zu können.

Mit viel Energie und Interesse hat er die seit Jahren notwendige Arbeit übernommen, eine Notstromversorgung unseres Institutes zu ermöglichen. Er hat die erforderlichen Ermittlungen für die Anschlusswerte mit viel Interesse durchgeführt und sich auch mit dem Betrieb, der Notstromaggregate und -motoren hergestellt, in Verbindung gesetzt, wobei er eine geeignete Gerätekombination, die sowohl die Arbeit des Gesamtinstituts ungestört bei Stromausfällen in Normalzeiten als auch die Stromversorgung in Katastrophenfällen bei Einschränkung der Kapazität im Institut gewährleistet, vorgeschlagen hat.

Bei der Analyse der erforderlichen Elektrokapazität und -geräte wurde von ihm für eine im Freien stehende Kühlzelle, die nicht winterfest ist, ein Neuerungsvorschlag zur besseren Nutzung erarbeitet.

Weiterhin hat sich Kollege Sch… mit dem Problem der Koordinierung der im Institut laufenden Forschungsaufgaben beschäftigt sowie mit Aufgaben der Öffentlichkeitsarbeit.

Nachdem das Urteil nach Entscheidung des Obersten Gerichtes rechtskräftig geworden ist, dass auch die Entziehung der Approbation als Arzt für 3 Jahre beinhaltet, wurde seine Tätigkeit gemäß Arbeitsvertrag „wissenschaftlicher Mitarbeiter (Oberarzt)“ in „wissenschaftlicher Mitarbeiter (Oberassistent)“ geändert, mit Wirkung vom 15.3.1980.

Er hat sich während seiner fast vierteljährigen Tätigkeit im Institut jederzeit willig und einsatzbereit gezeigt und alle ihm übertragenen Aufgaben intensiv und mit großem Interesse gelöst und war stets bereit, Anregungen aufzugreifen und anstehende Aufgaben, wie Wissenschaftsorganisationen, Öffentlichkeitsarbeit u. a., zu übernehmen.

OMR Prof. Dr. sc. med. G…
Bezirkshygieniker“

Zitatende

Mit Schreiben vom 10. April 1980 beantragte der Staatsanwalt des Bezirks Halle (Saale) beim Bezirksgericht – 4. Strafsenat – Halle eine Strafaussetzung. Im Schreiben wird mitgeteilt:
(Quelle: Akte zur Strafsache 4 BS 13/79, 131-70-79, 4 BR 8/80 Bezirksgericht – Staatsanwalt des Bezirks Halle)

Zitat:
„… Unser Zeichen 131-70-79 …

In der Strafsache gegen den

Obermedizinalrat
Dr. med. … Sch…

beantrage ich gemäß § 349 Abs. 1 StPO i.V. m.
§ 45 Abs. 1 StGB Strafaussetzung auf Bewährung, ohne Teilverbüßung mit Wirkung vom 30.4.1980.

Die Bewährungszeit ist auf 4 Jahre festzulegen.

Dr. Sch… ist mit Urteil vom 7. Dezember 1979 wegen Verletzung von Bestimmungen des Gesetzes über den Verkehr mit Arzneimitteln zu einer Freiheitsstrafe von 2 Jahren und einer Geldstrafe von 10.000 Mark verurteilt worden. Ihm wurde ferner die Approbation als Arzt auf die Dauer von 3 Jahren entzogen.
Das Urteil ist seit dem 15.2.1980 rechtskräftig.

Aus der Beurteilung des Bezirkshygienikers vom 26.3.1980 und einer schriftlichen Stellungnahme des Dr. Sch… vom 1.4.1980 geht hervor, dass der Zweck der Freiheitsstrafe erreicht ist, sodass der entsprechende Antrag zu stellen war.

Im Auftrag
W…
Staatsanwalt"

Zitatende

Letztlich wurde im Bezirksgericht Halle, 4. Strafsenat, mit Datum des 14. April 1980 ein Beschluss gefasst, der seit dem 25. April 1980 rechtskräftig wurde und wie folgt lautete:
(Quelle: Akte zur Strafsache 4 BS 13/79, 131-70-79, 4 BR 8/80 Bezirksgericht Halle, Staatsanwalt des Bezirks Halle)

Zitat:
„*4 BR 8/80* 131-70-79
4 BS 13/79

B e s c h l u s s

In der Strafsache
g e g e n Dr. med. Sch… – Obermedizinalrat
…
w e g e n Verletzung von Bestimmungen des Arzneimittelgesetzes

wird der Vollzug der Freiheitsstrafe aus dem Urteil des 4. Strafsenats des Bezirksgerichts Halle vom 7. Dezember 1979 mit Wirkung vom *30. April 1980* auf Bewährung *a u s g e s e t z t .*

Die Bewährungszeit wird auf vier Jahre bemessen.

G r ü n d e

Der 4. Strafsenat des Bezirksgerichts Halle verurteilte den Obengenannten am 7. Dezember 1979 wegen Verletzung von Bestimmungen des „Gesetzes über den Verkehr mit Arzneimitteln" (§§ 35 Abs. 1 und 3, 36 Abs. 1 Arzneimittelgesetz) in der Fassung des Anpassungsgesetzes vom 11. Juni 1968 zu zwei Jahren Freiheitsstrafe und zusätzlich 10.000 Mark Geldstrafe (§ 49 Abs. 1 StGB). Ferner entzog es ihm die Approbation als Arzt auf die Dauer von drei Jahren (§§ 55 Abs. 1 und 2, 54 Abs. 2 StGB).

Das Urteil gegen Dr. Sch… ist seit dem 15. Februar 1980 rechtskräftig.

Der Verurteilte nahm nach einer längeren Beurlaubung und der darauf folgenden Abberufung von seiner ursprünglichen Funktion als ärztlicher Direktor des BIBT Halle ab 1. Januar 1980 die Tätigkeit beim Rat des Bezirks Halle – Bezirkshygieneinspektion und -institut – auf. Ihm wurde die Bearbeitung antiepidemischer Maßnahmen, Kernstrahlung und andere Kontrollaufgaben im Rahmen der Zivilverteidigung übertragen. Bei der Bewältigung dieses Aufgabengebietes zeigte er Einsatzbereitschaft und Interesse.

Aus dem zu seiner Verurteilung vom 7. Dezember 1979 führenden Fehlverhalten hat er offenkundig ernsthafte Lehren gezogen.

Unter diesen Umständen bedarf es des Vollzugs der gegen Dr. Sch… ausgesprochenen Freiheitsstrafe nicht. Dem Antrag des Vertreters der Staatsanwaltschaft des Bezirks vom 10. April 1980 war daher zu entsprechen und die Strafaussetzung auf Bewährung anzuordnen. Diese Entscheidung, von der die Zusatzgeldstrafe und die Entziehung der Approbation als Arzt unberührt bleiben, beruht auf § 349 Abs. 1 StPO i.V. m. § 45 Abs. 1 StGB.

A...	H...	W..
Vorsitzender	Schöffe	Schöffe

Gen. Dr. J... z. K.
Gen. H. zur weiteren Veranlassung

Halle (S) 14.4.80 A...“

Zitatende

Ich bin starr wie ein Brett. Meine Blicke durchbohren zwei Seiten Papier, auf denen die Konsequenzen des DDR-Staates endgültig geregelt und besiegelt werden. Ich halte sie fest in meinen Händen und frage mich, „habe ich das richtig verstanden? Ist nach der Masseninfizierung von Frauen und Säuglingen, der Angeklagte Dr. Sch... mit einer vierjährigen Bewährungsstrafe, einer Geldstrafe von 10.000 Mark und drei Jahren Entzug der Approbation davongekommen?“

Theoretisch wäre für den Angeklagten Dr. Sch... vier Jahre später ein normales Weiterleben möglich gewesen. Für ihn hätte demnach ab 1984 wieder alles seinen geregelten sozialistischen Gang gehen können.

Für die Opfer begann mit der Virus-Infizierung eine Tortur. Die vermuteten fünf bis sechs Monate Krankheitsdauer oder Einzelfallerkrankungen mit einem Jahr Dauer wurden haushoch verkannt. Anders als erwartet, entwickelten sich durch die Infektionen viele chronische Erkrankungen, die mit erheblichen Beschwerden einhergingen.

Während der Angeklagte Dr. Sch... ab dem Jahre 1984 die Chance auf seinen Neubeginn hatte, litten die Opfer unter den chronischen Infektionsfolgen und daneben einige erkrankte Frauen auch unter dem angeordneten ärztlichen DDR-Dispensaire-Betreuungssystem und den fehlenden Aufklärungen.

Eine betroffene Infizierte hat mir hierzu einige ihrer Schriftsätze überlassen, die aus dem Jahr 1984 stammen. In ihrer Eingabe an das Gesundheitsministerium der DDR wird mitgeteilt:

Zitat:
„… 15.02.1984

An Prof. Dr. sc. med. M…
Gesundheitsministerium der DDR
1020 Berlin
Rathausstraße 3

betrifft: Eingabe!

Sehr geehrter Herr Prof. Dr. sc. med. M…!

Nach reiflicher Überlegung muss ich mich heute beschwerdeführend an Sie wenden.

Seit dem Februar 1979 leide ich an einer Hepatitiserkrankung, die als Gesundheitsschädigung auf der Grundlage der R. Durchführungsbestimmung zum Gesetz über die Verhütung und Bekämpfung übertragener Krankheiten beim Menschen von 27.2.75 – Schutzimpfungen und andere Schutzanwendungen – (GBl. I Nr. 21 S. 353) anerkannt wurde.

Nach … am … 1979 erhielt ich eine Anti-D-Immunprophylaxe. Danach erkrankte ich an einer Hepatitis Non-A-Non-B. Diese Hepatitis ging in eine chronische Verlaufsform über.

Ab … 11.1979 bin ich in … in der Leberdispensaire bei Dr. … in Behandlung. Eine … 1981 durchgeführte Leberhistologie erbrachte als Befund eine chronisch-persistierende Hepatitis. Zum damaligen Zeitpunkt hatte ich nur unter gelegentlichen Oberbauchbeschwerden, Müdigkeit und Leistungsinsuffizienz zu leiden.
Mitte Dezember 83 kam ich mit einer Überweisung des Allgemeinmed. Dr. M… zur Leberdispensaire.
Zur sofortigen Behandlung kam es allerdings nur, weil ich, trotz zweimaliger Rücksprache der Schwester mit dem Arzt

und zweimaligem versuchtem Abweisen mit der Begründung, meine Laborwerte seien nicht so, als dass ich krankgeschrieben werden müsste, weil ich hartnäckig darauf bestand, da mein Gesundheitszustand sich in den letzten Wochen arg verschlechterte.

Dr. … schlug mir dann eine erneute Leberhistologie vor, …

Die … durchgeführte Punktion ergab als Befund einen erneuten Schub einer chronisch-lobulären Hepatitis.

Ich war dann bis zum 22.1.84 krankgeschrieben.

Während dieser Zeit und weil ich mich immer noch nicht besser fühlte, befragte ich Dr. … nach genaueren Informationen und erhielt sich im Ganzen ständig widersprechende Antworten, die meiner Meinung nach meinen Zustand als harmlos kennzeichnen sollten.
Das stand allerdings im krassen Widerspruch zu dem Befinden der letzten Wochen, welches sich insbesondere in nun beständigen Oberbauchbeschwerden, ausgeprägter Leistungsinsuffizienz, Abgeschlagenheit, Inappetenz und Kopfschmerzen äußerte.

Als ich am 2.2.84 den letzten Versuch unternahm, erklärt zu bekommen, was eine chronisch-lobuläre Hepatitis denn überhaupt sei und welcher Art der Lebererkrankungen sie denn zuzuordnen sei, und gleichzeitig betonte, dass ich mich dieses Mal nicht einfach mit Sätzen wie: „Das kann man nicht erklären“ und „Warum wollen Sie denn das wissen?“ abspeisen lasse, weil ich der Meinung bin, dass ich ein Recht darauf habe, erklärt zu bekommen, was mit meinem Körper los ist, da ich mir den Leberschaden weder angetrunken noch durch unregelmäßige Lebensweise selbst zugefügt habe, sondern gegenteilig eher der Meinung bin, dass ein gesünderer Lebenswandel, so wie ich ihn führe, wohl kaum möglich ist, wurde mir von Dr. ... doch tatsächlich gesagt, dass ich erst einmal ein paar Jahre Medizin studieren sollte und danach wiederkommen möchte, trotz meiner Einwände, dass es auch Möglichkeiten gäbe, einem Laien etwas zu erklären.

Ich führte dann an, dass ich mich sachkundig gemacht hätte und nicht begreifen könne, dass ein mit eingeschätztem 30%igem Körperschaden belasteter Patient mit den zuvor geschilderten Beschwerden um eine Arbeitsbefreiung fast betteln muss, obwohl andererseits die Glaubwürdigkeit keinesfalls infrage gestellt wird ...

Es kann mir hier nur der Eindruck entstehen, dass es hier nicht, so wie es eigentlich sein müsste, um das Wohl des Patienten ... geht, ... sondern ... um die Ausnutzung der Arbeitskraft um jeden Preis.
Ich lasse mich auch nicht mit lapidaren Hinweisen auf meine Laborbefunde, die ja ganz gut seien, abspeisen, wenn es mir nicht gut geht, da gerade in der Leberdispensaire bekannt sein dürfte, dass die Laborbefunde, ..., keinesfalls dem gesicherten Aktivitätsgrad der Erkrankung entsprechen müssen.

Ich habe weder ... noch Interesse der Verschlechterung meines Gesundheitszustandes tatenlos zuzusehen ..."

Zitatende

Auf diese Eingabe hin meldete sich bei der betroffenen Frau der Direktor der Zentralstelle für Ärztliches Begutachtungswesen, Herrn MR Dr. M..., und bat in seinem Schreiben vom 15.6.1984 um ein persönliches Gespräch. Im Schreiben wird mitgeteilt:
(Quelle: persönliche Unterlagen der Betroffenen)

Zitat:
„… Ihre Eingabe vom 15.2.1984

Sehr geehrte Frau …!

In der Zwischenzeit sind … Unterlagen bei uns eingegangen.

Wir sind danach zu der Auffassung gekommen, dass zur Klärung Ihrer Probleme ein persönliches Gespräch günstig wäre. Dazu bitten wir Sie am … in unsere Dienststelle … zu kommen. …

Mit sozialistischem Gruß
MR Dr. med. …
Direktor

Nachrichtlich
MfGe, HA III/3
HV/StV – Kollegen Schi…"
Zitatende

Die betroffene Frau berichtete mir am Telefon, dass sie am 28.06.1984 zum Termin tatsächlich erschienen war und im Gespräch ihre Fragen, Beschwerden und insbesondere die Kritik an den Vorgehensweisen der Ärzte der Dispensairebetreuung erneut vorgetragen hatte. Obwohl sie dabei wiederholt versucht hatte, Aufklärungen und Problemlösungen zu erreichen, verlief das gesamte Gespräch für sie ergebnislos.

Sie sagte „Drei Personen redeten auf mich ein. Am Ende war ich genauso schlau wie vorher. Der ganze Termin war sinnlos. Mir ist auf fast väterliche, gutmütige Art und Weise nahegelegt worden, dass ich mich doch ruhig verhalten möchte. Dabei waren sie wirklich sehr freundlich, das kann ich nicht anders sagen. Sie sprachen von Begutachtung, Schadensregulierung und Geld. Ich habe gar nichts kapiert und mich gewundert, was das sollte. Ich hatte mich über die ärztlichen Vorgehensweisen in der Leberdispensaire beschwert, über die fehlende Aufklärung, die sinnlosen Leberpunktionen und dass ich immer fast darum betteln musste, um mal eine Arbeitsbefreiung zu erhalten, obwohl die chronische Hepatitis da war und die Anerkennung des Körperschadens mit 30%. Das wurde ja nach dem Gespräch auch nicht besser … Was ich da in den ganzen Jahren mit diesen Ärzten erlebt habe, das können sie sich nicht vorstellen. Ich könnte ganze Bücher schreiben … Das regt mich noch heute auf … Da komme ich zum Arzt, weil ich krank und nicht leistungsfähig bin, und dann sollen die erhöhten Leberwerte angeblich nicht hoch genug sein, damit ich arbeitsunfähig sein darf … Und ehe ich mich versehe, liegt der Vorschlag für die Punktion der Leber auf dem Tisch. Dafür habe ich den Krankenschein sofort gekriegt … Was sollte ich denn machen? Ich fühlte mich wirklich hundeelend und konnte einfach nicht mehr arbeiten gehen. Also habe ich der Punktion zugestimmt. Hatte ich eine Wahl? Es brauchte den Beweis dafür, dass die Leber nicht gesund ist, es musste schwarz auf weiß bestätigt werden, damit ich mich ausruhen durfte … So ein Scheißstaat, ich brauche mir im Fernsehen keinen Krimi ansehen, den habe ich jahrelang in der DDR erlebt, das hat mir gereicht."

In einem Aktenvermerk der Zentralstelle für Ärztliches Begutachtungswesen vom 13. August 1984 heißt es später:
(Quelle: Bundesarchiv, Bestand DQ 1/11707)

> Zitat:
> „… Aktenvermerk 13. Aug. 1984 … Am 28.06.1984 wurde mit Frau … durch Herrn MR Dr. M…, Frau T… und Herrn Schi… von der HV/StV ein Gespräch geführt.
>
> Anlass dafür war eine Eingabe der Frau … beim Minister für Gesundheitswesen, in der sie sich über die medizinische Betreuung und über die Regulierung nach einer Hepatitis infolge Anti-D-Immunprophylaxe beschwert hatte.

Sie sieht eine optimale Betreuung nicht als gegeben an, da sie die Erklärungen des behandelnden Arztes zur Erkrankung und zur Therapie als unvollständig empfindet.

Frau … wurden durch Herrn MR Dr. M… die Grundlagen für die Begutachtung erläutert, zur Frage der Schadensersatzregulierung nahm Kollege Schi… ausführlich Stellung.

Im Ergebnis der Aussprache wurde festgestellt, dass die Begutachtung des Gesundheitsschadens umfassend ist und dass die auf dem Ergebnis der Begutachtung begründete Schadensersatzregulierung den gesetzlichen Bestimmungen entspricht.

Es musste aber auch festgestellt werden, dass die Eingabe eine Folge eines sicher nicht optimalen Arzt-Patienten-Verhältnisses ist, da sich Frau … über eine mangelnde Aufklärung über Prognose der Erkrankung sowie über die Begründung für Vornahme oder Unterlassung von diagnostischen Maßnahmen (Leberpunktionen) beklagte.

Verteiler
ZSt/ÄBW
MfGe HA III
HV/StV
… Dr. sc. med. …"
Zitatende

MR Dr. M…
Direktor

Die infizierte Frau leidet noch heute an den Folgeschäden, sie ist chronisch krank und nicht leistungsfähig. Eine Chance für einen Neubeginn hatte sie 1984 nicht. Auch nicht in den Jahren danach. Sie berichtet, dass sie sich nicht daran erinnern kann, dass sie nach ihrer Eingabe von dem beauftragten Dr. … jemals vollständig über die Infektionsfolgeschäden aufgeklärt worden wäre. Sie kann sich aber sehr gut daran erinnern, wie sie seit dem Zeitpunkt ihrer Eingabe bei der DDR-Leberdispensaire-

Betreuung und bei der Staatlichen Versicherung der DDR behandelt wurde.

Wir haben Todesfälle zu beklagen. Schwer erkrankte Frauen bekommen keine Hilfe. Das wirkliche Ausmaß ist fürchterlich und entsetzlich.

Durch Aufenthalte in dem kleinen Büro, wo Verbandsmitglieder in Chemnitz ehrenamtlich arbeiten, lerne ich immer mehr Anti-D-Frauen kennen. Sie bekommen Namen und Gesichter. Nach einer Veranstaltung kommt eine Dame, die mein erstes Buch bereits gelesen hat, auf mich zugelaufen und äußert sich mir gegenüber wie folgt „Haben Sie das Buch, ‚Die Frau(en) und das Virus' schon gelesen? Endlich hat eine Frau den Mut, an die Öffentlichkeit zu gehen." Ich lächle die Dame an. „Hat es Ihnen gefallen?"

„In wenigen Tagen habe ich es ausgelesen. Sehr spannend und warmherzig geschrieben. Das müssen Sie unbedingt auch einmal lesen." Noch einmal lächle ich die Dame an. „Ich habe es auch schon gelesen. Mehrfach und immer wieder. Ich habe es geschrieben."

„Nein, wirklich?" Unser Gespräch setzt sich entspannt fort, und ich verspreche ihr, beim nächsten Treff in ihr Buch eine Widmung zu schreiben.

Mich erreichen Postsendungen von Betroffenen. Mit aller Genauigkeit und Sorgfalt lese ich ihre Sorgen. Mich erschüttert ein Brief von Diana, und ich bin entschlossen, Auszüge zu veröffentlichen.

„… Meine Hausärztin, bei der ich seit zehn Jahren in Behandlung bin, drängt mich, ich solle mich zukünftig an einen Psychologen wenden. Die hypertensiven Krisen, die mit einem Blutdruck von 200 einhergehen, seien nur noch durch einen Psychiater zu lösen.

Ich befolgte ihren Ratschlag, konnte jedoch keine Verbesserung meines Gesundheitszustands feststellen. Gallenbeschwerden, Schwindelanfälle und ein Druck im Oberbauch nehmen dagegen immer mehr zu. Voller Vertrauen wende ich mich nach einer psychologischen Behandlung wieder an meine Ärztin. Unter Tränen bat ich sie, sie solle mir irgendwie helfen.

Daraufhin erklärt meine Ärztin, dass meine Beschwerden vegetativ seien. Ich habe keine organischen Leiden. Ich solle mich nur zusammennehmen. Schockiert und traumatisiert, verlasse ich das Behandlungszimmer.

Nach zehn Jahren hatte ich den Mut, meine Hausärztin zu wechseln. Von meiner neuern Ärztin wurden als Erstes die Betablocker verboten, die ich jahrelang einnahm. Sie überwies mich zum Kardiologen (Herzspezialist) und zum Röntgen. Das Ergebnis ist erschreckend. Gerade einmal die Nieren sind ohne Befund. Mir ist sofort klar, dass diese Befunde mit der Hepatitis-C-Virus-Infektion zu tun haben müssen. Zweimal erst wurde mein Blut untersucht, dies passierte im Jahr 1994. Die erste Untersuchung ergab die Diagnose Hepatitis C. Ich erhielt eine Anerkennung dieser Leberkrankheit.

Nach der zweiten Untersuchung, im Jahr 1996, wurde mir feierlich mitgeteilt, dass die Diagnose Hepatitis C ein Irrtum sei. Darauf habe ich vertraut. Ich habe blind dem Herrn Professor vertraut und trotz meiner gesundheitlichen Beschwerden unbehandelt über Jahre meinen Alltag bewältigt.

Nun habe ich dank meiner neuen Hausärztin, Belege für organisch positive Befunde vor mir liegen. So wende ich mich hoffnungsvoll noch einmal an den Herrn Professor, er möge mir noch einmal Auskunft über die damaligen Befunde aus dem Jahr 1994 erteilen.

Leider sprach ich nur mit der Chefsekretärin, die mir sehr frech entgegenkam und von mir wissen wollte, was ich bei ihr wolle. Eigentlich wollte ich nicht zur Chefsekretärin, sondern zu einem Professor für Innere Medizin, aber ich habe keinen Kontakt mit dem Professor herstellen können. Die Sekretärin bemerkte forsch, dass die Hepatitis längst ausgeheilt sei. Ich müsse mich in ein Herzzentrum begeben, wenn ich Blutdruckprobleme habe. Hatte diese Chefsekretärin ein Medizinstudium absolviert?

Nun begab ich mich schweren Herzens auf den Weg in das Amt für Familie und Soziales. Den Sachbearbeiterinnen legte ich meine Befunde zur Einsicht bereit und hoffte nun auf Unterstützung und Hilfe. Bis dahin wusste ich noch nicht einmal, dass es ein Anti-D-Hilfegesetz für uns gibt.

Die Sachbearbeiterin sah sich meine Begleitschreiben der Ärztin an und meinte, dass meine Störungen nicht mit Hepatitis C, sprich der Leberentzündung, zusammenhingen.

Vielleicht habe ich Stoffwechselprobleme.

Auch Gallenbeschwerden haben nichts mit der Leber zu tun.

Die Dame sieht auf meine Blutdruckwerte und ist außer sich. „Was?“, sagt sie. „Blutdruck hat nun überhaupt gar nichts mit der Leber gemein.“

Ich bin aus dem Amt geschlichen und war mehrere Tage lang wie am Boden zerstört. Still dachte ich „Wie kann diese Sachbearbeiterin so über meine Befunde urteilen? Sind neuerdings alle, die mit unserer Krankheitsbeurteilung zu tun haben, Mediziner?

Mit einem Bluthochdruck von fast 200 wende ich mich noch einmal eindringlich an den Herrn Professor. Voller Panik und Angst, schlich ich die Treppen empor. Die Chefsekretärin war an diesem Tag zum Glück nicht da, und ich erhielt über ihre Vertretung kurzfristig einen Termin. Als ich schließlich am besagten Termin pünktlich mit meinem hohen Blutdruck bei dem Herrn Professor ankam, wurde ich von der Chefsekretärin, sie war zu meinem Übel wieder da, abgewiesen. Begründung, es fehlt der Überweisungsschein eines Gastroenterologen.

Da ich nur eine Überweisung von meiner Hausärztin in der Hand hielt, versprach ich fast unter Tränen, sie möge mich doch zum Herrn Professor lassen. Ich hätte mit diesem einen Termin.

Mein Herz klopfte unterdessen bis zu meiner Kehle, und mir ging es verdammt schlecht.

Ich versprach ihr, sofort nach dem Gespräch den Überweisungsschein vom Gastroenterologen zu holen und unverzüglich zu ihr zu bringen. Die Sekretärin saß vor mir, aß unberührt einen

Apfel und meinte, dass es nicht geht. Ohne Überweisungsschein könne ich nicht behandelt werden. Sie schickte mich in meinem Zustand wieder nach Hause, und der Termin war verloren. In meinen Augen ist das unterlassene Hilfeleistung. Diese Frau ist gefährlich.

Nachdem ich im Jahr 2007 einen Anwalt eingeschaltet habe, der meine Interessen im Fall der Anti-D-Schädigung vertritt, damit ich überhaupt eine gesellschaftliche Anerkennung erfahre, fordert er meine Hausärztin auf, sie möge ein Gutachten über mich erstellen. In dem Gutachten steht, dass sich mein Anwalt an den Herrn Professor wenden solle, da er mich seit Jahren behandelt.

Ich bin fassungslos und entsetzt. Wie kommt meine Ärztin zu so einer Schlussfolgerung? Ich wurde nie dem Professor vorgestellt. Nie von ihm behandelt. Ich habe um einen Termin gebettelt und ihn nicht wahrnehmen dürfen, und dann so ein Satz von meiner Ärztin? Welche Verantwortung will sie nicht übernehmen?

Ich bleibe bis heute mit meinen Ängsten allein, und meine Folgekrankheiten der Hepatitis-C-Virus-Infektion werden nicht anerkannt, obwohl es auch für mich ein Gesetz gibt. All die Jahre wurde und werde ich abgewiesen und nicht behandelt."

Ich lese die Zeilen und kann nur glauben, was Diana schildert.

Später erhalte ich einen Anruf von Diana. Obwohl wir uns noch nie gesehen haben, unterhalten wir uns, als würden wir uns seit Jahren kennen. Ich kann ihre Sorgen sehr gut verstehen, doch helfen kann ich ihr nicht. Ich kann ihr nur zuhören. Die Minuten, sogar Stunden vergehen, und mein Ohr klebt noch immer am Hörer des Telefons. Das Gespräch verläuft von Horror bis Erleichterung. Wir spotten über Selbstgefälligkeit und Hochmut von Zuständigen.

Die Dummheit, die bei uns Patienten vorausgesetzt wird, ziehen wir ins Lächerliche. Galgenhumor. Das Lachen tut uns beiden gut. Die Zeiger meiner Küchenuhr jagen sich gegenseitig im

Kreis. Auch in der Stube rennen sie vorwärts und schaffen mehrere Umdrehungen auf dem Zifferblatt, bis wir uns endgültig verabschieden. „Ich wünsche Ihnen alles Gute. Halten Sie durch, und kämpfen Sie weiter." Danach lege ich den Hörer auf.

„Unglaublich", denke ich. „Vor mir liegt ein Schicksal, deren Gesicht ich nicht einmal kenne."

Nach dem Gespräch massiere ich mein linkes Ohr, denn ich fühle weder Schmerz noch andere Gefühle in und an ihm. Wäre eine Anerkennung ein zu teures Opfer mehr? Anweisung?

Iris steckt mitten in der Interferontherapie, und dennoch planen wir einen gemeinsamen Urlaub, der uns nach Zypern führen soll. „Ich muss auf andere Gedanken kommen", murmelt sie, und wie immer habe ich nichts dagegen einzuwenden. Meine Flugangst hält sich in Grenzen, und wir kommen nach etwa drei Stunden auf der schönen Insel an.

Staub wirbelt auf dem brütend heißen Asphalt des Flugplatzes herum und uns ins Gesicht. Sofort bin ich in die Wärme verliebt, und wir lassen uns von einem klapprigen Kleinbus vertrauensvoll in unser Hotel fahren. Auf unserem Balkon atme ich die gasige, heiße Luft ein, und ich denke nicht mehr über den Alltag nach. Ich sehe riesige Kakteen vor der Hotelanlage, höre mit dem einen Ohr das Plätschern des Brunnens vor dem Haupteingang und mit dem anderen das Rauschen des Meeres. Mein Blick eilt den Wellen voraus und hinterher. Fasziniert von der Ruhelosigkeit spüre ich ein unbeschreibliches Wohlbehagen.

Minutenlang sehe ich dem Wasser zu, wie es anschwappt und wieder wegfließt. Immer wieder führt es die gleichen Bewegungen durch. Es schwappt heran und fließt wieder weg, im Gleichklang der Naturgewalten. Auch wenn ich noch so lange auf das Meer sehe. Es schwappt heran und fließt wieder weg. Eine ungeheuere Entspannung breitet sich in meinem Körper aus.

Diese Macht, die das Meer besitzt, löst innere Gereiztheiten. Diese wunderbare Gewalt, die immer und immer wieder an das Ufer klatscht, besänftigt meine über das Jahr angestaute Wut.

„Das ist für mich die wahre Macht", denke ich.

Ich schaue in das nicht enden wollende Wasser. Dabei schmeiße ich, symbolisch und unsichtbar, den Ärger über das erhaltene Knöllchen für Geschwindigkeitsüberschreitung in die Wellen. Ich schaue dem Getöse und dem Knöllchen nach und denke „Ihr könnt da draußen so schnell brausen, wie ihr wollt, und ich muss mich immer an Regeln und Normen halten."

Gleich am nächsten Tag werden uns von der Reisegesellschaft diverse Ausflüge und Aktionen angeboten, und wir buchen einige attraktive Highlights, die diese faszinierende Insel verspricht.

Mit einem Minibus touren wir durch das traumhafte Troodosgebirge, fernab großer Städte, mitten hinein in die Natur. Wir erhalten ein zypriotisches Frühstück. Halumi-Käse, Tomaten, Oliven und heimischen Kaffee, appetitlich und delikat. Der Besuch des weltberühmten Kykko-Klosters steht auf dem Programm, und wir können die Fresken und Malereien besichtigen. Was ich betrachte, ist sehr beeindruckend und hinterlässt ein merkwürdiges Gefühl. Es werden im Herzen des kunstvoll bemalten, mit Schnitzereien verzierten und geschmückten Klosters Heiligenbilder von heranströmenden Besuchern geküsst.

Nach dem ersten Hinsehen übersehe ich diese Handlungen.

Statt mich mit Fresken und Verzierungen zu beschäftigen, stehe ich inmitten dieser andächtigen Örtlichkeit und beobachte erst einmal, ob sich die touristischen Damen und die Herren auch tatsächlich an die vorgeschriebene Kleiderordnung halten.

Keine Dame darf hier drinnen ihre nackten Schultern zeigen. Dafür stehen vor dem Kloster Marktfrauen bereit und verkaufen Tücher in allen Farben. Männer dürfen keine kurzen Hosen tragen, dafür stehen Männer bereit und bieten lange Hosen feil. Ich bleibe eine Weile auf dem Fleck stehen, genieße die angenehme Kühle und beobachte die unterschiedlichsten Schönheiten unserer Menschheit und das Verhalten der Gläubigen. Wie auf eine Schnur gefädelt, bewegt sich eine Menschenschlange vor den Heiligenbildern entlang. In diesen fünf, oder mögen es zehn Minuten gewesen sein, haben Dutzende von Menschen diese Bilder abgeküsst. Kinder werden nach oben gehoben, damit auch sie die Heiligtümer küssen können. Meist schnäbeln alle auf genau die gleiche Stelle. Einer nach dem anderen verbeugt sich und drückt seine Lippen an das Bild. So etwas habe ich noch nie gesehen. Wie erstarrt sehe ich diesem Treiben zu. Nicht einer putzte diesen Fleck, auf den er gleich küssen wird, vorher ab. „Nun, was geht es mich an?“, denke ich. „Ich werde es nicht tun“, und sofort schleichen sich die Hygienevorschriften meines Landes ein. „So was, so was“, denke ich und lasse mich von der Menschenmenge weiterschieben. Nach zwei Stunden finden sich die Touristen mit neuen Tüchern oder langen Hosen an den Bussen ein, und die Fahrt geht weiter.

Trotz entsetzlicher Trockenheit leuchtet die Insel in grünen Farben. Es ist ein Genuss, die Ruhe und die Weiten der Landschaft mit seinen bizarren Gerüchen aufzunehmen.

Ab und an höre ich von Iris ein leises Schnaufen, doch die ablenkenden wunderschönen Eindrücke lassen sie glücklich aussehen.

Iris gönnt sich kaum Ruhe, ihr Körper lässt auch keine zu. Sie braucht Ablenkung, und die soll sie bekommen.

Allabendlich freue ich mich wie wahnsinnig auf die Mahlzeit, wohingegen Iris sehr verhalten in ihren Speisen herumstochert.

Wir fahren nach dem Abendessen mit dem Hotellift in unsere Etage, und Iris klopft dabei mit ihrem gebeugten Zeigefinger auf ein kleines Schild, auf dem das maximale Belastungsgewicht des kleinen Aufzugs steht. Noch ehe sie etwas sagt, plärre ich in ihre Gedanken „Jaaaa“. Wir sehen uns an und brechen in herrliches Gelächter aus, denn nicht nur Iris hat bemerkt, dass ich ordentlich an Kilos zugelegt habe. Wir lieben beide diesen Humor.

Was Iris nun wirklich mit ihrem Klopfen auf das kleine Schild im Aufzug ausdrücken wollte, werde ich nicht erfragen, unser Lachen soll nicht zerstört werden.

Der nächste Morgen. Es steht eine Landrovertour nach Akamas auf unserem Programm. Neun Urlauber steigen in einen wackligen Jeep ein. Noch inmitten der Begrüßung unseres Fahrers Michael geht die Fahrt in die unberührte Landschaft der Halbinsel Akamas auch schon los. Der Linksverkehr auf Zypern lässt mich häufig aufschreien, da ich den Eindruck habe, Michael kenne die Verkehrsregeln nicht richtig, und wir könnten mit einem Fahrer zusammenstoßen, der sich ebenfalls im Geschwindigkeitsrausch befindet. Michael sitzt seitlich auf seinem Sitz, lenkt mit einem Arm, sieht mich unentwegt an und belustigt sich an meiner Angst und meinem Quieken. Sein Vertrauen in seine Klapperkiste scheint ungezügelt. Was bleibt mir anderes übrig, ich verlasse mich darauf, dass wir überleben werden. Es ist alles eine Frage der Einstellung. Ich höre auf zu seufzen, damit Michael sich nicht mehr nur um mich kümmern muss, sondern um den irrsinnig schnellen Straßenverkehr. Unser Chauffeur ist, wie es scheint, ein Multitalent. Er unterhält uns trotz hoher Geschwindigkeit prächtig, und der Spaß fährt mit. Die Fahrt wird ruhiger und angenehmer, nach dem wir die Orte mit den Hotelanlagen verlassen haben.

Am ersten Haltepunkt wird so viel Staub aufgewirbelt, dass wir die zahlreich parkenden Fahrzeuge kaum sehen können. Die Vegetation vor Ort erscheint in einem Antlitz, wie von Puderzucker überzogen, und lässt den Betrachter nach der Trinkflasche greifen.

Wir werden durch eine Schlucht geleitet, die ständig etwas Wasser führt, und wir erfahren dabei etwas über ihre Flora, die tatsächlich immer grüner wird, desto tiefer wir in sie eindringen. Michael schlägt nach jedem fünften Schritt mit einem Stock heftig auf den Erdboden. Ich glaube fast, er will mich beeindrucken, weil er immer wieder neuen Staub aufwirbelt, nachdem ich demonstrativ hüstele. Als er den wahren Grund bekannt gibt, staune ich nicht schlecht „Hier gibt es sehr viel Schlangen“, sagt er, „die ich mit dem Klopfen verscheuche.“

Ab jetzt verkneife ich mir das Husten und schaue ehrfürchtig den Erdboden auf und ab. Von links nach rechts, von rechts nach links. Ich bin sehr dankbar, dass Michael unermüdlich Staub aufwirbelt.

Eine weitere Attraktion wird uns an einem menschenleeren Strand geboten.

Wir entdecken Schildkrötennester, die wir übersehen hätten, wenn Michael nicht gewesen wäre. Da fliege ich in ein fremdes Land und bin achtlos, sodass ich auf die schönen Wunder der

Natur aufmerksam gemacht werden muss, ich muss mich besser konzentrieren. Um jedes Nest wird ein rundes Gitter gestellt, damit wir Touristen die Nester nicht beschädigen können. Die Zeit des Schlüpfens ist noch nicht gekommen, und so starren wir auf den Sand, die runden Zäune und denken an Eier, die eine Schildkröte da hineingelegt haben könnte. Sofort denke ich an die Sicherheitszäune der Krötenwanderung in unseren Gefilden. Viel zu oft überfahre ich so ein kleines Fröschlein, wenn es aus natürlichen Zwängen heraus die Fahrbahn überqueren muss und der Sicherheitszaun für diesen Froschlurch nicht ausreichend lang gebaut war. Wie tanzende Blätter hüpfen sie streckenweise in der dunklen Nacht vor mein Auto und damit in den sicheren Tod. Ein Ausweichen ist nicht möglich. In diesen Momenten fühle ich mich sehr schlecht, und ich entschuldige mich bei der Familie der Frösche.

Noch immer stiere ich auf die Schildkrötennester, ohne auch nur ein Ei zu sehen. Der Strand ist menschenleer und abgesperrt für Besucher.

Weiter geht die Fahrt im staubigen Jeep zum Mittagessen. Es werden uns leckere Meze, Salat, dann Fleisch mit Kartoffeln gereicht. Beim Essen hoffe ich nur, dass es kein Hundefleisch ist. Ungezählt laufen die Tiere ohne Halsband an uns vorbei, und ich kann mir vorstellen, dass es niemandem auffällt, wenn einer weniger nach Futter sucht. Ebenso wünsche ich mir, keine Schildkröte zu essen.

Unser Weg führt uns weiter, vorbei an Kakteenfeigen, die wir kosten dürfen, Mandelbäumen, die wir schütteln und deren Früchte knacken und essen können, Feigenbäumen mit süßen Früchten, Pfeffergewächsen und vielen interessanten Pflanzen und selbstverständlich an heimischen Produkten, die ich am liebsten alle mitnehmen möchte und mit denen ich zu Hause nichts mehr anfangen kann.

Der Besuch des Bades der Schaumgeborenen Aphrodite verschafft mir Zuversicht, denn das Waschen mit diesem Wasser verspricht ewige Jugend und vor allem Schönheit. Also wasche ich mir mehrere Male das Gesicht und beträufele mit dem ehrenwerten, edlen, kostbaren Wasser die rechte Körperhälfte, die kaum von Textilien bedeckt ist. Hoffnung ist alles. Ich könnte mir auch ein Vollbad vorstellen.

Iris wäscht sich ebenfalls sehr gründlich mit dem Wunderwasser, und so vergeht der Tag in Glückseligkeit.

Wir genießen noch einige wenige Strandtage. Das Rauschen der Wellen, die warmen Sonnenstrahlen, es ist so schön und friedlich hier. Wir verpassen nicht viel, wenn wir unsere Zeit am Meeresufer verschlafen, wir tanken Energie auf und Kraft. An den Abenden lernen wir die Zyprioten und ihre Kultur kennen. Ein munteres Völkchen. Gastfreundlich heißen sie uns willkommen, und wir sitzen ohne Worte gemeinsam mit ihnen bei provisorischem Licht am Strand und in Heiterkeit.

Die Tage sind viel zu schnell vergangen. Ehe wir uns versehen, ist der Urlaub auf Zypern schon wieder zu Ende, leider.

Wieder in Deutschland, neigt sich ein Sommer dem Ende entgegen, und kühlere Tage drängen mich in wärmere, lange Kleidung.

Rainer und ich planen eine Motorradfahrt. Ich hole meine Lederbekleidung aus dem Schrank. Meine Befürchtung wird wahr, die Hose bleibt unterhalb meines Gesäßes stecken. Ich bekomme sie nicht mal ansatzweise über meine Hüften gezogen. „Leder ist strapazierfähig", denke ich, und ich schinde mich mit der Kleidung, um sie wenigstens über meinen Hintern zu bekommen. „Geht doch." „Geschafft!" Ich stecke nun im Leder, das sich wie eine Pelle dicht um meinen Leib schnürt. Ich halte die Luft an, um zu verhindern, dass alle Nähte platzen. Sofort öffne ich alle nur möglichen Verschlüsse, denn ich kann die Luft nicht ewig in meinem Brustkorb zurückhalten. „Ich muss mich dieses Leders entledigen", schnaufe ich, doch es klappt nicht. Wie eine Presswurst harre ich in diesen Röhren aus. Rainer wartet schon ungeduldig auf mich und ruft nach mir.

„Wo bleibst du denn?" Ich hüpfe zur Türe, stecke aber nur den Kopf heraus und brülle in die Richtung der längst heulenden Maschine „Ich kann nicht!" Ich hüpfe aus dem Türrahmen und versuche noch einmal die Hose zu schließen. Es geht einfach nicht. Ich stecke in dieser Hose fest und kann sie weder schließen noch ausziehen. Gleich kann ich mich gar nicht mehr bewegen. „Wie sollte ich auf die Maschine steigen oder gegebenenfalls absteigen? Unmöglich." Ich schnappe nach Luft.

Rainer stellt den Motor ab, und mit Sicherheit denkt er jetzt nichts Gutes. Ich sitze schräg und still auf meiner Bank, kann die Beine nicht anwinkeln und schinde mich mit dem Leder ab. „Ich kann nicht mitfahren, ich habe nichts anzuziehen", flüstere ich meinem Mann entgegen. In diesem Augenblick verwünsche ich die zahllosen Schachteln Konfekt, die Mandelhörnchen, das Buttergebäck. Doch alles Fluchen nützt jetzt gar nichts.

Ich habe die Schachteln ohne schlechtes Gewissen in mich hineingefuttert. „Na und! Nicht ich bin zu dick geworden, sondern die Hose ist einfach zu eng." Voller Stolz über meine hart erarbeiteten Kilos gebe ich meinen Mann bekannt, dass ich für diese Fahrt nicht zur Verfügung stehe. Noch einmal hüpfe ich zur Türe und schiebe meinen Kopf um die Ecke herum. „Du kannst doch allein fahren."

Ich muss aus dieser Hose, ehe mich Rainer in dieser Lage entdeckt. Ich hüpfe schwerfällig zurück zu meiner Bank, setze mich schräg hin, schiebe mich nach oben, so schlank es eben geht und versuche den Bund der Hose mit aller Gewalt nach unten in Richtung Füße zu drücken. Dabei bewege ich meinen Unterleib wie eine Schlange hin und her, hin und her. „Endlich!" Die Hose rutscht zäh, aber ich schaffe es schließlich, und ich steige befreit aus ihr aus. Ich hänge die nun unbrauchbare Hülle etwas traurig in den Schrank zurück und rufe Rainer zu „Ich komme nicht mit, mir geht es heute wirklich nicht so gut." Rainer nimmt meine Rückäußerung kommentarlos zur Kenntnis, lässt den Motor heulen und braust ohne mich davon.

„Na toll", denke ich. Traurig sitze ich in Unterwäsche auf meiner Bank. Was stelle ich denn jetzt mit dem Tag an?

Sofort laufe ich zur Waage und sehe, wie der Zeiger bei einundsechzig Kilogramm stehen bleibt. Lange, sehr lange betrachte ich das Gerät. Ich steige herunter, dann messe ich noch einmal.

Es sind wieder einundsechzig Kilogramm. Auf der einen Seite freue ich mich unendlich, dass ich meinem zerbrechlichen Zustand entkommen bin, auf der anderen Seite weiß ich plötzlich nicht mehr, was ich noch anziehen kann. Beim Verlassen der Waage halte ich eine Hand an die Stirn und überarbeite in Gedanken meinen Kleiderschrank, die andere Hand stütze ich in die Hüfte. Überlegend, tapse ich barfuß auf den kalten Fließen hin und her und sinne in den Nachmittag.

Das Telefon klingelt. Ich eile halb nackt durch das Haus und nehme den Hörer ab. „Grüß dich meine Gute, du rufst im richtigen Moment an." Es ist meine Freundin Iris. Wir verabreden uns noch am selben Nachmittag zu einem Saunabesuch.

„Da brauche ich keinen Gedanken an unpassende Kleidung verschwenden", denke ich, schlüpfe in einen legeren Pullover und eine neue Stretchhose, packe alles zusammen und brause los.

Iris ist von der Therapie gezeichnet. Ihre Augen liegen in dunklen Gruben, und ihr Gesicht ist blass und dünn. „Wollen wir nur reden?", frage ich, denn ich kann nicht glauben, dass Iris die Kraft hat, mit mir in die Sauna zu gehen.

„Ich muss aus meiner Bude, sonst werde ich verrückt. Ich bin kalt wie ein Kühlakku. Diese schreckliche Unruhe bringt mich um meinen Verstand. Mir tut alles, aber wirklich alles weh. Meine Schleimhäute sind trocken, ich habe Reizhusten, es ist furchtbar. Ich bin nervös und kann nicht schlafen. Mein Kopf ist leer, und meine Kraft verlässt mich von Woche zu Woche immer mehr. Der Wert meiner Leukozyten ist bereits unter 0,6. Ich weiß nicht, was das noch werden soll. Vielleicht halte ich diese Therapie nicht mehr bis zum Ende durch." Ich nehme Iris in den Arm.

„Du wirst es durchhalten. Du musst es durchhalten." Zaghaft trenne ich mich von ihrem dünnen, zerbrechlichen Körper und wie besprochen begeben wir uns zu den dampfenden heißen Hütten.

Dünn wie ein junges pubertierendes Mädchen läuft Iris nackt vor mir her. Ein Hauch von Mensch, voll gestopft mit Medizin, Sorgen und Ängsten.

In einer heißen Hütte sagt Iris „Es ist ja toll, dass wenigstens du zunimmst." Ich lache sie an und sage „Selbstverständlich ist das toll und wie ich zunehme." Ich berichte ihr von meiner Aktion mit der Lederhose. „Eigentlich säße ich jetzt auf unserem Motorrad, aber es sollte wohl nicht sein. Ich muss ehrlich gestehen, der Saunagang mit dir ist mir wichtiger und bestimmt auch gesünder für unsere Seele."

Iris klagt über die Behandlungsmethoden ihrer Internistin.

„Weißt du", sagt Iris, „ich erhalte Medizin für ein Vierteljahr im Voraus. Es werden zwischenzeitlich keine Kontrollen angesetzt, keine Blutuntersuchungen. In dieser Zeit bin ich mir selbst überlassen. Wenn ich nicht immer wieder in der Praxis anrufe, um mich in Erinnerung zu bringen, ob die Herrschaften mich vergessen würden? Du hattest zwar lange auch keinen Arzt zu Gesicht bekommen, aber dein Blut wurde wenigstens regelmäßig untersucht, als es dir äußert schlecht ging. Weißt du noch, wo eine Schwester dir die Kanülen einstach? Ob das so richtig bei mir ist? Als ich die Halsentzündungen bekam, wurde ich an einen Hals-Nasen-Ohren-Arzt überwiesen, als ich diesen Hautausschlag bekommen habe, wurde ich an einen Hautarzt überwiesen. Diese Ärzte können doch gar nicht ausführlich auf meinen derzeitigen körperlichen Gesamtzustand reagieren. Ich kann doch nicht noch mehr Medizin einnehmen. Ich werde total vergiftet. Wenn ich den Spezialisten etwas von dieser Medizin und der Therapie erzähle, wischen sich die Damen und Herren Mediziner nur über ihr Gesicht.

Was soll ich dazu sagen? Wenn die begleitende Internistin es nicht vermag, auf die Nebenwirkungen einzugehen und diese in Grenzen zu halten, wie kann ein fremder Arzt mit diesen Nebenerkrankungen umgehen? Für mich ist das ein Abschieben der Verantwortung. Das Schlimme ist, es bestätigt mir keiner einen Zusammenhang mit dieser teuflischen Medizin. Was diese zusätzlichen Medikamente alles kosten? Es gibt Medizin, die ich nun brauche, die wird gar nicht erst von der Krankenkasse übernommen.

Meine Hausärztin überweißt mich an die Internistin, und die Internistin sagt, wenn etwas ist, dann soll ich mich an die Hausärztin wenden. Ich laufe nur unsinnig und vergebens im Kreis herum. Bin ich schon im Irrenhaus?

Mir geht es schlecht, und die Mediziner schieben mich immer wieder ab. Da angeblich kein zusätzliches Präparat meine Nebenwirkungen lindern kann, wissen auch all die Mediziner sich keinen Rat. Da haben wir es wieder, Mediziner sind eben auch nur Menschen.

Meine Sehschwäche nimmt zu, daher wende ich mich an den Augenarzt. Er stellt ein Loch in der Netzhaut meines linken Auges fest, und er sagt, dass es sehr ungewöhnlich für mein Alter ist. Die gesamte Ärzteschaft war sehr erstaunt und fragte sich, woher so etwas wohl kommen mag.

Es wird eine Operation durchgeführt und das Loch geschlossen. Seitdem sind die Sehnerven, die in die Richtung der Nase führen, abgestorben und das beeinträchtigt meinen Sehbereich außerordentlich. Außerdem fragte mich der Arzt, ob ich eine Stoffwechselerkrankung habe. Natürlich habe ich die. Das habe ich auch bejaht, und ich erzählte von der Hepatitis-C-Virus-Infektion und Hepatitis C, die ich schon so lange habe. Er wurde ziemlich still.

Natürlich schob ich die Frage nach, könnte dieses Loch in der Netzhaut mit der Hepatitis-C-Virus-Erkrankung zusammenhängen? Neurologisch wurden Löcher in den Nervenbahnen des Gehirns festgestellt und nachgewiesen.

Es könnte damit zusammenhängen, erwiderte der Arzt. Würden Sie mir das schriftlich bestätigen? Ich erhalte eine Erwerbunfähigkeitsrente, Anti-D-Rente, die aufgrund dieser Einschränkung neu angesetzt werden muss. Wer weiß, was noch alles mit meinen Augen passiert? Weißt du, was der Arzt antwortete? „Das kann ich Ihnen nicht bestätigen, weil das nur eine Vermutung ist."

„Na toll", rufe ich in diesem heißen Raum, wo nur Iris und ich schwitzen. „Es ist nicht zu begreifen. Da fragt der Augenarzt dich schon nach einer Stoffwechselerkrankung. Und wenn du diese tatsächlich auch hast, dann kann er plötzlich keinen Zusammenhang schriftlich bestätigen. Ich muss hier raus, sonst koche ich über."

Ich springe von den überhitzten Holzlatten und laufe im Freien einen Kreis nach dem anderen, lauter Kreise eben. „Genau so schicken dich die Weißkittel im Kreis herum. Eine feine runde Sache. Nicht zu fassen. Wovor haben die Ärzte in ihren Bereichen und Positionen Angst? Vielleicht haben sie keine Angst, Iris, sie haben Anweisungen. Weißt du, wir wurden in der Deutschen Demokratischen Republik grundsätzlich mit einem großen ‚H' auf allen Überweisungen gekennzeichnet. Vielleicht ist es auch heute noch so. Es praktizieren zumindest die gleichen Ärzte wie vor zehn, zwanzig oder dreißig Jahren, und immer wieder geraten wir an sie. Welche Ärzte einen Auftrag hatten und welche nicht, wer weiß das schon. Auftrag ist Auftrag, Überwachung ist Überwachung, ob Wiedervereinigung oder nicht.

Warum das eigentlich Wiedervereinigung heißt, möchte ich wissen, als ob sich die BRD mit der DDR schon mehrmals vereinigt hätte."

Iris läuft mir im Kreis hinterher und schmeißt immer wieder empört den rechten Arm in die Tiefe. Es sind ihre hilflosen Gesten und Reaktionen, die mich tief berühren und die wehtun. Es scheint aussichtslos, über diese Herrschaften und Mächte auch nur nachzudenken. „Es ist alles so schlimm und traurig", rufe ich an der frischen Luft, nackt und dampfend. „Schlimm, schlimm, schlimm", schimpft Iris zurück.

Wir laufen noch einige Achten auf dem Freigelände, duschen uns schließlich kalt ab und tauchen in das eisige Wasserbecken. Das anschließende Prickeln im angewärmten Pool schmeichelt unseren Körpern, und wir fühlen uns einen Augenblick gut. Daher wiederholen wir noch einige Male dieses Wohlgefühl, als säßen wir in einer offenen Champagnerflasche. Nach einer Ruhephase setzen wir uns zu anderen Saunierenden in eine Aufgusssauna und verhalten uns wie sie, still und bewegungslos. Hinter mir sitzt ein etwa zwei Zentner schwerer Mann. Keine fünf Minuten später hören alle Gäste sein Schnaufen und ein tiefes Einatmen. Ihm scheint die Hitze nicht zu bekommen. Dennoch bleiben alle nackten Herrschaften ruhig auf ihren Tüchern sitzen und halten anständig durch. Wiederum macht der beleibte Herr mit entsetzlichem Schnaufen auf sich aufmerksam und reibt sich nun geräuschvoll seinen Schweiß von den Armen. Es klingt schlüpfrig und unangenehm. Ich drehe mich nicht um. Plötzlich bekomme ich eine volle Ladung Wasser auf meinen Rücken. Augenblicklich setze ich mich schwungvoll gerade hin und bemerke, wie Iris ebenfalls ihre Position verändert. Die Augen der anderen sind auf uns gerichtet. Demonstrativ schüttle ich mit meinem Kopf. Das lästige Schnaufen, Atmen und Wischen geht weiter, und schon erhalten wir die nächste Ladung seiner Körperflüssigkeit. Nun drehe ich mich aber doch um und sage „Könnten Sie bitte Ihren Schweiß auf Ihrem Handtuch belassen, ich finde es nicht so toll, wenn Sie uns damit belästigen." Einige Saunagäste schütteln den Kopf, und andere unterlassen plötzlich das Herumreiben auf ihren Körpern. Zu unserem Glück verläuft die restliche Zeit entspannter, und wir sind froh, uns endlich abduschen zu können.

„Wer weiß, was er für Krankheiten hat?", sagt Iris ironisch und schaut mich an. „Wer weiß das schon vom anderen, da gebe ich dir 100% recht. Wer weiß das schon vom anderen."

Wir schlappen einige Stunden später in Richtung unserer Kabinen, wo uns ein Chip tatsächlich den Zugang zu den eigenen Kleidungsstücken freigibt. Niemand redet mit uns, jeder Besucher organisiert sich irgendwie selbst. Alles ist und bleibt anonym, und immer wieder ist es für mich eine Freude, wenn sich der Spind öffnet, in dem ich meine Kleidung lagere. Ich halte meinen Arm mit dem Chip an eine Tafel, und in Windeseile teilt das Display mir mit, wohin ich mich zu begeben habe. Es ertönt ein feines Klacken, und schnapp, ist tatsächlich zu diesem Zeitpunkt meine Spindtüre offen. Meine Utensilien befinden sich am alten Fleck, und ich kann sicher sein, dass nichts fehlt. Aalglatt, frisch und sauber, schlüpfe ich in meine Klamotten und düse zum Ausgang.

Nun lege ich meinen Chip, den ich bis dahin noch immer am Arm trug, in eine kleine Kammer, in einen Multiapparat, der am Ausgang steht. Eine kleine Luke schließt sofort, und schwupp, ist mein Chip verschwunden. Ich musste nichts sagen, keinen Knopf betätigen. Wenig später kann ich auf einem Display erkennen, was ich zu zahlen habe. Sämtliche Unkosten, die während des Saunabesuchs anfallen, werden auf den Chip übertragen. Sie stehen, kleben, hängen oder liegen schließlich auf oder in dem Scheibchen. Für mich ist das alles nicht nachvollziehbar. Es scheint ein Fortschritt zu sein, jedoch nicht für mich. Dieser Fortschritt verunsichert mich, baut zwischenmenschliche Kontakte ab. Ich kann mich nur wundern, wie das alles so vortrefflich funktioniert.

Nun erwartet die Multimaschine nur noch mein Geld. Es ist egal, womit ich die kleinen Schlitze füttere. Sie nehmen Scheine, Münzen in allen Größen, nur keine Knöpfe. Nun rattert der Automat, Wechselgeld klickert in eine Auffangschale, und ein kleines Scheinchen flattert hinzu. Erst mit diesem Stück Papier, das ich wiederum in einen Schlitz stecke, kann ich diese Einrichtung verlassen.

Ich höre kein „Danke für Ihren Besuch." Es ertönt kein „Auf Wiedersehen." Niemand redet mit mir. Es läuft alles automatisch. Sogar auf diesem kleinen Stück Papier sind alle möglichen Anweisungen gespeichert. Es ist sensationell.

„Wie das alles funktioniert", plappere ich laut, damit es Iris hört. „Wenn nur alles so funktionieren würde, wie diese Automaten", schreie ich noch lauter und wuchte meine Badetasche nach oben, dabei ziehe ich sie über eine Blechkonstruktion, aus der ausgestreckte Arme herausstaken, die mir erst den Weg versperren und mich aber nach einem kurzen Anstoß durch wirbelnde Bewegungen ins Freie entlassen. Ich muss jetzt nur noch loslaufen. „Danke", sage ich, „wie nett." Iris schmunzelt.

Nach der Anstrengung des Herauskommens bin ich so geschafft, dass ich schon wieder hineingehen könnte, um mich zu entspannen. Aber es gibt ja auch noch andere geniale Herausforderungen an sensationellen Computern, die uns Menschen zur Entspannung oder Entlastung zur Verfügung stehen.

„Iris, du glaubst gar nicht, wie viele Zahlen in meinem Kopf herumschwirren und mich Tag und Nacht herausfordern, fesseln oder blockieren. Erst kürzlich habe ich eine neue Kreditkarte zugeschickt bekommen, weil meine alte Karte abgelaufen war. Der Computer hat sie gefressen und nicht mehr herausgegeben.

In all den Jahren, in denen ich sie benutzt, in meinen Händen hin- und hergedreht habe, in die Geldtasche hineingegeben und wieder herausgenommen und sie immer wieder angesehen habe, war sie meine Begleiterin, diese Karte. Sie hat ihre Dienste vortrefflich geleistet, und plötzlich ist sie weg. Sie ist ein Stück von mir, dieses kleine Ding. Ohne sie geht eigentlich überhaupt nichts. Nun wird sie meine Hand nicht mehr erreichen. Nicht einmal bedanken und verabschieden konnte ich mich von ihr. Nur kurz habe ich hinterherrufen können ‚Lebe wohl!'"

Meine Freundin sieht mich lachend an.

„Iris, es war kein anderer im Raum, sonst hätte ich nur gewunken. Ganz schön blöd stand ich da. Und das am Sonntag. Jetzt muss ich mir schon wieder eine neue Geheimzahl merken. Grad so, dass ich die alte endlich im Kopf hatte, kommt schon wieder eine Veränderung.

Erst bekommt meine Bank eine neue Bankleitzahl wegen irgendwelcher Veränderungen oder Zusammenschlüssen. „Warum?", frage ich dich. „Warum betreibt die Bank so einen Aufwand und ändert die Bankleitzahl? Es ändert sich alles viel zu schnell, da komme ich nicht mehr mit.

Da ich von zu Hause aus meine Bankgeschäfte erledige, muss ich mir einige Zugangsdaten und Zahlen merken. Nicht nur, dass ich die Kontonummern im Hirnkasten aufbewahren sollte, nein, daneben wird dauernd etwas Neues erfunden. Ich darf nur nicht irgendwelche Pins mit den Geheimzahlen meiner Kreditkarten oder den neuesten Blutdruckwerten verwechseln.

Das ist mir alles schon passiert. Du glaubst nicht, liebe Iris, was sich der Computer alles merken kann. Zweimal eine falsche Geheimzahl eingegeben, egal wann und schwupp, beim dritten Mal ist deine Karte weg. Das musst du wissen, bevor du an einen Geldautomaten trittst."

„So erging es mir auch", spricht Iris, „furchtbar, wie ich mir da vorkam. Weißt du, sogar die Blutgruppen meiner Eltern sind in meinem Kopf abgespeichert. Die meines Mannes ebenfalls.

Das ist wichtig, wegen einer eventuellen Lebertransplantation. Meine Eltern gibt es nicht mehr, aber die Blutgruppen sind dennoch in meinem Gehirn. Sämtliche Geburtstage meiner lieben Verwandten schwirren im Kopf herum."

„Dazu noch die Steuernummer, denn wenn ich einmal in einem Geschäft bin und etwas für mein Unternehmen kaufen will", schnaufe ich, „dann sollte ich die endlos lange Nummer auf alle Fälle abrufbar haben. Na ja, die kann ich mir ja wirklich aufschreiben, aber die Geheimzahlen?"

„Nicht zu vergessen den Code für das Handy." „Ja, ja, den auch noch, ich vergaß", spotte ich. „Außerdem habe ich in meinem Auto einen Zahlenzugang, sonst startet diese verflixte Kiste nicht. Meine Kleidergröße hat sich auch geändert. Nur die Schuhgröße ist geblieben. Zum Glück."

„Kennst du auf Anhieb deinen Hochzeitstag?", fragt Iris.

„Welchen meinst du?"

„Den aktuellen."

„Natürlich. Ich kenne die Zahlen des Reifendrucks meines Autos, vorn und hinten. Weißt du dein Kfz-Kennzeichen aus dem Kopf?"

Iris antwortet schlagartig. Nun frage ich weiter. „Wann ist dein nächster Abgabetermin für dein Blut?"

„Da habe ich keinen, den muss ich erst wieder erfragen. Du weist doch, dass ich medikamentös versorgt bin. Immer für ein Vierteljahr im Voraus. Was in der Zwischenzeit alles passieren kann."

„Nächste Frage. Wie groß sind deine Hühneraugen?"

„Ich habe keine."

„Diesen Punkt musst du dir also nicht merken. Gut so." Ich frage weiter, „wann hattest du deine letzte Regel?"

„Das weiß ich nicht mehr, lass mich überlegen, seit der letzten Therapie, das war im Jahr 1996."

„Gut, das musst du dir also auch nicht mehr merken, wegen des Frauenarztes und so. Wie hoch ist dein derzeitiger Kilometerstand?" Iris lacht und bemerkt „Ich dachte schon, du fragst mich nach meinem Blutdruck. Den könnte ich dir, Stand von gestern Abend, aber auch sagen. Du fragst Sachen. Warte, ich habe es gleich. Mein Auto war gerade zum TÜV, und da wurde er notiert. Ich glaube 148.000 Kilometer und ein paar Zerquetschte."

„Diese Zerquetschten sind es, die uns das Leben erschweren. Du musst alles genau wissen, liebe Iris, du schwächelst ein wenig. Heutzutage musst du solche lebensnotwendigen Dinge wissen. Kilometerstand meine ich, nicht Blutdruck. Die Herrschaften schauen dich sonst an und erklären dich für verrückt. Du sitzt täglich hinter dem Lenkrad, und da musst doch den Kilometerstand sagen können."

„Weißt du deinen denn?", fragt Iris sofort nach. Ich schaue sie an und schweige. „Na bitte, da haben wir es", schreit Iris lachend und bemerkt weiter, „wenn ich Auto fahre, dann habe ich die ganze Zeit nur meinen Tachometer im Auge, denn die Schilder für Geschwindigkeitsbegrenzungen halten mich auf Trab. Die Geschwindigkeitsbegrenzungen ändern sich ständig. Hast du schon einmal bewusst wahrgenommen, wie vielen Verkehrsschildern wir begegnen, nach denen wir uns zu richten haben? Es ist enorm, was ein Gehirn so ganz nebenbei abfangen muss. Das ist richtig Arbeit, anstrengend. Im Normalfall vermag es, blitzschnell zu reagieren. Damit aber noch nicht genug.

Am Fahrbahnrand stehen und hängen massenhaft Werbungen. Es gibt Schilder und Tafeln, die sich auch noch bewegen und wenden. Wenn ich da draufschaue, und es ist ja so gewollt, dass jeder unweigerlich da hinsehen muss, erschrecke ich immer, denn damit rechnet ja keiner, nur die Hersteller.

Was durch die bloße Existenz dieser Dinge für Unheil angerichtet werden kann. Wenn ich deshalb so ein Frauchen mit Kinderwagen an der Bordsteinkante oder auf der Fahrbahn übersehe, habe ich die Schuld, obwohl diese Lichttafel mich mörderisch abgelenkt hat. Ich hätte ja nicht auf die Tafel sehen brauchen, werden sie sagen, also ist es meine Schuld, wenn ich etwas Lebendiges überfahre. Diese Schilder sollten verboten werden. Nicht nur, dass sie beleuchtet sind, Verkehrsschilder übrigens nicht, nein sie verändern sich auch noch. Unverantwortlich. Als ob ein Fahrer die Zeit hat, sie zu lesen. Einfach unverantwortlich!"

„Die Blitzer sind aber noch heller als die Reklametafeln", bemerke ich.

„Die auf jeden Fall", johlt Iris.

„Auf jeden Fall", betone ich noch einmal ausdrücklich. „Kennst du auch den neuen Bußgeldkatalog? Wie viel zu zahlen ist, wenn du so ein unbeleuchtetes Schildchen übersiehst?"

„Kommt darauf an, was für ein Schildchen. Davon gibt es ja unzählbar viele." Iris zählt einige auf. „Einbahnstraße, Geschwindigkeitsbegrenzungsschilder, Halteverbot, Parkverbot, Kreisverkehr. Nein, es ist mir ehrlich gesagt auch völlig Wurst. Ändern können wir an dem Katalog eh nichts. Hier macht doch jeder, was er will. Verkehrsschilder bekommen wir immer mehr, und die Strafen werden immer härter. Ich fand es gut, als noch ein Verkehrsbeamter auf der Kreuzung stand und den Verkehr regelte. Das waren noch Zeiten, wunderbar übersichtlich.

Ab und zu gab es ein nettes Lächeln, und weiter ging die Fahrt. Ich glaube nicht, dass so ein Mensch heutzutage teurer für die Stadt wäre als diese beleuchteten Verkehrsampeln. Tag für Tag, Nacht für Nacht schalten diese Lampen und schalten und schalten und schalten und schalten und müssen gewartet werden. Selbst Denken ist nicht mehr gefragt. Für uns wäre das eine Entlastung, aber nein, wir müssen uns nun zusätzlich in die Denkweisen fremder Hirne hineinversetzen, vor allem dieser Technik vertrauen. Weißt du, was ich damit meine? Wir müssen uns den Anordnungen gehorsam unterordnen. Meter für Meter schieben wir uns an immer neuen Zeichen den Weg entlang. Was wir alles verkraften müssen. Auf der einen Seite brauchen wir nicht mehr selbst zu denken, auf der anderen Seite verlangen die Gesetze und Paragrafen genau das Gegenteil. Wer weiß, wie lange wir das noch aushalten? Für uns, in unserem umnächtigten Zustand ist alles doppelt so schwer. Wer weiß, wie lange noch?"

„Richtig. Genau", sage ich, „was Hightech kostet. Sogar eine Verkehrsampel ist mächtiger als der Mensch. Das Leben wird an uns vorbei bestimmt. Wir stehen vor Maschinen oder Computern und müssen mit diesen monströsen Geräten vorliebnehmen. Die Menschen vereinsamen. Glaub es mir, sie vereinsamen immer mehr. Ich staune, dass in einer Gaststätte kein Roboter an den Tisch vorfährt und deine Nummer für die Bestellung entgegennimmt, eine Nummer, die du nur noch in den Roboter eindrückst. Ich könnte wetten, so etwas gibt es bereits. Ist denn das nicht schlimm?"

„Schlimm, schlimm, schlimm", erwidert Iris.

Wie immer genehmigen wir uns nach der Sauna ein Essen in einer nahegelegenen Gaststätte. Schon beim Eintreten lachen wir, da uns wie immer ein frisches nettes Fräulein an den Tisch begleitet und uns mit einem Lächeln bedient. Ich stelle mir vor, wie ein Roboter mit seiner kalte Hand aus Stahl nach mir greift, mich an die Hand nimmt und mit mir an irgendeinen Tisch rollt, rattert, stampft oder schlürft. Wie er vielleicht motorisch, künstlich lacht und wie er uns bedient.

Auch an diesem Abend reicht uns eine Vorspeise zur Sättigung vollkommen aus. Wir haben den ganzen Abend Zeit für uns und eine Menge Spaß zum Spotten, denn wir fragen uns gegenseitig nach wichtigen Telefonnummern ab und nennen die Geburtstage von Mozart und Napoleon. Es sind unwichtige Fragen, aber wir testen so unseren Wissensverbleib ab. Wie immer wünschen wir uns beim Abschied stabile Gesundheit.

Mich erreicht ein Fax von einer betroffenen Frau. Ich lernte sie auf der Jahreshauptversammlung unseres Verbands Anti-D in Chemnitz kennen. Sie ist die Frau, die beschlossen hat, ihren Körper nach dem Ableben der Wissenschaft zu übergeben. Was ich lese und von ihr bei einem Besuch hören werde, ist unfassbar, ja sogar kriminell. Ich werde Ausschnitte aus ihrem Leben veröffentlichen.

Frau Anita zählt zu den Betroffenen, die zufällig durch eine Stichprobe (Siebtest) untersucht und erfasst worden ist. Sie schildert dies ausführlich.

Bevor ich mich Frau Anita widme, suche ich das Schreiben, in dem ich das Wort „stichprobenhaft“ erlesen konnte.

Auszug aus einem geheimen Schreiben vom Minister für Gesundheitswesen an den Leiter der Abteilung Gesundheitspolitik des Zentralkomitees der SED:
(Quellenangabe: Bundesarchiv, Bestandssignatur DQ 1 Aktenband 11225)

> Zitat:
> „... In Ergänzung der Information über Hepatitiserkrankungen nach Anti-D-Prophylaxe für das Sekretariat des ZK der SED vom 3.3.79 teile ich mit, dass die bis zum 16.3.79 erfasste Gesamtzahl der Hepatitiserkrankungen auf 1.422 angestiegen ist (1.392 Frauen und 30 Säuglinge; Letztere sekundär durch Kontaktinfektion erkrankt). Das klinische Bild der Erkrankungen hat sich nicht geändert; Todesfälle sind nicht eingetreten.
> Es kann März 1979 eingeschätzt werden, dass die Welle der Erkrankungen im Zusammenhang mit den Anfang Januar gesperrten Chargen 08 bis 15 jetzt langsam abklingt.
> Mit Hepatitiden bei Kontaktpersonen ist in einem kleinen Prozentsatz noch einige Wochen zu rechnen.
> Die eingeleiteten Maßnahmen der gesundheitlichen Betreuung und der finanziellen Entschädigungen erweisen sich als wirksam.
> Die überwiegende Mehrzahl der anstehenden Fragen seitens der Betroffenen konnte inzwischen geklärt werden. Es erfolgten eine Vielzahl von teilweisen kollektiven Eingaben, welche durch persönliche Aussprachen und ergänzende schriftliche Antworten unverzüglich bearbeitet wurden ...
> ... Es gab keinen Anhaltspunkt für eine möglicherweise ebenfalls erfolgte Kontaminierung der 1978 nachfolgenden Chargen 16 bis 23, mit denen die Anti-D Prophylaxe vorerst fortgesetzt wurde ...

… Leider sind seit der Vorwoche in Einzelfällen bei Empfängern von Anti-D der Chargen 16 und 17 Hepatitiserkrankungen erfasst worden. (7Verdachtsfälle nach Charge 16 und 3 nach Charge 17) deren Ursache die Gabe des Präparats sein könnte. Die nochmalige umfassende Analyse der Herstellung des Präparates im Bezirksinstitutes Halle lässt es für möglich erscheinen, dass sogenannte Waschflüssigkeit der infizierten Chargen 08 bis 15 eine Kontaminierung der folgenden Chargen verursacht haben könnte. Es besteht der Verdacht, dass solche, noch eiweißhaltige Waschflüssigkeit der Charge 15 und der Charge 16 zugesetzt wurde.
In dieser Woche wird die stichprobenhafte Untersuchung von Empfängern aus Charge 16 und 17 festgelegt …
… Sollte sich dieser Verdacht bestätigen, ist mit einer Ausdehnung der Überwachungsmaßnahmen auf 1.000 bis 2.000 weitere Frauen zu rechnen.
Die Chargen 16 und 17 gelangten weitgehend, die Chargen 18 und 19 teilweise und die Chargen 20 bis 23 gar nicht bzw. nur im geringen Umfang zur Anwendung …
… Die Anti-Immunprophylaxe wird jetzt mit 1979 produzierten Chargen, bei denen der Verdacht der Verwendung von Waschflüssigkeit mit Sicherheit auszuschließen ist, weitergeführt. …

Mit sozialistischem Gruß“ Zitatende

Anfang des Jahres 1979 erhielt Frau Anita die „Anti-D“-Spritze mit der Chargennummer 171078. Insgesamt waren 1.106 Ampullen in dieser Charge. Sie erfuhr durch den sogenannten „Siebtest“ von ihrer Infizierung.

Frau Anita vermutet, dass die Frauenklinik Karl-Marx-Stadt (heute Chemnitz) schon gewusst haben muss, dass auch diese Ampulle aus dieser Charge, die ihr gespritzt wurde, mit Hepatitis-Viren infiziert war, denn genau zu diesem Zeitpunkt lagen bereits sehr viele Frauen, die mit dieser Charge behandelt worden waren, im Krankenhaus mit der Diagnose „Hepatitis“.

Auszug aus ihrem Brief:

„… Der Arzt, der mir diese Spritze gab, trägt die volle Verantwortung für meine jetzige Leberschädigung. Es wäre seine Pflicht gewesen, mich über die mögliche Verseuchung zu informieren. Der Arzt handelte strafbar, weil er von dieser Verseuchung wissen musste, und er wusste auch, dass ich vor meiner Entbindung auf der Intensivstation der Frauenklinik lag. Es handelte sich bei mir um eine Risikoschwangerschaft.

Ich war dreiunddreißig Jahre alt, hatte Herzprobleme, eine Nierenbeckenentzündung und sehr hohen Blutdruck. Da zu dieser Zeit feststand, dass ich gar kein Kind mehr bekommen werde, war diese Spritze absolut überflüssig. Jeder Arzt ist für sein eigenes Tun selbst verantwortlich. Jeder Arzt leistet einen Eid.

Ich erhielt diese verseuchte Spritze, und mir ging es immer schlechter. Meine damals mich behandelnde Hausärztin stellte nach einer Untersuchung eine 67%ige Leberschädigung fest. Wie sie auf 67% kommt, weiß ich nicht.

Mein Psychologe, den ich eigenmächtig aufsuchte, beherrscht sehr gut die Hypnose, und so wendete ich mich Hilfe suchend an ihn, um mir durch autogenes Training und in Eigenbehandlung selbst zu helfen, denn meine Hausärztin war mit diesen Krankheitssymptomen völlig überfordert.

Dieser Psychologe empfahl mir eine leichte Arbeit von drei Stunden täglich, damit ich Abwechslung erfahren sollte.

Das wiederum fand meine Hausärztin nicht richtig. Sie war außer sich, dass ich mich eigenmächtig an einen anderen Mediziner wandte. Sie stufte mich auf zentrale Anweisung hin auf eine 40%ige Leberschädigung zurück. Durch diese Rückstufung wurde mir ein Schonplatz zugeordnet.

Ich begann nun eine Arbeit mit täglich sechs Stunden. Mein Arbeitsinhalt war das Schleppen von zwanzig Kilogramm schweren Pappkisten in einer Feinwäscherei. Sechs Stunden lang schleppte ich nun schwere Pappkisten. Mein körperlicher Zustand verschlechterte sich zunehmend.

Meine Leber wurde punktiert, doch der Arzt, an den mich meine Hausärztin überwies, rutschte mit der Punktionsnadel ab.

Ob er nun Zellengewebe der Leber erwischt hat, bleibt fraglich.

Nun wurde ich an einen Nervenarzt überwiesen, da meine Ärztin mit mir nicht mehr umzugehen wusste. Meine Krankschreibung war abgelaufen, und diese Ärztin wollte eine Verlängerung nicht mehr verantworten.

Auf Eigeninitiative hin bat ich erneut um eine genaue Leberuntersuchung und wendete mich an die Charité Berlin.

Meine Krankenakte wurde angefordert, doch sie war nicht aufzufinden. Erst durch den Staatsanwalt konnte diese der Charité zugeführt werden. Was war mit dieser Akte passiert. Ist sie manipuliert worden? Wurden die Befunde korrigiert?

In der Charité Berlin wurde eine Leberspiegelung durchgeführt. Zusätzlich wurde mein Hautausschlag kontrolliert, der mit sehr starkem Juckreiz und Schleimhautentzündungen einherging. Besonders im Genitalbereich ist dieser Großpilzbefall auffällig. 1991 wurde meine Gebärmutter entfernt.

Mit einem bedrohlichen Ergebnis der Leberspiegelung ging ich nun wieder zu meiner Hausärztin.

Was ich da erleben musste, ist kaum zu beschreiben. Sie schrie mich an, was ich mir erlauben würde, zu einem anderen Internisten zu gehen, als den von ihr zugewiesenen. Sie packte mich am Kragen und warf mich aus dem Sprechzimmer. Ich war so schockiert, dass ich kaum noch klar denken konnte. Daraufhin sprach diese Hausärztin mit dem Hautarzt, dem Internisten und dem Gynäkologen und sie hat diesen Ärzten verboten, mich weiter zu behandeln. Warum? Warum, frage ich mich? Sollte alles stasiüberwacht bleiben?

Ich wende mich an die freie Presse, machte Eingaben nach Berlin und an den Bezirksarzt. Der Bezirksarzt wies meine Hausärztin an, die Betreuung weiterzuführen. Ich flog das zweite Mal aus dem Sprechzimmer. Ihre Worte waren „Immer wenn Sie wieder arbeiten müssen, rennen Sie von Arzt zu Arzt, um einen Krankenschein zu bekommen. Jetzt weiß ich, was für ein arbeitsscheues Individuum Sie sind. Glauben Sie ja nicht, dass Sie jemals wieder in ein Krankenhaus kommen und wirklich kranken

Menschen das Bett wegnehmen können." Ich war erstarrt und fassungslos.

So zieht sich meine arbeitsscheue Diagnose durch die Krankenblätter. Meine Leberschädigung wurde auf 10% herabgestuft.

Nach zwei gescheiterten Selbstmordversuchen und einer Woche auf einer Säuferstation wurde ich in eine Nervenklinik eingeliefert und musste eine ausführliche Selbstdarstellung über mein Leben abgeben. Als ich bei der Anti-D-Geschichte ankam, wurde mir die Selbstdarstellung weggenommen, und ich wurde sofort entlassen."

Ich lese die Zeilen von Frau Anita und weiß, dass sie die Wahrheit sagt, denn Ähnliches erfahren all die anderen Frauen, von denen ich berichte.

Ich nehme mir dringend vor, Frau Anita persönlich kennenzulernen.

Als ich schließlich Anita gegenübersitze, habe ich fast ein schlechtes Gewissen, sie zu bitten, mir über ihr Leben zu berichten. Vor mir sitzt eine völlig erschöpfte und entkräftete Frau, die mit Mühe nach Worten sucht. Eine verlassene Frau, verlassen von Träumen, Sehnsüchten, Hoffnungen. Ohne Zukunftsglauben und ohne Aussicht auf Verbesserung ihres Lebensgefühls und der Lebensqualität.

Frau Anita erzählt ruhig, und sie klagt nicht. Sie beschreibt ihr Leben wie das Gefühl lebendig begraben zu sein. Frau Anita beschreibt das Martyrium über all die Jahre, dabei schüttelt sie nicht einmal den Kopf.

Was ich aus dem Munde von Frau Anita höre, ist nicht zu beschreiben. Ich versuche es dennoch. Sie sagt „… sämtliche, bislang veröffentlichte Pressemitteilungen, die über uns berichten, über die Hilfe, die wir bekommen, entsprechen so überhaupt nicht der Wahrheit. Die tatsächlichen Gegebenheiten der Anti-D-geschädigten Frauen werden unter den Tisch gekehrt. Wir erhalten keine echte Hilfe. Zu unserem Glück wurde im Einigungsvertrag das Bundesseuchengesetz, was uns geschädigte Frauen betrifft, dokumentiert, und somit muss seitens des neuen Staates BRD auf unser Anliegen wenigstens reagiert werden.

Dennoch kämpfe ich bis zum heutigen Tag um jedes Medikament. Sogar über Gerichte muss ich gehen, um ein Medikament zu erhalten!

Sechs Wochen nach der Geburt meines zweiten Kindes im Januar 1979 kam eine Ärztin zu mir und wollte eine Blutprobe entnehmen. Es gehe dabei um eine wissenschaftliche Untersuchung. Seit dieser Zeit geht mir der Gedanke im Kopf herum, ein Versuchskaninchen zu sein. Wir sind für die Wissenschaft verseucht worden.

Ich leide seit Jahren unter der Parkinsonerkrankung und Lymphknotenentzündungen. Meine Befunde habe ich Ihnen zugefaxt. Was ganz schlimm für mich ist, ist, dass mitten in einer meiner Bewegungen plötzlich ein Stillstand eintritt. Die Mitteilung vom Gehirn ist unterbrochen und ich falle hin. Das soll ein Medikament verhindern, das ich durch die neue Gesundheitsreform nicht mehr verordnet bekomme. Obwohl es für uns ein Gesetz gibt.

Ich huste täglich so viel festen Schleim ab, dass ich das Gefühl habe, zu ersticken. Ich lebe nur noch von einer Medikamentengabe zur nächsten.

Ich leide unter entsetzlichem Juckreiz, zurückzuführen auf das Ausstoßen der Gifte, die die Leber nicht abbauen kann. Mein Nervenarzt, dem ich meine Krankengeschichte anvertraute, arbeitete für die Staatssicherheit. Das heißt, er hat sich mein Leid angehört und dieses an seine Vorgesetzten weitergeleitet. Ich habe Akteneinsicht bewirkt und aus dem geschriebenen und geschilderten Sachverhalt heraus muss ich schlussfolgern, dass ich, besser gesagt, wir alle betroffenen Frauen, tatsächlich zu den Versuchskaninchen gehören, die Medikamente austesten sollen.

Da meine Hausärztin mit mir überfordert ist, schickt sie mich in der Gegend herum, aber immer nur zu Ärzten, die in der Staatssicherheit sind.

Ich wurde ausgehorcht, und mein weiterer Werdegang war durch einen Mann, der sich Nervenarzt nennt, schon längst beschlossen. Mein Leben war seit dieser Zeit nur noch die Hölle und eine Qual. Ich kann mir bis zum heutigen Tag nicht erklären, warum ich immer wieder von Medizinern ausgehorcht und schließlich abgeschoben werde. Geht es den anderen Frauen genauso?

„Auf Anweisung von oben", so heißt es am laufenden Band, „darf ich Ihnen das Medikament nicht verschreiben."

Was in der ehemaligen DDR funktionierte, war doch das hervorragende Gesundheitswesen. Glauben Sie mir, so einfach passieren keine solchen Fehler. Dieses Anti-D-Medikament wurde uns zu Versuchszwecken eingespritzt. Da bin ich der festen Überzeugung. Sonst würde sich doch irgendjemand um mich oder uns kümmern. Ich werde grundsätzlich abgewiesen, und sei es die Ablehnung von dringend lebenswichtigen Medikamenten. Unser Anti-D-Hilfegesetz ist für die Katz. Wie das Urteil von 1979 ein Scheinurteil war und ist, so ist dieses Gesetz für uns betroffenen Frauen ein Scheingesetz. Zumindest bin ich ganz stark der Meinung, dass es so sein muss, sonst würden Mediziner, die alle noch in ihren Ämtern praktizieren, uns unterstützen, statt ständig wegzuschicken."

Ich greife nach der Hand von Frau Anita. Ihre Hand ist kalt und regungslos. Sacht streiche ich über ihre Haut. Es folgen einige Sekunden des Schweigens.

Meine Tochter Britta begleitet mich an diesem Tag, und ich bin froh, sie an meiner Seite zu haben. Gemeinsam mit Frau Anita und ihrem Mann suchen wir ein nettes Lokal auf und nehmen einen Imbiss ein. Frau Anita erzählt von ihrem unvermeidlichen Krankenhausaufenthalt, denn es besteht die Diagnose Krebs. Nach einem dreistündigen Gespräch verabschieden wir uns voneinander, und ich nehme sie in den Arm und sage „Ich wünsche Ihnen alles erdenklich Gute. Viel Kraft für Ihren weiteren Weg."

„Ich habe keine Kraft mehr", sagt Frau Anita leise.

Der Weg nach Hause verläuft ruhig und nachdenklich. Britta fragt „Hat wirklich die Staatssicherheit den Auftrag erteilt, euch durch die Gabe dieses Medikaments zu testen? Seid ihr, ich ja auch, lebende Versuchspersonen?“ Ich zucke mit den Schultern und antworte „Wer kann das schon beweisen, wenn es so wäre?“

Wieder zu Hause angekommen, falle ich in ein tiefes Loch. Tagelang kann ich das Gehörte nicht einordnen, nicht zuordnen und gleich gar nicht verstehen. Ich schiebe die tiefen Eindrücke über das Gesagte weit von mir, weit weg. Ich denke wochenlang nicht mehr darüber nach. Es bringt mich um den Verstand, wenn ich nur im Ansatz daran denke, das Erfahrene zu Papier zu bringen.

Wenn die Vermutungen stimmen, dann fürchte ich sogar um mein Leben, wenn ich diese an die Öffentlichkeit brächte.

Wie in Trance bewältige ich jeden neuen Tag.

In einer Fernsehreportage erfahre ich, dass nach wie vor Telefongespräche überwacht werden. Personen und Namen können dem gesprochenen Wort zugeordnet werden. Es ist ein leichtes Spiel, dem Gespräch auch noch eine Adresse zuzuordnen. Ich bin baff und gutgläubig genug.

Natürlich werden die Abhörmethoden immer präziser und einfacher. Es ging vor dreißig, vierzig Jahren auch schon. Warum soll es heute nicht mehr funktionieren, zu spionieren und zu belauschen? Im Gegenteil, es wird noch schneller und besser und geheimer abgehört als damals.

Da ich weiß, dass all die Staatssicherheitsleute der damaligen Zeit und auch andere Interessenträger inzwischen in der meinigen, also heutigen Zeit, leben und nicht schon ausgestorben sind, fürchte ich mich.

Wir müssen bedenken, dass gewisse Aufträge fest verankert in diesen Köpfen weiter existieren. Auftrag ist Auftrag, und irgendwann wird dieser Auftrag „Beobachtung bis zum natürlichen Abgang“ erfüllt sein.

Wenn wir Frauen tatsächlich für die Wissenschaft krankgespritzt worden sind, dann ist nach wie vor, irgendein Mensch, wenn dieser diese Bezeichnung überhaupt verdient, daran interessiert, wie unsere „Vorgänge" ausgehen. Es muss also von Interesse sein, wie lange wir Frauen mit dieser Verseuchung leben werden und können, und vor allem dienen wir als Versuchsobjekt, um einen Impfstoff gegen diese Hepatitis-C-Virus-Infektion zu entwickeln. Diese Gedanken gruseln mich.

Zwei dieser Tests habe ich schon am eigenen Leib zu spüren bekommen. Ich nahm bereits an Studien teil, die mit einem Medikament verbunden waren, dessen Wirkung über zwei Jahre meine Lebensqualität auf das unterste Niveau schraubte, das Depressionen auslöste, die nach wie vor nicht überwunden sind. Ich überstand eine Zeit, in der mein Leben nur zwischen Tod und Leben erhalten wurde. Es war, als wäre ich lebendig begraben. Ich verschenkte zwei Jahre meines kostbaren Lebens. Treffender gesagt, es wurden mir zwei Jahre meines Lebens geraubt.

Es wurden und werden Medikamente getestet, die bei 75% der Testerinnen zu keinem Erfolg führen. Das Virus wird nicht eliminiert und selbst wenn, den von der Hepatitis-C-Virus-Infektion angestoßenen chronischen Krankheiten ist das eh egal, sie wüten sowieso weiter. Resultierende Therapienebenwirkungen bleiben jedoch jahrelang erhalten.

Blutwerte versinken dokumentiert in Statistiken. Meine Seele bleibt nackt und zitternd nur mir selbst überlassen.

Ich musste miterleben, wie meine Tochter Britta ebenfalls zwei dieser Therapien erleiden musste, da ich ihr dieses Virus übertragen habe, und wir konnten unsere Angehörigen nicht davor bewahren, mit uns zu bangen und zu hoffen. Diese Ängste würde ich nicht einmal einem Feind wünschen. Es sind Todesängste.

Es sind keine Ängste, die mit einem Adrenalinausstoß einhergehen, wenn wir einer plötzlichen Gefahr ausgesetzt sind, und wo diese Ängste auch wieder aufhören. Nein, es sind anhaltende Ängste, verbunden mit einer stillen, langsamen Verabschiedung.

Es sind quälende Ängste, die uns nicht von der Seite weichen. Sie verfolgen die Seele auf Schritt und Tritt. Diese Sorgen jedoch werden von keinem Amt anerkannt. Diese Ängste sind keine Funktionsbeeinträchtigung. Sie sind unter einem Mikroskop nicht nachweisbar. Sie sind undefinierbar, und sie lassen sich nicht in eine Statistik schreiben. Diese Ängste sind zu unwesentlich für Forschung und Wissenschaft und noch unwesentlicher für das Amt und Familie und Soziales. „Welch ein unpassender Name", denke ich.

Mein Entschluss steht fest, ich muss und will mehr erfahren. Viele Frauen sind bereit, über ihr Leben zu sprechen, und so führt mich der Weg nach Potsdam. Von Frau Brigitte Niebling werde ich auch schon erwartet und freundlich begrüßt.

In diesem Buch werden Namen durch Abkürzungen und Änderungen geschützt, denn wir betroffenen Frauen wissen alle, dass all die Augen der Menschenschänder noch nicht blind und die Ohren noch nicht taub geworden sind, denen wir diese schlimme Krankheit verdanken.

Doch Frau Niebling steht zu ihrer Vergangenheit, zu ihren Äußerungen und den Erkenntnissen, die sie in jahrelangen Recherchen herausgefunden hat.

Frau Niebling und ich kennen uns nicht, sind uns noch nie zuvor begegnet. Wir wissen aber, welche gemeinsame Vergangenheit uns verbindet. Sie hat mein erstes Buch gelesen, und ihr Wunsch ist es, mir so viel Wissen mit auf den Weg zu geben, wie unsere Nerven verkraften können.

Nach einer kurzen Erfrischung kommen wir sofort zu unserem Thema, den Anti-D-geschädigten Frauen.

Seit 1995 leitet Frau Niebling eine Selbsthilfegruppe, die diese Berge von Ordnern rechtfertigen, die ich in ihrer Wohnstube erblicke. Ihr Mann ist zugegen. Er wird mir vorgestellt, und ich erfahre, dass auch er an einer unerklärlichen Lebererkrankung leidet. Er sieht sichtlich erschöpft aus, und er sagt, dass er an einer toxischen Lebererkrankung leidet. Er sagt „Die Ärzte wissen die Ursache nicht. Sie stellten fest, dass ich Hepatitis A, B und irgendwas durchgemacht habe."

„Irgendwas, das ist ja interessant. Die Menschheit fliegt auf den Mond, die Menschen reden durch dünne Leitungen bis an das andere Ende der Welt. Menschen und Maschinen können uns bis in den letzten Zipfel durchleuchten. Wir erfinden immer neue Maschinerien. Labors finden über ein winziges Tröpfchen Speichel oder Haar heraus, wer der wirkliche Vater eines Kindes ist. Dass es angeblich eine toxische Lebererkrankung sein soll, wissen die Ärzte also sicher, aber sie definieren nicht, welcher Art, und dabei bleibt es? Eine genaue Diagnose einer Lebererkrankung kann nicht gestellt werden? Leben die hier in der Steinzeit? Das liegt doch auf der Hand!", rufe ich ihm zu, ohne ihn je vorher in meinem Leben gesehen zu haben.

Ein kleiner Hund sitzt neben dem Tisch und belauscht mit stetig kreisenden Ohren unser Gespräch. Mit hechelnder Zunge beobachtet er mich, und ich denke „So wie dir geht es mir auch manchmal."

„Ich versuche, mich kurz zu fassen", sagt Frau Niebling, „denn ich habe Ihnen eine Menge mitzuteilen.

Am 9.8.78 kam ich wegen einer drohenden Fehlgeburt ins Krankenhaus. Am 20.9. entband ich, und bereits zwei Stunden später erhielt ich die verseuchte Spritze. Ich erfuhr später, dass bereits ab August 1978 diese kontaminierten Chargen im Einsatz waren. Bereits im August wurden die ersten Frauen verseucht. Die Frauen müssten ihre Chargennummer im Mütterpass oder in den Stillkarten nachlesen können, oder sie steht im SV-Ausweis (Sozialversicherungsausweis)."

„Die steht bei mir nicht drin. Nirgends wurde diese Nummer notiert", werfe ich sofort ein.

„Doch, bei mir schon. Nach dem Erhalt der Spritze wurde ich ungewöhnlich oft gefragt, wie es mir geht. Es war schon eine auffällige Fürsorge, denn eigenartigerweise wurde nur immer ich gefragt. Da wird man doch automatisch stutzig. Wenn ich mir das im Nachhinein überlege, wussten die Herrschaften schon, dass etwas mit dem Medikament nicht stimmen kann.

Mein Kind war noch sehr klein, da wurde ich schon invalidisiert. Ich absolvierte ein Frauensonderstudium mit dem Abschluss als Ingenieurökonomin für Betriebswirtschaft. Gearbeitet habe ich als Ingenieurin für Standardisierung, konnte aber aufgrund meiner schlechten Gesundheit nach dieser Spritze meinen Beruf nicht mehr ausüben. Mein Sohn kam behindert zur Welt.

Eigenartigerweise sollte ich sofort nach der Geburt abstillen. Den Grund dafür habe ich nie erfahren.

Mitarbeiter von der Hygieneinspektion forderten mich im Abstand von vier Wochen zu ständigen Blutkontrollen auf. Mir ging es so elend, dass ich nur auf allen vieren die Treppe bewältigen konnte. 1980 erhielt ich dann ein Arbeitsverbot ohne jegliche Erklärung.

Ich forderte meine Gesundheitsakten an, ohne Ergebnis. Auch die Anfrage meines Direktors für Ökonomie, warum ich dem Arbeitsprozess fernbleiben sollte, blieb unbegründet. Er erhielt lediglich die Nachricht, Frau Niebling sei ein Sonderfall.

Anordnung von höherer Stelle. Gesundheitsministerium Berlin." Sofort holt Frau Niebling den Brief, in dem Folgendes steht.

> VEB Maschinenbau „Karl-Marx"
> Direktor für Ökonomie
> Herr Fuchs
> Auf Ihre Anfrage wegen der Patientin Frau Brigitte Niebling aus Potsdam teile ich Ihnen mit, dass Frau Niebling ihre Tätigkeit bis zur 78. Krankenwoche wieder aufnehmen wird (bis 16.10.81).
> Wie ich bereits 1980 mitteilte, ist eine Vorstellung bei einer Ärztekommission nach Vereinbarung mit dem Kreisarzt bei „dieser speziellen Erkrankung" nicht vorgesehen.

Mit freundlichen Grüßen Dr. Bur

„Also ging ich vorerst nicht mehr zur Arbeit. Nachdem die Versicherungsleistungen gestrichen wurden, bekam ich einen Schonplatz, so lange, bis die Rente bewilligt wurde. Mir wurde die Leber punktiert. Ich unterzog mich nach wie vor ständigen Blutkontrollen.

Leider gibt es die Ärztin nicht mehr, die für mich an meiner Berentung mitgearbeitet hat. Entweder hat sie Republikflucht begangen, oder sie musste gehen. Ich weiß so vieles noch nicht."

Wir gönnen uns eine kurze Pause. Der Hund hat inzwischen die Position geändert und liegt jetzt bei seinem Herrchen auf den Pantoffeln.

„Da ich eine Selbsthilfegruppe leite, wurde mir gemeinsam mit einem Anwalt Akteneinsicht in die Stasiunterlagen gewährt. So viele Ordner. Allein nur unsere Sache betreffend, das konnte ich mir überhaupt nicht erklären. Wir wussten gar nicht, wo wir in der uns zur Verfügung stehenden Zeit anfangen sollten. Stapelweise haben wir Akten vom Gesundheitsministerium durchwälzt, in denen alle Namen nachzulesen sind, von den registrierten Frauen, die damals mit dieser Spritze kontaminiert wurden. Schreiben von Frauen, Anfragen der Angehörigen, all das ist fein säuberlich geordnet in diesen Akten einzusehen."

In diesem Moment denke ich an den Brief, den wir Frauen 1979 im Krankenhaus verfasst hatten, als wir zu zwölft auf dieser Isolationsstation oder besser Seuchenstation gelegen haben. Dieser Brief sollte an die Sendung „Prisma" geschickt werden. Unter Angst haben wir diesen Brief verfasst und ihn aus dem Krankenhausfenster geworfen. Das war kriminell und verboten. Warum wir damals keine Antwort erhielten, wird mir jetzt und heute klar. Frau Niebling fährt fort. „Wir konnten über Konferenzen lesen, in denen beurteilt wurde, welche Frau wie viel Abfindung erhält. Es gab Frauen, die erhielten nichts, andere eine Teilrente, wieder andere wurden voll berentet." Sie holt tief Luft. „Frauen, die Mitarbeiter der Staatssicherheit waren, bekamen die höchste Rente oder Höchstabfindungen zugebilligt.

Mir liegt sogar ein Schreiben vor, das besagt, dass der Impfstoff bei der NVA als Kampfmittel, als Kampfstoff deklariert eingesetzt werden sollte. Eine Frau aus meiner Gruppe, selbst Betroffene, erzählte von ihrem Bruder, der wegen Republikflucht im Gefängnis saß, mit einer Spritze kontaminiert wurde und an den Folgen gestorben ist."

Schockstarre. Mir steht der Mund weit offen, die Augen fallen fast aus dem Kopf. Mein Herz fängt plötzlich mächtig an zu pochen. „Was?!", schreie ich. „Ja. Diese biologischen Kampfmittel sollten gegen Feinde eingesetzt werden. Vorher mussten diese Mittel natürlich getestet werden. Politische Häftlinge wurden damit bewusst gespritzt, um an ihnen Tests durchzuführen. Es wurde als Non-A/Non-B-Kampfstoff eingesetzt. Wo sind denn all die verbliebenen Ampullen? Ich meine die Differenz zu denen, die uns gespritzt wurden? Es wurden offiziell über 16.000 Ampullen hergestellt. und uns Frauen wurden etwa 7.000 gespritzt. Wo ist der Rest von 9.000 Ampullen geblieben? Ich werde dieses Schreiben für Sie suchen. Was inoffiziell abgelaufen ist …?“ Frau Niebling raschelt in ihren Aktenbergen, doch sie kann dieses besagte Schreiben in diesem horrenden Wust von Unterlagen im Augenblick nicht finden. In diesem Moment ist es auch gut so, sonst hätte ich ihren weiteren Ausführungen mit Sicherheit nicht folgen können, dann fährt sie fort.

„Da ich nun berentet war, stellte ich einen Besuchsantrag in die Bundesrepublik Deutschland. Ich hatte meine Schwester so lange schon nicht mehr gesehen.

Kurz darauf erhielt ich eine Aufforderung von der Polizei, mich in der Ambulanz, einer gesundheitlichen Überprüfung wegen, vorzustellen. Ich staunte nicht schlecht, da ich ja ständig unter Kontrolle war.

Ich erhielt eine Einweisung in ein völlig abgelegenes Krankenhaus. Wenn ich die Rente weiter beziehen möchte, dann wäre diese Einweisung und Kontrolle vonnöten. So die Begründung. Ich wurde also ein halbes Jahr nach einer Biopsie noch einmal an der Leber punktiert. Danach konnte ich einen Monat lang nicht richtig atmen. Die Wunde blutete ständig. Mir ging es wirklich richtig schlecht.

Eine Psychologin verschrieb mir Beruhigungstabletten. Nach dieser Biopsie wurde mein Gesundheitszustand vom FDGB (Freier Deutscher Gewerkschaftsbund) als für stabil eingestuft, und die Rente wurde mir aberkannt.“

„Vom FDGB? Das ist ja unfassbar!“, sage ich.

„Natürlich habe ich einen Rechtsanwalt eingeschaltet. Der aber schmiss die Akten vor mir auf den Tisch, denn er durfte über diesen Vorgang nicht befinden. Da er sich nach dem Werdegang befragen lassen musste, wurde ihm eine Unterstützung in meiner Sache untersagt. „Höhere Stelle", sagte er.

Fazit, ich durfte die DDR nicht verlassen und gleich gar nicht in die Bundesrepublik Deutschland reisen, da ich ja nun keine Rentnerin mehr war. In meinen Augen eindeutig, dass die Biopsiewerte manipuliert worden sind. Ohne Frage, sie wurden gefälscht.

Diesen Brief möchte ich Ihnen unbedingt vorlesen. In diesem Schreiben geht es um die Ablehnung meines Besucherantrags in die BRD."

Frau Niebling hält einen Brief in der Hand, der schon vor meiner Ankunft auf dem Tisch lag.

Auszug aus dem Brief:
... Vom Vorsitzenden der Kreisbeschwerdekommission wurde Ihnen erklärt, dass die Kreisbeschwerdekommission nur auf der Grundlage eines ärztlichen Gutachtens eine Entscheidung treffen kann. Der vom Gutachten vom 30.12.82 geführte Besserungsnachweis gegenüber dem Vorgutachten ist eindeutig, sodass keine Invalidität mehr bei Ihnen vorliegt. Das schließt jedoch nicht aus, dass Arbeitsunfähigkeiten auftreten können. Es wird Ihnen empfohlen, sich an die Rehabilitationskommission Ihres Betriebs, in Verbindung mit dem Betriebsarzt, zu wenden, wenn nach Meinung von Dr. Sch. Ihre Umsetzung auf einen anderen Arbeitsplatz notwendig ist.

Ihr behandelnder Arzt hat auch die Möglichkeit, das ärztliche Gutachten unter Angabe Ihrer Renten und Zahlungsnummer von der Verwaltung der Sozialversicherung, Abteilung Rentenversorgung, zur Einsicht anzufordern.

Die Kreisbeschwerdestelle konnte feststellen, dass nach vorliegendem ärztlichen Gutachten, das als zweifelsfrei anerkannt wurde, keine Invalidität nach § ... mehr bei Ihnen vorliegt, sodass ein Anspruch der Invaliditätsrente nicht mehr besteht.

Die Einstellung der Rentenzahlung entspricht den gesetzlichen Bestimmungen. Ihrem Anspruch kann nicht stattgegeben werden."

Frau Niebling senkt den Brief und schweigt. Sie hebt ihren Kopf und sagt „So war das damals." Nach einigen Sekunden des Schweigens spricht sie weiter „Meine damalige Ärztin

sagte nach einem erneuten Besuch, es wäre richtig gewesen, meine Rente fortzuführen, aber es gibt höhere Mächte, die über das Wohlbefinden der Menschen entscheiden. Danach sah ich sie nie wieder."

Wieder unterbrechen wir unser Gespräch. Zeit für eine Pause. Der Hund freut sich, wedelt mit dem Schwanz, denn er wird inzwischen angeleint und zum Gassigehen ausgeführt. Auch ich brauche dringend eine Auszeit.

Wir essen einstweilen Obstsalat und unterhalten uns über das Haus, das Wohnen in dieser Gegend und über alles, worüber die Menschheit ohne Kummer spricht. Die Zeit vergeht.

Nachdem auch der Hund wieder bereitliegt, in freudiger Erwartung, sich alles ohne Murren mit anzuhören, geht unser Gespräch intensiv weiter.

„Bis zu der Gründung meiner Selbsthilfegruppe bin ich sechzehn Jahre lang nur gegen Wände gelaufen. Das war der Grund dafür, eine Gruppe zu gründen, um die Frauen zu unterstützen und um ihnen manchen Weg zu ersparen."

Frau Niebling erzählt mir von Frauen und ihren früheren Begegnungen mit Politikern im Bundestag. Sie erzählt, wie es ihr gemeinsam mit einer kleinen Abordnung von engagierten betroffenen Frauen gelang, das Interesse aufseiten der Politiker zu wecken. Sie erzählt, dass einige Damen und Herren aus diesen Kreisen sogar die Hände über dem Kopf zusammenschlugen, weil sie gar nicht glauben konnten, was sie da gerade erfuhren.

Vor dem damalig amtierenden Gesundheitsminister brachte Frau Niebling den Mut auf und fragte „Wie würden Sie sich verhalten, wenn Ihrer Frau dieses Schicksal widerfahren wäre?" „Und, was sagte er?" Sekunden des Schweigens.

„Nichts!"

„Wir können wieder einmal mehr sehen, wie toll unser damaliges politisches System alles geheim halten konnte. Wir hatten keinerlei rechtliche Handhabe. Ich kann mir nicht erklären, wie diese nun schon drei Jahrzehnte andauernde Anti-D-Sache bis heute, noch immer gut versteckt, im Dunkeln liegen kann.

Es müssen wichtige Interessen der noch lebenden Mitwisser und mitagierenden Personen vorliegen. Was tut manch einer nicht alles für Geld oder Karriere? Da kann so ein Gewissen schon mal auf der Strecke bleiben. Oder es ist die Verantwortung ganz woanders zu suchen?", frage ich mich aufgebracht.

„Es ist doch eine länderübergreifende Angelegenheit." Mir saust ein Artikel durch den Kopf. „Die Bundesregierung bestätigt am 4. Juli 1995 mit der Drucksache 13/1995, dass nicht auszuschließen ist, dass durch umfangreiche Blutimporte aus der damaligen DDR, die bis zum Ende der 80er-Jahre getätigt wurden, auf der Basis des Berlin-Abkommens im Rahmen der Interzonenhandelsverordnung ‚allgemein genehmigt', die Hepatitis-C-Virus-Verseuchung aus der DDR getragen wurde. Könnten nicht noch viel, viel mehr Menschen davon betroffen sein? Außer Iren, Rumänen und so?"

Frau Niebling schweigt.

Ich fahre fort „Diese Sache soll keine toten Hunde wecken. Das können Sie mir glauben. Wer weiß, was mit uns für ein Spiel gespielt wird. Das gesponnene Netz erscheint immer dichter."

Unser Gespräch entwickelt sich in ein unüberschaubares Durcheinander, und die Stunden, die ich bei Frau Niebling verbringe, sind so anstrengend, dass wir beide beschließen, an die frische Luft zu gehen. Es regnet. Unter einem Regenschirm laufen wir den Weg entlang. Mein Kopf dröhnt. Ich atme die feuchte Regenluft langsam und tief in mich hinein. Es ist kalt, aber angenehm. Der Regen prasselt unentwegt auf uns hernieder. Auch von der Seite. Meine Ohren werden nass, das lenkt mich ab. Ich kann sowieso nichts mehr aufnehmen. Fragen stelle ich keine. Wir laufen. Auch die entkräftete Gastgeberin schweigt. Es ist einfach zu viel. Unsere Konzentration ist merklich im Keller. Nach etwa einer Viertelstunde bemerkt Frau Niebling „Wissen Sie eigentlich, dass diese Impfstoffe auch nach Ägypten und in die damalige Sowjetunion verschickt worden sind?"

„Na, da haben wir doch die Restampullen!", erwidere ich.

„Wir wissen doch alle nicht genau, wie viel von diesen verseuchten Dingern hergestellt worden sind. Für Geld und Devisen haben wir doch alles verkauft. In solchen Kreisen geht es um Millionen."

Schon wieder stehe ich da, mit offenem Mund und bekomme ihn schlecht wieder zu. Ich bin erneut sprachlos, frage nicht mehr nach.

Frau Niebling spricht leise, als verfolge uns jemand „Warum werden uns denn gegenwärtig Medikamente weggenommen, die uns tatsächlich helfen? Meine Ärztin sagte, erst wenn eine Leberzirrhose eintritt, dann würde ich diese Medizin weiter erhalten. Darauf frage ich sie, ob wir etwa Versuchskaninchen seien. Diese Frage bejaht sie.

Das ist doch alles sehr seltsam, oder?"

„Nein! Das kann doch alles nicht wahr sein!", tobe ich. „Wirklich? Ist das wirklich wahr? Sind wir Versuchskaninchen?"

„Ja!", bekräftigt meine Begleiterin.

„Es wird uns niemand schriftlich diese Tatsache, ich meine, wir als lebende Versuchsobjekte, bestätigen. Es wird uns auch nicht weiterhelfen, wenn wir es schriftlich vorliegen hätten. Dass es eine Straftat war und ist, wissen wir ja alle, na ja, zumindest die, die um ihre Krankheit und Infizierung wissen, und trotzdem sind wir so hilflos und machtlos. Wir werden in unserer Lebensqualität eingeschränkt, und unser Leben steht unter dem Stern der Wissenschaft. Dafür leben oder vegetieren wir, und dafür sterben wir, machen wir uns da mal nichts vor, es ist so. Deshalb ist alles so seltsam und vor allem geheim."

Ich starre Frau Niebling unter dem Regenschirm von der Seite an. „Unglaublich! Ist das nicht grausam?", rufe ich.

In das gemütliche Heim zurückgekehrt, zeigt mir Frau Niebling ein kleines rotes Buch.

„Ich hörte mir einmal einen Vortrag an. Aus einer Studie gemeinsam mit Wissenschaftlern aus England." „Und aus Australien", werfe ich ein, „ich erlebte auch einen Vortrag von zwei Professoren."

„Ja, diese Professoren haben schon eine Menge erforscht. Anfangs verläuft diese Krankheit unauffällig, später stellt sich Kribbeln in den Händen und Füßen ein. Vermehrtes Schlafbedürfnis und Geistesabwesenheit stellen sich ein. Monotone Bewegungsabläufe sind typisch.

Konzentrationsschwäche tritt auf. Wir werden falsch oder gar nicht behandelt. Es werden verschiedene Krankheitssymptome nicht der Hepatitis-C-Virus-Infektion zugeordnet.

Zum Beispiel Unterleibserkrankungen können folgen und die besagten Gelenkbeschwerden. Durch gestörte Antikörper werden alle Körperregionen in Mitleidenschaft gezogen. Die Schilddrüse verändert sich.

Unser Nervenwasser müsste untersucht werden, um eine genaue Diagnose zu stellen. Wir alle sollten eine Patientenverfügung stellen, damit nach unserem Tode eine Obduktion durchgeführt werden kann. Sie würden dann sogar unseren Sarg bezahlen."
„Wer sie, wer sind sie?" Wir sehen uns nur an.

Ich vernehme ein starkes Hämmern an der Hauswand.

„Jetzt lässt Ihr Mann wohl seine Wut raus?"

Frau Niebling lacht. „Nein, nein, er bringt nur ein paar Bretter an der Hausmauer an. Haben Sie noch etwas Zeit und so viel Geduld, dass ich Ihnen Fernsehaufnahmen, unseren Fall betreffend, zeigen kann?"

„Aber ja doch, ich möchte viel erfahren."

In der Sendung „Monitor" wurde über die DDR und diese Problematik gesprochen.

Auszug:
… Fast genauso heimtückisch wie die Krankheit selbst ist die Art und Weise, wie Tausende von Frauen und ihre Babys in der ehemaligen DDR an der oft tödlich endenden Hepatitis C erkrankt sind …

Ich erfahre, dass mein Kind nicht das Einzige ist, das das Virus übertragen bekommen hat.

Nachdem ich mir einige Videos angesehen habe und sogar das Gesicht des Herrn Doktor B…, eines der Verurteilten, sehe, wollte ich nicht länger bleiben. Es war mir alles zu viel geworden. Leise und entkräftet füge ich hinzu „Uns nützt die Vergangenheit nicht viel. Wichtig ist, dass die Wissenschaftler, die alle mit der Erforschung des Hepatitis-C-Virus-Infektion zu tun haben, Erfolge erzielen. Das können sie aber nur, wenn wir ihnen behilflich sind und sie unterstützen. Wenn der Hepatitis-C-Virus-Infektionsverlauf so harmlos wäre, wie die Ämter uns gegenüber glauben machen wollen und wie sie mit der fehlenden Anerkennung der Minderung der Erwerbsfähigkeit (MdE) oder nur den geringsten MdE-Höhen bestimmen, dann bräuchte doch auch nicht geforscht werden. Stimmt doch, oder?

Die Folgekrankheiten unserer Virus-Infektion an sich müssen endlich ausreichend bekannt gemacht werden und endlich mal von den Ämtern akzeptiert werden. Unsere Ärzte müssen die Kausalitäten zwischen der Hepatitis-C-Virus-Infektion und ihren Folgekrankheiten kapieren. Die ‚Hepatitis-C-Virus-Infektion' und die ‚Hepatitis-C', das ist nicht ein und dieselbe Krankheit! Das sind zwei ganz verschiedene Krankheiten. Genau damit müsste die Aufklärung beginnen. Eine ist die Grunderkrankung, das ist die ‚Hepatitis-C-Virus-Infektion'. Die andere ist die Folgekrankheit dieser Infektion, nämlich die Leberkrankheit ‚Hepatitis C', besser bekannt unter ‚Leberentzündung C'.

Dies ist das Grundwissen, das man haben muss, das kleine Einmaleins. Das ist die Basis für das Begreifen unserer Krankheiten. Dieses Grundlagenwissen fehlt leider immer wieder, auch bei uns Frauen. Die Ämter, vor allem die Sachbearbeiterinnen und die Versorgungsärzte, die bei der Umsetzung des Anti-D-Hilfegesetzes mit ihren Paragrafen all die Ablehnungen einer realen MdE-Einstufung unserer Funktionsstörungen zu verantworten haben, müssen das endlich einmal genau verstehen und diese Unterschiede beachten.

Diese Herrschaften wissen doch nichts von uns, weder was wir durchzustehen hatten und haben, noch kennen sie unsere Ängste und Sorgen. Irgendwo habe ich einmal gelesen, dass die

Versorgungsämter uns analysieren sollen. War schon einmal jemand bei Ihnen und hat Ihnen irgendeine Frage gestellt, Frau Niebling?"

„Bei mir war noch niemand."

„Sehen Sie. Vielleicht fürchten sie sich auch vor uns, deshalb lassen sie uns alle schön in Ruhe. Diese Menschen müssen bloß aufpassen, dass sie eines Tages nicht von unerklärlichen Viren gebissen werden und selbst in die schwarze Grube des Vergessens fallen.

Die Menschheit muss uns heute anhören, und sie muss wissen, was Viren anrichten und wie schwer es ist, mit diesen zu leben.

Nach der Hepatitis-C-Virus-Infektion ist der Zerstörungsprozess eingeleitet. Das Virus ist da, das Immunsystem setzt sich mit der Infektion auseinander und kämpft. Dabei ist später egal, ob im Labor noch Hepatitis-C-Viren nachgewiesen werden können oder nicht. Es spielt keine Rolle. Dieses Virus nutzt seine Chance über einen langen Zeitraum, seine Arbeit zu erledigen und seine Mission zu erfüllen, das können Sie mir glauben. Die Menschheit, die die Mission hat, Leben zu retten oder tatsächlich den kranken Menschen zu begreifen, und wenn es nur für die Wissenschaft ist, arbeitet noch immer an uns vorbei.

Die Ämter und die Politiker glauben uns anscheinend nicht oder selten. Sie widmen uns nur spärliche Aufmerksamkeit. Unsere Akten sind geduldig, schon seit über dreißig Jahren, sie können da auch liegen bleiben.

Den Betroffenen kann nicht geholfen werden. Medikamente dürfen nicht verschrieben werden. Befunde werden gefälscht, damit sich keiner dieser skandalösen Sache annehmen muss.

Wir werden von Medizinern begutachtet, die uns nicht kennen.

Ich bin selbst mein bester Gutachter. Meine Aussage über chronische Müdigkeit, Erschöpfung, Leistungsinsuffizienz, Muskel- und Gelenkschmerzen, Angst, Herzbeschwerden wird als nicht nachgewiesen zurückgewiesen", sage ich und schlage voller

Wut mit der Faust auf den Stubentisch. Hand, Arm und Schulter schmerzen heftig.

„Oh, Entschuldigung." Sofort streichle ich über die Tischplatte. „Nach ganz oben, also in den Bundestag, müssen diese wissenschaftlichen Erkenntnisse!", schreie ich. „Also machen Sie sich hübsch – und ab, wieder in den Bundestag."

Wir lachen uns an. „Für wen soll ich mich denn hübschmachen? Ich bin schon verheiratet. Ich möchte aber noch eines loswerden." Frau Niebling spricht ruhig, voller Sorge. „Das Schlimmste für mich persönlich ist, dass ich mich durch die Krankheiten von meiner Familie sehr entfernt habe. Vielleicht auch meine Familie von mir. Ich weiß es nicht. Mir wird vorgeworfen, ich solle mich zusammennehmen. Was immer das heißen mag. Mir ging es seit der Infektion immer hundeelend. Ich bin ständig müde und erschöpft. Das verstehen oder verstanden meine Eltern und auch mein großer Sohn einfach nie wirklich.

Meine Zurückgezogenheit wurde falsch gedeutet, und bis heute gibt es keine Annäherung. Mein Sohn hat den Kontakt zu mir völlig abgebrochen. Dadurch sind mir meine Enkelkinder fremd geblieben. Das ist der größte Verlust, den ich hinnehmen muss und unter dem ich heute noch leide.

Meiner Mutter wurde durch die Wende und durch die Diagnose Hepatitis C klar, dass dieses Virus etwas Schreckliches bedeutet. Sie hat sich bei mir dafür entschuldigt, dass sie damals mein Verhalten falsch deutete."

Frau Niebling redet sich ihre Ängste und Sorgen von der Seele, die ich gut verstehen kann. Wir beschließen, unser Gespräch abzubrechen, denn die gegenseitige Aufnahmefähigkeit ist nun unwiederbringlich im Keller gelandet.

Wir umarmen uns und wünschen uns alles Gute für die Zukunft.

„Liebe Frau Niebling, leben Sie wohl. Ich bin sehr erschöpft, aber es war sehr interessant bei und mit Ihnen." Ich verabschiede mich noch kurz von ihrem Mann, der sein Heimwerken unterbricht. „Ihnen auch alles Gute." „Gute Reise nach Hause." „Danke."

Mein Mann, der mich auf dieser Fahrt begleitet, wartet schon mit Ungeduld auf mein Erscheinen. Er erzählt mir auf der Heimreise, wo er eine Currywurst vergebens gesucht hat und schließlich doch gefunden, und was sich rund um Potsdam alles verändert hat und immer noch verändert. Er erzählt, wie viele Baustellen er umfahren musste und dass er in Berlin einen Friedhof besuchte, auf dem seine Tante liegt und vieles mehr. Ich höre zu, ohne seinen Worten tatsächlich folgen zu können.

Ich stelle keine einzige Frage. Mir brummt immer noch der Schädel. Die Stimme meines Mannes beruhigt mich.

Zu Hause erwartet mich Besuch. Meine Enkelkinder sorgen sofort dafür, dass ich schnell auf andere Gedanken komme, und ich bin glücklich, sie in ihrer Entwicklung begleiten zu dürfen. Noch ahnen sie nicht, in was für einer anstrengenden Welt sie aufwachsen werden. Sie spielen arglos, ehrlich und vertrauen uns.

Wir malen gemeinsam Bilder von einer Natur, die noch lange ihre Schönheit bewahren soll. Wir lesen Kinderbücher, die lange Zeit von Generation zu Generation weitergetragen werden, eine wundervolle Sache. Unbeschwert sammeln wir alle möglichen Arten von Naturmaterialien, basteln damit Gestecke und bekleben Papier.

Till, mein kleiner Enkelsohn, sieht sich den Kastanienbaum an, unter dem wir stehen und nach den Früchten greifen. Er sagt „Warum sind die Blätter so traurig?“

„Vielleicht wurde der Baum nicht richtig gegossen, das muss noch nachgeholt werden.“ Mit dieser Antwort beruhige ich den Kleinen.

Meine Tochter Tina hat als Diplomsozialpädagogin ihre Arbeit aufgenommen und berichtet bei unserem Spaziergang über ihre Bedenken. „Im Moment weiß ich nicht, warum ich diesen Beruf ausgewählt habe. Ich arbeite an einem Projekt, das vom Staat gefördert wird. Doch die Einstellung und die Bereitschaft zu jeglicher zusätzlicher Tätigkeit unserer Pädagogen lassen das Projekt vielleicht scheitern. Es geht um die Verknüpfung von Schulen, im ständigen Erfahrungsaustausch mit Problemfamilien und deren Kindern.

Es gibt hier viele Schwierigkeiten und Sorgen, Arbeit wäre genügend da. Die Bereitschaft und die Mitarbeit an diesem Projekt gestalten sich aber sehr schwierig und dürftig, weil sie freiwillig ist. Sie ist wichtig, aber freiwillig. Es geht um unsere Kinder, die wir alle schützen und fördern sollten. Es geht um Hilfe und Problemlösungen für Eltern und deren Kinder.

In der Schule oder im Kindergarten beginnt die Grundlage für ihr zukünftiges Leben, und der Staat wälzt hier die Verantwortung ab und sagt, ihr Pädagogen könnt ja für diese Kinder etwas tun, wenn ihr wollt, aber in eurer Freizeit und freiwillig. Geht's noch?" Aufmerksam höre ich Tina zu.

„Beziehe bitte Ablehnungen oder Angriffe nie auf dich persönlich. Jeder Mensch wird vollgestopft mit Pflichterfüllungen. Wir alle haben genug damit zu tun, unsere eigene Familie zu ernähren und uns einmal im Jahr einen Urlaub leisten zu können. Das sind die Ziele, wofür wir arbeiten. Sich zusätzlich für eine fremde Sache zu engagieren ist für manch einen schwierig. Fremde Kinder? Wofür? Was gehen mich fremde Sorgen an? Sind doch nicht meine Probleme.

Ein tolles, möglichst großes Auto ist noch ein lohnendes Ziel in unserer Gesellschaft. Damit nach außen der Schein gewahrt wird. Großes Auto, sensationeller Verdienst, dem immer ein wacher Geist vorausgehen muss. Wenn du wüsstest, wie viele Familien den Musikschulbeitrag für ihre Kinder nicht entrichten, aber ein dickes Auto fahren." Dabei schüttle ich den Kopf. „Sie lächeln aus den blitzblanken Karossen, hinter den geschlossenen Scheiben, als wenn ihnen die Welt gehörte und nichts und niemand sie beunruhigen könne. Eine persönliche Kontaktaufnahme mit mir, ein klärendes Wort nach mehreren Mahnungen, da kann ich aber lange warten."

Wir reden noch ausgiebig über derartig verschobene Denkprozesse, die in unserer faulen Wohlstandsgesellschaft leider keine Ausnahme mehr sind.

Mir bekommt unser Spaziergang außerordentlich gut. Anschließend basteln wir zusammen mit den Kindern aus Kastanien, Eichen, Beerensträuchern, Holzstöckchen und gesammeltem Laub wirklich lustige Figuren, die ihr Plätzchen auf den Fensterbänken finden.

Durch ein Gespräch mit Frau Niebling habe ich erfahren, dass es eine betroffene Frau gibt, deren Bruder in einer Justizvollzugsanstalt für politisch Gefangene mysteriös ums Leben kam.

Ich nehme mein Telefon, tippe die Rufnummer einer fremden Frau ein. Meine Hände zittern, denn es geht um ein Thema, das am Telefon gar nicht besprochen werden sollte. Dennoch rufe ich an.

Ein Rufzeichen ertönt, und ich weiß noch nicht einmal, was ich dieser Dame erzählen möchte. Nur eines weiß ich, ich muss wissen, ob politisch Gefangene mit diesem Hepatitis-Virus infiziert worden sind.

Nach einer kurzen Vorstellung meiner Person werde ich gleich konkret. Die Dame am anderen Ende der Leitung ist erschrocken. Sie verweigert mir jede Aussage.

Nach einem zweiten Versuch gelingt mir ein Gespräch.

„Mein Bruder war ein sehr unliebsamer Häftling. Der Anstaltsboss bemerkte während einer Besuchszeit einmal, dass es ihm schlecht ergehen wird, wenn er weiter gegen die Regeln verstößt. Was auch immer diese Regeln waren. Aus unerklärlichen Gründen wurde er von der einen Haftanstalt in eine andere verlegt. Dort starb er wenig später an den Folgen einer Hepatitis. Die Hintergründe haben wir als Familie nie erfahren. Er war immer sportlich und gesund." Ich halte kurz den Atem an und lasse die Dame weitersprechen. „Ich werde Ihnen einige Unterlagen zukommen lassen."

Ein paar Tage später liegen mir Daten des Mannes vor, mit denen ich nicht viel anfangen kann. „Wir brauchen seine Krankenakte", murmle ich in meinem Zimmer vor mich hin. „Doch wie komme wir an diese heran? Die eigene Familie muss sie anfordern. Möglicherweise kann mir die Behörde der Bundesbeauftragten für die Unterlagen des Staatssicherheitsdienstes der ehemaligen DDR helfen?"

An diesem Vorhaben werde ich scheitern.

Immer wieder bemüht sich unser Verband Anti-D-geschädigter Frauen mit all seinen Kräften, in der Politik Gehör zu finden. Immer wieder versuchen wir aufs Neue, das Rad der Gerechtigkeit mit dem Ziel der Anerkennung und Hilfeleistung anzustoßen. Es bewegt sich nicht. Das DDR-Regime war undurchsichtig, und wissentlich kranke Frauen hatten keine rechtliche Handhabe, ihr Recht einzuklagen. Es gab keine gesetzlichen Grundlagen für Hilfeleistungen.

Die Massendurchseuchung war so geheim und so breitflächig angelegt, dass zum damaligen Zeitpunkt eine Massenrevolte nicht zu erwarten war. „Totschweigen" hieß die Parole.

Was ist heute, nach über dreißig Jahren?

Nachdem sich zahlreiche Frauen kennengelernt und organisiert haben und das Problem auf den Tisch packen, ist es für sie dennoch schwer, an ihr Recht zu kommen.

Mein seit 2004 schwebendes Verfahren zeigt die Schwierigkeiten. Befund „Hepatitis C negativ" bedeutet in den Augen der Besserwisser „gesund". Dem ist aber nicht so. Das muss ich beweisen.

Die Folgeerkrankungen einer Hepatitis-C-Infektion werden nicht ernst genommen. Nein, falsch! Sie haben einfach nicht da zu sein. Wieder falsch! Sie sind nicht relevant!

Die lebt ja noch. Was will die eigentlich?

Es liegen bereits gesicherte Erkenntnisse über den schlimmen Verlauf einer Hepatitis-C-Infektion vor. Wir könnten glauben, dass der Weg mit dem Ziel der Anerkennung und Hilfe langsam bergauf gehen müsste, doch genau diese Erkenntnisse könnten der Grund des Stillstands sein.

Tatsächlich rollt das Rad unserer Bemühungen den Berg hinunter. Es rollt abwärts, und keine Macht hält es auf. Die Mächtigen lassen es mit aller Konsequenz an sich vorbeirollen. Irgendwann und irgendwo, weit weg von Bemühungen und

Verständnis, kommt es schon zum Stehen. Regieren heißt eben nicht reagieren. Schließlich rollt dieses Rad mit all den Infizierten schon über dreißig Jahre. Warum könnte und sollte es nicht noch weitere dreißig Jahre rollen? Geht doch alles seinen Gang. Aus den Augen, aus dem Sinn. Keine Präzedenzfälle bitte, nachher kommen die noch alle angeschlichen und wollen was haben.

Was ist bisher in diesen dreißig Jahren schon geschehen? Die Dutzenden von Frauen, die bereits unter dem Rad begraben liegen, werden als „natürlicher Verschleiß" abgebucht. Die Kohorte ist noch groß genug. Es ist noch genug Beobachtungspotenzial am Leben. Beobachtung: ja. Entschädigungsrente: nein. Infektiös? Na und?

Das Rad einfach rollen zu lassen ist immer noch billiger und bequemer, als ihm hinterherzulaufen und die Frauen zu unterstützen, indem man ihnen die Medikamente lässt, die wirklich helfen. Am Beispiel von Frau Anita wird deutlich, wie mit uns verfahren wird.

Es kommt nicht in den Sinn, dass all die Frauen Nachkommen haben, die untersucht werden müssten. Wer weiß, wo das Virus hinterlassen wird. Beim Zahnarzt oder Frauenarzt vielleicht? Na und? Das soll erst einmal jemand beweisen können, dass eine verseuchte Praxis von einer Frau aus dieser Skandalgruppe kommt. Wie soll das bitte schön gehen, wenn über Tausende von Frauen von ihrer Verseuchung nichts wissen?

Was an diesem Rad für Schicksale hängen, kann und will keiner wissen. Was lamentieren diese infizierten Frauen dreißig Jahre lang überhaupt herum? Es leben doch noch genug.

Das eigene Leben ist zu kurz, um sich für fremde Schicksale zu interessieren und sich mit ihnen auseinanderzusetzen. Interessant ist, was Geld bringt. Nicht, was Geld verbraucht.

Wütend sehe ich zu meinen drei Affen hinüber. Mit Schwung lasse ich mich mehrere Runden auf meinem Drehstuhl kreisen.

Ich stehe still und rufe hinüber „Augen auf, Ohren frei, reden, du musst mit mir reden. Warum schweigst du mich immer nur an?" In Rage wühle ich ein Blatt Papier hervor. Artikel aus dem Archiv Hep-Net News.

Zitat: Die Patientengruppe, die unserer „Anti-D-Studie“ zugrunde liegt, ist für die Hepatitis-C-Forschung in mehrerer Hinsicht bedeutsam:

Alle Empfängerinnen der HCV-kontaktierten Anti-D-Immunprophylaxe sind uns über die Chargendokumentation der Entbindungsklinik bekannt. Damit sind exakte Aussagen auch über nicht erkrankte Infizierte und über die Rate der Spontanheilung möglich.

Es handelt sich um eine große Patientengruppe ohne konkurrierende Noxen oder beeinflussende Begleiterkrankungen.

Die in unserer Patientengruppe möglichen Aussagen waren z.B. in der Studie aus Irland nicht oder nur begrenzt möglich (dort war die Gesamtheit der Infizierten unbekannt, da die Untersuchung erst 1995 begonnen wurde). Zitatende

Wenn ich diesem Artikel Glauben schenken darf, sollen in unserer Kohorte alle HCV-Empfängerinnen des Anti-D-Skandals bekannt sein?

Bekannt vielleicht, aber auch schriftlich informiert und als infiziert anerkannt? Es gibt einige Frauen, die, wie sich nach der politischen Wende herausstellte, damals keine Informationen erhalten haben. Krankenhausaufenthalt vielleicht. Hepatitis C? Was ist das?

Der Werdegang von Sabine, einer Klassenkameradin von mir, ist ein Beispiel dafür, dass tatsächlich Frauen nichts von ihrer Infektion wissen.

Ein schlichter Zufall führt uns zusammen, und ich kläre Sabine auf. Wir wissen voneinander, denn wir waren 1979 im selben Krankenhaus untergebracht. Sabine lebt in einer Großstadt der Altbundesländer ihren Alltag und lässt jährlich ihre Leberwerte bestimmen. Erst auf mein Drängen hin wird Sabine aktiv. Nach dreißig Jahren wird ihr Blut endlich auf das Virus untersuchen, mit dem Ergebnis „HCV positiv“.

Die Erkennung der Infektion bei meiner Tochter und mir basierte ebenso auf einem schlichten Zufall. Erst durch Eigeninitiative wird meine Freundin Iris zufällig aufgespürt.

Vier zufällig ertappte Infizierungen in meinem unmittelbaren Bekanntenkreis. Was für ein Skandal der Verschwiegenheit. Welch eine bewusste Verantwortungslosigkeit. Dabei sind alle Anti-D-Fälle bekannt!

In meinem Büro sieht es chaotisch und unaufgeräumt aus. Es türmen sich Berge von Briefen, Zetteln, Akten und Schriftsätzen. Auf jeden freien Fleck lege ich ein neues interessantes Schriftstück nieder.

„So geht das nicht", schnaufe ich. Geduldig hole ich leere Ordner heran und sortiere die Blätter in diese hinein. Beschrifte und beklebe die Seiten mit bunten, hervorstehenden Klebezetteln, die bei Bedarf eine nützliche Orientierungshilfe sind. Der dritte Ordner füllt sich, und ich fühle mich aufgeräumter.

Es klingelt, und schon höre ich durch die geschlossene Türe ein lustiges Gezeter. Tina und ihre Kinder kommen zu Besuch. Das freut mich sehr. „Eine willkommene Abwechslung", denke ich. Die munteren Kleinen vertreiben mein Grübeln und sorgen ganz flott für frische Gedanken in meinem Köpfchen. Sie hüpfen auf unseren Sitzmöbeln umeinander, schlagen Purzelbäume auf einer Matratze, quietschen und lachen, sabbern und kleckern. Spielzeug wird herangeholt, Tiere aus Hartgummi werden in angelegte Zäune gestellt, Bücher vorgelesen und Bilder angeschaut.

Meine Enkelkinder sitzen auf meinem Schoß, und ich zeige mit dem Finger auf die Bilder. Zaghaft plappert Enkeltochter Wanda Reime und Inhalte nach. Till hingegen weiß längst, was auf der anderen Seite zu sehen ist. So vergeht die Zeit in Harmonie und Heiterkeit. Nach der Verabschiedung habe ich den Eindruck, dass mein Büro vorher übersichtlicher war.

Mit ein paar Handgriffen sind Bücher, Malstifte, Gummitiere wieder einsortiert. „Nur gut, dass ich den größten Teil der Schriften schon einsortiert habe. Ja, so gefällt mir das. Der Raum wirkt jetzt viel offener, übersichtlicher."

Beim weiteren Einsortieren fällt mir ein geheimes Schreiben in die Finger, das im Jahr 1977, ein Jahr vor der Massenverseuchung, verfasst wurde:
(Quellenangabe: Bundesarchiv, Bestandssignatur DQ 1, Aktenband 11465)

Zitat:
Berlin – Buch, den **28.11.77**
P R O T O K O L L

über die Leitungssitzung der AG „Virushepatitis" am 24.11.77

Anwesende: Prof. Wagenk …
Prof. Haj…
Dr. Alverm…
Dr. Baumga…
Dr. Bec…
Dr. Ditt…
Dr. Püs…
Dr. Ullm…
Doz. Dr. Gudow…

Tagesordnung:
1. 3. Symposium Virushepatitis
Koll. Ull. informierte über den organisatorischen Stand des Symposiums. Alle organisatorischen Probleme sind z.T. gelöst. Der Stand für die Anmeldung ist noch nicht exakt.
Es wurden ungefähr 230 Einladungen vergeben.
In diesem Zusammenhang informierte Dr. Dittm., dass die Bezirksepidemiologen angesprochen wurden und diese eine wichtige Rolle spielen müssten bei der Überführung der bisherigen Erfahrungen. Koll. Ull. informierte weiter, dass, wie aus dem Programm zu ersehen, auch eine Posterdiskussion vorgesehen ist. In der Diskussion wurde angeregt, dass die Bezirke Erfurt und Karl-Marx-Stadt ihre Erfahrungen in

Postern, insbesondere im Hinblick auf Gegenüberstellungen, anfertigen sollten.
Dr. Gud… gab bekannt, dass Prof. Wint… sein Einverständnis gab, die Vorträge in der Zeitschrift für Ärztliche Fortbildung zu veröffentlichen. Dr. Gud… wird alle Autoren anschreiben und die Kriterien für die Anfertigung der Manuskripte bekannt geben.
Es wurde weiterhin in Erwägung gezogen, die Symposiumsmaterialien in einem gesonderten Band der Schriftenreihe „Hygiene … auszudrucken. Koll. Ull. erklärte sich bereit, diese Frage zu klären.
Weiterhin wurde festgelegt, dass vor Eröffnung des Symposiums am 16.1.1977, 15 Uhr, die nächsten Leitungssitzungen stattfinden.

2. Abschlussbericht 1977

Die Berichte sind zwar verzögert eingetroffen, sodass die AG nicht zum festgelegten Termin am 15.11. an den Forschungsverband die Abrechnung geben kann. In diesem Zusammenhang wurde gebeten, sich nach dem Leitungsplan des Forschungsverbands zu richten. Zu den Berichten gab es keine weitere Diskussion. Auch der Komplex Virologie wird unter schwierigen Bedingungen die in den Pflichtheften genannten Aufgaben erfüllen können.

3. Vertragreisen bzw. Institutsvereinbarungen

Auf diesem Gebiet klappt vieles noch nicht. Hier spielen wahrscheinlich auch ideologische Fragen vonseiten bestimmter Vertragspartner eine Rolle. Es wurde nochmals unterstrichen, dass durch den direkten persönlichen Kontakt und durch die direkte Stimulierung und Unterstützung durch die Leitung des Forschungsverbandes bzw. MfGe (Ministerium für Gesundheitswesen) die Vertragsvereinbarungen realisiert werden müssen.

Die Vertragsreisen und die Teilnahme aktiver Mitglieder aus unserer AG sind noch unzureichend. Die Darlegungen durch den Forschungsverband müsste noch intensiver sein, bzw. es muss der Kontakt zu den Gesellschaften verbessert werden, damit auch aus unserem Kreis Kollegen zu Kongressen mit Hepatitis-Thematik ins Ausland geschickt werden.

4. Diskussion des Entwurfs des Volkswirtschaftsplans 1978

Die vom Forschungsverband vorgegebenen Thematiken wurden diskutiert. Eine exakte Berichterstattung über die Aufgaben wird Dr. Gud... nach der Leitungssitzung in Potsdam (19./20.12.) in Erfurt geben.

5. Verschiedenes

Die bekannten Festlegungen zu Überführungsmaßnahmen wurden noch nicht termingerecht erfüllt.
Die Richtlinie „Homosexuelle" liegt jetzt vor und wird dem Forschungsverband zugeleitet.
Die 2. Richtlinie Hepatitisbekämpfung wird nochmals kurzfristig überarbeitet und dann dem Ministerium zur weiteren Bearbeitung übergeben.
Dr. Be... wurde gebeten, nochmals die Frage der Dokumentation mit Prof. Sinne... zu beraten, damit nun letztendlich eine konsequente Entscheidung herbeigeführt wird.

Doz. Dr, sc. Med. Gud... Chefarzt Zitatende

Wort für Wort zerfetze ich. Satz für Satz lese ich mehrere Male. „Könnte dieses 3. Symposium etwas mit unserer Verseuchung zu tun haben? Zwei von diesen Symposien müssen bereits vorausgegangen sein, und weitere werden folgen. Wurde die Verseuchung von langer Hand geplant? Welche ideologischen Fragen von Vertragspartnern spielen in der Durchführung von Institutsvereinbarungen und Vertragsreisen eine Rolle?"

Die Vorstellungen, dass es eine Planung um das Virus gab, bereitet mir dreißig Jahre später noch Angst.

„Die Vertragsreisen und die Teilnahme aktiver Mitglieder aus der AG sind noch unzureichend? Was ist damit gemeint? Hatten aktive Mitglieder Panik und Bedenken ihren Familien gegenüber, die Viren in die DDR zu schleppen?

Hat es sich um einen reinen Erfahrungsaustausch unter Medizinern und Virologen gehandelt?

Welche bisherigen Erfahrungen müssen überführt werden? Bezirksepidemiologen müssten bei der Überführung der bisherigen Erfahrungen eine wichtige Rolle spielen. Seit wann werden Erfahrungen überführt und nicht einfach mündlich oder schriftlich weitergegeben? Die bekannten Festlegungen zu Überführungsmaßnahmen wurden noch nicht termingerecht erfüllt.

Symposiumsmaterialien. Geht es dabei um Bilder von Viren? Um richtige Viren?“ Ich gaffe auf das Papier, dann zu meinen drei Affen. „Was steckt hinter diesen Formulierungen?“ Ich streiche mit einem Marker bestimmten Wortlaut an.

„Aktive Mitarbeiter.“ Nervös wische ich über mein Gesicht. „Könnte auch wissende Mitarbeiter bedeuten. MfS? Mitarbeiter für Staatssicherheit. Was habe ich nur für Gedanken?

Der Kontakt zu den Gesellschaften muss verbessert werden.

Könnten damit Pharmabereiche, Forschungslaboratorien gemeint sein? Was sprechen diese Experten nur für eine Sprache?“ Ich trete auf der Stelle. Ich drehe mich im Kreis. Mir zerfetzt es das Gehirn. „Ja gut“, denke ich. „Wenn sich Anwälte unterhalten, klingt es auch nicht anders.“ Ich halte den Atem an. „Doch es klingt anders. Sie verwenden Wörter, die jeder Mensch übersetzen kann.

Auch Mediziner verwenden Wörter und benutzen eine Sprache, die Kranke nicht immer unbedingt verstehen. Aber Kranke könnten diese meist in einem Wörterbuch der Medizin finden und, wenn sie Glück haben, auch verstehen.

Dieses Symposium beinhaltet Redewendungen, die weder nach Medizinsprache noch nach Juristendeutsch klingen.

Die Wörter ... exakte Berichterstattung, aktive Mitarbeiter, termingerecht erfüllt, Maßnahmen, Symposiumsmaterialien, organisatorische Probleme, Thematiken, Aufgaben, Berichte, keine weitere Diskussion ... klingen überaus gemaßregelt.

Welcher amtierende, normal praktizierende Arzt oder Anwalt unterhält sich in dieser Art und Weise oder nimmt Anweisungen dieser Art entgegen? Was ist das für ein Sprachhabitus, in dem erwachsene Menschen miteinander reden, aber nicht viel sagen? Nicht viel sagen dürfen? Wer benutzt solche exakten Worte? Militär?"

Still sitze ich vor dieser Schrift. „Stopp!", rufe ich. Beim weiteren Lesen stelle ich fest: „Es geht um Homosexuelle. Hier wird von Hepatitis B geschrieben. Warum nennt sich denn die AG Virushepatitis nicht gleich AG Virushepatitis B?"

Für mich bedeutet es nach stundenlanger geistiger Anstrengung und Vertiefung in diese Schrift Entwarnung. Ich sortiere dieses Schreiben in einen der vielen Ordner.

„Möge es tatsächlich nichts mit unserer Verseuchung zu tun haben. Warum aber finde ich diese Schrift im Bundesarchiv, wo all die anderen Dokumente zu unserer Sache schlummern?"

Bei einem weiteren Besuch bei einer Frau Monika stelle ich fest, dass diese Frau stark gezeichnet von dieser unserer gemeinsamen Krankheit ist. Mit aller Kraft und äußersten Anstrengungen begrüßt mich Frau Monika in ihren Räumlichkeiten. Ihre deutliche Sprachstörung soll aber keine Barriere darstellen.

Sie bietet mir einen Platz und ein Getränk an. Obwohl wir uns zuvor noch nie begegnet sind, fühle ich mich willkommen.

Immer wieder holt Monika tief Luft, und immer wieder setzt sie neu an, um einen Satz zu beginnen und mir einen Sachverhalt zu vermitteln. Oft führe ich ihren Satz mit meinen Worten weiter, in der Hoffnung, ihre Anstrengung zu mindern. Es ist entsetzlich, zu hören, wie auch diese Dame unter ihrer Erkrankung leidet.

Ein Ereignis, von dem sie mir berichtet, geht mir sehr unter die Haut. Ich habe fürchterliche Wut, aber auch Angst, darüber zu schreiben.

Nicht lange nach der Geburt ihres Kindes und dem Erhalt der verseuchten Anti-D-Spritze 1979 läuft ihr Personalausweis ab. Das ist nichts Außergewöhnliches, und Frau Monika geht zur zuständigen Meldestelle, mit der Absicht, einen neuen Ausweis zu beantragen.

Nach der üblichen Wartezeit erhält Monika die schriftliche Aufforderung, ihren neuen Ausweis abzuholen. Tag und sogar die Uhrzeit wurden vermerkt. Am besagten Termin läuft sie zur Behörde, um den Ausweis in Empfang zu nehmen. Sie wird aufgefordert, in einem Nebenzimmer Platz zu nehmen. Ein sehr junger Mann, Frau Monika schätzte ihn damals, 1979, auf vierundzwanzig Jahre, gesellte sich zu ihr und begann mit seiner Befragung. Ob sie sich vorstellen könnte, für die Staatssicherheit zu arbeiten.

Monika rutscht zu mir heran und spricht hinter vorgehaltener Hand „Ich würde Vergünstigungen erhalten und eine umfassende Umsorgtheit wurde mir damals versprochen. Etwa eine Stunde wurde ich befragt und für das Ministerium geworben. Natürlich lehnte ich kategorisch ab. Erst im Nachhinein erscheint mir diese Werbemethode suspekt. Wieso wollte dieser Mann gerade mich für diese Arbeit? Ich sollte auf bestimmte Leute achtgeben, diese beobachten und über ihr Leben berichten. Er versprach mir volle Unterstützung in jeglicher Hinsicht. Vielleicht hängt das sogar mit der Spritze zusammen. Erst krank und gefügig spritzen und dann unterstützen, aber nur wenn ich in der Stasi mitarbeite."

„Es ist gut möglich, dass gerade Sie geworben wurden. Namen der Infizierten waren alle bekannt. Die Geburtenkliniken registrierten uns sehr genau. Wir wurden sehr schnell ein Fall für die Staatssicherheit." Leise fahre ich mit meinen Vermutungen fort. „Durch die Beantragung eines neuen Ausweises oder schließlich der Geburtsurkunde eines Babys bekamen die namentlich erfassten Anti-D-Frauen Gesichter. Die Vorladung und Werbung war eine günstige, unauffällige Gelegenheit für die Stasi, um an Informationen zu kommen.

Es lagen schön gebündelt und zusammengefasst unsere Namen, der Ort der Infizierung, Geburtstag des Babys und Infizierungszeitpunkt vor, und vielleicht sollten nicht Sie, liebe Frau Monika, andere Personen überwachen, vielleicht wurden sie überwacht. Ihr Gesundheitsverlauf ist so enorm wichtig für die Forschung.

Vielleicht sollten aber auch Sie geschädigte Frauen ausspionieren, mit ihnen Kontakt aufnehmen und über ihren Gesundheitsverlauf Aktennotizen vornehmen? Ich weiß es nicht. Da wir nicht aufgeklärt werden und alles schön zugedeckelt wird, müssen wir uns selbst unseren Reim auf all die Ungereimtheiten machen." Ich ringe nach Luft, denn mir kommt unsere Geschichte immer unheimlicher vor.

„Warum in aller Welt wurden wir alle ab dem Zeitpunkt der Virus-Infizierung bis nach der politischen Wende buchstäblich nie über den genauen Tatbestand informiert? Wir erfuhren nicht einmal von einer Verurteilung der Verantwortlichen und worum es in der Verurteilung ging. Zum Beispiel hätte man mit einer ehrlichen Entschuldigung an uns herantreten können, mit den Worten „So etwas darf nie wieder vorkommen. Wir kümmern uns um Ihre Gesundheit oder Krankheit. Sie erhalten alle nur denkbare Unterstützung." Wir hätten doch die Entschuldigung ernst genommen. Warum verläuft alles so geheim? Das ist doch verdächtig."

„Genau", sagt Frau Monika.

„Es kann nur ein Auftrag dahinterstecken. Alle Akten, die ich zu unserem Vorgang lese, stehen unter STRENG GEHEIM, warum?

Auch bei meinen Eltern tauchten kurz nach der Geburt meines ersten Kindes zwei Herren auf, die sich als Mitarbeiter eines Amtes vorstellten. Damals waren wir doch alle viel zu feige und zu naiv, um uns einen gültigen Ausweis zeigen zu lassen. Wer weiß, was auf diesem Ausweis für ein Amt gestanden hat? Waren es wirklich zwei Herren vom Gesundheitsamt?

Warum waren es immer zwei Herren? Hätte nicht einer genügt, um zu verkünden, dass Gelbsuchtfälle aufgetreten sind? Sie sagten meinen Eltern, dass sie sich nicht sorgen müssen. Es mussten wahrscheinlich immer zwei sein, um immer zu wissen und zu kontrollieren, was der eine oder andere Mitarbeiter sagte. Kontrolle bis in das letzte Zipfelchen. Warum aber fällt unsere Nachsorge so unprofessionell aus?

Zufällig wurde mein damaliger Mann auch von der Stasi angeworben. Er wunderte sich über die Klebrigkeit dieser Herren, weil sie von ihm nicht ablassen wollten. Er lehnte eine Zusammenarbeit ab, und damit war ein weiteres Nachdenken über diesen Verein für ihn abgeschlossen. Wenn mein damaliger Mann auch nicht all zu viel von sich erzählt hat, aber dieses Gespräch musste er mir unbedingt mitteilen.

Brauchte die Staatssicherheit der DDR unbedingt Informationen über unseren Krankheitsverlauf? Exakte Informationen aus der unmittelbaren Umgebung?"

Ich überlege kurz und sage „An eine Auseinandersetzung mit dem Parteisekretär von meiner damaligen Schule kann ich mich sehr gut erinnern. Noch in der Zeit meiner Krankschreibung, der Hepatitis C wegen, war ich ab und zu in meiner Schule, um meine Kolleginnen zu besuchen. Während dieser Besuche wurde ich mehrmals angesprochen, ob ich mir vorstellen könnte, für die Partei, die ‚Sozialistische Einheitspartei Deutschlands', tätig zu werden.

Da mir die entsprechende Gesinnung fehlte und ich mit meiner Gesundheit und dem Baby, weil mein damaliger Mann nie da war, genug zu tun hatte, lehnte ich grundsätzlich ab. Aber immerhin, ich wurde für fähig gehalten, die Partei zu unterstützen." Monika sitzt erschöpft vor mir und hört geduldig zu. Ich greife nach dem Glas Wasser und trinke einen Schluck.

Monika flüstert mir zu „Was wurde damals immer gesagt? Die Partei hat immer recht. Oder noch ein Beispiel, Stimme und Tat für unseren sozialistischen Staat. Dass wir seit dem Mauerbau bis zum Zusammenbruch des politischen Systems bei diesen Parolen nicht ganz und gar verblödet sind, grenzt an ein Wunder.

Es ist schon befremdlich, dass genau zu dieser Zeit, nach der Verseuchung von uns Frauen, wir selbst unmittelbar und direkt ungebeten mit der Partei oder dem Geheimdienst in Berührung kamen. Dass vielleicht die Stasi dahinterstecken konnte, war so geheim, dass es von uns nicht vermutet werden konnte. Mensch, Mensch, Mensch, hatte das alles Methode!"

Ich starre Frau Monika mit offenem Mund an. Mir schießen irre Gedanken durch den Kopf, die ich nicht auszusprechen wage. Meine Vermutungen schlagen von innen gegen die Schädeldecke, und ich schäme mich für den untergegangenen Staat. Jedes Wort, das ich nun zaghaft ausspreche, fühlt sich plötzlich überwacht an, und ich nehme die Lautstärke in meiner Stimme zurück.

„Ich bin so etwas von geplättet, das glauben Sie gar nicht." Ich stütze mich an die hintere Sessellehne und schweige einen Moment.

„Wissen Sie", flüstert Frau Monika, „mir ging und geht es seit der Infizierung immer schlecht. Ich sehe aus wie unsere Hauswand, kalkig, aschfahl und grau, wie der ausgewaschene Beton unseres Hauses. Als es mir sehr schlecht ging und ich wegen der Leber behandelt werden musste, sagte der Arzt zu mir, es sähe fast so aus, als sei ich eine Alkoholikerin. Diese Leberstruktur kommt vom Alkohol.

Ich war mit meinen Nerven völlig am Ende. Ich bin aus dem Zimmer geschlichen und wusste mir keinen Rat mehr. Ich soll zukünftig den Alkohol meiden. Das war seine Behandlung. Dass ich keinen Alkohol trinke, wollte er nicht glauben. Das ich einen Impfschaden habe, ignorierte er."

Noch immer flüstern wir. Ich stelle ungehindert Fragen und werfe Vermutungen auf, die schließlich im Raum noch zischend nachhallen.

Wir reden lange über die Vergangenheit, und ich habe das Gefühl, dass es Frau Monika gut dabei geht, wenn sie über ihre Vergangenheit reden kann. Es ist schlimm, wenn ich all diese Mitbetroffenen mit ihrer Geschichte, ihren Gedanken und ihren Krankheitsverläufen höre, und mir wird dabei nicht besser ums Herz. Im Gegenteil, ich bin tief betroffen, erschüttert und sehr, sehr nachdenklich.

Wenn ich all das höre oder all das lese, dann gruselt es mich. Noch einmal greife ich einen Gedanken auf „Das Einfachste in der ehemaligen DDR wäre doch gewesen", spreche ich leise, „wenn dieser Staat mit seinen korrupten bestechlichen Methoden und seinen Bediensteten das ‚Kreuz' gehabt hätte, uns Frauen ein angemessenes Schweigegeld zu zahlen, als Entschädigung sozusagen, mit dem hintergründigen Gedanken, wir stehen als sozialistischer Staat für unsere Sache gerade. Ihnen wurde Unrecht angetan, und selbstverständlich werden wir Ihnen helfen.

Was mit Ihnen passiert ist, bitten wir zu entschuldigen. Wir werden alles daran setzen, dieses verhängnisvolle Desaster für ihr junges unschuldiges Leben, das seinen entsetzlichen schuldhaften Ursprung im Bezirksinstitut Halle genommen hat, in der Zukunft so gut es geht auszubügeln. Der Staat übernimmt die Verantwortung dafür, dass ihnen die Chance auf ein gesundes, normales Leben genommen worden ist, und wir möchten Sie zukünftig unterstützen. Aber nein, nichts, es kam und kommt nichts. Kein Wort, kein Brief. Bei mir hat sich niemand blicken lassen. Ich warte schon über drei Jahrzehnte.

Wie hätten wir da wohl geschaut, wenn tatsächlich einmal irgendein Mensch auf uns zugekommen wäre und mit uns geredet hätte? Ich meine, mit uns persönlich. Zu meinen Eltern sind zwei Herren gekommen. Sie sollten sich keine Gedanken machen, haben sie gesagt. Aber zu mir persönlich ist noch keiner gekommen. Doch, stopp", werfe ich ein, „eine Dame aus dem Gesundheitsamt, im Jahr 2003, als ich meine zweite Interferontherapie durchführte.

Ausschlaggebend war der schlechter gewordene Zustand meiner Leberstruktur, der durch eine Punktion der Leber festgestellt wurde. Daraufhin hat ein eifriger Arzt Hepatitis-Fälle an das Gesundheitsamt gemeldet. Meine Tochter und meine Freundin Iris waren damals ebenfalls im Krankenhaus zur Punktion. Diese drei Fälle meldete der Arzt unverzüglich dem Amt. Diese Dame vom Gesundheitsamt dachte, wir sind neu aufgetretene Fälle. Diese Dame fiel aus allen Wolken, als ich ihr kleine Bruchstückchen von unserer Geschichte und dem Geschehen erzählte. Ich sagte ihr, sie werde sich einen Wolf laufen, wenn sie alle Betroffenen erfassen wollte. Aber es wäre gut, richtig und wichtig, damit endlich anzufangen. Dabei sind wir ja angeblich alle erfasst worden.

Monika, die öffentlichen Stellen tun alle so ahnungslos, damals wie heute, und dabei sind sie im besten Bilde. Verstehen Sie? Von staatlicher Seite ist bei mir noch niemand gewesen. Vielleicht hätte ich sogar gesagt, ich nehme die eine Million an und werde schweigen."

„Denken Sie, bei mir war schon jemand?", schreit plötzlich Frau Monika in den Raum. Dabei holt sie mitten in diesem kurzen Satz zweimal Luft. Mit leiser Stimme fährt sie fort. „Nachdem ich meinen neuen Arzt, der auch Leberspezialist ist, nach der damaligen Medikamentengabe der Anti-D-Spritze befragte und dabei meine Vermutungen äußerte, ob die im Jahr 1978 und 1979 amtierenden Ärzte in diesem Zusammenhang des Anti-D-Skandals etwas mit der Staatssicherheit zu tun gehabt haben könnten, bestätigte er meine Vermutungen. Er nannte mir sogar Namen. Woher mein Arzt diese Namen nun wieder weiß, bleibt mir ein Rätsel.

Ich werde nicht genauer nachfragen. Es ist schlimm genug, dass er meine Vermutungen bestätigte."

Ich schüttle den Kopf. Richte mich vollständig auf, greife nach dem Glas Wasser, und wir gehen auf den Balkon, weil ich dringend frische Luft brauche.

Nun reden wir noch leiser als im Wohnzimmer. Obwohl der Balkon völlig verglast ist, tuscheln wir so leise, dass selbst wir uns nicht einmal mehr richtig verstehen können. Wir stellen uns sehr dicht aneinander, und unsere Köpfe berühren sich fast. Immer wieder werden Namen genannt, die keiner von uns kennt. Aber immerhin stecken hinter dieser Angelegenheit einzelne Menschen, politisch motivierte Mitwisser, die genau Bescheid wussten und wissen, was mit uns passiert ist und vielleicht noch passieren wird.

Nach drei Stunden verlasse ich Frau Monika. Unsere Kräfte und die Konzentrationsfähigkeit sind mehr als erschöpft. Auch wenn meine Gelenke und Muskeln schmerzen, ich umarme Frau Monika und wünsche ihr für die Zukunft alles Gute. Sie wünscht mir dasselbe. Wir wissen nicht, ob wir uns jemals wiedersehen werden.

Während meiner dreistündigen Heimfahrt beschließe ich, Nachforschungen anzustellen, was meine Person angeht und auch darüber, was es nun mit der Staatssicherheit auf sich hat.

Ich beantrage noch in derselben Woche meine Akte, was ich zuvor, bis zu diesem Zeitpunkt, als nicht notwendig ansah. Meine diesbezüglichen Gedanken waren eher trivial, ich dachte, meine Person wäre zu unwichtig. „Wer sollte schon an mir Interesse gehabt haben?“ Doch nun, nachdem die Staatssicherheit immer öfter in Zusammenhang mit uns gebracht wird, will ich wissen, was über mich aufzufinden ist und wer sich für mein Leben interessiert.

Etwa ein Vierteljahr später erfahre ich, dass es zu meiner Person keine Akte gibt. „Ist denn das die Möglichkeit?!“, tobe und schimpfe ich. „Bin ich wirklich so uninteressant, dass für mich nicht einmal eine Akte angelegt wurde?“ Ich bin sichtlich enttäuscht und kratze mir mit dem rechten Zeigefinger über die Wange und überlege. „Hatte ich eine Akte? Wurde sie vielleicht vernichtet?“

Ich sitze vor dem Schreiben der Bundesbeauftragten für die Unterlagen des Staatssicherheitsdienstes der ehemaligen Deutschen Demokratischen Republik und lese mehrmals, dass keine Hinweise auf Unterlagen vorliegen. Ich bin baff und ärgere mich. „Keine Hinweise“ heißt ja noch lange nicht, dass keine Akte über mich angefertigt wurde oder dass es keine Akte gibt. Es heißt nur, dass sie keinen Hinweis auf entsprechende Unterlagen gefunden haben. Kein Hinweis, das ist alles. Ich drehe den Zettel und erwarte auf der Rückseite einen Vermerk. Doch die ist leer. Noch einmal lese ich den Text und drehe noch einmal das Blatt herum. „Immer noch leer. Das gibt es doch nicht.“ Ich halte den Zettel gegen das Licht, als ob ein geheimer Satz als Wasserzeichen zu erkennen sein müsste. „Nichts!“ Vielleicht hätte ich etwas im Zusammenhang mit dieser Spritze gefunden? „Wie anfänglich vermutet, bin ich vielleicht doch uninteressant. Vielleicht aber auch nicht. Kein Hinweis, mehr sagt dieses Schreiben nicht aus. Was nichts anderes bedeutet, dass ich genauso viel weiß wie zuvor."

Ich ziehe enttäuscht eine Grimasse. Nach all dem, was ich erfahren habe, kann ich einfach nicht glauben, dass es keine Akte über mich geben soll. Ich lag zwangsweise eingewiesen im Krankenhaus. Es tagten Ärzteberatungskommissionen (ÄBK) über uns, das Gesundheitsministerium der DDR, die Staatliche Versicherung und das Hygieneinstitut hatten Daten von mir, da muss mir doch keiner mehr was vom Pferd erzählen.

In meinen Adern kocht die Fassungslosigkeit. Sofort setze ich mich auch mit Frauen in Verbindung, die ich bis dahin noch nicht kannte. Ich erhalte Telefonnummern mit immer neuen Adressen. Mir wird klar, dass ich als einzelne Person völlig uninteressant war und bin. Die politische Wende hat mich gelehrt, dass nur die Masse etwas bewegt.

Ich plane, einen Forschungsauftrag bezüglich unserer Sache auf den Weg zu bringen. Vielleicht ist es aber auch nicht nur unsere Sache. Wenn ich den öffentlichen Artikel Drucksache 13/1955 überdenke, dann ist diese Hepatitis-C-Verseuchung möglicherweise länderübergreifend.

Drucksache 13/4322

Thema zur Drucksache 13/4062 –
Hepatitis-C-Virus aus Blutimporten der ehemaligen DDR

> In der Antwort der Bundesregierung auf die kleine Anfrage zu Blutimporten aus der ehemaligen DDR vom 4. Juli 1995 bestätigt die Bundesregierung, dass die umfangreichen Blutimporte, die bis Ende der 80er-Jahre getätigt wurden, auf der Basis des Berliner-Abkommens aus 1951 im Rahmen der Interzonenhandelsverordnung „allgemein genehmigt" gewesen seien.

Weiter wird ausgeführt, dass von den devisenreichen Genehmigungen andere Vereinbarungen, genannt wurden z.B. arzneimittelrechtliche Verbote und Beschränkungen, unberührt blieben. Der Handel wurde über die BIEG (Berlin Import Export GmbH) einer Stasistelle abgewickelt. Die Bundesregierung sagt ferner, dass sie von dem stasigeleiteten Bluthandel informiert war, auf die Vertragsgestaltung jedoch keinen Einfluss genommen habe.

Inwieweit die westdeutschen arzneimittelrechtlichen Bestimmungen durch den Exporteur in der damaligen DDR eingehalten wurden und wie verbindlich der Importeur in der Bundesrepublik Deutschland dies nachprüfe respektive die Teststandards und gleiche Qualität nachprüfe, hat die Bundesregierung in der Anfrage nicht hinreichend dargestellt.

Aufgrund neuer Erkenntnisse über den Verbreitungsgrad von Hepatitis C unter Blutspenderinnen und Blutspendern in der damaligen DDR ist nicht auszuschließen, dass Importblut aus der damaligen DDR mit diesem Virus infiziert war.

Vormerkung

Die BIEG (Berliner Import Export GmbH) wird in den einleitenden Ausführungen als „Stasi-Stelle“ bezeichnet. Des Weiteren wird von einem „stasigeleiteten Bluthandel“ gesprochen. Diese Formulierungen lassen vermuten, der Bundesregierung sei in den 80er-Jahren bekannt gewesen, dass die BIEG eine „Stasi-Stelle“ war. Dies ist jedoch unzutreffend. Die Bundesregierung hatte seinerzeit keine Informationen darüber, dass die BIEG eine Stasiorganisation sei. Es trifft auch nicht zu, dass die Bundesregierung in ihrer Antwort vom 4. Juli 1995 (Drucksache 13/1955) „gesagt“ habe, dass sie von dem „stasigeleiteten“ Bluthandel informiert war …

Ich erinnere mich, dass ich für eine Veränderung der gesellschaftlichen Verhältnisse in der damaligen Wendezeit demonstriert habe und mit Kerzen in der Hand auf den Straßen entlanggelaufen bin. Wir alle wollten eine Veränderung der Konsumwirtschaft. Wir alle wollten Grenzfreiheit. Eine Verbesserung der allgemeinen Situation schlechthin. Durch die Wende hat sich die gesundheitliche Situation vieler Frauen nicht verbessert. Seit Anfang der 90er-Jahre hat dieses grässliche Virus seinen offiziellen Namen, und es ist möglich, ihn zu erforschen. Dieses Wissen beruhigt mich ganz und gar nicht, im Gegenteil.

Noch immer kocht es in meinen Adern. Mein Drehstuhl musste schon viele Drehungen über sich ergehen lassen.

Mein Computer läuft auf Hochtouren. Plötzlich gelange ich auf eine Internetseite des Bundesministeriums für Gesundheit.

Sie weist mich auf einen Forschungsbericht vom 01.04.1998 hin, in dem über den Nachweis von Hepatitis-G-Virus in unseren kontaminierten Anti-D-Chargen hingewiesen wird.

Zitat:

„Retrospektive Untersuchung zur genetischen Variabilität des Hepatitis-C-Virus in einem Kollektiv infizierter Frauen nach Anti-D-Prophylaxe

Ressort, Institut: Bundesministerium für Gesundheit (BMG)

Schlüsselbegriff:
Hepatitis-C-Virus, Hepatitis-G-Virus, Anti-D"

Auszug:
… 1978 kam es auf dem Gebiet der heutigen neuen Bundesländer zu einem Hepatitis-C-Massenausbruch, verursacht durch die Gabe kontaminierter Anti-D-Immunglobuline zur Verhinderung einer Rhesus-Unverträglichkeit …
1995 wurde ein neues potenzielles Hepatitis-Virus (Hepatitis-G-Virus HGV oder auch GBV-C genannt) entdeckt, das

ähnlich wie das HCV über Blut und Blutprodukte übertragen werden kann. Aus diesem Grund wurde das Projekt um die Untersuchung einer möglichen Co-Übertragung von Hepatitis-G-Viren im gleichen Patientenkollektiv und ihre Auswirkungen auf den Krankenverlauf erweitert.
Der Nachweis von HGV und/oder HCV in Patientenseren und Anti-D-Immunglobulin-Chargen erfolgte direkt durch Nachweis der viralen Nukleinsäuren mittels Polymerase-Kettenreaktion (PCR), wobei für den HGV-Nachweis eine eigene PCR entwickelt wurde.
Von den 15 als kontaminiert geltenden Anti-D-Immunglobulin-Chargen enthielten 10 HCV- und 14 HGV-RNA.
Untersuchungen ergaben, dass sich in jeder Patientin trotz relativ einheitlicher Infektionsquelle eine spezifische Genomvariante bereits unmittelbar nach Infektionsbeginn entwickelt hat. Im Untersuchungszeitraum von 10 bis 17 Jahren kommt es bei allen Patientinnen zu ausgeprägten Veränderungen in diesem Genombereich …" Zitatende

„Aha." „So …" Ich höre zum allerersten Mal davon. Eine Koinfektion unserer Chargen, und ich weiß nichts darüber. Ich kenne auch keinen, der davon weiß. Seit 1998 ist also bekannt, dass Chargen mit dem Hepatitis-C-/-G-Virus koinfiziert waren. Im Jahr 2000 wurde das Anti-D-Hilfegesetz geschaffen und rechtskräftig. Hierin wird der Hepatitis-C-Virus erwähnt. Die Aufführung des Hepatitis-G-Virus suche ich vergeblich. Mein Blick ruht auf den drei Affen. „Na, Kameraden, habt ihr das gewusst? Konntet ihr mir das nicht schon eher verraten? Dreißig Jahre Hepatitis-C-Virus und Hepatitis-G-Virus. Und wir haben ein Anti-D-Hilfe-Gesetz, in dem nur der ein Virus steht, wie geht das denn?" Obacht! Jetzt muss ich aber aufpassen und schnell den Bericht ausdrucken, damit ich ihn wirklich in den Händen halten kann. Ja, ganz sicher, es gibt ihn. Ich muss nicht an meinem Verstand zweifeln, nur weil in unserem Geschehen eine unbegreifliche Überraschung die nächste jagt.

Mir liegt zusätzlich ein ausführlicher Forschungsbericht über die HGV-Belastung vor.

Diagramme über die Höhe der Virendichte der Anti-D-Chargen wurden erstellt.

Chargen 8 bis 22 gelten als HGV-belastet.

HGV-positive Rezipientinnen vorwiegend der Charge 9, 10, 14, und 16.

Die Belastung von HCV wurde in der Charge 10 am höchsten eingestuft. Nachfolgend wurden Charge 12, dann 11, 8 und weiter abgestuft angegeben.

Sofort eile ich zu meinem Regal und überprüfe meine Chargennummer, obwohl sie in meinem Gedächtnis gespeichert sein müsste.

Ich schlage die Hände über dem Kopf zusammen. „Höchste Hepatitis-C-Viren-Belastung, natürlich auch G-kontaminiert. Na toll! Nun weiß ich, dass neben den Hepatitis-C-Viren auch noch das Hepatitis-G-Virus durch meine Adern schwimmt, doch machen kann ich gar nichts. Es ist nicht zu fassen, dass ich erst durch meine eigenen Recherchen erfahre, dass auch noch Hepatitis-G-Viren meinen Organismus belasten. Kein Arzt, kein Amt, kein Ministerium hat mich bis jetzt darauf hingewiesen, dass die Möglichkeit einer HGV-Infizierung besteht. Eine Untersuchung fand nie statt. Während eines Arztbesuchs wurde mir gegenüber geäußert, … Hepatitis-G gibt es nicht … Ich kann mir nicht vorstellen, dass der Patient in Zukunft seinem Arzt sagen sollte, unter welchen Krankheiten er leiden könnte.

Lieber Arzt, ich habe EHEC (Lebensmittelkeime) oder Dengue-Viren, Noroviren oder Yersinia pseudotuberculosis. Ich benötige, dieses und jenes Medikament.“ Dieser Satz löst einen seltsamen Lachanfall bei mir aus.

Sofort informiere ich meine Freundin Iris von meinen Recherchen. Ihre Telefonnummer ist eingespeichert, und ein Rufsignal ertönt. Noch ehe ich mich nach ihrem Befinden erkundige, bringe ich in völliger Rage mein Anliegen zu Gehör.

„Und?“, sagt sie. „Geht es dir jetzt besser?“

„Ja!“, schreie ich. „Mir geht es jetzt besser. Geteiltes Leid ist halbes Leid.“ Iris ist ebenso gereizt wie ich, und ich ärgere mich, dass ich ihr meine Kenntnis über das Hepatitis-G-Virus einfach so impulsiv und unbedacht vor die Füße werfe. Im Telefonat hat unsere gestresste Psyche für noch mehr Gesprächsstoff keinen Platz. „Ich will nur, dass du es weißt.“ Mit diesem Satz kracht der Hörer in die Angel. Nach wenigen Minuten denke ich „Taktvoll und rücksichtsvoll war dieser Anruf von mir nicht gerade, aber nun ist es auch nicht mehr zu ändern.“

Ich ziehe mich zurück und versinke in meine Akten. Immer wieder stoße ich auf Artikel, die den natürlichen Verlauf einer Hepatitis-C-Virus-Infektion dokumentieren.

„Was soll das Wort ‚natürlich‘?“

Was ist Hepatitis-G-Virus? Ist G schlimmer als C? Bedingen die Viren einander? Sind wir deshalb noch am Leben? Ich habe keine Ahnung und davon jede Menge.

Unruhig laufe ich mit meinen Gliederschmerzen, die wie immer da sind, ziellos durch meine Wohnung. Der umherliegende Trödel interessiert mich nicht. So gut es geht, ignoriere ich leblose Dinge, die ich mit dem Fuß beiseiteschieben kann. Ich sehe durch die Fensterscheibe. Mein Blick klebt in der weiten Ferne und bringt mich etwas zur Ruhe. Schließlich zieht es mich in die Natur, raus aus meinem Haus. Wie betäubt laufe ich zu unserem kleinen Fischteich und schaue den Fischen zu, wie sie bedächtig ihre Bahnen in dem viel zu kleinen Becken ziehen. „Ganz schön eng für euch, oder? Warum müsst ihr euch auch dermaßen vermehren? Na ja … es ist schon klar, ihr habt eben nichts Besseres zu tun. Gesetzt den Fall, ich wäre ein Fisch geworden, oder besser gesagt, eine Fischin, dann hätte ich bestimmt den ganzen Tag Kontakte geknüpft. Was wollt ihr da unten auch sonst machen? Vernünftige Arbeit habt ihr nicht. Keinen Herd, keinen Garten, nicht einmal eine Lederhose habt ihr, rein gar nichts.“ Noch eine geraume Weile starre ich dem Treiben nach. Viel weiter komme ich mit meinen Überlegungen nicht, denn das Wasser wirft meinen Kopf als Spiegelbild zurück, und ich stelle erschrocken fest „Ich sehe entsetzlich aus.“

„Na? Habe ich die G? So, wie ich aussehe, muss ich die G haben. Schon davon gehört?“ Die Fische glotzen stumm zurück. „Ihr seid so still wie die drei Affen. Ihr könntet gut zusammenwohnen. Keiner redet mit mir. Warum soll ich denn die G nicht haben? Viele wissen noch nicht einmal, dass sie die C auf alle Fälle haben. Aber wieso die C und die G gleichzeitig?“ Noch ein paar Minuten schaue ich dem lahmen Treiben der bunten Fische zu, dann konzentriert sich mein Blick auf die Wasseroberfläche, und ich erkenne mein überaus zerstörtes Bildnis über dem leicht welligen Wasser, was ich nicht mehr ertragen mag, deshalb gehe wieder zurück ins Haus.

Völlig lustlos und entkräftet sitze ich stundenlang auf einem Sessel und warte vor mich hin und darauf, dass der Tag vergeht. Ich sitze einfach so herum und stiere irgendwelche Dinge an, die ich dennoch nicht wahrnehme. Den Schmerz in meinen angezogenen Beinen spüre ich irgendwann nicht mehr. Nur in den Füßen beginnt es schließlich später, zu kribbeln.

Ich löse meine Beine, trete im Sitzen sekundenlang mit meinen Füßen herum, und wohltuendes Leben kehrt in die Extremitäten zurück. „Warum schlafen meine Arme und Beine nur immer so schnell ein? Auch nachts, wenn ich schlafe? Irgendwann schläft alles ein, dann habe ich Ruhe. Normal ist dieser Zustand nicht.“ Schlapp schlürfe ich in die Küche.

Vor mir steht ein gefüllter Obstkorb. Alle Früchte sehen sich zum Verwechseln ähnlich. „Wie schafft ihr es nur, so einheitlich auszusehen? Und ihr erst!“ Dabei fällt mein Blick auf runde Tomaten, die runder nicht sein könnten, exakt runde Tomaten. „Ihr schmeckt wie unreife Äpfel.“ Stumm laufe ich an der farbenfrohen Pracht vorbei, stoppe kurzfristig ab. „Nur vom Anschauen hat mein Körper auch nichts Gutes.“

Ich überlege, welche Frucht ich genießen werde. Schon nehme ich einen Apfel in meine Hand. Drehe diesen prüfend hin und her, und rede mit ihm wie eine Geisteskranke „Du hast nicht ein Pünktchen. Tatsächlich, keinen Fleck. Nicht ein Pünktchen, nicht ein einziges, winziges. Wo bist du so wunderschön gewachsen? In einem Glaskäfig? Es muss doch irgendein Pünktchen an diesem Früchtchen zu finden sein. Es muss." Erneut drehe ich einen schön geformten Apfel zwischen meinen Händen. „Ihr seid alle gleich groß." Ich staune. „Wo sind die Maden? Warum verirrt sich nicht eine Made in euer Innenleben? Ihr schmeckt den Maden wohl nicht?"

Ich schäle mir einen Apfel. Beim Verzehr läuft mir der Speichel im Mund zusammen, so, als äße ich eine geschälte Zitrone. Nur langsam gewöhnen sich meine Geschmacksnerven an die Fruchtsäure. „Für heute genug", denke ich und betrachte nun die Gurken.

„Ihr seid kerzengerade, nach allen Regeln der Kunst genormt." Wie solche Gurken auf natürlichem Wege wachsen können, bleibt mir schleierhaft." An dem Wort „natürlich" bleibt meine Überlegung hängen. „Natürlich! Natürlich heißt unbehandelt. Sie studieren an uns unbehandelten Frauen den Verlauf der Hepatitis-C-Virus-Infektion und beobachten die Folgekrankheiten, aber nur diese Folgen, nach denen der Auftraggeber der Studien fragt. Es wird untersucht, wie und wann es der Auftraggeber will, denn er denkt sich die Fragen hierfür aus, und er bezahlt die Studien, die Arbeiten und Untersuchungen, die anfallen und alles andere auch." Ich hebe eine Gurke aus dem Korb. Du bist auf keinem natürlichen Weg herangewachsen. Natürlich wäre zumindest etwas krumm, so wie ich." Sanft streiche ich über die glatte Haut der Gurke und rede auf sie ein.

„Hm. Studien zum natürlichen Verlauf laufen also ergebnisorientiert ab, es werden dabei nur die Fragen beantwortet, die hierin gestellt werden. ‚Nachtigall, ich hör dir trapsen'.

Langsam kapiere ich, warum viele Folgekrankheiten unserer Virus-Infektion nicht in den Studien auftauchen. Diese will man nicht wissen. Potenzial wäre genug da. Keine Befragung, keine Untersuchung bedeutet keine Ergebnisse, die man sonst hätte erwähnen und schließlich behandeln müssen. Aha, durch Weglassen kann also auch etwas gesagt und vor allem gespart werden.

Auch wenn letztlich der Eindruck entstehen sollte, dass unzutreffenderweise die Folgeschäden der Hepatitis-C-Virus-Infektion nur die Leber beträfen, was so ja nicht stimmt.

Kein Wunder, dass uns Frauen nicht geglaubt wird, wenn wir von unseren psychischen Problemen, Gelenk- und Muskelbeschwerden berichten.

Tatsächlich gewissenhafte, ausführliche Fragen nach unseren Infektions-Folgekrankheiten und demzufolge realen Ergebnissen kosten dem Staat enorm viel Geld. So ist das also. Und was ist, wenn die Frauen mit positivem Hepatitis-C-Virus-Nachweis, innerhalb einer Studie eine virusreduzierende Therapie machen? Dann werden hier im Vergleich von Vorher (Beginn) und Nachher (Ende) auch nur die Einzel-Befunde verglichen, die der Auftraggeber vorgibt und die er verglichen haben möchte? Zum Beispiel nur „Virusnachweis: ja oder nein“ „Leberentzündung in der Leber nachgewiesen: ja oder nein“ „Leberwerte: erhöht oder normal“ …? So kommt als Ergebnis immer nur das raus, was der Auftraggeber wissen will? Bedeutet das, wenn diese einzelnen Labor-Befunde sich verbessern, ist die Studie erfolgreich? Und wer finanziert diese Art Studien noch mal?“

Ich denke darüber nach, „was wäre, wenn jede unserer kranken Frauen 5 Euro gibt, ob wir damit eine vernünftige Studie in Auftrag geben und bezahlen könnten? Eine Studie, die Ärzte durchführen, denen wir vertrauen können und die nach allen unseren Beschwerden fragen.

Was für Folgen waren bei den Frauen in Irland eingetreten, die im Jahr 1977 mit dem Hepatitis-C-Virus infiziert worden sind?“

Immer noch liegen die unnatürlich glatten Gurken und Äpfel vor mir. „Kleinen Moment bitte. Das haben wir gleich.“ Ich verlasse den Ort und gehe in mein Büro.

„Wo lagen denn die Unterlagen dazu, die hatte mir vor Kurzem jemand zugeschickt … da sind sie ja. Eine Studie, sieh an, veröffentlicht im Jahr 2001 in ‚Gut‘.

Mit meinen drei Affen in den Händen begebe ich mich wieder an den Ort meiner Früchte. Setze einen Affen zwischen zwei Äpfel. Einen anderen zwischen zwei Gurken, den dritten platziere ich neben einige Tomaten.

„Nun hört einmal schön zu. Was bedeutet ‚Gut', ist dies der Name des Fachjournals? Ich lese, Gut 2001; 49: 423–430. deutschsprachige Übersetzung, Zitat:

„Spontanverlauf einer Hepatitis-C-Virusinfektion nach 22 Jahren in einer einmalig homogenen Kohorte: spontane Viruselimination und chronische HCV-Infektion

Zusammenfassung
Hintergrund/Zielsetzung – Die Kohorte irischer Frauen, die durch verseuchtes Anti-D-Immunglobulin 1977 mit dem Hepatitis-C-Virus (HCV) vom Genotyp 1 b infiziert wurde, stellt eine einmalig homogene Gruppe zur Untersuchung des Spontanverlaufs einer HCV-Infektion dar.

Methodik – Der klinische Befund von 87 in der Polymerase-Kettenreaktion (PCR) positiven und 68 PCR- negativen Frauen wurde bei der Diagnosestellung (1994/1995), sowie nach 4- bis 5-jähriger Verlaufskontrolle (21/22 Jahre nach der Übertragung) erfasst. Zu den weiteren Untersuchungen gehörten: histologischer Befund/Progression, psychosoziale Folgen der HCV-Infektion, extra-hepatische Manifestationen und HLA-Klasse-II-Assoziationen.

Ergebnisse – Die am häufigsten genannten Symptome waren Müdigkeit und Gelenkschmerzen. Außerdem wurden bei 77% der Frauen klinisch relevante, psychologische Stresssymptome festgestellt. Über eine Hepatitis mit Ikterus wurde in der Anamnese von 20,6% der PCR-negativen und 3,4% der PCR-positiven Frauen nach Infektionsübertragung berichtet …

…

Symptomatik

Eine Beurteilung der Symptome erfolgte bei 62 (7%) der PCR-positiven und 52 (76%) der PCR-negativen Patientinnen …

…

Ergebnisse

…

Symptomatik

Müdigkeit und Gelenkschmerzen wurden als Hauptsymptome bei Diagnosestellung und in der darauf folgenden Nachbeobachtungsphase angegeben. Überraschenderweise klagten PCR-positive Patientinnen seltener über Beschwerden wie Müdigkeit bzw. Gelenkbeschwerden als PCR-negative zum Zeitpunkt der Diagnose …

Psychologische Beurteilung

77% (51/66) der Frauen entwickelten klinisch relevante, psychologische Stresssymptome nach …

Ein Vergleich zwischen der PCR-positiven und PCR-negativen Gruppe ergab keinen Unterschied bei den Parametern psychologisches Wohlbefinden, Angst oder Depression …

Histologischer Befund

… Eine Leberbiopsie wurde auch bei 27 (40%) der PCR-negativen Patientinnen durchgeführt, … Dabei wurden minimale entzündliche Veränderungen wie geringgradige Entzündung und minimale Fibrosierung festgestellt … 20 (74%) hatten eine leichte (HAI ≥ 4) Entzündung und drei (11,1%) eine mittelschwere bis schwere (HAI ≥ 5) Lebererkrankung. Eine Verfettung wurde bei 13 (48%) in der Biopsie gesehen …

Diskussion

… In dieser Studie wurde der Spontanverlauf der HCV-Genotyp-1-Infektion innerhalb einer repräsentativen Untergruppe aus einer großen, homogenen Kohorte (n=795) untersucht, die 1977 durch verseuchtes Anti-D-Immunglobulin mit Hepatitis-C-Virus infiziert worden war … Die in dieser Studie beschriebenen 87 Frauen mit chronischer HCV-Infektion und die 68 Frauen mit spontaner Viruselimination waren nach ethnischer Herkunft, Geschlecht, demografischen Merkmalen, Krankheitsdauer, Infektionsmodus, Virus-Genotyp vergleichbar, und es lagen keine anderen Ursachen für eine Lebererkrankung vor …" Zitatende

Wer sind überhaupt die „PCR-negativen Patientinnen"? Sind damit die Frauen gemeint, bei denen das Hepatitis-C-Virus nicht mehr nachweisbar ist, der PCR-Test also negativ ist? Das Denken erschöpft mich, ich kann das alles gar nicht mehr aufnehmen, geschweige bewerten, fühle mich total bedeppert. Abschalten, einen alten harmlosen Heimatfilm aus den 60er-Jahren sehen, einen, wo man nicht nachdenken muss, mit Heinz Rühmann vielleicht oder Heinz Ehrhardt? Oder einfach ins Bett gehen … ich kann mich nicht entscheiden.

Mein Blick fliegt noch einmal kurz über das Obst und Gemüse. „Ihr wurdet alle behandelt. Ihr seid unnatürlich. So sieht kein natürlich gewachsenes Obst und Gemüse aus." Grübelnd und traurig schaue ich meine Füße an. „Natürlich!"

Aggressiv genug lege ich mir eine lange schlanke, unnatürliche Gurke in die Hände und führe sie wie ein Gewehr im Kreis herum. „Wo kommt plötzlich mein Sinnen her, alles um mich herum erschießen zu wollen? Kann meine Keramik für diesen Irrsinn? Vielleicht halte ich das Gewehr falsch herum, und der Lauf zielt auf mich? Das habe ich nicht vor." Eilig lege ich die Gurke in den Korb zurück. Planlos verharre ich in der Küche, die Ellenbogen auf den Tisch gestützt, meine offenen Hände halten meinen Kopf. Ungeduldig huschen meine Augen im Zimmer umher. Hin und her, kreuz und quer rollen meine leeren Blicke, gedankenlos. Ein kurzer Blick bleibt am Zifferblatt der Uhr hängen, und schon ist er wieder weg. Bewusst versuche ich den

Kontakt mit der Uhr noch einmal herzustellen. „Wie die Zeit vergangen ist und immer schneller zu vergehen scheint, und was alles schon erforscht wurde, doch es passiert nichts. Hierzulande nimmt man die Infektion nicht ernst. Unfassbar." Voller Abscheu wende ich mich von der Uhr ab. Ich lege mich auf das Sofa und lasse mich in die Vergangenheit tragen.

Volle Gemüsebeete sehe ich vor mir. Prall gefüllte Kirsch-, Pflaumen- und Apfelbäume. Die damalige eigene Ernte aus Omas Garten, die zu allen Jahreszeiten das entsprechende Obst oder Gemüse zauberte, weckt nachhaltige Erinnerungen. Noch immer habe ich die Früchte geschmacklich anders in Erinnerung. Eine Tomate schmeckte fruchtig und eben nach sonnengereifter Tomate. Eine Gurke war zwar verkrümmt, aber durchaus genießbar und unbeschreiblich lecker. Äpfel hatten Maden, aber sie waren süß und saftig, und das Verlangen auf einen zweiten Apfel war immer gegeben.

Supermärkte werden nicht von Großeltern beliefert. Schade eigentlich. Omas und Opas kippen das Obst auf den Komposter und überlassen die Früchte dem Fäulnisprozess. Obst bleibt an den Bäumen und Sträuchern hängen, bis der Wind es abwirft oder die Vögel es abpicken. Die Leiter ist morsch, die Beine müde, die Nachfrage nach natürlichem Obst bescheiden, erbärmlich.

Wenn ich die alten Dorfstraßen entlangfahre, wo einst mein Großvater seine Apfelbäume, Kirsch- und Pflaumenbäume pflegte und sie für unsere Großfamilie aberntete, wird mir schwer ums Herz.

Als Kind bekam ich von meiner Oma zwei Topfdeckel in die Hand und lief zu den Alleen. Damit solle ich schlagen, wenn ich unter einem Baum stehe und es mächtig zwitscherte. Ich solle auch schreien und Krach machen. So sprach sie. Nichts lieber als das. Ich zog zu den Bäumen und schlug mächtig die Topfschellen aneinander. Ich schrie und kreischte, was das Zeug hielt. Mein Krawall ließ die Stare auseinanderfliegen.

Es war nicht selten, dass irgendjemand im Dorf zurückwetterte, was das Zeug hielt. Aus welchen Gründen auch immer.

Es war für mich ein Erlebnis besonderer Art. Sobald ich den Rückzug antrat, setzten sich die Vögel wieder in Scharen auf die Äste und plünderten weiter die Früchte. Sofort kehrte auch ich zurück und schlug erneut mit den Deckeln und kreischte, so laut und so gut wie die Vögel selbst. Wie oft ich das wiederholte, weiß ich nicht. Irgendwann war mir es zu doof, und ich ließ die Vögel picken. Es war ein aussichtsloser Kampf. Zumindest hatte meine Oma immer etwas für mich zu tun. Ich fühlte mich enorm wichtig und nützlich.

Für uns waren immer noch genug Kirschen übrig. Es hingen Vogelscheuchen in den Bäumen, aber woher sollten die Vögel wissen, dass sie für sie als Abschreckung dienten? Sie bewegten sich nicht, sie hingen jahrelang leblos und unnütz in den Zweigen.

Zu genau kenne ich noch viele detaillierte Tätigkeiten, die meine Großeltern auf ihrem Bauernhof verrichtet haben. Auf dem Land sind die Menschen immer in Aktion. Das Tagwerk endet, wenn es schon lange dunkel ist, und es beginnt erneut am frühen Morgen mit dem ersten Hahnenschrei.

„Heute müssen wir Rüben verziehen und gegen Abend das Heu reinholen", so hörte ich es oft als kleines Mädchen. Von morgens bis abends wurde geschuftet. Meine Großmutter versorgte immer erst die Tiere, bevor sie sich uns Enkeln widmete oder selbst einen Bissen zu sich nahm. Tiere gab es eine Menge. Kühe, Schafe, Ziegen, Enten, Hühner, unendlich viele Hühner, die den ganzen Tag im Hof herumstaksten, und einen Hahn. Einen Hund, der sich mit den Katzen recht gut verstand. Gänse, ein Pferd und einige Schweine.

Die Welt auf diesem Bauernhof schien für mich als Kind völlig in Ordnung zu sein.

Wenn meine Großeltern erleben müssten, in was für einer oberflächlichen, schnelllebigen Zeit wir uns heute befinden, sie würden sich im Grabe umdrehen. Wir leben zwar in einer verrückten Zeit. Aber nicht die Zeit ist verrückt, sondern wir Menschen sind teilweise übergeschnappt.

Wir alle werden immer verrückter. Egal, mit wem ich mich unterhalte. Alle sagen dasselbe. „Es wird immer verrückter." „Nein!!", schreie ich.

„Wir selbst sind die Verrückten. Wir können all die Eindrücke über die sich überstürzenden Veränderungen nicht so schnell verarbeiten, wie sie geschehen. Wir gewöhnten uns eben gerade an Dinge, und schon haben sie sich in Windeseile komplett verändert. Ist doch verrückt, oder?"

Ich erhebe mich von meinem Sofa und laufe ohne Auftrag in die Küche zurück. Meine Gelenke schmerzen. Ich sitze untätig an meinem Küchentisch, schaue auf die Uhr, die mir zu verstehen gibt, dass ich die restliche Tageszeit auch mit etwas Nützlicherem verbringen könnte, als nur zu sinnieren.

Nun, da ich im Moment gar nichts mehr mit meiner Zeit anzufangen weiß, kommt endlich der Hausstaub unter den Hammer.

„Attacke …"

Keimen geht es an den Kragen. Bakterien werden von Vernichtungswaffen, den Bürsten, Lappen und Reinigungsmitteln, entfernt. Ein reinlicher Duft macht sich breit. Die frisch freigesetzten Gerüche beruhigen mein Hausfrauengewissen.

Noch im selben Augenblick denke ich an meine Mutter. Meine sauberen Zimmer erinnern mich an die elterliche Wohnung. Sogleich nehme ich mein Telefon und vereinbare ein Treffen in unserer wunderschönen Holzhütte, die auf dem alten Grundstück meiner verstorbenen Großeltern steht, aber immer noch in Familienbesitz ist.

Hier gibt es weder Strom noch Wasser. Dies wurde von den Behörden beim Bau der Hütte nicht genehmigt. Eigenes Grundstück und doch nicht genehmigt. Es soll den Menschen nicht zu gut gehen.

Das hält uns nicht ab, gemeinsam ein gemütliches Wochenende zu verbringen. Kerzen, Teebeutel, Wasser, ein kleiner Kocher werden eingeladen, und schon kann die Party richtig losgehen.

Mutter und ich freuen uns sehr auf den Moment unserer Umarmung. Lange Wege führen zur Hütte, und jeder einzelne

Gegenstand muss vom Auto ins Holzhaus hineingetragen werden.

Das hohe Gras vor der Hütte, das den Zugang erschwert, wird von mir bedächtig und gelenkschonend mit der Sense abgemäht und niedergetrampelt. „Ein Platz im Freien für einen Tisch und zwei Stühle stehen uns schon zur Verfügung", rufe ich meiner Mutter entgegen. Alle Vorbereitungen für den erwarteten Eintritt der Dunkelheit sind vorsorglich getroffen. Nun muss es nur noch dunkel werden.

Mutter redet über ihre Gesundheit, die sich zu unserer Erleichterung und Freude inzwischen wieder stabilisiert hat. Ich von meiner Arbeit, den Enkelkindern und meinen beiden Töchtern, Tina und Britta.

Wir bereiten einen leichten Imbiss zu und rüsten uns mit Wolldecken ein, für eine lange Gesprächsnacht vor der Hütte.

Wenn Mutter erzählt, höre ich gern zu. Ich weiß, dass ihre Erlebnisse wahr sind. Sie hat so eine schöne, feinsinnige Art, zu berichten, dass mich die mitschwingenden Gefühle stets aufs Neue faszinieren.

Wie so oft frage ich meine Mutter auch heute nach ihren Erinnerungen an ihre Flucht aus Ostpreußen. Obwohl ihr das Erzählen von dieser Zeit immer schwerfällt, lässt sie sich nicht lange bitten und berichtet von der Zeit um 1945.

„Wie du weißt, bin ich in Wilhelmsberg in der Gemeinde Ostpreußen, Kreis Gumbinnen, geboren. Meine sieben Brüder stammen alle von diesem Ort, aus unserem Haus."

„Mutti, lass mich deine Brüder namentlich aufzählen. Kurt, Hans, Heinz, Siegfried, Otto, Manfred. Ich komme nur auf sechs."

„Ja. Mein Bruder Horst fehlt. Von diesem Bruder fehlt jede Spur. Ich habe ihn nie wiedergesehen. Auch weiß niemand, was mit ihm passiert ist.

Es war an einem Vormittag im Jahre 45. Die Dorfpolizei geht von Gehöft zu Gehöft und weist die Familien an, sich zur Flucht vorzubereiten. Treffpunkt war die Reichsstraße Nummer 1 in Königsberg. Um 12.00 Uhr hatten wir uns dort einzufinden.

Unsere Familie Brandenburger besteht zu diesem Zeitpunkt aus Mutter, Vater, Hans, etwas älter als ich, vierzehn Jahre, Otto fünf Jahre und mir, zwölf Jahre. Meine größeren Brüder waren irgendwo im Krieg.

Hans war zu diesem Zeitpunkt in der Lehre bei einem Tischler.

Mutter war in großer Sorge, denn Hans war zum vereinbarten Aufbruch noch nicht da. Wir warteten. Wir konnten doch Hans nicht allein zurücklassen.

Endlich. Gegen 14.00 Uhr kam Hans nach Hause. Einige persönliche Sachen, meine Puppe, etwas Geschirr wurden auf einen Wagen gepackt. Jeder von uns musste ein Bündel tragen, sogar mein kleiner Bruder Otto mit fünf Jahren. Es ging los. Wir verließen unser Haus. Vater schaute sich mehrmals um. Auch meiner Mutter viel es schwer, das Haus zu verlassen. Unser Ziel war Königsberg. Kilometer für Kilometer sind wir gelaufen. Ottchen wurde getragen oder auf den Wagen gesetzt.

Uns gelingt schließlich der Anschluss an einen vorausgeeilten Treck. Mehrere Nachzügler fanden sich noch mit uns ein. Die Straßen waren verschneit. Am Tag herrschte eine Temperatur von minus fünfzehn Grad. In der Nacht hatten wir minus fünfundzwanzig Grad Celsius. Es war bitterkalt.

Meine Mutter hatte sich nicht von ihrer Kuh, wir nannten sie Alma die Gute, trennen können, sie sollte uns unterwegs wärmen und den Kindern Milch geben. So war sie am Wagen angebunden und trabte mit uns hinter ihm her.

Der Treckführer aber wies meine Eltern an, die Kuh stehen zu lassen."

An dieser Stelle schweigt meine Mutter. Einige Sekunden lang ringt sie um Fassung. „Du musst nicht weitererzählen." „Doch, doch, es ist ja schon so lange her."

Mutter holt tief Luft und berichtet weiter.

„Was glaubst du wohl, wie meine Mutter bitterlich geweint hat. Mutter musste die Gute abbinden. Wir sehen die Kuh abseits auf dem verschneiten Acker stehen. Der Treck bewegte sich weiter, und das Tier stand nun ganz allein auf diesem Acker und schaute uns nach. Diese armselige Kuh muss nun ansehen, wie ihre Familie einfach davonläuft und -fährt. Mir gehen diese Bilder nicht aus dem Kopf. Langsam kam die Kuh uns noch ein Stück lang hinterher. Doch sie wurde immer wieder verscheucht und vertrieben.

In irgendeinem Dorf machte der Treck Quartier. Bei einer Bauernfamilie bleiben wir zwei Tage. Meine Mutter bittet die Bäuerin um Arbeit. Sie bekommt ein Spinnrad und rohe Wolle. Eilends beginnt sie ihre Spinnarbeiten. Wir brauchten warme Socken. Urplötzlich kommt dann ein Befehl zur sofortigen Flucht. Ich erinnere mich noch, wie meine Mutter sagte ‚Das geht jetzt noch nicht, ich bin noch nicht fertig mit der Arbeit.' Aber es hieß nur noch Flucht.

Alle Flüchtlinge mussten wieder auf die Straße, und es ging los, doch wir wurden von russischen Soldaten eingeholt. Viele Soldaten stürzten sich auf die Wagen und plünderten alles. Mein Vater wollte natürlich unser Eigentum schützen. Dafür bekam er mit einem Gewehrkolben mehrere Schläge über den Schädel gebraten. Hans und Mutter schleppen den halbtoten Vater in das nächstbeste Haus.

Wenig später, am 6. Februar 1945, werden Menschen von den Russen ins Freie gescheucht.

Erwachsene, meist Frauen, wurden zusammengetrieben. ‚Irmgard', rief meine Mutter mir zu, ‚hole mir die Überschuhe vom Wagen!' Ich rannte zu unserem Wagen, suchte die Überschuhe, fand sie endlich und brachte sie der Mutter. Danach wurden die Menschen auf einen Lastwagen gesperrt. Das war der letzte Augenblick, an dem ich meine Mutter sah." Sekunden des Schweigens vergehen.

„Der Vater bleibt noch zwei Tage im Haus zurück, dann wird auch er am 8. Februar verladen. Wir drei Kinder winkten ihm nach."

Mutter wischt sich mit ihrem Stofftaschentuch immer wieder die Nase und atmet tief durch. Auch mir kommen die Tränen.

„Ich war nun allein mit meinen beiden Brüdern Hans und Otto. Es gab keinen Treck mehr. Wir flüchteten aus Angst einfach weiter. Wir waren nun auf uns allein gestellt. Mein Bruder sagte immer, wir müssen überleben. Viele Häuser standen nun leer. Wir fanden Eingemachtes und Kartoffeln. Wir hausten in dunklen, kalten Räumen, aber wir hatten zu essen. Aber immer wieder gingen die Vorräte zu Ende.

Wir mussten essen, was wir in die Finger bekamen. Wir fischten Brote aus dem Wasser. Einmal schwamm ein Toter neben einem Brot. Auch tote aufgedunsene Pferde schwammen im gleichen Wasser. Das war uns egal. Wir fischten das Brot heraus, sammelten Holz für ein Feuer und trockneten das klatschnasse Brot auf dem Ofen.

Immer wieder suchten wir uns ein neues Plätzchen. Ottchen, mein kleiner Bruder schaffte es nicht, durchzuhalten, er starb auf der Flucht. Irgendwo am Straßenrand haben wir ihn begraben. Wir hatten Ruhr, Krätze, Typhus, Flöhe.“ Mutter wischt sich mehrmals die Nase, und mir tut es sehr leid, sie nach ihren Erinnerungen gefragt zu haben.

Um uns herum strahlen Kerzen. Sie erhellen die Dunkelheit. Wir sitzen mitten in der Natur. Es ist warm. Dennoch umhüllen uns Decken. Mit einer Taschenlampe gehe ich in die Hütte und suche die Thermoskanne. „Da ist sie!“ Ich mache uns heißen Tee und fülle ihn in die Gläser. „Mutti, wie ging es weiter?“ Mutter nimmt erst einen kleinen Schluck. „Ich muss langsam trinken. Mein kleiner Magen verträgt keine großen Mengen.“

„Wir haben doch Zeit. Uns drängt kein Mensch.“

„Da ist nicht mehr viel zu erzählen. Im August 1945 kommen wir in die Stadt Preußisch-Eylau. Wir sehen, wie die Russen von Haus zu Haus gehen und völlig intakte Häuser mit einem Flammenwerfer anzünden. Das haben wir nicht verstanden. Wir haben uns immer wieder versteckt.

Es war sehr schwer für uns, noch etwas Essbares zu finden. Hans fand in einem Garten Gläser mit eingemachter Wurst. Mein Bruder war sehr pfiffig. Er fand auch eine Einstellung bei einem polnischen Bauern.

Ende August wurden alle, auch streunende Kinder, aufgespürt und eingesammelt. Viele erwachsene Deutsche waren darunter. Wir mussten zum Bahnhof laufen.

Hans, der bei einem polnischen Bauer arbeitete, war nicht da. Immer, wenn Hans zu mir kam, hatte er etwas zu essen dabei. Ich wollte nicht ohne meinen Bruder zum Bahnhof mitlaufen. Ich schrie und weinte. Wir suchten Hans bei diesem Bauern. Dieser sträubte sich strikt, seine billige Arbeitskraft wieder herauszugeben.

Hans wollte mich nicht allein gehen lassen. Schließlich liefen wir zerlumpt und krank zum Bahnhof. Wir wurden in einen Waggon gesperrt. Meine Hände waren blutig. Überall riss die Haut auf.

Dessau war die Endstation für uns. Wir kamen sofort in ein Krankenhaus. Irgendjemand fragte mich dort „Kannst du denn überhaupt noch stehen?" Nach dem einen Wort „Ja" fiel ich sofort um.

Als ich wieder aufwachte, hatte ich keine Haare mehr. Wir hatten Kleiderläuse, Kopfläuse. Unvorstellbar schlimm war diese Zeit.

Nach einem halben Jahr wurden wir an Pflegefamilien verteilt. Ich lernte schließlich auf einer Schwesternschule, und irgendwann als Krankenschwester begegnete ich deinem Vater. Ab diesem Zeitpunkt weißt du schon alles."

„Oh, ja. Diese Geschichte kenne ich, aber wie erging es dir bei deiner Pflegefamilie?"

„Nun ja, es gab dort ein älteres Ehepaar. Beide Doktoren der Chemie. Dieses Ehepaar hatte zwei Töchter. Gertraud und Lina. Die zwei Frauen kümmerten sich um mich. Die Familie hatte ein Dienstmädchen. Mit der verstand ich mich am besten.

Es war eine jüdische Familie, sehr gebildet und wohlhabend."

„Besonders erinnere ich mich an die Etikette, die sie an den Tag legten", spreche ich zu Mutter. „Nehmgabeln, Gebegabeln, Serviettenringe aus Silber. Gutes Porzellan. Kristallgläser. Feines Abtupfen des Mundes nach jedem Bissen wurde verlangt."

„Ja, ja, dort habe ich Benimmregeln kennengelernt. Du kannst dir vorstellen, dass es bei uns zu Hause in Ostpreußen bei acht Kindern anders zuging. Mein Vater war einfacher Besenbinder.

Meine Aufgabe bei der Pflegefamilie bestand darin, die Tochter Lina auszuführen, denn sie war krank und konnte nur in Begleitung Wege zurücklegen. Schwer wie ein Stein hing die dicke Lina bei Spaziergängen an meinem Arm. So konnten wir uns nur sehr langsam vorwärtsbewegen."

„Deshalb haben sie dich als Pflegetochter angenommen. Du warst eine Arbeitskraft für sie."

„Das war mir damals egal. Ich hatte genug zu essen. Hans kam auch in Dessau unter. Wir hatten uns in unmittelbarer Nähe. Uns ging es gut."

Wir sitzen noch lange vor unserem Häuschen und reden und reden. „Wünschen wir uns", sage ich, „dass diese Zeit nie wiederkommen möge. Was habt ihr nur alles durchmachen müssen. Es ist traurig, dass ich meine Großeltern nie habe kennenlernen dürfen. Genießen wir einfach diese Spätsommernacht."

Es vergehen Wochen und Monate, in denen ich keine Recherchen durchführe. Ich verbringe Urlaubstage mit meinem Mann auf dem Motorrad in neuer Lederbekleidung.

Rainer und ich touren durch Italien, Südtirol und durch Österreich. Wir fahren steile Straßen zu den Pässen hinauf und abschüssige wieder hinunter. Gigantische Ausblicke auf die herrliche Landschaft lassen mich den Atem anhalten. Nur das grenzenlose Vertrauen in die Fahrkunst meines Mannes sowie in die Bremsen der Maschine unter meinem Hintern hilft mir, diese gigantischen Höhenunterschiede schadlos zu überstehen. Wir fahren wieder und wieder durch endlos lange Tunnel.

Aus manchen dieser Schlünde steigt Qualm auf.

Über eine Sprechanlage äußere ich mein Bedenken. Rainer sagt „Das ist hier so", und schon verschwinden wir abermals in einer dieser matt beleuchteten Röhren.

Meine Beklommenheit, Furcht und Empfindungen klopfen zaghaft und leise von innen an den Motorradhelm. Immer wieder lenke ich mich ab und zähle die Streckenpfosten, bis das Licht am Ende des Tunnels mir Zuversicht verspricht. Doch kurz darauf verschwinden wir in die nächste Dunkelheit. Der bauliche Zustand ist katastrophal.

Unsere Tour ist außerhalb der Tunnel wunderschön, aber auch anstrengend. Ein nervöses Kitzeln an meinen Haarwurzeln bittet um Heimfahrt.

Wieder zu Hause. „Das beste Wissen ist das Hintergrundwissen", denke ich. Gegen Hintergrundwissen ist nichts zu sagen, es tut keinem weh. Schon gar nicht im Vordergrund. Schade nur, wenn es dreißig Jahre zu spät zu einem kommt. Da kannst du ganz schön reinfallen, nur weil du unwissend bist und gutgläubig. Seit 2004 befinde ich mich in einem Rechtsstreit. Immerhin ist meine Klage gegen die Aberkennung meines Impfschadens noch nicht abgewiesen worden. Es vergehen Wochen um Wochen, in denen ich mich ausschließlich mit meinem eigenen Fall beschäftige und einer Beweispflicht nachgiere, welche meinen schlechten Gesundheitszustand darstellt.

Eines Abends erreicht mich ein Anruf einer aufgebrachten Frau. Eilig und zügig spricht die Dame in den Hörer. „Es ist schon ein starker Tobak, was mit unschuldigen Virus-Infizierten in der DDR veranstaltet worden ist. Ich bin eine von den damals registrierten Frauen. Ich muss Ihnen unbedingt etwas erzählen. Ja, mir ging es nach der Anti-D-Spritze schon frühzeitig gesundheitlich nicht gut. Den Grund kannte ich nicht. Ich wurde urplötzlich abgeholt, ohne eine Aufklärung zwangsweise ins Krankenhaus eingewiesen. Abtransportiert von fremden Männern in einem Auto, das von innen nicht geöffnet werden konnte. Es war, als sei ich ohne Grund verhaftet worden. Es wurde mir nicht gesagt, warum, wieso, weshalb. Im Krankenhaus lag ich mit anderen jungen Müttern in einem Zimmer zusammen. Erst waren wir zu viert, dann fünf, dann sechs und letztlich sieben.

Eine achte Frau haben sie noch versucht reinzuquetschen. Die ging aber nicht mehr rein, es war nicht einmal mehr ein halber Meter Platz für ein weiteres Bett, auch nicht auf der Station. Das Krankenhaus war voll. Doch keine wusste wirklich Bescheid, warum wir dort lagen. Wir haben Gelbsucht, ist uns nach ein paar

Tagen gesagt worden. Was das ist, wusste ich nicht. Aber die junge Mutter links neben mir sah quittegelb aus, wie eine Zitrone.

Die Ärzte haben mitten im Zimmer an der Leber punktiert, dabei hat eine geschrien wie am Spieß. Sie wollte das nicht. Es kam noch eine Krankenschwester gelaufen und hat die Frau festgehalten. Wir durften nicht einschreiten. Als sie fertig waren, haben sie sich zu mir umgedreht und meinten „Morgen Vormittag müssen wir das bei Ihnen machen, es muss sein."

Ich war damals 18 Jahre alt, noch in der Schule, mitten im Abitur. Ich habe vor Angst geschlottert, gezittert, aber gesagt „Nein! Mich fassen Sie nicht an! Ist das klar! Mich nicht! Und wenn Sie es auch nur versuchen sollten, dann Gnade Ihnen Gott, ich gehe zur Polizei und zeige Sie an!

Meine Eltern arbeiten beide im Gesundheitswesen, mein Vater macht Ihnen die Hölle heiß. Da können Sie sicher sein. Mich fassen Sie nicht an!!! ..." Das führte zu Sprachlosigkeit auf der anderen Seite. Nach einem kurzen Moment mit fragenden Blicken verließen sie das Zimmer. Nach meiner Gegenwehr wurden weitere Frauen vor den Leberpunktionen aus dem Krankenzimmer geschoben, die bis dahin noch nicht punktiert worden waren. Immerhin ein Erfolg.

Das hat gewirkt, bei mir ist es bei Blutabnahmen geblieben. Die Krankenhausbehandlung bestand aus Diät-Essen, Vitamin-B-Komplex-Tabletten und zweimal täglich heiße Wasserwickel auf die Leber legen. Man musste im Bett liegen bleiben, die Station war verschlossen, abgeschlossen. Keine von uns kam hier raus. Der Kontakt zur Außenwelt war über das Fenster gestattet, aber nur zweimal in der Woche für je zwei Stunden. Zu dieser Zeit hingen sieben Frauen nebeneinander an zwei Fenstern. Unten standen die Besucher, sahen hoch, kriegten steife Hälse, und alle redeten miteinander, durcheinander. Bei diesem Geschrei hast du dein eigenes Wort nicht verstanden.

Die Briefe, unsere persönlich geschriebenen Briefe, die wir in dieser Zeit an die Familien, Freunde, Bekannten geschrieben haben, die durften wir nicht zukleben. Stellen Sie sich das einmal vor.

Es gab klare Anweisungen. „Die Briefumschläge müssen offen bleiben. Die dürfen Sie nicht verschließen. Wenn Sie sie verschließen, dann müssen wir sie wieder öffnen." Eine von uns Frauen fragte „Warum?" „Das ist eben so", kam prompt die Antwort. Angeblich mussten die Briefe erst desinfiziert werden. Die Umschläge, so hieß es, werden extra desinfiziert. Dass einige meiner Briefe ihren Adressaten niemals erreicht haben, hat mich damals nur irritiert. Es wunderte mich, dass ich ohne Antwort blieb.

Ob es nun genau diese Briefe waren, in denen sich meine Begeisterung für den Zwangsaufenthalt in Grenzen hielt, kann ich heute nicht mehr sagen. Lobpreisungen habe ich jedenfalls nicht verbreitet, das weiß ich noch ganz genau.

Nach dem Krankenhausaufenthalt 1979 wurde mir im gleichen Jahr von der „Hygieneinspektion" gesagt, dass ich zu einer Nachkontrolle kommen sollte. Es wurde ausdrücklich gesagt, dass ich mich nur bei dieser einen Adresse melden sollte, wegen einer Nachkontrolle der Gelbsucht. Zu einer anderen sollte ich nicht gehen, es darf nur diese eine Stelle nachkontrollieren. Bei dieser sogenannten „ärztlichen Dispensairebetreuung" wollte man gar nicht allzu viel wissen, mir wurde wortwörtlich gesagt „Uns interessiert hier nur die Leber."

Die kurz nach der Infektion beginnenden rheumatischen Beschwerden, das ständige Grippegefühl, die Konzentrationsstörungen, Müdigkeit, Erschöpfung, Leistungsminderung … und … und … und …, hierzu wurde mir gesagt „Das kommt nicht davon." Als ich fragte, was mit „davon" gemeint ist, kam der Satz „Das kann man nicht erklären." … Diese unsinnige Schwafelei und noch viel mehr Unsinnigkeiten habe ich viele Jahre lang gehört, und ich habe dennoch immer wieder nachgefragt, vergeblich. Ich kann nicht gerade sagen, dass ich mich mit meinem Nachfragen beliebt gemacht hätte, die Reaktionen sprachen für sich. Aber mir blieb nichts anderes übrig, ich musste immer wieder an die gleiche Stelle. Egal, welchen Arzt ich auch aufsuchte, ich wurde immer wieder von anderen Ärzten an die zugewiesene Stelle überwiesen. Sie sagten „Wir dürfen Sie nicht behandeln", so war das.

Ja, und die damals der Infektion nachfolgenden Beschwerden sind übrigens auch heute noch da. Sie gingen nie wieder weg. Im Gegenteil, sie sind immer präsent, und es kamen noch mehr gesundheitliche Folgebeschwerden dazu. Mit diesen Folgen muss ich nun ohne Schuld seit dreißig Jahren leben. „Uns interessiert hier nur die Leber." So sah es aus, wenn die sozialistische DDR ihre Verantwortung für unschuldig verseuchte Mütter wahrnahm.

Wie dumme Kamele sind wir zu den angeordneten Blutuntersuchungen geeilt, jahrelang, für nichts und wieder nichts. Keine Widerrede, Blutabnahmetermine wurden engmaschig angeordnet. Oder so, wie sie eben sein sollten. Einfach so, wie die Leberpunktionen. Da bist du nicht höflich gefragt worden, ob du demnächst mal vorbeischauen möchtest. Planwirtschaft, sozialistisch geplant lief es ab in unserer schönen DDR. Die Venen wurden mir zerstochen und dann der Satz, der mich heute noch erschaudern lässt „Ja, wir müssten mal wieder die Leber punktieren". Bis heute begreife ich nicht, warum. Wenn die Leber chronisch entzündet war, dann war sie eben entzündet. Fertig. Ob sie nun punktiert wurde oder nicht. Und wenn sie dann punktiert worden war und sich im Ergebnis im untersuchten Leberstückchen immer noch die Leberentzündung gezeigt hatte, dann blieb hinterher, also nach der Gewebeentnahme, die Leber trotzdem immer noch entzündet. Durch diese Punktionen hatte sich die Situation nicht im Geringsten geändert, geschweige denn gebessert, weder in der Leber, in der Aktivität der Leberentzündung, des Leberumbaus und auch nicht in der Beschwerdeausprägung der Leberkrankheit. Keine Besserung! Nur die Gefahr des operativen Eingriffs für die infizierten Frauen, bei örtlicher Betäubung. Ja, ohne Narkose. Es gab ja nicht mal Medikamente, die die Infektiosität der Hepatitis-C-Virus-Infektion hätten mindern können. Und selbst wenn damals eine Leberzirrhose bestanden hätte, dann wäre diese nach der Punktion auch noch da gewesen. Nun erkläre mir einmal einer, warum ich mich fortgesetzt punktieren lassen sollte. Selbst als ich einige Jahre nach der Virus-Infektion wieder schwanger war, wurde trotz der Kenntnis darüber, dass ich ein Baby erwartete, eine Punktion der Leber vorgenommen. Das müsste sein, wurde gesagt. Warum? Wofür? Ich hätte mein Kind verlieren können! … Waren die irre?"

Fassungslosigkeit auf beiden Seiten. Die Stimmung ist gedrückt. Was ich hier erfahre, ist entsetzlich und unerhört. Mein Telefonhörer fühlt sich bereits feucht an. Meine Hände schwitzen, mein Ohr glüht. Die Dame, ich nenne sie die Aufbrausende, fährt in ihrer Rage fort. „Warum, wofür? Warum diese Schmerzen ertragen? Die Antwort liegt auf der Hand. Ein persönlicher Schicksalsschlag für viele Frauen. Tausende Ampullen aus infizierten Chargen wurden ausgeliefert, darüber darf ich gar nicht nachdenken …" „Darf ich hierüber in meinem Buch berichten?", unterbreche ich die aufbrausende Frau am anderen Ende der Leitung. „Warum denn nicht? Nur zu, es ist die Wahrheit. Es geht um Forschung."

Eine Zeit lang höre ich die Aufbrausende noch argumentieren. Doch ich kann kein Gramm an Wörtern mehr aufnehmen, und ich bitte höflich um Gesprächsunterbrechung.

Mir schnürt es die Kehle zu, ich muss raus. Ein zarter Windhauch berührt meine Haut. Ich beobachte einen Grashalm, wie er sich hin- und herbewegt. Beim Zwitschern einiger Vögel denke ich gar nicht daran, sie mit Topfschellen zu vertreiben.

Als hätte ich einen Begleiter an meiner Seite, rede ich halb laut vor mich hin „Wahnsinn! Diese Abläufe, Hintergründe, entsetzlich. Ein undurchdringbarer Dschungel, der tief in das Leben von unschuldigen Opfern eingegriffen hat. Vergleichbar wie ein Blick ins Weltall." Sogleich bleibe ich stehen und schaue in die uferlose Weite. Scheu sehe ich mich nach allen Seiten um und sage „Immer aktuell. Zapffrische Blutwerte und Leberbiopsie-Ergebnisse. Ich glaube, ich werde tobsüchtig!"

In einem der zahllosen Forschungsaufträge, die ich im Internet aufblättere, erkenne ich den Namen meines Herrn Professors. „Siehe da, der Herr Mediziner, der mich jahrelang in seiner Statistik führt, ich betone, in der Statistik führt."

Meine Erinnerungen jagen mich gedanklich durch das Krankenhaus, in dem der Herr Professor jahrelang seine Studien durch uns vervollständigte. Mir ist plötzlich klar, warum der Herr Professor nie Zeit für uns hatte. All die Jahre sah ich den Herrn zufällig im Treppenaufgang. Meine Puste war immer sehr knapp, so wie die geführten Gespräche.

Gerade drei feste Termine hatte ich beim Herrn Professor, die dazu dienten, mich auf die Interferontherapie-Behandlungen oder eine Hepatitis-B-Impfung vorzubereiten. Jede zusätzliche Sichtung und Kontaktierung mit dem Professor erfolgte auf den Treppenstufen beim Vorbeigehen. Die kurze Frage „Wie geht es Ihnen?“ beantwortete ich immer mit „Es geht so.“ Dabei schnappte ich kurzatmig nach Luft, wie ein Maikäfer.

Klar doch, dass er meine Blutwerte wissen möchte und sich wenigstens im Treppenhaus sehr nett nach meinem Befinden erkundigt hatte, wenn auch nur kurz. Mein Gott, ... was sind wir naiv.

Hausärzte, sogar Spezialisten, überweisen an den Herrn Professor und glauben, wir sind in besten Händen. Das kann ich so nicht bestätigen. Mit aller Deutlichkeit verstehe ich endlich, dass unsere Blutwerte nur der Wissenschaft dienen.

Der Forschungsauftrag, „Aktive Immunisierung gegen Hepatitis B mit Gen H-B-Vax bei chronischer Infektion mit Hepatitis-C-Virus“, in dessen Zusammenhang mein Herr Professor namentlich auftaucht, wird unter anderem von „Pasteur Merieux MSD“ Sitz in England, Deutschland, Niederlande, Dänemark finanziert.

Wenn ich dieses Forschungsthema „Aktive Immunisierung gegen B...“ auf mich beziehe, so erinnere ich mich, dass ich drei Hepatitis-B-Impfungen erhalten habe. Zwei waren zu wenig. Kostenlos versteht sich. Nun stehe ich vielleicht auch noch diesem Forschungsunternehmen mit meinen körperlichen Reaktionen auf dieses Medikament gegen B zur Verfügung.

Diese Impfung wurde mir empfohlen, und ich fühlte mich außerordentlich bevorzugt behandelt. Schade ist nur, dass ich die Ergebnisse der Studie nicht erfahre.

Am folgenden Tag besuche ich meine liebe Freundin Iris. Lange klöne und wettere ich mit ihr über meine Recherchen. Wie üblich holt sie mich schnell aus meiner Wut und meinem Unverständnis heraus. „Du steigerst dich da in etwas hinein. Wir können doch mit Studienbeschreibungen und deren Ergebnissen gar nichts anfangen", ruft Iris. „Vielleicht kamen durch die Wende ganz andere Anforderungen auf diese DDR-Ärzte zu, und wir sind nach dem Zusammenbruch des Systems überhaupt nicht mehr von Interesse?" sagt sie fragend.

„Iris, ich erfinde nichts. Es steht auf zahlreichen Seiten geschrieben. Ich kann alles beweisen. Natürlich besteht Interesse, weiter an uns zu forschen. Wir sind nun einmal da, und neben den anderen fünf weltweit bekannten Kohorten, bei denen der Infektionszeitpunkt bekannt ist, sind wir DAS Reservoir und Potenzial.

Aber jeder, der seit der Hepatitis-C-Virus-Infektion ab 1978 und 1979 für geeignet gehalten wurde und dem es immer noch erlaubt ist, trägt irgendwelche Daten über uns zusammen, für irgendwelche Ziele. Ich frage mich nur, wem diese Daten seit vielen Jahren etwas nützen und ob sie den gleichen Personen auch jetzt etwas nützen? Und wer letztendlich davon profitiert?

Wir, unsere infizierten kranken Frauen, bieten seit 1978/79 die Grundlage für Dokumentationen über einen sogenannten natürlichen Verlauf für „null". Wie sieht denn seit dreißig Jahren die reale Unterstützung uns gegenüber aus? Ich meine reale Hilfe und Unterstützung im täglichen Leben, und nicht schön geschriebene Worte auf einem Blatt Papier, das sich seit dem Jahr 2000 „Hilfegesetz" nennt. Unerkannt, aberkannt, abgewiesen.

Wie sieht es heute aus mit der per Gesetz versprochenen Hilfe und Unterstützung für geschädigte, kranke Mütter, die infolge einer Straftat krank geworden sind? Was haben wir denn seit Jahren von den Frauen gehört und selbst erlebt? Erst die Anerkennung, dann eine virusreduzierende Therapie, zwei gebesserte Laborwerte, und dann ist die Entschädigungsrente weg, obwohl wir uns unverändert krank fühlen und sich für uns nichts gebessert hat. Aber das Blut wird weiter gezapft.

Wir strecken unsere Arme aus, Handflächen nach oben. Immer für null. Wir halten entsetzlich schlimme Therapien durch, die uns Lebensqualität kosten, wieder einmal mehr. Wir quälen uns durch und verschenken Jahr um Jahr unseres Lebens. Immer für null. Wir leiden an Unmengen von Nebenwirkungen, manchmal bleiben die Folgen. Immer für null. Und dabei verdienen sich Pharmariesen goldene Nasen. Und die alten Datenschlepper? Beobachten die uns nur seit dreißig Jahren? Sind sie die große Ausnahme von der Regel „Keine Leistung ohne Gegenleistung?"

Unser natürlicher Lebensverlauf ist zerstört worden, um den natürlichen Verlauf der Krankheit zu dokumentieren. Wir sind unverschuldet Hepatitis-C-Virus-infiziert. Seitdem läuft hier etwas ganz gewaltig schief, auf Kosten unserer Lebensqualität. Ich möchte nichts mehr von gewissen Personen wissen, die mich ab dem Zeitpunkt der Infizierung still beobachten und dokumentieren, noch von denen, die jetzt die schlimmen Infektions-Folgeschäden schönreden, weginterpretieren oder nicht anerkennen. Wir werden noch zu Tode analysiert. Immer gegen null.

Was hier passiert, geht zu unseren Lasten, und viele merken es nicht einmal, weil sie die Hintergründe nicht kennen.

Schau bitte, ich habe eine Zeitschrift mitgebracht. Hier kannst du lesen, wie das mit unseren tollen Entschädigungen für die Infektionsfolgen aussieht."

Ich schlage die Ärzte Zeitung vom 17.01.2007 auf.

Zitat:

... In der Aufschlüsselung der einzelnen Beträge wird deutlich, dass die Höhe der Zahlungen an die Betroffenen seit 2002 kontinuierlich abnimmt ...

... Die Bundesregierung begründet dies damit, dass die Betroffenen auch Ansprüche auf Heil- und Krankenbehandlung in Anwendung des Bundesversorgungsgesetzes (Paragraf 2 AntiDHG) haben.

„Aufgrund dieser guten medizinischen Versorgung kommt es in weniger Fällen zu Verschlimmerungen und Folgeerkrankungen, als erwartet wurde ..." Zitatende

„Gute medizinische Versorgung?", schreie ich. „… Seit wann? … Was für eine gute Versorgung, ich sehe keine!" „… was meinen die denn, die virusreduzierende Therapie, die zwanzig Jahre, dreißig Jahre zu spät für uns kommt? Nachdem der Krankheitsprozess lange schon angestoßen ist?" „… und auch noch Ansprüche? … Ja … auf kostenloses Abzapfen. Was für Ansprüche meinen die eigentlich? Die werden doch alle niedergeknüppelt. Wir dürfen doch gar keine Ansprüche stellen."

„Beruhige dich doch", ruft Iris. „Ich kann mich nicht beruhigen! Nicht jetzt und nicht hier! „Iris, höre mir doch bitte zu. Hier, in den Bundestagsdrucksachen 16/3927 und 16/4006 vom Deutschen Bundestag steht es." Mit ausgestrecktem Finger weise ich auf einen Artikel.

„Dies beinhaltet eine Anfrage der Abgeordneten Frank Spieth, Klaus Ernst, Karin Bender und weiterer Abgeordneter der Fraktion DIE LINKE und die Antwort der Bundesregierung vom 08.01.2008. Pass auf, ich lese es dir vor."

Zitat:

„… In den Jahren 1978 und 1979 wurden in der DDR mehrere Tausend Frauen mit Anti-D-Immunglobulinen behandelt, die mit Hepatitis-C-Viren verseucht worden waren … Dadurch erlitten fast 3.000 Personen eine chronische Hepatitis-C-Virusinfektion, zusätzlich auch in vielen Fällen diverse Folgeerkrankungen …"

„… Der Deutsche Bundestag hat 2000 ein Gesetz beschlossen, um die humanitäre und soziale Lage der infizierten Frauen und Kinder zu verbessern. Dennoch ist ein großer Teil der betroffenen Personen, aufgrund der Praxis der Versorgungsämter, weiterhin von einem Anspruch auf eine Einmalzahlung oder auf eine monatliche Rente ausgeschlossen …"

„… Bei einer nicht messbaren Viruslast (Nachweisgrenze ist etwa 50 Kopien/ml), schließen die Versorgungsämter trotz positiver Hepatitis-C-Antikörpertests das Vorliegen von Erkrankungen infolge der Anti-D-Immunprophylaxe … aus … Infolgedessen wird den Frauen der Anspruch auf eine Anerkennung der Minderung der Erwerbsfähigkeit (MdE) für eine monatliche Rente verwehrt …“

„… Laut einer Langzeitstudie an einer großen homogenen Kohorte irischer Patientinnen die sich 1977 durch verseuchtes Anti-D-Immunglobulin mit dem Hepatitis-C-Virus infizierten (Gut 2001; 49:423-430), bestehen Folgeerkrankungen auch bei Viruselimination weiter, und die Viruslast gibt nicht die Stärke der Symptome wieder …

„… Weshalb sinken seit 2002 in jedem weiteren Jahr die Aufwendungen des Bundes für die Hilfebedürftigen, wobei sie nach den Planungen des Gesetzes und auch nach dem ‚Informationspapier über den Entwurf eines Gesetzes über die Hilfe für durch Anti-D-Immunprophylaxe mit dem Hepatitis-C-Virus infizierte Personen‘ (BMG, März 2000, Seite 8) eigentlich steigen sollten? …“

Antwort

„… Die Betroffenen haben auch Ansprüche auf Heil- und Krankenbehandlung in entsprechender Anwendung des Bundesversorgungsgesetzes (§ 2 AntiDHG). Aufgrund dieser guten medizinischen Versorgung kommt es in weniger Fällen zu Verschlimmerungen und Folgeerkrankungen, als erwartet wurde …“ Zitatende

„Siehst du, da bleibt selbst dir die Spucke weg“, sage ich und spreche einen Moment nicht weiter.

„Wenn du es nicht mit eigenen Augen sehen würdest, schwarz auf weiß, du könntest es nicht glauben. Gehirnwäsche nenne ich das. Systematisch geplante und durchgeführte Gehirnwäsche.“ Iris verliert an Farbe, sogleich sieht sie noch blasser und schmaler aus als sonst. Sie fragt, „was meinen die denn mit medizinischer Versorgung, außer vielleicht der Interferontherapie, über deren Sinn und Ergebnisse wir ja nun Bescheid wissen?"

„Gute Frage, nächste Frage, Iris."

„Es ist mir alles so schleierhaft."

„Sehr schleierhaft. Es ist alles schleierhaft, wie zu DDR-Zeiten. Als mich letztens die Frau anrief, weißt du noch, von der ich dir erzählt hatte …" „Welche?" „Die schon von Anfang an registriert war, ich nenne sie die Aufbrausende, und die die ganzen Jahre immer zu Nachbeobachtungen sollte."

„Ach, die."

„Ja. Diese Frau hat erzählt, dass sie nicht versteht, wenn sie heute von Behauptungen hört, dass ab damals die Frauen in guter ärztlicher Behandlung gewesen sein sollen."

„Das verstehen wir doch alle nicht."

„Ja, richtig, das ist ein Beispiel mehr, wie mit uns umgegangen wird. Sie hat bis zum Zeitpunkt der Entdeckung der virusreduzierenden Therapie und auch danach keine durchgreifenden Behandlungen bekommen. Sie sagte, da gab es ja gar nix, außer Blutentnahmen und Leberpunktionen, ganz selten mal eine Krankschrift oder ein Rezept für Vitamintabletten, noch viel seltener eine Kur, statt derer die Zeit genauso gut im eigenen Bett hätte ausgeharrt werden können, ist nicht viel passiert. Damals wurde uns und den anderen gleich im Krankenhaus gesagt, dass die jungen Mütter zukünftig keinen Alkohol trinken sollten, aus Sicherheitsgründen, und gesund leben. Damit waren alle guten Ratschläge dann erledigt, alles gesagt.

Sie sagte mir wortwörtlich „Damals war ich 18 Jahre alt, war noch in der Schule. Über die Leber wusste ich lediglich, dass es ein Wort ist, das aus fünf Buchstaben besteht. Aber dass ich vorsorglich keinen Alkohol trinken sollte und gesund leben, das musste man mir nicht dreißig Jahre lang immer wieder neu erzählen. Das habe ich schon beim ersten Mal verstanden und mich immer daran gehalten. Obwohl ich nie begriffen habe, wie es gehen kann, dass ich einerseits gesund sein und andererseits ständig zu Kontrolluntersuchungen gehen soll und mich darüber hinaus, aus Gründen „reiner Vorsorge“, an Anweisungen in meinem zukünftigen Leben halten möchte.

Die Erfahrungen aus dem Krankenhaus und die jahrelang im selben Zusammenhang danach, waren so furchtbar, das wollte ich nicht noch mal erleben müssen. Gesünder als ich hätte keiner leben können, chronisch krank und nicht leistungsfähig bin ich trotzdem, seit all den Jahren.“ Iris sieht mich an. „Was du dir alles merkst.“

„Das merke ich mir nicht alles, aber ich habe ein Diktiergerät neben meinem Telefon. Damit kann ich gut arbeiten und mich erinnern.“

„Also keine gute medizinische Versorgung, diese Interferonbehandlung?“, fragt Iris.

„Noch nie habe ich während meiner Recherchen und den Gesprächen mit den Frauen gehört, dass es ihnen nach einer Interferontheraphie besser geht. So etwas hat mir bisher keine registrierte Frau bestätigt, im Gegenteil, es kamen nur Beanstandungen und Horrormeldungen.“

„Du kennst ja auch nicht alle“, zweifelt Iris.

„Das stimmt schon, aber inzwischen sehr viele.“

Iris staunt nicht schlecht, als ich ihr erzähle „Übrigens, bei der Anfrage an die Bundesregierung ist es nicht geblieben.“ Umständlich hole ich ein weiteres Schriftstück aus meiner neuen Felltasche, die ich mir zum letzten Geburtstag selbst geschenkt habe. Nach längerem Kramen gelinkt es endlich, bis auf eine Seite, die zerknittert ist und die ich erst platt drücke, bevor ich sie weiterreiche.

„Hier, kannst du dir durchlesen.“ Iris rollt mit den Augen, zieht die Augenbrauen hoch, holt Luft und sagt „Och, … ich kann mich nicht mehr konzentrieren, lies mal vor“ Also fange ich an, Zitat:

> „Deutscher Bundestag Ausschuss für Gesundheit, Ausschussdrucksache 16 (14)0334, zu Top 7 der TO am 23.01.2008
>
> Entschließungsantrag der Abgeordneten Frank Spieth, Dr. Martina Bunge, Dr. Ilja Seifert und der Fraktion DIE

LINKE im Ausschuss für Gesundheit des Deutschen Bundestags
Anti-D-Hilfegesetz

Der Ausschuss für Gesundheit des Deutschen Bundestags wolle beschließen, folgende Entschließung anzunehmen:

I.
Die Anti-D-Betroffenenverbände kritisieren Teile der Umsetzung des Anti-D-HG heftig. Die Betroffenen führen an, dass die „Anhaltspunkte für die gutachterliche Tätigkeit im sozialen Entschädigungsrecht und nach dem Schwerbehindertengesetz" (in Folge „Anhaltspunkte" genannt) durch die Versorgungsämter, ihre beauftragten Gutachter und auch von einigen Sozialgerichten so angewendet würden, dass berechtigte Forderungen nicht durchgesetzt werden könnten.

a)
Dies betrifft zum einen das Kriterium der Viruslast. Bei einer nicht messbaren Viruskonzentration im Blut (Nachweisgrenze ist etwa 50 Kopien/ml) schließen die Versorgungsämter das Vorliegen von Folgeerkrankungen der Anti-D-Prophylaxe aus. Infolgedessen wird den Frauen der Anspruch auf eine Anerkennung der Minderung der Erwerbsfähigkeit (MdE) für eine monatliche Rente verwehrt oder MdE-Rückstufungen vorgenommen. Laut einer Langzeitstudie an einer großen homogenen Kohorte irischer Patientinnen, die sich 1977 durch verseuchtes Anti-D-Immunglobulin mit dem Hepatitis-C-Virus infizierten (Gut 2001; 49: 423-430), bestehen die Folgekrankheiten auch bei Viruselimination weiter, und die Viruslast gibt nicht die Stärke der klinischen Symptome wieder. Es scheint daher fraglich, ob das Kriterium der Viruslast als Argument geeignet ist, die Infektion, die klinischen Auswirkungen und damit die Minderung der Erwerbsfähigkeit auszuschließen bzw. herabzustufen. Dennoch findet dies nach Angabe der Betroffenenverbände in vielen Fällen statt.

b)
Die Kritik der Betroffenen an der Anwendung des Anti-D-HG betrifft auch die Nichtberücksichtigung extrahepatischer Manifestationen infolge einer HCV-Infektion durch die Versorgungsämter. Es sei schwierig, dass diese als Folge der Infektion von den Versorgungsämtern anerkannt werden. In den Anhaltspunkten werden nur wenige Beispiele von extrahepatischen Manifestationen aufgezeigt.

c)
Das Rundschreiben des BMAS vom 31.07.2001 zu den „Voraussetzungen einer wesentlichen Änderung der Verhältnisse bei anerkannten chronischen Leiden" wird nach den Informationen der Betroffenen nur unzureichend berücksichtigt.

d)
Es gibt eine Studie des Robert-Koch-Instituts von 1996/97, die sich mit einer Koinfektion der betroffenen Frauen mit dem Hepatitis-G-Virus (HGV) beschäftigte. Die Betroffenen haben jedoch nie von einer staatlichen Stelle eine Information über diese Konfektion erhalten. Es ist derzeit wissenschaftlich nicht geklärt, welche Auswirkungen eine HGV-Infektion hat.

e)
Die Bundesregierung hat mit den Betroffenen über die Probleme bei der Umsetzung des Anti-D-HG gesprochen. Die Betroffenen sind jedoch unzufrieden über den Umstand, dass auch trotz eigener Vorarbeit bislang keine schriftliche Fixierung seitens der Bundesregierung über die Ergebnisse des Gesprächs vorliegt, auf die sich die Betroffenen berufen könnten. Nach Auffassung der Betroffenen war z.B. ein Rundschreiben des BMAS an die Länder mit Hinweisen zur korrekten Umsetzung des Anti-D-HG zugesagt gewesen.

f)
Die Betroffenen haben den Eindruck, dass als eines ihrer Hauptprobleme die Einheitlichkeit der Anwendung des Anti-DHG erfasst wird. Jedoch ist nicht die Einheitlichkeit der Anwendung in der Auffassung der Betroffenen das Problem, sondern die unter a) bis e) genannten Punkte.

II. Der Ausschuss für Gesundheit erkennt die Bemühungen der Bundesregierung, sich in einem Gespräch mit den Betroffenen auseinanderzusetzen, an.

III. Der Ausschuss für Gesundheit fordert die Bundesregierung auf,

die von den Betroffenen in ihrer Stellungnahme vom 28.06.2007 und in dem Gespräch mit der Bundesregierung am 20.11.2007 geltend gemachten Mängel in Bezug auf die Umsetzung des Anti-D-HG und der Regelungen, auf die das Gesetz verweist, einzeln zu überprüfen,

die festgestellten Mängel durch Rundschreiben, Ergänzung der Anhaltspunkte sowie andere geeignete Maßnahmen zu beseitigen,

die Länder darauf hinzuweisen, dass der anspruchsbegründende Nachweis der HCV-Infektion über die im Anti-D-HG genannten Chargennummern erbracht ist, dass somit für diesen betroffenen Personenkreis neue Nachweise der Infektion nicht gefordert werden müssen und entbehrlich sind,

den Betroffenen eine schriftliche Stellungnahme über den im gemeinsamen Gespräch erzielten Konsens zukommen zu lassen und über den Fortschritt der in a), b) und c) genannten Maßnahmen zu berichten.“ Zitatende

Als meine letzten Worte verklingen, suche ich unkoordiniert die auf dem Boden kreuz und quer verstreuten Seiten zusammen.

Dabei drehe ich mich langsam und müde, mit kleinen Augen um und sage fragend „Und? Da siehst du es. Ich bin nicht die Einzige, es ging und geht vielen Frauen so wie dir und wie mir, sogar die Betroffenenverbände beklagen die Problematik im Deutschen Bundestag und Bundesministerium für Gesundheit. Also rede ich mir nichts ein, es stimmt.

Es gibt nur eine Wahrheit. Wahrheit ist immer nur das, was passiert. Es ist, wie es ist. Und was sagst du nun?"

Iris sagt gar nichts mehr, Iris ist eingeschlafen. Sie sitzt halb versunken im großen Sessel in der Ecke und schläft. Auch ich bin ermattet, völlig erschöpft. Ich raffe mich auf, hole eine zerrubbelte Wolldecke, und drapiere sie behutsam über Iris. „So, wie sie da schräg eingekeilt im Sessel schlummert, weiß ich jetzt schon, dass ihr nachher, wenn sie erwachen wird, alle Knochen wehtun werden." Trotzdem, ich lasse sie schlafen und störe sie nicht. Nachher wird es auch nicht anders sein als sonst. Die Gliederschmerzen sind ohnehin immer da ... Ich muss dieses Rundschreiben 2001 finden, von dem hier gesprochen wurde, denke ich. Dabei spüre ich, dass auch mir die Augen schwer werden und zufallen. Ich krame einen kleinen Zettel aus meiner Tasche und schreibe „Schlaf schön, bis demnächst."

Die Nacht hat den Tag abgelöst, und wie gewohnt gebe ich Gas, um endlich nach Hause zu kommen, nehme es weg, lasse mein Auto rollen. Gebe wieder Gas, um voranzukommen und nutze den Schwung aus. „Da stehst du, du Ungetüm." Schon von Weitem registriere ich den Blitzkasten. „Von mir bekommst du kein Geld mehr. Schade, dass Iris eingeschlafen ist, aber was zu viel ist, ist eben zu viel. Dabei sind es diese wichtigen, aber ermüdenden Schriften, die auf der einen Seite das Gewissen entlasten, uns aber noch nicht wirklich helfen.

Tage später. Viel Aufwand, aber ich habe jemanden gefunden, der es mir zusenden konnte, das besagte Rundschreiben. Es wurde veröffentlicht im Bundesarbeitsblatt 9/2001. Zitat:

„Begutachtung im Sozialen Entschädigungsrecht

Wesentliche Änderung der Verhältnisse bei chronischen Leiden

RdSchr. Des BMA vom 31. Juli 2001 – IV c 5 (neu) – 65430-10/65463-5/1-„
„an die Minister und Senatoren für Arbeit und Soziales der Länder, nachrichtlich den Landesvertretungen beim Bund, dem Bundesministerium der Verteidigung – PZV 3 – und dem Bundesrechnungshof.

Eine Neufeststellung nach § 48 SGB X ist in den Fällen, in denen bereits eine bindende Entscheidung über die Anerkennung vorliegt, nur dann zulässig, wenn sich die Verhältnisse nach der letzten Feststellung **wesentlich** geändert haben. Eine wesentliche Änderung im Ausmaß der Schädigungsfolgen unter Beachtung von § 62 Abs. 2 BVG liegt nach Nr. 24 Abs. 2 der „Anhaltspunkte" u.a. vor, wenn der veränderte Gesundheitszustand mehr als sechs Monate angehalten hat oder voraussichtlich anhalten wird und die Änderung des MdE-Grades wenigstens 10 beträgt.

Wie mir bekannt geworden ist, werden diese Grundsätze im Rahmen der Überprüfung bei chronischen Leiden (z.B. chronische Hepatitis C, Crohn-Krankheit, Arthrosen) nicht immer genügend beachtet. So wird eine wesentliche Änderung der Verhältnisse im Sinne einer Besserung nicht selten schon dann angenommen, wenn einzelne Befunde (z.B. ein histologischer Befund oder einzelne Laborwerte) ein günstigeres Ergebnis als zum Zeitpunkt der letzten Entscheidung zeigen.
Bei chronischen Leiden ist jedoch zu berücksichtigen, dass einzelne, insbesondere laborchemisch oder bioptisch erhobene Befunde, nicht immer das tatsächliche Ausmaß des Leidenszustands zum Zeitpunkt der Untersuchung wiedergeben und auch chronische Leiden selbst unter Therapie

Schwankungen im Leidenszustand aufweisen. Deshalb ist vor der Feststellung einer Besserung des Leidens sorgfältig zu prüfen, ob die festgestellte Änderung wesentlich ist. Hierbei ist der jeweilige Gesamtleidenszustand unter Beachtung aller klinischen, laborchemischen, histologischen und bildgebenden Untersuchungsbefunde sowie des bisherigen Verlaufs der Erkrankung zugrunde zu legen und darzutun, dass der gebesserte Gesamtleidenszustand als so stabil anzusehen ist, dass er über einen Zeitraum von sechs Monaten hinaus angehalten hat oder voraussichtlich anhalten wird …

…

… Dieses Verfahren erhöht nicht nur die Qualität von Verwaltungsentscheidungen, sondern ist im Interesse der Rechtssicherheit der Betroffenen auch geboten. Ich bitte, entsprechend zu verfahren.

Im Auftrag B. …“ Zitatende

Langsam gewinne ich den Eindruck, dass alle infizierten Frauen besser Jura und Medizin studiert haben sollten, um ihre berechtigten Ansprüche auf Anerkennungen durchsetzen zu können. Nicht mal die Hälfte von all dem, was ich in letzter Zeit gelesen habe und was hier steht, kann ich begreifen.

Nach der virusreduzierenden Therapie ist meine rentenberechtigte Anerkennung weg, aber ich fühle mich genauso krank wie vorher auch. Was soll ich jetzt machen, soll ich nun studieren, um verstehen zu können?

Ich sehe mich schon sitzen, mit meinen ständigen Konzentrationsstörungen, Merkstörungen und der chronischen Leistungsinsuffizienz. Das würde ganz sicher nichts mehr werden … Und nun? Soll ich mir die Leber punktieren lassen, nur damit ich dem Amt Beweise vorlegen kann?

Wer würde das bezahlen, wenn ich mich dem Risiko eines operativen Eingriffs unterziehe, mir zum x-ten Male in die Leber stechen lasse? Das Amt, das mir den letzten Bescheid mit „0 Funktionsbeeinträchtigung" ausgestellt hatte?

Das Landesamt für Familie und Soziales erlässt im Verfahren nach
dem
Anti-D-Hilfegesetz
folgenden
Widerspruchsbescheid
nach § 85 des Sozialgesetzes (SGG)

Ihr Widerspruch vom … 2006 gegen den
Bescheid des Amtes für Familie und Soziales
vom … 2006 wird zurückgewiesen.

Gründe:
Mit dem Widerspruch wenden Sie sich gegen die Entscheidung, dass hinsichtlich der Hepatitis-C-Erkrankung eine wesentliche Besserung eingetreten ist und deshalb der Grad der Minderung der Erwerbsfähigkeit (MdE) nunmehr 0 v.H. beträgt und eine monatliche Rentenzahlung gemäß § 3 Abs. 2. Anti-D-HG nicht mehr zusteht.

…

Grundlagen für die Bewertung der MdE sind die „Anhaltspunkte für die ärztliche Gutachtertätigkeit im sozialen Entschädigungsrecht", deren Kriterien dem jeweils aktuellen medizinischen Kenntnisstand angepasst werden.

…

Dabei wurde der Tatsache Rechnung getragen, dass die 1996 durchgeführte Interferontherapie keine Besserung brachte.

2003/2004 unterzogen Sie sich erneut einer Interferontherapie mit Ribavirin und Interferon, infolge derer die zuvor jahrelang chronisch-persistierende Virushepatitis C als ausgeheilt anzusehen ist. In den nach Therapie beigezogenen Untersuchungsergebnissen waren alle Werte im Normbereich, die PCR negativ, sodass keine MdE mehr festgestellt werden kann. Ein Anspruch auf eine monatliche Rente besteht damit nicht mehr.

…

Hinweis

Mit diesem Bescheid ist das Verwaltungsverfahren abgeschlossen. Ihre Akte wurde mit gleicher Post an das Amt für Familie und Soziales zurückgegeben.

Es geht mir nicht besser, aber die gesellschaftliche Anerkennung ist weg. Na toll. Mich würde brennend interessieren, wie vielen Frauen es genauso geht wie mir. Hatte mir nicht einmal jemand erzählt „Wer vom Staat Leistungen will, der muss auch beweisen, wofür?“ Ich hatte meine zugefügte Krankheit doch zuvor bewiesen und eine Anerkennung erhalten, „bindende Feststellung“. Doch jetzt bin ich in der Situation, dass ich mit Blutwerten alleine keine Beweise antreten kann. Ein Teufelskreis, mein Pech. „Genauso sieht es aus“, denke ich. „Des einen Glück ist des anderen Leid.“ Ich sitze unruhig auf meinem Drehstuhl.

Da allem Anschein nach die Anerkennung vieler Frauen zurückgestuft oder ihnen so, wie sie vorher war, wieder aberkannt wird und dadurch die Folgeerkrankungen sowieso kein Thema mehr sind, könnten die Zahlungen „natürlich“ kontinuierlich abnehmen.

„Wir bezahlen jegliche Behandlungen aus der eigenen Tasche. Das ist doch alles krank.“ Einen Moment lang bin ich still. Die Stille tut gut. Dann kann ich nicht anders und schreie noch einmal „Nichts als Irreführung. Es gibt keine Heilbehandlung, die uns nach über dreißig Jahren die volle Gesundheit wieder zurückbringt! Wir haben doch die kompetenten Wissenschaftler gehört. Der zerstörerische Prozess ist eingeleitet, ob mit oder ohne Virus. Es gibt gegen unsere chronischen Infektions-Folgekrankheiten noch kein Medikament, das unsere Gesundheit wieder voll herstellen kann, den Beweis dafür erleben wir doch jeden Tag, jede Einzelne von uns."

Mein Dampf ist raus. Allmählich werde ich ruhiger, es ist zu anstrengend. Doch dann koche ich das Thema noch einmal auf. Nur auf Sparflamme.

Auch wenn der Weg der Frauen kilometerlang ist und einmal um die Welt geht. Sie jahrelang durch die Gerichte führt, von Anwälten begleitet, so muss schließlich eine gerechte Bewertung unserer Folgekrankheiten absehbar sein.

Ein Satz von einer betroffenen Dame aus Köln geht mir nicht aus dem Sinn. Sie sagt, dass sie ständig vom Amt abgewiesen wird. „Irgendwann müssen sie mich anerkennen. Wenigstens anerkennen. Von einer Rente ganz abgesehen. Das ist der einzige Wunsch, die einzige Hoffnung, die ich noch habe."

Ich frage die Dame, ob ich unser Gespräch aufzeichnen darf, da ich mir keine Inhalte mehr merken kann.

Die Dame möchte nicht, dass ich aus ihrem Leben berichte. Sie steht noch in einem öffentlichen Beruf, fürchtet um ihren Arbeitsplatz. Diesen Wunsch respektiere ich und ich schalte während des Gesprächs mein Aufnahmegerät auch sofort aus, das neben meinem Telefon seinen festen Platz gefunden hat.

„Was ist denn das nur?" Morgens stehe ich wie immer mit bleischweren Armen und Beinen auf. Die Hände sind steif, alles schmerzt, und ich laufe wie eine 100-Jährige ins Bad. Den Wasserhahn kann ich so nicht aufdrehen, die Zahnbürste nicht halten, also erst einmal nur das Nötigste tun und warten, bis die Morgensteifigkeit etwas nachlässt. Meine Funktionsstörungen nehmen immer mehr zu. Als ob ich Koffer, vollgefüllt mit Goldbarren durch die Gegend schleppte, so hängen meine schmerzenden Arme am Körper. Wann bin ich morgens eigentlich das letzte Mal aufgestanden und habe mich erholt gefühlt? Ich kann mich nicht mehr daran erinnern, mir fällt es nicht ein. Seit Jahren stehe ich morgens auf und fühle mich so, wie andere, wenn sie nach hartem Tagwerk ins Bett gehen. Keine Erholung durch Schlaf, warum? Hat es etwas mit der Dauermüdigkeit zu tun, von der die Professorin gesprochen hatte?

Obwohl meine gesundheitlichen Beeinträchtigungen dem Amt bekannt sind, werde ich nach der Therapie gegen das Hepatitis-C-Virus auf 0 Funktionsstörungen eingestuft. Das Widerspruchsverfahren hängt seit dem Jahr 2006 in der Luft. Symptomen wie Herzrasen und Konzentrationsstörungen, Müdigkeit, Abgeschlagenheit … wird keine Bedeutung von Amtswegen beigemessen. Es ist also egal, was ich als Betroffene dem Amt schildere, meine Beschwerden werden nicht als Funktionsbeeinträchtigung angesehen.

Eine betroffene Frau hat mir letztens am Telefon gesagt, „wir könnten mit dem lieben Gott zum Amt kommen, und selbst wenn Gott bestätigt, dass das, worunter wir leiden, die Folgenschäden der Hepatitis-C-Virus-Infektion sind, dann würde das Amt trotzdem NEIN sagen."

Ein Arztbesuch wird erforderlich, nachdem ich meine Schmerzen nicht mehr aushalte.

Eine Untersuchung in einer medizinischen Röhre wird empfohlen sowie eine Untersuchung bei einem Gastroenterologen, um den Beeinträchtigungen auf den Grund zu gehen. Alleine das Wort „Röhre" löst ein beklemmendes Gefühl in mir aus.

Ich denke an die zu enge Lederhose, die ich nur mit Mühe rauf- und runterstreifen konnte. Diese Lederröhren ließen keinen Handlungsspielraum zu, ich befand mich in einer echten Zwangslage. Auch der Innenraum eines Flugzeugs erinnert an eine Röhre und an das schutzlose Ausgeliefertsein.

Alles Reden des Flugbegleitpersonals über Schwimmwesten und Atemmasken können nichts an meiner Angst ändern. Es nützt alles nichts, ich muss mich untersuchen lassen.

Die medizinische Einrichtung lässt mir acht Wochen Vorbereitung. Zeit genug, um mich über den Ablauf zu erkundigen.

Ein zweiter Überweisungsschein führt mich zu einem Gastroenterologen in meiner Nähe. Hoffnungsvoll wende ich mich an einen fremden Herrn Internisten. Zahlreiche Eröffnungssätze liegen für das Gespräch in meinem Kopf bereit, um so präzise wie möglich und nötig meine Beschwerden in kürzester Zeit zu benennen. Ich versuche sie sinnvoll zu ordnen, kurz halten, sonst ist alles wieder weg.

Bevor ich überhaupt beim Arzt sitzen kann, bin ich schon vom Denken erschöpft. „Das kann ja was werden." Das Wartezimmer ist voll und der Versuch meiner geistigen Vorbereitung lang. Dieser Herr ist nicht nur Internist, er ist gleichzeitig Psychologe, was ich erst in seinem Behandlungszimmer erfahre.

Nach einem kurzen Gruß wird mir ein Platz angeboten. „Sie sind neu, Sie habe ich noch nicht gesehen." „Ja", sage ich und werde vor Anstrengung knallrot. Wie eine überreife Kirsche sitze ich neben diesem Herrn, und nicht ein Satz fällt mir mehr ein. „Eine Denkblockade, ausgerechnet jetzt, oh nein, nicht schon wieder. Ich habe mich doch so vorbereitet, um mein Anliegen auf den Punkt zu bringen, ich brauche Hilfe, und nun fällt mir nichts ein. Was ist das nur?"

„Was führt Sie zu mir? Psychische Probleme? Sie wissen, dass ich Psychologe bin?" Dabei sieht er mich nicht an. Er redet mit gesenktem Kopf und spricht mit seinem Schreibtisch. Später lese ich, dass es Absicht ist.

„Ja, psychische Probleme habe ich auch." Ich denke sofort an meine Ängstlichkeit.

„Sie müssen sich schon entscheiden, weswegen Sie bei mir sind."

Ich schlucke einen Klumpen Luft hinunter und muss mich zügig entscheiden, weswegen ich nun bei ihm sitze.

„Eigentlich führen mich die entsetzlichen Muskel- und Gelenkbeschwerden zu Ihnen", sage ich und komme mir wie ein Stümper vor.

„Da müssten Sie zu einem Rheumatologen. Ich kenne einen guten Arzt. Wollen Sie das?"

„Ja, sehr gern."

„Wollen Sie das wirklich?"

Noch ein „Ja" bleibt mir im Hals stecken. „Was weiß ich denn, wo ich tatsächlich hingehöre?", denke ich. Also sitze ich nun auf diesem Stuhl und erhalte schließlich einige Zettel mit zahlreichen Fragen, die ich nach bestem Wissen beantworten soll. Ich setze mich in das Wartezimmer zurück, wo genug andere Patienten auf diesen Arzt hoffen und ebenfalls Zettel auszufüllen haben. Schön zu wissen, dass jüngere Herren und Damen auch psychisch erkrankt sein können, ich bin nicht alleine. „Den einen Mann kenne ich sogar", stelle ich fest.

„Es ist auch einfacher, die Patienten wieder in den Warteraum zurückzuschicken, als sich in der gleichen Zeit mit ihnen zu unterhalten. Es könnte doch der Arzt diese Fragen stellen und dabei den Patienten kennenlernen." Allein und doch nicht allein, suche ich mir mit meinen Zetteln einen Stuhl zwischen den anderen Menschen und setze mich gedanklich mit den Fragen auseinander.

Ich kann nicht anders und sehe mich nach den anderen Patienten um. „So viele", denke ich. „Haben die alle was an der Waffel? Ganz schön voll hier. Wo führt uns unsere Gesellschaft bloß hin? Ob früher oder später alle beim Psychologen sitzen, selbst der Psychologe? Wenn dieser Arzt Tag für Tag nur kaputt gespielte Menschen vor sich sitzen hat, könnte er irgendwann sein eigener Patient sein … Was ich mir so zusammendenke, ich muss mich konzentrieren."

Aufgrund der Überfüllung dieser Arztpraxis kann ich beim besten Willen nicht erwarten, dass sich der Arzt die Zeit für mich nimmt und jede einzelne Frage mit mir durchgeht und wohlmöglich noch meine Antworten bespricht. Außerdem könnte er mich zu gut kennenlernen. Das ist bestimmt nicht vorgesehen.

Von vier möglichen Kästchen pro Frage muss ich mich für eines entscheiden und dieses ankreuzen. Ich solle nicht lange über die eine oder andere Frage nachdenken, so die Anweisung. Der erste Gedanke soll bewertet werden. „Ja wenn doch aber gar nichts zutrifft? Wenn jede Antwort falsch wäre, soll ich etwa lügen, oder was? Das werde ich nicht tun. Dann bleiben eben Fragen offen, das ist auch eine Aussage."

Am Computer beantworte ich ebenfalls ein Dutzend Fragen mit Ja oder Nein. Nach etwa einer Stunde betrete ich noch einmal den Behandlungsraum und erfahre, dass ich tatsächlich depressiv bin. Natürlich weiß ich das schon seit der Interferontherapie, da habe ich es selbst gemerkt, und ich glaube dem Herrn Psychologen diese Diagnose sogar. Das Amt weiß es auch, aber anerkannt wird es nicht.

Noch einmal spreche ich meine schmerzhaften Muskel- und Gelenkbeschwerden an und erfahre vom Arzt, dass ich inzwischen schon länger als eine Stunde seine Praxis nutze und er jetzt endlich wissen müsse, weshalb ich bei ihm bin. Das ist der Moment, in dem ich gar nichts mehr zu sagen weiß. In meinem Kopf ist nur noch Leere, und ich stelle keine Frage mehr. Ich habe keine mehr parat. Der Herr Doktor greift in sein Regal, nimmt eine kleine Broschüre heraus und sagt „Die schenke ich Ihnen. Lesen Sie die einmal in Ruhe durch."

„Danke", höre ich mich friedlich sagen und greife nach dem Heftchen. „Ich werde Sie an einen Herrn Professor überweisen, der kennt sich bestens aus mit diesen Fällen." Er reicht mir nebenbei einen Überweisungsschein über den Tisch und füllt ein Begleitschreiben aus. „Der kann gleichzeitig zwei Sachen machen", bewundere ich und starre ihn an, als wenn er soeben vom Mond gekommen wäre. „Danke", sage ich noch einmal und nehme das Schriftstück entgegen. Erhebe mich wie eine nasse Taube vom Stuhl und verlasse mit hängenden Flügeln den Raum.

„Endlich habe ich wieder eine Überweisung an den Professor, der schon seit Jahren meine Blutwerte dokumentiert. Es scheint nur diesen einen Professor zu geben, der sich mit den Folgen der Hepatitis-C-Virus-Infektion auskennt."

Vor der Praxis wartet mein Auto. Enttäuscht und müde lasse ich den Motor an. Auto, mein treuer Freund, wir können starten, weg von vorgedruckten Fragezetteln, hinein in das Verkehrsgeschehen. Während in mich in Reih und Glied einordne, stelle ich fest „Soeben hatte ich nichts erfahren, dass mir weiterhelfen könnte. Was habe ich denn nun erreicht?" Die Ampel ist rot, und ich starre das kleine Heft an.

„Ich habe bekannte Menschen aus meinem Ort wiedergesehen, vielleicht besteht Verdacht auf Depressionen.

Ich weiß jetzt, wie man Depressionen nachweisen kann. Voraussetzung ist das Lesen und das Verstehen von Fragen. Mir wurde ein Geschenk in Form dieser Broschüre von einem Menschen übergeben, dessen Äußeres ich von der Seite und von hinten beschreiben könnte. Zumindest so lange, bis meine Merkstörungen wieder zuschlagen. Zudem kann ich jetzt einschätzen, dass ich die Arztpraxis eine unverschämt lange Zeit für meine Interessen genutzt hatte. Darüber werde ich später noch nachdenken, denn das ist keinesfalls in Ordnung." Ein blaues Hinweisschild führt mich auf die Autobahn. Neben mir liegt das kleine Buch. Ich schiele auf die Rückseite, auf der steht „Denke positiv."

„Vielleicht beantwortet mir dieses Büchlein all meine Fragen. Das Amt wird dieses Buch nicht als Gutachten anerkennen."

Nach acht Wochen Wartezeit sitze ich endlich gut vorbereitet für eine Magnet-Resonanz-Tomografie im Wartezimmer einer röntgenologischen Praxis bereit. Es ist ein Verfahren, das mit Magnetfeldern und Radiowellen arbeitet. Im Kernspint-Tomografen befindet sich ein sehr starkes Magnetfeld. Dieses zieht während der Untersuchung die Atome des menschlichen Körpers an und zeigt Veränderungen an den Organen, wie entzündliche Geschehen, oder auch nicht.

Nun liege ich vor einer der monströsen Röhren auf einer Liege, auf der ich nach kurzer mündlicher Aufklärung in diese Röhre hineingefahren werde. Selbstverständlich erwarte ich nicht, dass die Medizinerin sich zu mir legt und mich tröstet. Jedoch hätten mir einige beruhigende Worte bestimmt gutgetan. Doch wer weiß, wie oft sie solch beruhigende Worte heute schon hat sagen müssen. Vielleicht hatte sie es bei mir nur vergessen oder glaubte, Worte wie „Keine Angst, es passiert Ihnen nichts" oder Ähnliches schon gesagt zu haben.

Sofort schließe ich die Augen und beruhige mich selbst. Mir ist mulmig. Die Ängstlichkeit ist entsetzlich. Kopfhörer sollen vom Knacken und Brummen ablenken. Zu mir gesellen sich noch ein paar Radiowellen.

Mir wird ein Nachrichtensender übergestülpt, und ich erfahre von einem Flugzeugabsturz mit zahlreichen Toten und Verletzten. Ich verdrehe meine geschlossenen Augen. Atme kräftig durch. Zu kräftig aber auch nicht, da ich glaube, dass in der engen Röhre für ein Aufblähen des Brustkorbs kein Platz ist und dass ich dadurch etwas in ihr zerstören könnte.

Mir fällt mein letztes Konzert ein. Eine Begebenheit mit einem kleinen Jungen, der ängstlich zu mir gelaufen kam und mir mitteilte, dass er diesen Auftritt nicht überleben wird. Ich hockte mich also vor den kleinen Knaben von acht Jahren und sagte „Du wirst es überleben. Ich halte meine beiden Daumen, und du kannst mich jederzeit ansehen. Wenn dir schlecht wird, dann helfe ich dir. Gut, dass du mir von deiner Angst erzählt hast. Wir werden gemeinsam deine Sorgen wegmusizieren, versprochen. Ich bin bei dir."

Er hat es überlebt. Nach dem Konzert strahlte er glücklich und erleichtert seine Eltern an. Da mir in dieser Röhre niemand entgegenlächeln wird, um mir Mut zuzusprechen, belächle ich meine Situation unter den Kopfhörern und denke „Ich werde es schon überleben. Die Ärztin soll nur nicht glauben, dass ich über die Botschaften der Nachrichtensendung lächle."

Etwa eine halbe Stunde führe ich alle Atemübungen aus, die mir zusätzlich zu den Nachrichten und zur Musik über die Kopfhörer zugerufen werden.

„Einatmen, anhalten, nicht atmen. Ausatmen. Einatmen, anhalten, nicht atmen. Ausatmen, weiteratmen." In dieser luftlosen Zeit zähle ich bis etwas zwanzig oder gehe im Viervierteltakt Lieder durch. Dann darf ich wieder nach Luft schnappen, und schon kommt eine neue Anweisung.

„Einatmen, ausatmen, nicht atmen. Weiteratmen." Nach etwa zwanzig dieser rhythmischen Einheiten wird mir schwummrig. „Diese Atemübungen hätte ich trainieren sollen", denke ich. „Hätte ich das vorher gewusst, ich hätte trainiert." Eine kleine Gummiklingel für den Notfall in meiner Hand tröstet mich. Die Gedanken „Du kommst hier nicht raus …" begleiten mich, bis die Medizinerin an die Röhre tritt und mir ein Kontrastmittel in die Adern spritzen will. Als ich höre, wie sie mit dem Papier knistert, rufe ich heraus „Kann ich bitte hier raus?“ Sofort fährt die Liege mit mir ins Freie, wo die Medizinerin sagt, „Sie sind aber noch nicht fertig.“

„Das habe ich mir fast gedacht, aber ich will mit ansehen, wie Sie mir das Mittel spritzen“, spreche ich leise. „Warum?“, fragt sie zurück, dabei blickt sie mich verständnislos an. Mit einem Lächeln habe ich keineswegs gerechnet, dennoch, den Grund verrate ich ihr nicht. Es würde zu lange dauern.

„Ich werde Ihnen das Mittel in den Fuß spritzen.“ „Warum in den Fuß?“

„Ach ja, sie sind ja gar nicht mehr in der Röhre. Also in den Arm.“ Und schon schwimmt das Kontrastmittel in mir, und sofort geht es wieder in die Monstermaschine zurück.

Auf Kommando atme ich etwa zwanzigmal hintereinander erst tief ein, halte an und atme wieder aus und atme ein, halte an und atme wieder aus. „Normal weiteratmen“, höre ich endlich. „Geschafft!“ Die Liege wird ins Freie gefahren. Mit knappen Worten, „Vielen Dank und auf Wiedersehen“, verlasse ich auf dem schnellsten Wege diese Einrichtung. Ein Lächeln brauchte ich nicht zu ihr schicken, denn sie verließ den Raum noch eher als ich.

Durch den Überweisungsschein des Herrn Gastroenterologen, der sich auch als Psychologe vorstellte, dessen Zeit und Praxis ich äußert strapazierte, verfange ich mich schließlich wieder in der medizinischen Einrichtung, die mich seit Jahren in ihrer Statistik führt. Wo die Chefsekretärin Rezepte gegen Haarausfall ausfüllt, angeforderte Blutwerte auf dem Laborzettel ankreuzt und mich mit ihrem bezaubernden Lächeln kreuz und quer durch alle Etagen des Krankenhauses schickt.

Gewohnt zaghaft klopfe ich an die Chefsekretärinnentür und hoffe auf ein „Herein.“ Eine Ewigkeit warte ich auf diese Aufforderung. Zwischenzeitlich ging die Tür mehrere Male auf und zu. Einmal ging die Tür sogar so weit auf, dass die Chefsekretärin mich erblicken konnte. „Nun kann es noch länger dauern, sie hat mich gesehen.“

Was auch immer passiert, ich nehme es hin. Geduldig schlürfe ich den Gang entlang und belese mich an einer Tafel über gesunde Ernährung. „Ja, so könnte es sein, die Chefsekretärin wird diese Zeilen entworfen haben, und selbstverständlich will sie nun auch, dass die Patienten sie lesen." Nachdem ich den Text fast siebzehn Mal gelesen hatte, öffnet sich die Hoheitstür, und mir wird Einlass gewährt.

„Ich ersuche Sie wegen eines Termins. Mir geht es seit Langem nicht besonders gut." Zeitgleich lege ich ihr unaufgefordert die Krankenkarte, nach der sie sonst immer zuerst fragte, und den Überweisungsschein auf den Tisch.

„Zu mir brauchen Sie nicht mehr kommen, der Herr Professor ist im Ruhestand. Bitte wenden Sie sich zukünftig nur noch an Frau Doktor … in der zweiten Etage." Sie ergreift meinen Schein mit zwei Fingern und hält ihn mir entgegen. Nach der Krankenkarte greife ich selbst. „Vielen Dank für Ihre Auskunft. Ich wünsche Ihnen alles Gute, denn wir werden uns nun nicht mehr sehen."

„Das wünsche ich Ihnen auch", ruft sie mir hinterher. „Danke." Ich schlappe die Stufen nach unten und suche die Stationsärztin in der zweiten Etage auf.

Ich führe ein Begleitschreiben mit mir, das mir von eben dieser Stationsärztin kurz zuvor zugesandt worden war.

„Der Beweis unserer Wichtigkeit. Sie ist die Nachfolgerin des Herrn Professors und muss nun die Datenbanken füttern. „… Die weitere Betreuung wird übernommen …" steht in diesem Schreiben. „Betreuung", äffe ich nach. „Was denn für eine Betreuung? Sie meint bestimmt die Statistik. Wir werden sehen."

Leider kann ich trotz meiner Suche die Ärztin auf ihrer Station nicht antreffen. So beschließe ich von zu Hause aus, auf schriftlichem Wege einen Termin zu erhalten. „Immer wieder diese sinnlosen Kilometer, die wir fahren müssen. Immer gegen null", schimpfe ich während der Fahrt wie ein Rohrspatz.

Vorausschauend lege ich den Überweisungsschein zu den schriftlichen Darlegungen meiner Beschwerden in das Kuvert. Tatsächlich wird mir ein Termin in sechs Wochen angeboten. Ich gehe davon aus, dass ich bis dahin mit meinen jahrelangen

Beschwerden durchhalten werde. Mit so viel Entgegenkommen und Engagement hätte ich nicht gerechnet. „Zwei Wochen weniger als zuvor die acht Wochen Wartezeit, immerhin" johle ich.

Der besagte Termin steht an. Pünktlich morgens um neun erreiche ich die Station. Minutenlang sehe ich dem emsigen Personal bei seiner Arbeit zu. „Alle haben gut zu tun. Das Krankenhaus und auch die Stationsärztin erwarten mich nicht", stelle ich fest. Nach einer weiteren Viertelstunde Wartezeit schleiche ich ein wenig auffälliger den Gang entlang. Immer wieder an dem Raum vorbei, der durch Glasfenster gesichert ist und hinter dem fleißig gearbeitet wird.

„Ist das Panzerglas? Es beginnt bald die Visite", denke ich. Die Zeiten dafür habe ich im Kopf, durch die zahlreichen Punktionen, die auf dieser Station an der Leber bei meiner Tochter, Iris und mir durchgeführt worden sind. Wieder schlürfe ich möglichst auffällig an dem Glaszimmer vorbei und erblicke die Ärztin, die sich über Patientenakten den Kopf zerbricht. „Soll ich da hineinplatzen? Das wäre unhöflich. Da keiner herauskommt, muss ich wohl da hinein. Ich habe auf diesen Termin sechs Wochen gewartet. Warum will denn keiner wissen, was ich hier überhaupt zu suchen habe? … Sie können mich doch durch die Scheiben sehen." Der Raum ist nur etwa fünfzehn Quadratmeter groß, aber in ihm laufen mindestens sechs Personen umher, und sie haben alle etwas zu erledigen.

Soeben läuft einer heraus, an mir vorbei, und schon ist eine andere Person wieder drin. Es geht zu wie im Bienenstock. Ein Bett mit einem schläfrigen Patienten wird aus einem Zimmer gefahren. Ein anderes, in dem ein blasser Mensch liegt, wird aus dem Fahrstuhl geschoben und verschwindet in einem Zimmer.

„Komisch, komisch. Habe ich mich im Datum geirrt?" Nach einer Dreiviertelstunde Wartezeit kommt die Ärztin auf mich zu … Sie hatte keine Ausweichmöglichkeit. Sie fällt aus allen Wolken, als sie mich erblickt. Sie bittet mich, ihr zu folgen und in einem kleinen Raum Platz zu nehmen. Unsere Unterhaltung verläuft unter rastloser Hektik und in Nervosität, das ist nicht gut für mein Denkvermögen.

„Morgens am Tage und schon so durch den Wind“, denke ich. Stark gestresst und in großer Eile redet die Ärztin über ihr schlechtes Gewissen, das sie gegenüber ihrer Familie hat. „Ich komme fast nie vor achtzehn Uhr aus dem Krankenhaus. Sie sehen ja, was hier los ist.“

„Das ist wohl wahr.“ So lasse ich die Ärztin eine Weile ihre Sorgen und ihren Stress abladen, in der Hoffnung, sie möge danach frei für die meinigen sein. Ich höre zu, verbuche ihren ersten Satz als freundliche Entschuldigung für meine Wartezeit und lasse sie reden.

„Was kann ich für ihren Feierabend?“, denke ich und schon fällt mir nicht mehr ein, was ich ihr berichten wollte.

Wenigstens habe ich erneut verstanden, dass sie für mich eigentlich gar keine Zeit hat. Sie sucht nach meiner Krankenakte und raschelt in ihr herum. „Für diesen wirren Moment habe ich den Terminzettel sechs Wochen nicht aus den Augen gelassen.“ Noch während sie irgendetwas sucht, suche ich nach passenden Worten. Wegen der davonrennenden Zeit und meiner penetranten Vergesslichkeit rede ich wie gewohnt einfach drauflos. Ich hole Luft und sage „Meine entsetzlichen …“. Noch bevor ich meine Beschwerden äußern kann, kommen Ärzte in das kleine Zimmer und stellen der Stationsärztin einige Fragen zu verschiedenen Patienten. „Ich komme gleich“, ruft sie dem Personal hinterher.

„Ich bin auch gleich weg“, denke ich. „Soll ich sie um eine Terminverschiebung bitten?“ Sie dreht sich zu mir, das ist meine Chance.

„Meine Gelenk- und Muskelbeschwerden nehmen zu …“

Nachdem ich diesen Satz sage, entgegnet sie mir, „… Sie können nicht alles auf die C schieben …“ Dieser Satz gräbt sich sofort in mein Gehirn. Nach einer kurzen, unvollständigen Schilderung meiner gesundheitlichen Situation schickt sie mich mit einem vollgeschriebenen Zettel ins Labor.

„Wie viele Röhrchen Blut werden sie wohl heute abzapfen? Und wo geht es diesmal hin, vielleicht in die Schweiz, die USA oder Großbritannien? Ich lasse, wie schon seit Jahren mein

Blut abfüllen und bin interessiert, was die Ursache für meine Beschwerden sein kann.

Der letzte Satz der Ärztin, „… wenn etwas Auffälliges gefunden wird, dann werde ich mich bei Ihnen melden …" beruhigt mich ungemein.

Tage und Wochen ziehen an mir vorüber. Die andauernde Müdigkeit, Konzentrations- und Aufmerksamkeitsstörungen, die starken Gelenkbeschwerden, die bleiernen Muskeln nicht nur in meinen Armen, die trockenen Schleimhäute … ignoriere ich, so gut es geht. Immer wieder denke ich über den einen Satz nach „Sie können nicht alles auf die C schieben".

Seit diesem Satz, mitgeteilt aus dem Munde einer Ärztin, die Mitautorin einer Publikation ist, weiß ich, dass ich mit ihr nicht die geringste Chance auf ein vertrauensvolles Arzt-Patienten-Verhältnis habe, geschweige denn eine vertrauensvolle Behandlung zu erwarten habe. Die Begleit- und Folgeerkrankungen der Hepatitis-C-Virus-Infektion sind ihr anscheinend weniger geläufig als inzwischen mir selbst. Dieser eine Satz verändert mein Leben.

„Sie kann mir nicht helfen, sie wird mir nicht helfen. Sie forscht. Sie ist an unseren Blutwerten interessiert. Warum bin ich nur wieder in dieses Krankenhaus gefahren? Ich rede mir ein „Ich habe keine Schmerzen, mir geht es blendend. Ich bilde mir die Schmerzen und die anderen Störungen nur ein. Besser wie jetzt ging es mir noch nie … Ich gebe nicht auf. Ich brauche die Ergebnisse."

Vier Wochen vergehen. Ich fasse Mut und rufe „meine" Ärztin im Krankenhaus an.

In ihrem Arztzimmer kann ich sie über das Telefon nicht erreichen, und so lasse ich es auf der Station klingeln, wo hoffentlich eine Person vom Pflegedienst oder ein anderer Mediziner den Hörer abnehmen wird.

Wie vermutet, kann niemand Frau Doktor finden. „Ich versuche es später noch einmal", sage ich, bedanke mich für die Mühe und lege auf. Auch am nächsten Tag habe ich kein Glück. „Schafft sie mein Blut persönlich weg?"

Ich versuche es noch einmal. „Wann kann ich die Oberärztin sprechen? Wann ist es denn günstig?“ „Überhaupt nicht“, bekomme ich gesagt. Diese Bemerkung verbuche ich sofort als Scherz. „Wissen Sie, ich versuche schon seit einigen Wochen, die Oberärztin zu sprechen.“ „Das kann ich verstehen“, entgegnet die Dame am anderen Ende der Telefonleitung. Mir bleibt wieder nichts anderes übrig, als mich höflich zu verabschieden. Bei all diesen Kontakten liegt mein Aufnahmegerät bereit. Ich bin nicht mehr in der Lage, mir irgendein Gespräch zu merken.

„Wie soll ich mich vertrauensvoll an sie wenden, wenn ich nicht einmal ein Gespräch mit ihr führen kann, weil sie telefonisch nicht zu erreichen ist?“, denke ich wütend.

Ich lasse die Geschehnisse und die rastlose Stärke meiner Dauerschmerzen noch einmal Revue passieren. „Weit bin ich noch nicht gekommen“, stelle ich fest. „Meine Hausärztin schickt mich zum Psychologen, mag sein, dass ich da auch hingehöre. Dieser Herr schreibt eine Empfehlung an den Herrn Professor.

Weil dieser Herr Professor aus Altersgründen sein Amt niedergelegt hat, werde ich von der Stationsärztin seines ehemaligen Wirkungskreises angeschrieben und informiert, dass sie die ambulante Behandlung weiter aufrechterhält. Ich frage mich, welche ambulante Behandlung wohl damit gemeint ist? Die Behandlung und Verwaltung meiner Blutwerte?

Das Warten auf einen günstigen Moment erstreckt sich, so kommt es vor, wie in einem zeitlosen Vakuum. Ich laufe um das Telefon herum und denke über die nächsten Schritte nach, die ich noch einleiten könnte, um an meine Befunde zu kommen. Denn irgendeine Ursache müssen die entsetzlichen Schmerzen doch haben.

Ich habe alles versucht, ergebnislos. Die Schmerzen sind nicht wegzureden.

Endlich, ich spreche mit der Medizinerin. „Hören Sie?“, sagt sie, „alles ohne Befund.“ „Danke, das freut mich.“ „Und was ist mit meinen Gelenkbeschw…“ tut, tut, tut „…erden?“ Aufgelegt. Ich bin entsetzt, wie schnell ich wieder einmal abgefertigt wurde.

„Mein Name ist Gerda, ich habe Ihr Buch ‚Die Frauen und das Virus' gelesen, und ich würde mich gern mit Ihnen unterhalten." Ein zartes Stimmchen schlüpft durch die Telefonleitung an mein Ohr.

„Gern. Vielen Dank für Ihr Interesse an meinem Buch. Es ist ein Buch über uns. Es ist zwar meine Geschichte, aber es ist auch gleichzeitig ein Stück weit die unsere. Ich werde zu Ihnen kommen", verspreche ich, und die Dame ist mit meinem Vorschlag für einen Termin einverstanden.

Ich werde schon erwartet, und zwei dicke Stücke Marmorkuchen liegen zum Verzehr bereit.

„Tee oder Kaffee mit Milch?" fragt Gerda. In einem gemütlichen Wohnzimmer kommen wir gleich zu dem uns verbindenden Thema.

„Im Oktober entband ich, und am nächsten Tag erhielt ich die Spritze. Noch am selben Abend bekam ich einen schlimmen Schüttelfrost und hohes Fieber. Meine aufgetretenen Gelenkbeschwerden habe ich auf das Fieber geschoben. Ich hoffte nur, dass ich keine Grippe bekäme, denn meine Mutter sagte immer, die Krankheit, die in den sechs Wochen nach einer Entbindung eintritt, bekäme ich nicht mehr los. So ist es ja auch eingetreten. Aus heutiger Sicht wäre mir eine Grippe lieber gewesen.

Meine Hautfarbe wurde quittegelb, der Stuhl fast weißlich, und der Urin sah dunkel aus. Nach der Entlassung ging ich sofort zu meinem Hausarzt. Ich wusste mir keinen Rat. Ich hatte Angst um mein Baby. Ich setzte mich in das Wartezimmer, wie es ein Patient so macht, bevor er den Arzt zu Gesicht bekommt.

Ich wurde aufgerufen und entsetzlich von diesem Arzt angebrüllt, was mir einfiele, mich zu den anderen in das Wartezimmer zu setzen."

„Sofort in ein Krankenhaus mit Ihnen!"

„Wie gelähmt war ich. Natürlich durch die Einschüchterung dieses Mediziners, und das vor allen anderen Patienten, denn die Türe blieb offen, und er verwies mich sofort aus seinem Zimmer. Ich unternahm den Versuch, meine Ängste um die richtige Versorgung meines Babys anzubringen. Er schrie weiter „Wenn Sie nicht freiwillig gehen, dann werden Sie von der Polizei geholt. Sofort in ein Krankenhaus. Ihr Kind können Sie gleich mitnehmen."

„Er holte schnell einen Einweisungsschein und ließ mich stehen. Wie ein abgetretenes Paar Schuhe stand ich zwischen den Patienten. Das war für mich ganz schlimm. Ich wusste nicht, was mir da geschah."

Gerda zeigt auf den gedeckten Tisch und sagt „Greifen Sie nur zu, der Kaffee ist gleich fertig." Ich schüttle den Kopf. Sie schaut mich fragend an.

„Nein, nein, ich meine nicht den leckeren Marmorkuchen, es geht um Ihre Vergangenheit. Es war nicht nur alles schlimm. Es ist nach wie vor entsetzlich schlimm, wie die Behörden uns ignorieren und abschieben. Nur für die Forschung sind wir interessant."

Gerda gießt den Kaffee ein und spricht weiter.

„Kurze Zeit nach der Entbindung wurde ich als erste Frau in Görlitz auf eine Infektionsstation eingeliefert. Ich sollte sofort abstillen. Dabei hatte ich furchtbar viel Muttermilch und natürlich eine Zeit lang auch gestillt.

Das war eine Plage und schade, diese ganze Milch einfach so wegzugießen, da wurden mir eine ganze Menge Tabletten verabreicht.

Schließlich kamen immer mehr Frauen auf diese Station. Unsere geschriebenen Briefe wurden alle kontrolliert. Das Personal sagte uns, diese Briefe müssten desinfiziert werden. Kontakt zu unseren Angehörigen fand nur über den Luftweg statt. Wir schrien unsere Anliegen kreuz und quer durch die Luft. Aber so erging es ja den anderen Frauen auch." Ich bestätigte ihre Aussage. „Genau so war es auch bei mir."

„Weihnachten und Silvester wurde ich vorübergehend entlassen. Mein damaliger Mann hatte dafür gar kein Verständnis. Im Januar 1979 war ich wieder drin. Ende des Monats wurde ich entlassen und bekam gleich Termine für eine reibungslose Dispensairebetreuung. Blutabnahmen am laufenden Band.

Was mich immer sehr nachdenklich gestimmt hatte, war die Tatsache, dass plötzlich eine junge Mutter, sie hieß Gisela S., die ihr

Kind in dieselbe Kindereinrichtung schaffte wie ich meines auch, eines Tages nicht mehr da war. Wir haben uns alle gewundert. Es hieß, sie sei an Hepatitis gestorben. Ich kenne sie persönlich."

Ein tiefer Seufzer entflieht aus meinem Mund, und fast hätte ich mich an einem Krümel verschluckt. Ich huste kurz und halte erschrocken inne. Schließlich frage ich noch einmal nach ihrem Namen." Gerda nennt den Namen, und mir wird schlecht. „Diesen Namen habe ich schon einmal gelesen." Ich versuche mich zu erinnern, was auf einem geheimen Schreiben stand, das ich mehrfach gelesen habe.

mdi-odh
bv mfshodh=
sofortmeldung gem. 1.2.(4.)

betreff:	todesfall mit zweifelhaftem bzw. schwer feststellbarem sachverhalt.
wann:	todeseintritt 02.06.80
vp bekannt:	03.07.80
wer:	unbekannt
wo:	... goerlitz, entbindungsklinik im bezirkskrankenhaus
was:	verdacht fahrlaessiger toetung gem. § 114 abs. 1 strafgesetzbuch
wie/womit:	betroffene entband am 11.10.1978, wurde am 12.10.1978 wegen rh-negativ, blutfaktor mit 5 ml anti-d-serum immunisiert. verwendete ampulle aus charge-nr. 100678 fiel am 12.01.1979 unter sperrung, da bei anderen frauen komplikationen bekannt wurden. immunisierte frauen waren zu aerztlicher ueberwachung zu melden. meldung der betroffenen unterblieb aus bisher nicht geklaerten gruenden. sie erkrankte dezember 1979 an hepatitis. kausalzusammenhang zwischen immunisierung, erkrankung und todesfolge (leberkoma) ist zu pruefen.

wen:	s. gisela, geb. … 1957 in …, ledig, …
warum:	verdacht fahrlaessig versaeumter meldepflicht.
was veranlasst:	anzeige gefertigt, erforderliche gutachten bei gerichtsmedizin beantragt, beweismittelsicherung, notwendige zv erfolgen, interessierte dienststellen verstaendigt …

„Ob ihre Angehörigen von dem Schreiben wissen? Unfassbar, was alles so passiert ist und, wie schon gesagt, noch passieren wird. Unser Leben verläuft wie in einem Kriminalroman."

„Das sage ich Ihnen", meint Gerda ganz spontan.

„Wir müssen die Angehörigen herausfinden. Wir werden es schaffen. Ihr Kind hat ein Recht darauf, zu erfahren, was mit seiner Mutter passiert ist."

Gerda notiert sich den Namen und wird ihr bestmöglichstes versuchen.

Wir trinken den kalt gewordenen Kaffee und reden weiter über den Verlauf der Geschehnisse.

„Neulich sagte ein Arzt zu mir, als ich ihn wegen Beschwerden aufsuchen musste, wo haben Sie sich „DEN" denn eingefangen? … Wenn ich das schon höre ‚… eingefangen …', dann könnte ich sofort die Praxis verlassen." Ich höre Gerda aufmerksam zu.

„Schon mehrfach habe ich meine Gesundheitsakte angefordert, damit ich die damaligen Punktionsergebnisse als Grundlage für eine Behandlung vorlegen kann. Jegliche Unterlagen sind verschwunden, nicht mehr auffindbar.

Alle meine damalig angeordneten Termine für die Dispensairebetreuung, mit all den Blutuntersuchungen sind einfach weg.

Diagnose heute: Ich habe eine Fettleber. Dass ich die und vielleicht noch andere Folgen an der Leber habe, glaubt man mir nicht. Mir geht es nicht gut, seit Jahren. Nachdem ich nach einer erneuten Punktion fragte und meine Ärztin auf eine eventuell eingetretene Zirrhose anspreche, meint die Gastroenterologin zu mir „… Wollen Sie verbluten? Warum sollten wir Sie punktieren? Was haben Sie denn davon, wenn Sie wissen, ob Sie eine Zirrhose haben?" Auch weitere Ärzte lehnen eine Punktion ab. Somit kann also erst gar nicht gesehen werden, was in meiner Leber los ist, wie ihre Beschaffenheit ist. Deswegen kann ich ohne Nachweis von Folgeschäden auch keinen Antrag auf Anerkennung dieser zugefügten Krankheit auf dem Amt stellen.

Wer würde mich ernst nehmen? Den Antrag könnte ich zwar stellen, dann werden bestimmt die Ärzte gefragt, die mir sowieso nicht glauben. Und ich stehe mit der Frage da, ob das Amt die Untersuchungen für die Nachweise bezahlt und das Amt eine Punktion? Oder soll ich die bezahlen? Das kann ich nicht. Ich komme mir so hilflos vor, das glauben Sie gar nicht."

„Doch, das verstehe ich sehr wohl, liebe Gerda. Was glauben Sie, was ich hier recherchiere? Ich sammle Schicksale, Ereignisse und Tatsachen von Betroffenen ein. Jede von uns erfährt auf ihre Weise Ablehnung. Aber die Politik spricht von außerordentlich guter Krankenbehandlung und Kuren, deshalb würde sich die Gesundheit stabilisieren und die benötigten Gelder für die Rente gehen dadurch in ihrer Höhe zurück. Was für ein Hohn."

„Ich habe noch nie eine finanzielle Entschädigung gesehen, nicht einmal eine müde Mark. Mein damaliger Mann war so dreist und hat sich die paar Piepen von der Staatlichen Versicherung, ich glaube es waren einhundert Mark, selbst unter den Nagel gerissen. Wie er das geschafft hat, möchte ich gern wissen. Ich habe da eine Vermutung", Gerda hält mit dem Gespräch inne, fährt schließlich fort, „aber das ist ein anderes Thema, darüber möchte ich nicht sprechen. Ich stand mit zwei Kindern alleine da, und mein Mann verlässt mich mit dem Geld. Es ist alles so traurig … Ich möchte ernst genommen werden, aber ich werde nicht ernst genommen. Ich kann nichts dafür, dass ich krank bin. Hab es mir nicht ausgesucht. Ist der Gedanke an eine Anerkennung der Schäden absurd? … Ein paar Jährchen will ich noch leben. Mein Fall um eine Anerkennung und die Akte ruhen seit Jahren auf dem Gericht. Ich habe keine Kraft, sie wieder zu öffnen."

„Das werden Sie sicher, liebe Gerda, ich meine, noch ein paar Jährchen leben. Wer möchte denn nicht gerne leben. Der Tod ist allen zu dunkel. Wir lieben doch alle die Sonne."

Gerda schildert mir von den festgestellten Depressionen und ihrer Infektanfälligkeit. Ich berichte von den neurologischen Vorträgen, die ich hörte. Immer ist mein Diktiergerät bereit zur Aufnahme. Nach einer kurzen Pause spule ich das Gerät in Position. Statt auf Aufnahme drücke ich auf Abspielen. Es gibt Gespräche wieder, die Abgeordnete vom Bundestag gegenüber unserem Verbandsvorstand einmal sagten. Gerda lauscht.

> … Es ist klar, dass es Ablehnungen gibt. Es ist auch klar, dass nicht jeder Fall richtig entschieden werden kann. Es lässt einen stutzen, wenn man sich die einzelnen Bundesländer anschaut. In Thüringen bekommen 45% der Betroffenen die Mindestrente. In anderen Bundesländern bekommen weniger Betroffene eine Rente. Angenommen, ein Land hat 400 Fälle. Es ist unmöglich, diese Fälle im Einzelnen durchzuforsten, um zu gucken, ob dieser eine Fall der ungerechte ist. Es ist überhaupt schwer, die ganzen Akten einzeln zu überprüfen.
>
> Die Überprüfung des Papiers gibt sowieso kein korrektes Bild. Es sind Menschen, die diese Akten einsehen, und Menschen machen auch Fehler. Das muss nicht immer böswillig sein.
>
> Wenn Betroffene keinen Widerspruch gegen eine Entscheidung einlegen, dann ist der Anspruch nach vier Jahren verjährt. Die Sachbearbeiterinnen haben mit Sicherheit nicht nur mit Anti-D zu tun.
>
> Es steckt, wie schon gesagt, keine böse Absicht hinter einer Entscheidung.
>
> Es sind seit dem Inkrafttreten des Gesetzes einige Pannen passiert, das muss man ganz einfach zugeben. Wir laden Sie aber gern zu einem persönlichen Gespräch ein …

Damit war die Anfrage unseres Verbands an eine Abgeordnete beendet.

Ein weiteres Telefongespräch wurde von einem Verbandsvorstand mit einem offenen und ehrlichen wissenschaftlichen Mitarbeiter aus dem Bundestag geführt.

> … Diese Eingaben Ihrerseits will der Ausschuss so nicht haben. Die meinen, über dieses Thema hätten sie schon öfter einmal geredet und es sei nichts dabei herausgekommen.
> Stattdessen wurde ein Berichterstattergespräch vorgesehen. Das heißt, dass von jeder Fraktion ein Vertreter, der sich mit diesem Thema befasst, zugegen sein wird. Ob solche Beratungen sinnvoll sind und ob da für sie etwas herauskommt, wage ich zu bezweifeln.
> Wenn nichts dabei herauskommt, so war es bisher der Fall, dann gibt es die Möglichkeit, einen Antrag im Namen der Fraktion zu stellen. Dieser muss im Ausschuss beraten werden. Mit diesen Anträgen müssen Sie sich dann herumschlagen, Fraktionen müssen sich dazu bekennen.
> Wir müssen uns klarmachen, was wollen wir mit den Anträgen erreichen? …

„Ein sehr aufschlussreiches Gespräch. Wenn es um unschuldig krankgespritzte Mütter geht, läuft es wohl so im Bundestag", sage ich zu Gerda. „So ist es", lautet ihre Antwort.

„Liebe Gerda, herumschlagen. Papier ist geduldig. Sie schlagen sich ja nicht mit uns als Betroffene herum, sie schlagen sich nur mit Anträgen und Papier herum. So sieht ihre aktive Hilfe aus. Herumschlagen. Fraktionen hatten und haben nun schon so lange Zeit, und bisher ist dabei nichts Echtes, nichts Reales, Hilfreiches herausgekommen. Wir werden nicht gehört. Damit hat der wissenschaftliche Mitarbeiter Recht. 100%ig!

Hier Gerda, ich habe Ihnen etwas mitgebracht. Sie können es in den nächsten Tagen in aller Ruhe lesen. Heute würden wir es nicht schaffen, dieses Schriftstück zu lesen und zu besprechen."

Ich überlasse Gerda eine Kopie aus der „gpk 6/2007, Bonn, Juni 2007, Gesellschaftspolitische Kommentare 48. Jahrgang, Nr. 6, G13550". Hierin steht auf Seiten 12 bis 14, Zitat:

„Eine unendliche Geschichte

Wenn die parlamentarischen Mühlen langsam mahlen

Von Frank Spieth

Eine der wichtigsten Aufgaben der Legislative, des Parlaments, ist die Kontrolle der Bundesregierung. Dazu haben die Fraktionen und die Abgeordneten das Recht, der Regierung Fragen zu stellen, die die Regierung wahrheitsgemäß beantworten muss. Zumeist gilt für die Antwort eine Frist von zwei Wochen.

In der Theorie klingt das ganz einfach – wenn der Abgeordnete aber wirklich etwas wissen oder erreichen will, wird es oft kompliziert, wie auch in dem folgenden Fall:

Etwa 80 bis 85% der Mitteleuropäer haben eine rhesus-positive Blutgruppe. Bei der Geburt kommt der mütterliche Kreislauf mit kindlichem Blut in Kontakt. Ist die Mutter rhesus-negativ, das erstgeborene Kind aber rhesus-positiv, können sich dabei im Blut oder Mutter Antikörper gegen den positiven Rhesusfaktor des Kindes bilden.

Diese Antikörper können bei einer möglichen zweiten Schwangerschaft das Blut des Kindes verklumpen lassen und so lebensbedrohliche Komplikationen verursachen. Man wird in diesem Fall jedoch unmittelbar nach der ersten Geburt eine Anti-D-Prophylaxe durchführen, die die Bildung von Antikörpern verhindert.

In der DDR war diese Anti-D-Prophylaxe nicht nur dringend empfohlen, sondern obligatorisch. Das Medikament, das dabei verabreicht wird, wird aus Blut gewonnen und ist wegen einer damit einhergehenden Infektionsgefahr mit besonderer Sorgfalt herzustellen und zu handhaben.

Dieser Sorgfaltspflicht kam in den Jahren 1978 und 1979 der Herstellungsbetrieb in Halle nicht nach. So wurden in der DDR mehrere Tausend Frauen mit Anti-D-Immunglobulinen behandelt, die mit Hepatitis-C-Viren verseucht waren. Dadurch erlitten fast 3.000 Personen eine chronische Hepatitis-C-Virusinfektion, zusätzlich auch in vielen Fällen diverse Folgeerkrankungen …

…

Wegfall der Entschädigungsregelung

Nach der Wiedervereinigung fiel die Entschädigungsregelung weg. Die betroffenen Frauen mussten 10 Jahre um die weitere Anerkennung kämpfen. Der Deutsche Bundestag hat erst im Jahre 2000 ein Gesetz beschlossen, um die humanitäre und soziale Lage der infizierten Frauen und Kinder zu verbessern.

Dennoch ist, aus Gründen, die noch dargelegt werden, ein großer Teil der betroffenen Personen, aufgrund der Praxis der Versorgungsämter weiterhin oder auch erstmals von einem Anspruch auf eine Einmalzahlung oder auf eine monatliche Rente ausgeschlossen. Es folgen oft jahrelange Rechtsstreitigkeiten.

Aufgrund der glaubhaften Berichte der betroffenen Frauen ist von vielen, wahrscheinlich einigen Hundert Fällen auszugehen, in denen die Betroffenen nicht mehr die Kraft haben, um weiter vor Gericht zu prozessieren; die Dunkelziffer ist wohl sehr hoch.

Bei einer nicht messbaren Viruslast (Nachweisgrenze ist etwa 50 Kopien/ml), schließen die Versorgungsämter trotz des positiven Hepatitis-C-Virus-Antikörpertests und des Vorliegens von körperlichen und psychischen Beschwerden das Vorliegen von Erkrankungen infolge der Anti-D-Immunprophylaxe mit der Begründung der ‚Anhaltspunkte für die Ärztliche Gutachtertätigkeit' (BMGS, Juni 2005) aus.

Infolgedessen wird den Frauen der Anspruch auf eine Anerkennung der Minderung der Erwerbsfähigkeit (MdE) für eine monatliche Rente verwehrt. Die ‚Anhaltspunkte' schließen diese Verfahrensweise nicht explizit aus. Auch Frauen, die zu DDR-Zeiten Anspruch auf eine Impfschadensanerkennung hatten, fielen so durch das Raster und bekamen keinerlei Entschädigungszahlungen mehr.

Laut einer Langzeitstudie an einer großen homogenen Kohorte irischer Patientinnen, die sich 1977 ebenfalls durch verseuchtes Anti-D-Immunglobulin mit dem Hepatitis-C-Virus infizierten (Gut 2001; 49: 423-430), bestehen die Folgeerkrankungen auch bei Viruselimination weiter. Darüber hinaus gibt die Höhe der Viruslast nicht die Stärke der klinischen Symptome der Erkrankungen wieder.

Es scheint daher äußerst fraglich, ob das Kriterium der Viruslast als Argument geeignet ist, die Infektion, die klinischen Auswirkungen und damit die Minderung der Erwerbsfähigkeit auszuschließen. Mir liegen die Akten von Fällen vor, in denen aber die Versorgungsämter genau dies tun.

Es ist kein Grund ersichtlich, weshalb die gleichartige Situation in Irland nicht auch auf die deutschen Anti-D-Frauen übertragbar sein sollte.

Spätestens seit 2001 sind die Infektions-Spätfolgen der Anti-D-betroffenen Personen – bei fehlendem Virusnachweis – aus der irischen Langzeitstudie und über 20 Petitionen an den Deutschen Bundestag öffentlich bekannt. Der Bundestag hat 2005 beschlossen, der Bundesregierung diese Petition zur Erwägung zu überweisen; die Bundesregierung sollte also über diese Probleme bestens informiert sein.

Kleine Anfrage

Passiert ist seitdem wenig bis nichts. Zwar hat die CDU/CSU-Fraktion im Jahr 2004, als sie noch Opposition war, eine kleine Anfrage zu dem Thema an die rosarot-grüne Bundesregierung gestellt, aber danach anscheinend die Lust am weiteren Handeln verloren. Weitere Aktivitäten der Union sind mir nicht bekannt.

Nachdem einige betroffene Frauen an mich herangetreten sind, habe ich im Dezember 2006 eine kleine Anfrage gestellt. Im Kern ging es mir dabei um drei Sachverhalte:

1. Weshalb wird an dem Kriterium ‚Virusnachweis' festgehalten und weshalb gelten die Frauen bei fehlendem Virusnachweis als ‚geheilt' im Sinne von gesund, obwohl entsprechende Studienergebnisse dieses Kriterium für unsinnig erachten und objektiv weiterhin Folgeerkrankungen vorliegen?

2. In einer Untersuchung des Robert-Koch-Instituts wurde festgestellt, dass in 14 von 15 mit dem Hepatitis-C-Virus (HCV) verseuchten Rückstellproben auch das erst Mitte der 90er-Jahre entdeckte Hepatitis-G-Virus (HGV) enthalten ist. Ich wollte nun von der Bundesregierung wissen, in welchen Chargen das HGV gefunden wurde, und ob sie Maßnahmen eingeleitet hat, und sei es nur die Information der Betroffenen.

3. In der Gesetzesbegründung des Anti-D-Hilfegesetzes im Jahr 2000 ist man nur über die nächsten Jahre hinweg steigenden Ausgaben ausgegangen. Nun ist aber festzustellen, dass die Hilfeleistungen an die Betroffenen seit Jahren weniger werden. Also fragte ich die Bundesregierung nach den Gründen.

Anfang Januar erhielt ich Antwort. Die Fragestellungen blieben zum Teil unzureichend beantwortet, sodass ich Grund zur Nachfrage hatte. Die Frage 3 wurde recht lapidar beantwortet: Aufgrund der 'guten medizinischen Versorgung kommt es in weniger Fällen zu Verschlimmerungen und Folgeerkrankungen als erwartet wurde'. Die Frauen, die seit längerer Zeit erfolglos um ihre Ansprüche kämpfen, fühlten sich dadurch verhöhnt.

Auf die Frage 2 erhielt ich die Antwort, dass der Bundesregierung keine Hinweise vorlägen, da der Schlussbericht der Staatsanwaltschaft Halle von 1979 keine Angaben zu Hepatitis G enthalte. Dies hätte mich allerdings auch gewundert, da das Virus erst 15 Jahre später entdeckt wurde.

Nur Teilantwort

Ende Januar habe ich an den Parlamentarischen Staatssekretär im Bundesministerium für Gesundheit (BMG) Rolf Schwanitz, geschrieben, mit der Bitte, die Unklarheiten aufzuklären. Anfang März kam ein Brief, aber keine Antwort auf die offenen Fragen. Eine Beantwortung sei nicht möglich, da die autorisierten Mitarbeiter längerfristig erkrankt seien.

Ende März habe ich im Ausschuss für Gesundheit einen Bericht der Bundesregierung angefordert. Leider wurde dieser Tagesordnungspunkt auf Bitte der Bundesregierung und anderer Abgeordneter mehrfach verschoben und bisher noch nicht behandelt.

Anfang Mai bekam ich dann endlich eine Teilantwort auf meine Fragen vom Januar. Aber immer noch sind wesentliche Fragen nicht beantwortet. So etwa die Frage, ob die Bundesregierung seit dem Bekanntwerden der HGV-Durchseuchung irgendetwas unternommen hat. In einer für die Betroffenen wichtigen Frage nähern wir uns einer Beantwortung an: Die Länder, so die Bundesregierung, haben mitgeteilt, dass nur, wenn weder Virus nachweisbar ist noch klinische Symptome vorliegen noch Laborwerte auffällig sind, eine Rückstufung erfolgt.

Die Frauen würden also nicht benachteiligt, wenn nur der Virusnachweis nicht gelingt. In diesem Fall fährt der Staatssekretär fort, würde abgewartet und erst nach entsprechenden Untersuchungen neu beurteilt. Da mir die Bescheide der Versorgungsämter vorliegen, weiß ich, dass diese Angaben so zumindest nicht in allen Fällen richtig sein können." …
Zitatende

„Gerda, Sie werden nicht schlecht staunen, wenn Sie das Schreiben lesen." Gerda schüttelt die Seiten und bedankt sich.

„Anscheinend hat sich seit der Bundestagswahl 2005 nur ein einziger Bundestagsabgeordneter und seine Fraktion ernsthaft mit unseren Schwierigkeiten befasst. Die Umsetzung des Gesetzes krankt an vielen Ecken und Enden, zu unserem Nachteil. In dem Zusammenhang gibt es so vieles, was unverständlich ist.

Die gesellschaftliche Anerkennung von allen Frauen, die Straftatopfer geworden sind, in diesem Fall von ihnen selbst, liebe Gerda, ist wichtig. All die Frauen, die nicht registriert worden sind, die nicht das Glück hatten, durch einen „Siebtest" erfasst worden zu sein, haben ein Recht auf Aufklärung."

„Überhaupt … Siebtest, was soll das sein? Was ist ein Siebtest? Wurde mit einem Kescher blind im großen Gewässer herumgefischt und nur diejenigen, die ins Netz gingen, wurden letztlich registriert, oder was? Herausgefiltert, ins Netz gegangen, aus dem See gesiebt, ist gleich registriert, oder wie darf man das verstehen?"

„Ich kenne Frauen, die kämpfen um eine Erstanerkennung, weil sie erst kürzlich, nach über dreißig Jahren, einen Virus-Test erzwangen, dessen Ergebnis positiv ist. Das muss man sich mal vorstellen. Was soll man denn dazu noch sagen? Über dreißig Jahre konsequent unaufgeklärt und dumm gehalten. Wer nichts erfahren hat, konnte nichts wissen."

Gerda spricht spürbar erschöpft weiter „Auch bei der Ausarbeitung des Anti-D-Hilfegesetzes sind einige wichtige Aspekte nicht bedacht worden und blieben daher bis heute unberücksichtigt."

„Gerda, die Situation, in der wir uns befinden, ist eindeutig. Uns fehlen Rentenpunkte! Uns fehlen die Zeiträume der Arbeitsunfähigkeit, die wir wegen der Folgen der Hepatitis-C-Virus-Infektion hatten. Das ist eine schreckliche Sache.

Wir werden zu Tode begutachtet, aber unsere berechtigten Begehren werden nicht gesehen, nicht anerkannt."

„Und die, die uns wirklich in der Realität helfen könnten, die lassen uns im Regen stehen. Seit Jahren schauen sie in aller Seelenruhe zu ... Während wir absaufen", spricht Gerda.

„Vielleicht denken die Abgeordneten in ihrer Arglosigkeit, was wollen die Frauen denn noch? Die haben doch ein Gesetz. Die können doch den Rechtsweg beschreiten, wenn sie die Auffassung der Ämter und der beauftragten Gutachter nicht teilen. Ja natürlich, dieser Weg steht uns offen, da haben sie nicht unrecht. Aber möglicherweise haben sich so ein Abgeordneter und die Bundesregierung noch niemals darüber Gedanken gemacht, was es nach dreißig Jahren für uns kranke Frauen bedeutet, jahrelang durch die gerichtlichen Instanzen ziehen zu müssen, für eine Anerkennung von Hepatitis-C-Virus-Infektions-Folgeschäden.

Für uns ist das seelische und geistige Überforderung pur. Selbst dann, wenn wir das Geld für einen Anwalt zusammenkratzen können. Für uns stellt ein derartiger Rechtsstreit eine unerträgliche Belastung dar, nicht nur finanziell. Frauen, die den Rechtsweg beschritten haben, berichten von einem furchtbaren Gezottel, Gezerre und Gezanke, über viele, viele Jahre hinweg. Sie sagen was sie erleben, dass die strittigen Auseinandersetzungen über die rechtlichen, medizinischen und wissenschaftlichen Gegebenheiten und Zusammenhänge sich oftmals so schwierig gestalten, dass sie überfordert aufgeben müssen. Die Nerven liegen blank, es frisst einen auf. Finanziell und nervlich ausgeblutet, bleiben viele von uns erfolglos auf der Strecke, liebe Gerda."

„Warum es das Anti-D-Hilfegesetz gibt, frage ich mich. War der Sinn dafür nicht der, dass wir für die schlimmen Infektions-Folgen der Straftat eine humanitäre und finanzielle Hilfe erhalten sollen? Was bemerken wir denn seit Inkrafttreten des Gesetzes? Immer mehr von uns verlieren ihre rentenberechtigten Ansprüche.“ Gerda schüttelt bei dieser Aussage nur den Kopf.

„Ich habe einmal gehört, dass angeblich der Ausgang eines Gerichtsverfahrens oftmals indirekt über den gerichtlich bestellten Gutachter entschieden werden kann, also über dessen medizinische Beurteilung der strittigen Punkte. Ob das stimmt? Wer weiß es schon. Zumindest klingt es nicht ganz unlogisch. Liebe Gerda, was sagen Sie? Haben wir nicht ein Pech, wenn wir an einen geraten, der die Infektions- Folgeerkrankungen als solche nicht erkennt? Haben wir nicht ein Pech, wenn wir an einen geraten, der seit DDR-Zeiten mit unseren Fällen zu tun hatte? Vielleicht damals schon Gutachten für die Staatliche Versicherung geschrieben hat? So schnell lassen sich keine neuen Ärzte aus dem Boden stampfen, die unverfälschte Gutachten erstellen. Ein Leben in der Geschichte der Welt ist ein Augenschlag. Wir werden mit den eingeschliffenen Seilschaften gemeinsam alt. Das ist unser Pech. Auftrag bleibt Auftrag.“

„Genau, diese endlose Rennerei zu diesen Ärzten und Gutachtern! Wir sind Opfer und jagen uns die Hacken wund. Diese Herrschaften wissen genau, worum es geht, und lassen uns dabei voll im Regen stehen.

Das ist ein Trauma, das entsetzlich für uns ist! Eine Kette von Traumatisierungen, die für uns nicht enden, nur weil wir einen Antrag auf Anerkennung von Schädigungsfolgen gestellt haben. Begreift denn keiner im Deutschen Bundestag oder in der Bundesregierung, wie furchtbar diese Dauerbegutachtungen für uns sind? Wir fühlen uns seit Jahren wie die Affen im Zoo. Nur, für das Ansehen der Affen wird Eintritt bezahlt. Von diesem Eintritt kann dann die Nahrung für die Tiere bezahlt werden und all das, was sie sonst noch brauchen. Die Rundum-Begaffung bei uns führt letztlich im Ergebnis dazu, dass die Ausgaben für uns sinken.“ Gerda hält inne. Sie ringt nach Luft. Ihr Gesicht leuchtet nach diesem Satz voller Stolz. Wenige Sekunden ruht der Raum, dann ergreife ich etwas giftig wieder das Wort.

„Oder, liebe Gerda, wie steht es z.B. mit der hälftigen Anrechnung von den monatlichen Entschädigungsleistungen nach dem Anti-D-Hilfegesetz? Gerda, haben Sie schon einmal davon gehört? Ist diese Regelung weiterhin gerechtfertigt? Ich denke nicht. Kleinen Moment bitte. Ich schleppe sehr viele Dokumente mit mir herum. Ja, hier haben wir es.

Nach dem Anti-D-Hilfegesetz, unter **Zusammentreffen mit anderen Ansprüchen, Übertragbarkeit,** § 6 Absatz 1 Satz 2 heißt es, Zitat:

> „Monatliche Renten nach § 3 Abs. 2 werden hälftig als Einkommen berücksichtigt, wenn bei Sozialleistungen die Gewährung oder die Höhe von anderen Einkommen abhängt."
> Zitatende

Im Jahre 2000 war bei der Schaffung des Gesetzes die damalige Argumentationsgrundlage für die hälftige Anrechnung, dass dem „Gleichbehandlungsgrundsatz" gefolgt werden müsse.

Zu Deutsch heißt das, dass für die Regelungen im Anti-D-Hilfegesetz eine Gleichbehandlung mit anderen Gesetzen erfolgen müsse. Als vergleichbares Beispiel wurden dabei die Regelungen nach dem „Gesetz über die Errichtung einer Stiftung ‚Hilfswerk für behinderte Kinder'" (Contergan-Gesetz) genannt.

Hiernach wurden damals die Contergan-Renten ebenfalls als Einkommen und Vermögen nach anderen Gesetzen berücksichtigt, insbesondere nach dem Bundessozialhilfegesetz, Arbeitsförderungsgesetz und dem Gesetz für Jugendwohlfahrt. Dokumentiert ist dies unter anderem in einem von der Bundesregierung (BMG) im März 2000 bekannt gegebenen „Informationspapier über den Entwurf eines Gesetzes über die Hilfe für durch Anti-D-Immunprophylaxe mit dem Hepatitis-C-Virus infizierte Personen (Entwurf eines Anti-D-Hilfegesetzes)."

... In den Jahren nach 2000 wurde dann für die Contergan-Opfer das Contergan-Stiftungsgesetz (ContStifG) geschaffen, geltend ab 19.10.2005, zuletzt geändert durch Artikel 1 G. vom 26.06.2008 BGBl. I S. 1078. Nach diesem folgte das „Erste Gesetz zur Änderung des Contergan-Stiftungsgesetzes. (1. ContStifGÄndG), hier wurde unter anderem der § 18 geändert. Diese letzten Änderungen gelten ab dem 01.07.2008 und betrafen die nach diesem Gesetz gezahlten Leistungen, die nun wie folgt behandelt werden, Zitat:

> „Verhältnis zu anderen Ansprüchen
> § 18 Absatz 1. Bei der Ermittlung von Einkommen und Vermögen nach anderen Gesetzen, insbesondere dem Zweiten Sozialgesetzbuch, dem Dritten Buch Sozialgesetzbuch, dem Zwölften Buch Sozialgesetzbuch und dem Bürgerlichen Gesetzbuch bleiben Leistungen nach diesem Gesetz außer Betracht."
> „§ 18 Absatz 2. Verpflichtungen anderer, insbesondere Unterhaltspflichtiger und der Träger der Sozialhilfe oder anderer Sozialleistungen werden durch dieses Gesetz nicht berührt. Auf Rechtsvorschriften beruhende Leistungen anderer, auf die kein Anspruch besteht, dürfen nicht deshalb versagt werden, weil nach diesem Gesetz Leistungen vorgesehen sind."
> Zitatende

„Die Contergan-Renten werden also nicht mehr auf Sozialleistungen angerechnet. Aber unsere Anti-D-Renten schon", sage ich.

„Meine wird nicht angerechnet", sagt Gerda. „Ich bekomme gar keine. Woher wissen Sie das alles?"

„Recherchen, Recherchen. Hier steht alles." Ich wedele mit einigen Seiten vor ihren Augen herum.

„Obwohl der Gleichbehandlungsgrundsatz unverändert feststeht. Trotzdem werden die Entschädigungsleistungen nach dem Anti-D-Hilfegesetz § 6 Absatz 1 Satz 2, weiterhin hälftig auf Sozialleistungen angerechnet. Somit ist eine Gleichbehandlung nicht mehr gegeben. Wir werden ungleich behandelt. Das ist so nicht hinnehmbar! Eine Schlechterstellung dürfen wir nicht dulden.“ Gerda sieht mich müde, aber sehr beeindruckt an. Sie hört nur noch zu.

„Damit sind wir aber noch lange nicht am Ende mit den Ungereimtheiten, nein, nein ... Unverständlich ist nämlich auch, dass nach dem Inkrafttreten des Anti-D-Hilfegesetzes einige Zeit später ein Wohnraumförderungsgesetz (WoFG) geschaffen wurde. In diesem gibt die Regelung, dass nach § 21, „Begriff des Jahreseinkommens“ Nr. 1.9 die Hälfte der nach dem Einkommenssteuergesetz (EStG) § 3 Nr. 68 steuerfreien Renten nach dem § 3 Abs. 2 des Anti-D-Hilfegesetz als „Einkommen“ zählen.“

Gerda versteht das alles nicht wirklich. Dennoch fasle ich einfach weiter. „Es bedeutet nichts anderes, als dass in den Fällen, in denen unsere betroffenen Frauen einen Antrag nach dem Wohnraumförderungsgesetz (WoFG) stellen, nach den Regelungen des WoFG jeweilig ihre Anti-D-Renten zur Hälfte als Einkommen angerechnet werden.“

„Und was ist daran ungereimt?“, fragt Gerda. „Das kann ich Ihnen erklären“, sage ich.

„Nach dem Anti-D-Hilfegesetz § 6 Absatz 1 Satz 2 dürfen unsere monatlichen Renten aber nur dann hälftig angerechnet werden, wenn bei ‚Sozialleistungen‘ die Gewährung oder die Höhe von anderen Einkommen abhängt.“

„Die Förderungen nach dem Wohnraumförderungsgesetz sind jedoch überhaupt keine Sozialleistungen“, erkläre ich weiter. „Trotzdem beinhaltet das Wohnraumförderungsgesetz die Regelung, dass die Anti-D-Hilfegesetz-Renten hälftig als Einkommen gelten sollen.“ Gerda schaut plötzlich aufmerksam zu mir.

„Daher werden unsere Anti-D-Renten hälftig als Einkommen angerechnet, z.B. wenn wir Anträge auf einen Wohnberechtigungsschein stellen und erhalten.“ Gerda will das alles nicht mehr wissen, denn ihr ist es Wurst, sie bekommt keine Rente. Ich rede einfach meinen Satz zu Ende.

„Unsere Renten werden auch hälftig auf eine Einkommensbescheinigung nach Paragraf 9 Abs. 2 Wohnraumförderungsgesetz angerechnet.“

„Das darf ja wohl nicht wahr sein!", regt sich Gerda nur noch dem Anschein nach auf.

„Doch, genau so ist es! Es scheint den Gesetzgeber des Wohnraumförderungsgesetzes (WoFG) nicht interessiert zu haben, dass mit den hierin enthaltenen Regelungen über den Begriff des Jahreseinkommens § 21 Absatz 2 Punkt 1.9 und der hier genannten Anti-D-Rente, in die Rechte der Anti-D-Straftats-Opfer eingegriffen wird, und zwar zum Nachteil der Opfer.

Es wurde im WoFG ganz offensichtlich nicht beachtet, dass im Gesetzgebungsverfahren des Anti-D-Hilfegesetzes in der Bundestags-Drucksache 14/3282 ‚Gegenäußerung der Bundesregierung zum Beschluss des Bundesrates vom 07.04.2000' eindeutig explizit festgelegt wurde, welche anrechnungsfähigen Leistungen zu den Sozialleistungen gehören. Das sind nämlich nur die, die sich aus den §§ 18 – 29 Sozialgesetzbuch I (SGB I) ergeben. Hierüber liegt mir auch ein weiteres Bestätigungsschreiben der Bundesregierung vom 04.06.2003 vor."

Das besagte Wohnraumförderungsgesetz ist also in den §§ 18–29 SGB I explizit nicht einbezogen, nicht genannt.

Obwohl die hälftige Anrechnung unserer Anti-D-Renten nach den Regelungen des Wohnraumförderungsgesetz die Straftats-Opfer unzulässigerweise in ihren Rechten einschränkt, ist das WoFG in der Welt, und es wird entsprechend angewendet. Hiergegen müssen wir uns wehren! Das ist erneutes Unrecht!"

Gerda ist so ruhig geworden, dass ich mir kaum noch wage, weiterzusprechen. Da ich dieses Thema nun einmal angefangen habe, will ich noch Details loswerden, ob Gerda mir nun zuhört oder nicht.

„Wir betroffenen Frauen fordern, dass der Gleichbehandlungsgrundsatz für die contergangeschädigten Opfer und unsere Anti-D-Opfer jetzt genauso gilt, wie im Jahr 2000. Wir fordern ebenso eine Änderung des Anti-D-Hilfegesetzes, mit einer hierin enthaltenen ‚Anrechnungsfreiheit' für die monatlichen Leistungen nach § 3 Absatz 2."

„In einem solchen Anti-DHG-Änderungsgesetz kann genauso gut stehen:

„§ 6 wird wie folgt geändert:
Absatz 1 Satz 2 wird aufgehoben.

Absatz 2 Satz 1 wird wie folgt neu gefasst: „Monatliche Renten nach § 3 Abs. 2 werden als Einkommen nicht berücksichtigt, wenn bei Sozialleistungen die Gewährung oder die Höhe von anderen Einkommen abhängt."

„Das Wohnraumförderungsgesetz (WoFG) muss dahingehend abgeändert werden, dass unsere Anti-D-Renten anrechnungsfrei bleiben. Der Gesetzgeber hat dafür Sorge zu tragen, und er hat die Pflicht, dass dieser Eingriff in unsere Rechte umgehend aufgehoben wird. Gleiches Recht für alle." Ich rede und rede.

„Oder das Thema der Koinfizierung, der HGV-Infektion. Es wird nichts unternommen. Diese Infektion steht nicht einmal im Anti-D-Hilfegesetz, obwohl sie der Bundesregierung beim Inkrafttreten des Gesetzes im Jahre 2000 schon bekannt war, aber wir wurden nicht informiert."

„Es kostet Geld, und da sind wir wieder dort angekommen, worum sich alles auf dieser Welt dreht. Geld regiert die Welt.

Die großen Fraktionen werden einen Teufel tun, nichts unternehmen. Das haben wir in den letzten Jahren schon erfahren", spricht Gerda.

„Das Einzige, was mir bleibt, liebe Gerda, ist, darüber zu berichten. Diese unbegreiflichen Machenschaften zu veröffentlichen. Dieser Skandal darf zumindest gelesen werden. Ob diese Zusammenhänge einer versteht, ist fraglich. Wir verstehen sie ja auch nicht, und wir hängen mittendrin.

Wenn sich in der Politik nicht fraktionsübergreifend etwas tut, können wir die Hoffnung begraben, dass sich für uns etwas zum Guten verändert. Ich glaube, es wird sich nichts ändern. Wir kosten Geld und sind schon in den Fünfzigern. Unsere Arbeitskraft ist erschöpft. Unsere Kinder sind geboren, ob mit Virus oder ohne. Die Gesellschaft braucht uns nicht mehr, aber unsere Schicksale dürfen nicht vergessen werden. Irgendwo muss geschrieben stehen, was wirklich passiert ist und was immer noch passiert, und das im einundzwanzigsten Jahrhundert."

„Milliarden von Geldern werden von A nach B geschoben und für uns fällt nicht einmal ein Krümel in Form von gerechter Anerkennung ab. Welcher Arzt betreut Sie denn wirklich, ich meine nicht Ihr Blut, sondern Sie als Mensch?"

„Keine Ahnung, Gerda, die Verabschiedung höre ich immer lauter als die Begrüßung. Wenn es um gewisse Studien geht, werden unsere Adressen gefunden, da brauchen wir uns nicht zu sorgen.

Liebe Gerda, ich schäme mich für diesen Staat. Schon einmal habe ich das für den untergegangenen Staat der DDR formuliert. Doch ich muss mich auch für diesen Staat schämen."

Frau Gerda hört mir mit zusammengekniffenen Augen immer noch geduldig zu, doch es ist spät geworden. Die Zeit ist reif, sich zu verabschieden. Ich nehme Gerda in den Arm, bedanke mich für ihre Gastfreundschaft und entschuldige mich, sie mit diesen Schriftstücken attackiert zu haben. „Werden Sie das eine Schreiben noch lesen? Die unendliche Geschichte, wenn die parlamentarischen Mühlen langsam mahlen von Frank Spieth? Sie dürfen die Seiten behalten oder auch weiterreichen. Ich kenne den Inhalt und habe sie noch einmal da."

Gerda ist sprachlos. Sie sagt nur noch „Ja". Ich wünsche ihr alles Gute.

„Weiter kämpfen. Lassen Sie sich das nicht gefallen", sage ich schnell beim Heraustreten aus ihrer Wohnung.

„Ich weiß nicht mehr, wo ich mich noch hinwenden kann", flüstert sie leise und entmutigt.

Auf dem Heimweg denke ich nach. Eine Fraktion hat uns gehört und verstanden, dass das Hilfegesetz alles andere als eine Hilfe für viele von uns ist. Eine Frau sagte mir einst, es sei ein Spießrutenlauf-Gesetz, genau so sehe ich es auch.

Um munter zu bleiben, spreche ich laut meine Gedanken vor mir her. „Es ist eine Straftat, mit der sich die Mächtigen auseinandersetzen sollten und ja, von mir aus sollen sie sich auch ruhig mit unserer Situation herumschlagen, wenn das Gesetz nicht greift und sich auch noch neues Unrecht dazugesellt. Es ist eine Straftat!", schreie ich. „Es geht um Menschenrechte!"

Ich sitze in meinem Auto und unterhalte mich mit dem leeren Beifahrersitz. Um langsam und bedächtig fahren zu können, benutze ich auf meiner Heimreise die Landstraße.

Da fällt mir ein Satz ein, den Frau Schl... aus dem Bundesvorstand unserer Selbsthilfegruppe einmal von einem Herrn aus dem Bundestag hörte.

„Der Kostenaufwand regelt sich durch den natürlichen Ausgang, im Laufe der Zeit von selbst."

Mit aller Macht versuche ich, auf andere Gedanken zu kommen. Eine blühende Landschaft, wie schön. Sehr schön. Felder und Wiesen bewegen sich auf mich zu und an mir vorbei. Ich bemerke den Flug der Vögel nur kurz und ignoriere aufdringliche Autofahrer, die mich nötigen wollen, schneller zu fahren.

Im Rückspiegel meines Fahrzeugs entdecke ich einen Pkw so nah, als zöge ich ihn mit einer Abschleppstange hinter mir her. „Will er mich kennenlernen? Oder kennt er mich schon?"

Mein kurzer Blick in den Rückspiegel prüft meine neue Frisur, „sitzt perfekt." Seine auffällig akrobatischen Armbewegungen, er dreht seine Arme im Kreis, hebt sie dabei gleichzeitig auf und nieder, veranlassen mich, ihm freundlich zurückzuwinken. Damit er meinen Gruß deutlich sehen kann, verlangsame ich meine Fahrt. Ich drehe mich kurz um, winke ihm höflich zu und bedanke mich mit einer verständlichen Kopfbewegung für seine netten Gesten. Dann setze ich meine Reise in einem nicht überzogenen Tempo fort. Dennoch gestikuliert er munter weiter.

Den Rückspiegel klappe ich hoch. Seine Lichtsignale irritieren mich. „Was will er denn noch, ich habe ihn doch schon gesehen und zurückgegrüßt. Mehr kann ich nicht für ihn tun", denke ich und fahre weiter. „Vielleicht ist irgendetwas an meinem Auto? Aber was soll schon sein? Es klappert nichts, es rasselt nichts. Alles läuft wie geschmiert. Außerdem ist das Fahrzeug neu. Wer weiß?", denke ich.

Ich kontrolliere meine Geschwindigkeit. „Alles bestens, alles im grünen Bereich. Vielleicht geht es ihm nicht so besonders. Ob er meine Hilfe braucht?" Die Sorgen um seine Not lassen mich noch langsamer fahren. „Sollte ich anhalten und ihn fragen, ob er Hilfe benötigt?" Ich betrachte die Gegend, überlege, wo ich hier anhalten könnte. „Möglich wär's schon." Mein Blick geht zurück. „Notfall? … Dafür hampelt er aber noch ganz ordentlich und munter auf seinem Fahrersitz herum."

Schwuppdiwupp ist er an mir vorbeigebraust. Noch einmal winke ich kurz, denn ich bin froh, dass er sich wieder gefangen hat und dass es ihm offensichtlich gut geht. Ich setze meine Fahrt ohne Druck fort und hänge meinen Gedanken nach.

Zu Hause erwarten mich meine Familie, Rainer, Tina und ihre Kinder nebst Papa. Sie sitzen zusammen im Garten und plauschen miteinander. Es ist eine Freude, den bezaubernden kleinen Geschöpfen bei ihrem Spiel zuzusehen. Sie in den Arm zu nehmen und sich an ihrem Dasein zu erfreuen. Ihre Bewegungen sind tapsig und die wenigen Worte ehrlich. Wir bereiten gemeinsam ein Abendessen vor, dabei reden wir über ganz normale, alltägliche Dinge.

Über die Entwicklung und Erlebnisse meines Tages rede ich nicht.

Britta trifft schließlich ein, und wir genießen den Tagesausklang ganz in Familie.

Meine Töchter staunen über die neuen Textilien, die ich mir ständig zulege, und sie sagen, „Mutti, solche Hosen hast du doch schon." Etwas laut rufe ich zurück, „aber nicht in meiner Größe." Wir lachen.

„Nachdem ich während der Therapie fast zerbrochen bin, bekomme ich nun den Reißverschluss an meinen Hosen nicht mehr zu. Das ist nicht so toll!", rufe ich.

„Bleib mal so, wie du bist. Nimm ja nicht wieder ab. Die Figur steht dir. Wir sind froh, dass du endlich wieder etwas auf den Rippen hast. Wir hatten ernsthaft Angst um dich."

Nach mehreren Wochen meldet sich Frau Gerda persönlich bei mir. Sie kündigt mir eine wichtige Information an, über die nicht am Telefon gesprochen werden sollte. Wir vereinbaren einen Termin, und ich erhalte in einem Umschlag eine Telefonnummer. „Es ist die Nummer von der Tochter der verstorbenen Frau Gisela", flüstert sie zurückhaltend. Es ist nicht zu überhören, die Angst sitzt neben ihr. Überhaupt ist Gerda von Mutlosigkeit und Furcht gekennzeichnet. Niedergeschlagen und zögerlich sagt sie „Vielleicht haben Sie Glück und finden wieder etwas heraus."

Noch am gleichen Tag wähle ich die Nummer, und es meldet sich Dörte S. Natürlich ist sie über mein Telefonat verwundert. Doch nach meinen erklärenden Worten ist sie nicht abgeneigt und stimmt einem Treffen zu. So schnell es geht, fahre ich in ihre Richtung.

Eingelagert in Felder und Wiesen, entdecke ich ein verschlafenes Dörfchen. Hier finde ich ihr kleines Häuschen, das sie von ihren Großeltern übernommen hat.

Mitten auf einem Bauernhof, wo mich Hund, Katze und Hühner begrüßen, nehmen wir Platz. Ihr kleiner Sohn seppelt mit seinen kurzen Beinchen zwischen uns herum. Anscheinend macht es ihm viel Freude, die Hühner zu fangen und die Katze zu streicheln.

Behutsam berichte ich über die DDR und die geschädigten Frauen. Mein Buch lege ich auf den Tisch und beginne zu erklären, wie es dazu kam, dass ich den Namen ihrer Mutter entdeckte und dass dabei der Verlauf der Krankheit ihrer Mutter leider nicht detaillierter beschrieben wurde. Dörte hört mir zu. Dabei hat sie immer ein Auge auf ihren kleinen Sohn gerichtet.

„Ich kenne meine Mutter nicht. Als sie verstarb, war ich noch ein Baby. Mein Vater hat meine Mutter kurz nach meiner Geburt verlassen. Ich wuchs bei meinen Großeltern auf. Nach dem Ableben meiner Großmutter zog mich Großvater allein auf. Durch Recherchen seinerseits und weil er immer das Ohr am richtigen Fleck hatte, erfuhr er von dieser Verseuchungsgeschichte. Er ließ sich alle möglichen Krankenunterlagen schicken. Er erwirkte sogar eine Hepatitis-C-Virus-Anerkennung für meine Mutter und somit für mich. Eine Zeit lang erhielt ich Unterstützung für mein Studium."

Dörte gesteht, dass sie sich nie richtig für diesen Sachverhalt interessiert hat. „Es ist ein Zeitfaktor. Mein Opa hat sich um alles gekümmert. Er ist vor zwei Jahren gestorben."

Die junge Frau ist so nett und holt zwei dicke Ordner aus dem Haus. Sie bringt sie an den Platz, wo ihr Sohn, der Hund, die Katze und die Hühner sich pudelwohl fühlen. So sitze ich mittendrin und bin mir sicher, dass an diesem Ort niemand unser Gespräch belauschen kann.

Wir durchwälzen die säuberlich zusammengetragenen Akten. Zeitungsartikel, die über die Anti-D-Frauen berichten, ärztliche Befunde und sonstige Unterlagen, darunter entdecken wir die Sterbeurkunde …

Mein Blick bleibt auf dem geheimen Schreiben an der Diagnose der verstorbenen Gisela S. hängen.

> Diagnose:
> Leberkoma bei Leberdystrophie mit Übergang in postdystrophische Leberzirrhose.
> – Bronchopneumonie –
> … Als Kind Masern, sonst nicht ernsthaft krank gewesen …
> … Unkomplizierte Entbindung …
> … in den nachfolgenden Monaten Temperaturerhöhungen, Nachtschweiß. Grippaler Infekt mit portahiertem Verlauf, …
> … Dezember 1979 erstmalig Ikterus (Gelbsucht) – stationäre Einweisung …
> … reduzierter AZ, deutlicher Haut- und Sklerenikterus, Leber 3 cm unter dem rechten Rippenbogen tastbar …
> … ESG 3/5, Hb 10,3, Hk 38, Leuko 7800, Bili 7,7/5,28, GOT 518, GPT 280, AP 64 GE 6,9 …

Ich sehe Dörte an und frage „Wer kann damit etwas anfangen?"

Unter diesem medizinischen Gutachten aus dem Jahr 1981 sehe ich einen mir absolut vertrauten Namen. Den Namen meines Herrn Professors. Nun arbeitet dieser Herr Professor nicht einmal annähernd in dem Ort, wo Dörtes Mutter wohnte. Sie wurde aus ihrem nahegelegenen Bezirkskrankenhaus in das Krankenhaus verlegt, wo der bekannte Herr Professor arbeitet, der auch als „Verteiler" eingesetzt war. Damals war er noch Oberarzt.

Ein weiteres Schreiben besagt. Zitat: „... wurde uns mitgeteilt, dass das Krankenblatt genannter Patientin aus der Frauenklinik mit der Schadensmeldung bei Dr. Kie., Leiter der Inspektion für Infektionsschutz beim Bezirkshygieneinstitut Dresden, ... vorzufinden ist ... Zitatende

Ist das der Grund, warum viele Krankenakten der Frauen plötzlich verschwunden waren? Frauen suchen nach ihren Akten, auch Gerda, doch niemand kann sie finden. Wer hält diese unter Verschluss? Dürfen die Frauen ihre Chargennummer der Anti-D-Impfung nicht erfahren?

Meine Selbstgespräche verunsichern die junge Frau, sie sieht mich immer wieder fragend von der Seite an. Irgendwie kann ich Dörte verstehen. Oft steht sie auf und läuft ihrem kleinen Spatz hinterher. Beim Laufen ruft sie mir zu „Sie sind ja wenigstens in ein Krankenhaus gekommen. Meine Mutter nicht." „Da haben Sie recht, ich hatte Glück."

So schnell es geht, wühle ich weiter in Dörtes Ordnern. Immer wieder werde ich fündig.

„Aus diesem Schreiben", ich nehme ein Blatt aus den Akten und halte es mir dicht vor die Augen, „geht eine geringere Anzahl kranker Frauen hervor, als auf dem anderen hier". Dabei verweise ich mit dem Finger auf ein zweites Stück Papier.

„Es handelt sich bei dieser Infektion um 1.800 Frauen, dann um 2.600 Infizierte. Diese Zahlen entsprechen nicht der Wahrheit.

Tatsächlich wurden 6.773 Frauen infiziert. Erstens wurden viele Frauen nicht ermittelt. Zweites wurde der Meldepflicht, wie das Beispiel Ihrer verstorbenen Mutter Gisela zeigt, nicht in allen Fällen nachgekommen. Zusätzlich gibt es noch zahllose Frauen, die in der DDR zwar erfasst worden sind, die aber nach der Entlassung aus dem Krankenhaus nie wieder irgendetwas hiervon gehört haben und unaufgeklärt geblieben sind.

Wurden Sie schon untersucht?“ Dörte ist davongelaufen, und noch einmal wollte ich ihr nicht hinterherrufen. Unser Gespräch neigt sich langsam dem Ende entgegen. Wir reden noch kurz über ihr jetziges Leben. Wie sie allein auf diesem Hof ihr Leben verbringt. Dann verabschiede ich mich und bedanke mich für das Gespräch und das Vertrauen. „Ich wünsche Ihnen alles Gute.“

Es ist Wochenende und der Tag lädt zum Baden ein. Ein Hallenbad mit Solebecken soll es sein. Ich schnüre mein Päckchen und begebe mich zum Entspannen. Mein Mann setzt sich lieber auf sein Motorrad und genießt die Natur. Nur noch selten bevorzuge ich diese Ausflüge. Die schnellen Bilder, die mir während des Fahrens um die Augen fliegen, kann ich nicht verarbeiten. Sie machen mich nervös und reizbar. Das ständige Rauschen der Maschine dröhnt lästig in meinen Ohren. Das ist der Grund, dass wir oft getrennte Wege gehen, ohne es zu wollen. Rainer mag die miefige Hallenbadluft nicht.

Iris hat an diesem Nachmittag keine Zeit, und so ziehe ich allein in das Bad. Suche mir im Bereich des Solebeckens ein ruhiges Plätzchen. Lege mein breites Handtuch auf eine Liege und richte mich für die nächsten Stunden ein. Krame ein Buch hervor und genieße die Ruhe. Dieser Bereich ist für die Alten und Gebrechlichen, für Rheumatiker, die nicht vom Beckenrand springen und herumjohlen. Nach ein paar Seiten bemerke ich, dass mich das Lesen enorm anstrengt. Ich verstaue das Buch und setze mich in das Salzbecken und genieße die Wärme.

Neben mir lümmelt etwas schräg eine Dame mit Badekappe. Sie lässt sich vom Wasser umquirlen. Immer wieder sehe ich die Dame von der Seite an. Ihr Profil kommt mir bekannt vor. Etwas später bemerke ich ihre Blicke. Immer und immer wieder mustert auch sie mich. „Kennen wir uns?“, fragt sie.

„Vielleicht. Sie kommen mir auch bekannt vor.“ Eine Ruhepause tritt ein. „Doch, ich kenne Sie.“

„Woher? Kann es dreißig Jahre zurückliegen?“

Ich bemerke ihre Zurückhaltung. Das Wort Krankenhaus will keiner so recht aussprechen. „Flugente“, schießt es mir durch den Kopf. „Das ist Flugente." Ihr Bett stand zwei Positionen weiter als das meinige. Klar, ich konnte sie wochenlang von der Seite beobachten. Es ist das Profil von Flugente. Diese Nase. Es ist diese Nase, die sie unverwechselbar macht. Unter dieser Badekappe erkenne ich tatsächlich die Nase wieder. „Sind Sie …?" Ich habe keine Ahnung, wie sie heißt. Soll ich sie Flugente nennen? Sie holt vielleicht den Schwimmmeister und lässt mich aus dem Solebecken fischen.

„Du bist die Gichtassel", ertönt es plötzlich neben mir. Die Dame lacht mich an. „Dann bist du die Flugente. So ein Zufall. Richtig, ich bin die Gichtassel." Sogleich hebe ich spielerisch leicht meine Füße an die Oberfläche des Wassers. Woran hast du mich erkannt? An den Füßen wohl kaum."

„An deiner Stimme." Soll ich ihr sagen, dass ich sie fast an der Nase erkannt habe?

„Dein Profil kam mir auch bekannt vor. Krankenhaus, stimmt es?", sage ich scherzhaft. „Wie geht es dir? Ich meine mit deiner HCV-Erkrankung?"

„HCV? Du meinst die Gelbsucht? Die ist doch schon so lange her. Ich sitze hier, weil mir alle Knochen wehtun. Ich muss wohl Rheuma haben. So alt bin ich zwar noch nicht, ich fühle mich aber so."

„Frag einmal, warum ich hier sitze. Mir tun auch alle Knochen weh. Ich habe die ausgebrochene HCV-Erkrankung." Flugente schiebt ihre Badekappe aus dem Gesicht und klappt die Ränder über die Ohren hoch. Wie erstarrt sieht sie mich an. „Was für eine HCV?", fragt sie nach.

„Mir ist es etwas peinlich, aber kannst du mir deinen Namen sagen?" „Carmen bin ich." „Angenehm, Britt. Wurdest du denn in all den Jahren nie zu einer Blutkontrolle aufgefordert?" „Nein. Nie."

„Da haben wir es wieder. Ich auch nicht, aber ich habe mich gekümmert. Eine Bekannte gab mir im Jahr 1994 eine Telefonnummer von einem Herrn Professor, der sich mit unserer Thematik beschäftigt. Dieser fand schließlich heraus, dass ich infiziert bin. Meine zweitgeborene Tochter auch. Wir sind HCV-positiv.

Das will natürlich keiner wissen, aber wichtig ist, dass du selbst es weißt." Mich fröstelt es. Ich hebe meine Arme nach oben und bemerke, dass die Haut auf den Fingerspitzen eine wellige Form angenommen hat. „Hilfe, ich entwickle mich zum Fisch, ich muss aus dem Wasser." Ich schleife meinen Körper an den Rand des Beckens und entsteige der Sole, trockne mich ab, ziehe meine Wechselsachen an und lege mich auf meine Liege. Es dauert nicht lange, und Carmen schlendert zu mir und fragt, ob sie sich neben mir platzieren darf. „Aber gern doch. So oft werden wir uns nicht begegnen."

„Es ist so angenehm ruhig hier", spricht Carmen leise.

„Wie hoch ist deine Virenlast? Wie sieht deine Leberstruktur aus? … Du kannst gute Transaminasenwerte (Leberwerte) haben, trotz einer Zirrhose oder Fibrose."

„Was redest du denn da. Ich habe von all diesen Dingen noch nie etwas gehört. Was für einen Virus? Wir bekamen doch nie einen Nachweis, dass wir diese Spritze erhielten."

„Genau. So habe ich jahrelang nicht gewusst, dass ich dieses Virus habe. Sie, wer auch immer dahintersteckt, wollen nicht, dass du es weißt. Diese Angelegenheit wird bis zu unserem letzten Tag verschwiegen, um den finanziellen Aufwand so gering wie möglich zu halten. Unser natürlicher Abgang regelt alles von selbst.

Weißt du, Carmen, es gab einen Herrn Dr. Schub… in Halle, der hat wissentlich von infizierten Plasmen unsere Anti-D Chargen herstellen lassen. Zwei Chargen 6 und 7 mit mehreren Hundert Ampullen wurden gesperrt, wegen Hepatitisverdacht. Diese hat er nicht vernichtet, sondern einfach umgearbeitet. Es wurde die Charge 15 und weitere daraus. Für die Chargen 8 bis 14 hat er die infizierten Plasmen von den bekannten erkrankten Spendern weiterverarbeitet.

Er nahm die Infizierung in Kauf. Es gab auch einen Befehl, die Produktion dieser Medikamente, trotz Verdacht, nicht zu unterbrechen.

Natürlich haben wir nichts in der Hand, gar nichts. In deinem SV-Ausweis, dem damaligen Sozialversicherungsausweis, könnte die Chargennummer eingetragen worden sein. Bei mir zwar nicht, vielleicht bei dir oder in deinem Mütterpass oder sonstwo. Ich muss einräumen, dass ich die Chargennummer auch nicht wusste, aber ich habe sie aus der Entbindungsklinik angefordert. Auf dem Amt für Familie und Soziales liegen sie in irgendwelchen Akten. Nehme ich zumindest an. Du musst dich kümmern. Es gibt seit dem Jahr 2000 ein Gesetz für uns.

Durch diese Viren und die körpereigenen Reaktionen auf die Viren werden ja nicht nur unsere Leberzellen zerstört, sondern auch unser Gehirn und die Nervenbahnen. Auch in Gelenkflüssigkeiten und vielen anderen Körperregionen können sie stecken. Ich kann nicht alles erzählen, was ich weiß. Du musst dich kümmern und unbedingt herausbekommen, ob das Hepatitis-C-Virus bei dir nachweisbar ist. Warum solltest du ausgeschlossen sein?"

„Auf welchem Amt muss ich denn da nachfragen?"

„Carmen, ich hörte, es gilt das ‚Tatort-Prinzip', das zuständige Bundesland, in dem die Virus-Infektion passiert ist. Jede Betroffene kämpft sich selbst durch. Jede geht andere, eigene Wege. Über angeforderte Krankenakten, über Behörden, Gerichte, Politiker. Es kann auch nicht anders laufen. Wir wohnen alle Kilometer weit voneinander verstreut. Und die paar Grüppchen, die sich kennen und ab und an treffen, sind viel zu klein und schwach, gegen die Räder der Macht anzukämpfen. Wichtig ist, dass du weißt, was mit dir ist. Ich kann dir gern helfen."

Wir redeten und redeten, und die Stunden vergingen im Wasser und auf der Liege wie im Flug. Carmen schien überfordert, versprach mir aber, sich um diese Sache, ihre Gesundheit, zu kümmern. Wir tauschten unsere Telefonnummern aus und wollten unbedingt in Kontakt bleiben.

Carmen hat sich inzwischen testen lassen. Das Ergebnis lautet: „Hepatitis-C-Virus-positiv." Nach Jahrzehnten erfährt auch diese Frau von ihrer Infektions-Krankheit! Und auch diese Erkenntnis ist einem Zufall zu schulden.

Die Arbeit mit der Musik bringt mich immer wieder auf bessere Gedanken. Sie setzt Kräfte frei. Ich arbeite mit Kindern, ihrer Unbedarftheit, Ehrlichkeit, und ich nehme ihre kleinen und großen Sorgen verständnisvoll entgegen.

Immer wieder bemerke ich an der Art und Weise des Musizierens, ob sie frei im Herzen sind oder ob sie ernsthafter Kummer plagt. So kann ich die Gefühlslage an der Großzügigkeit ihrer Armbewegung bei der Balgführung des Akkordeons erkennen.

Den einen motiviere ich zu mehr Selbstsicherheit und zu kraftvoller Führung des Balgs, den anderen bitte ich, seinen Nachbarn nicht zu übertönen. Es funktioniert.

Im Keyboardunterricht funktioniert es nicht. Kinder lernen per Gehör schnell verschiedene Genres der Musik kennen. Sie geben die entsprechende Nummer für den gewünschten Rhythmus ein, und schon rattert dieser los. Tangorhythmus, Walzer, Swing, Samba, Rock and Roll, Balladenrhythmus oder Marsch und viele andere mehr.

Jeder einzelne Rhythmus kann variiert werden. Zu meinem Bedauern werden diese kleinen Keyboarder diese Rhythmen nie selbst spielen lernen.

Es gibt unzählig verschiedene Effekte und Klangfarben. Das Kind erlernt anfänglich mit der rechten Hand die Melodie nach Noten. Wenn dies geschafft und ein bestimmtes Niveau erreicht ist, werden die Harmonien erarbeitet. Es folgt das Entsetzen. Ein Keyboard läuft wie ein Uhrwerk. Ein Musiker hat sich völlig unterzuordnen.

In einer exakt bestimmten Zeit laufen die Takte ab. Nur ein Bruchteil einer verspäteten Tasteneingabe reicht aus, um völlig aus dem Konzept zu kommen. Der laufende Rhythmus erkennt die Sensibilität des Schülers natürlich nicht. Die Takte rattern gnadenlos weiter, und sie können nur mit einer Stopptaste beendet werden. Für sehr viele Schüler ist das die Lieblingstaste, ich muss gestehen, es ist auch meine.

Anfänglich hielt ich dieses Instrument für eine Sensation. Es beeindruckte mich. Meine Ansicht hat sich unterdessen geändert. Was für mich die Einzigartigkeit der Musik ausmacht, so etwas wie Sinnlichkeit, Gefühl, die Chemie der Seele, die zwischen den Noten wirkt, sehe ich bei computergesteuerten Musikgeräten gestört.

Die Atmung des Kindes verändert sich beim Bedienen der Tasten. Sie geraten völlig aus dem Gleichgewicht. Für eine gesunde Entwicklung des Kindes ist dieses Instrument höchst ungeeignet.

Der stete Neubeginn eines Liedes ist wie ein Sprung ins kalte Wasser. Das erneute Aufspringen auf den schon losgefahrenen Musik-Zug. Da bei den lernenden Kindern die Fehlerquote natürlich hoch ist, kommt es zu mageren Erfolgserlebnissen. Die Kinder werden nervös und reagieren missgelaunt. Das Instrument beherrscht den Spieler und nicht der Spieler das Instrument.

Es gibt dennoch Eltern, die sich für ihr Kind nichts Besseres als ein Keyboard vorstellen können. Sie selbst müssen es ja nicht erlernen.

Die ersten Stunden verwende und verschwende ich gemeinsam mit dem Kind für das Studium der Funktionstasten, die im Laufe der Zeit auf gar keinen Fall weniger werden. Immer neue und irrsinnigere Funktionen werden entwickelt. Die kleine Kinderseele hat diese zu verstehen, zu bedienen und zu verarbeiten.

„Schrecklich!“, stöhne ich laut beim Erproben eines brandneuen Geräts. Das Kind neben mir schaut scheu und verunsichert erst auf mein Gesicht, dann auf den neuen Kasten. Mit meinem Ausruf muss das Kind erfahren, dass ich genauso irritiert und hilflos dieser neuen Technik gegenübersitze wie es selbst.

„Ich habe so viel Ahnung wie du“, murmle ich und lächle meinen Schüler gutmütig an. Ich suche hastig nach dem Knopf, der den gleichmäßigen, nervigen Rhythmus unterbrechen soll. „Moment noch, ich habe ihn gleich“, rufe ich. Doch es dauert eine Ewigkeit, bis ich tatsächlich die Stopptaste finde. Das Kind sitzt derweil geduldig neben mir, und ich weiß, dass es überhaupt nichts versteht. Gar nichts verstehen kann.

Wenn es mir endlich gelungen ist, das Instrument zu starten, umzuschalten und wieder abzuschalten, darf der zukünftige Musikant diese Funktionstasten nach meiner Anleitung selbst bedienen. Der kleine Zwerg nimmt die übersetzten schriftlichen Erklärungen der notwendigen Handgriffe mit nach Hause. „Bitte diese Anleitung unbedingt nächste Stunde wieder mitbringen", sage ich, „sonst fangen wir wieder von vorn an."

Da ich nun einmal Musiklehrerin bin und keine Englischlehrerin, gestalten sich die ersten Stunden äußerst beschwerlich. Es gibt unzählbar verschiedenartige Ausführungen von Keyboards, von unterschiedlichen Herstellern und in allen Preisklassen. Selbstverständlich setzen die Eltern voraus, dass der Lehrer über das Innenleben eines solchen Instruments genauestens Bescheid weiß.

Sie lassen sich das Gerät vom Verkäufer erklären. Anschließend kommen sie natürlich nicht in die erste Unterrichtsstunde mit, um mir diesen Computer zu erläutern. Häufig bleibt mir nichts anderes übrig, als selbst auszuprobieren und zu experimentieren.

Was also hat das Kind in der ersten Stunde gelernt? Meinen Namen und wo es den Knopf für die Funktion „On" und „Off" finden kann.

In einer der nächsten Stunden spreche ich über das Display. „Schau einmal", sage ich und zeige mit meinem Finger auf das beleuchtete Feld. „Hier kannst du die Taktschläge, das Metronom, mit den Augen verfolgen." Das Kind zählt bereitwillig mit. Zeit für einen neuen Versuch. Ich drücke auf eine Taste und sage „Wir hören uns einmal einen Rhythmus an."

Ungewollt treffe ich auf einen Marschrhythmus. Mit dieser Musik schlägt in mir sofort eine Welle beängstigender Gefühle hoch, ich assoziiere einen Viren-Aufmarsch. Eine im Focus 10/2007 veröffentliche Liste des Schreckens, mit der Überschrift „Parade der Keime", lässt mich grübeln. Deutschlands Seuchenexperten reihen erstmals Infektionserreger nach deren Gefährlichkeit auf.

Liste des Schreckens
Die Rangfolge umfasst 85 Positionen.

Die Influenza („Supergrippe“) punktet durch ihr enormes Potenzial.

1. Influenzaviren
2. Hepatitis-C-Viren
3. MRSA (Bakterien)
4. HIV (Aids-Erreger)
…
85. Cholera-Erreger

Vor meinen Augen läuft die Viren-Parade zu dieser Marschmusik. Ich sehe buchstäblich das Wort „Sieger“ vor mir. „Die Siegerviren sind die Influenzaviren. Glück gehabt.“ Ich lächle meinen neuen Schüler an.

Während der Marsch weiterläuft, kann ich meinen Gedanken freien Lauf lassen.

Ich sehe, wie die Hepatitis-C-Viren als Silbermedaillenträger mit den Bronzebakterien und Keimen durcheinander springen.

Ich stelle mir vor, wie sie hüpfen, rennen, zielstrebig im Stechschritt dem Podest entgegenmarschieren und schließlich einige von ihnen auf das Siegertreppchen springen. Sie reißen die Arme hoch und rufen laut „Hurra! Geschafft! Wir sind die Besten!“

„Hepatitis-C-Virus, immerhin auf Platz zwei“, zuckt es durch meinen Kopf. Ich sehe, wie sie ihre Auszeichnungen und Blumensträuße erhalten. „Nein, diese Auszeichnungen habt ihr nicht verdient.“ Ich schüttle den Kopf, bis ich merke, dass ich im Unterricht sitze.

Um meine Geste zu rechtfertigen, sage ich schnell „Diesen Rhythmus nehmen wir nicht.“ Schon wieder denke ich an eine Auflistung:

1. entsetzlich
2. beängstigend
3. furchtbar
4. widerlich

5. grauenvoll
6. grässlich
7. schrecklich

Angestrengt verscheuche ich diese und widme mich meinem unschuldigen Schüler.

Zukünftig werde ich den Knopf für den Marschrhythmus auf keinem Keyboard empfehlen. Niemals. „Diese Parade will ich nicht mehr hören."

Am selben Abend zweifle ich an meinen Fähigkeiten und sehe mein Unvermögen, mich der englischen Sprache jemals anzunähern. Warum verschließe ich mich nur diesen neuen englischen Wörtern? Es passt einfach nichts Neues mehr in mein Gehirn. Voller Sorge stelle ich fest, dass ich nur noch im Augenblick lebe, bestehe und diesen bewältigen kann.

Das Erlernen der englischen Sprache wäre ein gutes Ziel, doch dieser Gedanke ängstigt mich. Seit langer Zeit bemerke ich, dass es mir immer schwerer fällt und oft sogar unmöglich ist, neue Informationen aufzunehmen oder mir etwas zu merken. So sehr ich es auch gerne anders haben möchte, ich bin schnell überfordert, kann dann nicht klar denken.

Das verunsichert mich. Um diesen Misserfolgen zu entgehen, neige ich daher dazu, den Weg des geringsten Widerstands zu gehen. Ich vermeide Situationen, von denen ich vorher weiß, dass sie mit geistigen Anstrengungen verbunden sind.

Morgens erwache ich mit starken Muskel- und Gelenkschmerzen. Vom erholsamen Schlaf kann schon ewig keine Rede mehr sein. Ich schleppe mich aus dem Bett und weiß nicht, wie ich den neuen Tag bewältigen soll.

In den Momenten, in denen ich kurzzeitig Kraft aufbringen kann, ziehe ich mich zurück und schreibe nieder, was mir in den Sinn kommt. Ich bin froh, dass mein Mann keine körperlichen Aktivitäten von mir erwartet.

Der Kontakt mit Iris besteht und wir tauschen per Telefon unsere Tagesverfassungen aus. „Meine Werte sind jetzt am untersten Strich der Skala angekommen“, beklagt Iris leise. „Hoffentlich erlebe ich den morgigen Tag.

„Du wirst das schaffen“, versuche ich Mut zu machen. „So lange dauert die Therapie nicht mehr.“

„Für mich noch lang genug. Ich könnte mir Schöneres vorstellen als diese Quälerei. Ich fühle mich wie eine alte Frau, ohne Elan und Schwung.“ Für noch mehr Worte reicht ihre Kraft nicht aus. Die Leitung bleibt einige Sekunden still. Angestrengt stellen wir uns Urlaubspläne in Aussicht, dabei wissen wir beide, dass diese Pläne erst einmal nur Gerede sein könnten.

Jede freie Minute nutze ich, um Kontakt mit anderen Frauen herzustellen. Ich weiß ganz genau, dass viele betroffene Frauen in ihren Wohnungen sitzen und mühevoll ihre Gedanken ordnen.

Während eines Telefonats erzählt mir eine Dame „Sie werden nicht glauben, was ich hier erleben muss. In meine Wohnung wird ständig eingebrochen. All meine Unterlagen werden entwendet. Irgendjemand beobachtet mich. Sobald ich außer Haus bin, kommt mir jemand hinterher.“

„Können Sie den Menschen erkennen?“, frage ich nach.

„Nicht richtig, aber ich weiß, dass jemand da ist. Wenn ich vom Einkaufen wieder zu meinem Auto komme, bemerke ich, dass es aufgebrochen ist.“

„Fehlt etwas?“

„Ich trage grundsätzlich alle Unterlagen bei mir.“

„Welche Unterlagen tragen Sie denn immer bei sich?“

Die Dame sagt „Die Krankenunterlagen.“

„Warum tragen Sie ausgerechnet diese Unterlagen immer mit?“

„Weil sie schon ein paar Mal gestohlen wurden. Aus der eigenen Wohnung wurden sie entwendet. Jedes Mal, wenn ich in meine Wohnung zurückkehre, ist etwas verändert.“

„Wirklich? Waren Sie schon bei der Polizei?“

„Schon einige Male. Sie nehmen mich nicht ernst. Sie müssen wissen, von 1979 bis 1982 lag ich in der Tropenklinik Berlin-Buch. Nach der Wende habe ich sehr viel über die Stasi herausbekommen. Sehr viele Akten wurden jedoch falsch kopiert. Niederträchtige, hinterlistige, schmutzige Schriften wurden zur Abschreckung eingefügt. Alles, was wichtig war, haben sie verschwinden lassen. Meine Befunde aus der Tropenklinik, alle Unterlagen, die nur den geringsten Zusammenhang mit der Krankheit ‚HCV' und den Behörden haben, wurden mir gestohlen."

Das, was ich hier höre, ist mir fremd, irgendwie unwirklich. Noch nie habe ich von so etwas gehört, doch ich lasse die Dame weitersprechen. Aus ihren schnell gesprochenen Worten höre ich ihre Panik und Angst heraus.

„Ich bin mir sicher", sagt sie, „dass mein Telefon abgehört wird. Sie glauben ja nicht, was hier los ist. Für meine Sicherheit im Haus ließ ich mich polizeilich am Alexanderplatz beraten. Es war zwecklos. Ich bin kein Promi und besitze keinen van Gogh.

Ich nehme keine Psychopharmaka, keine Drogen oder sonstige schädigende Tabletten. Ich trinke keinen Alkohol und rauche keine Zigaretten. Eine Psychologin untersuchte mich. Vielleicht bin ich schuldhaft an der Situation, dachte ich. Ich bin aber nicht schizophren.

Eine Überwachungskamera wurde vor meiner Wohnung installiert. Diese wurde zerstört.

Alle meine Tagebücher, wichtige Unterlagen von Anwälten, Jahreskalender, Schriftsätze jeglicher Art, all das verschwindet. Bei mir melden sich Inkassofirmen und verschaffen sich Einlass.

Im Februar 2006 wurde mir ein Bescheid über eine Beerdigung zwischen lose Blätter in den Briefkasten gelegt. Datum der Beerdigung war der 30.06.2006, und das mit meinem Namen darauf.

Bei Abwesenheit bedienen sich irgendwelche Leute an allen Gegenständen. Blumen, an der Kosmetik, an der Nahrung, Schmuck, mein ganzes Gold ist weg.

Sie zerstören Schränke, Spiegel, Töpfe ohne Grenzen."

„Liebe Frau … bitte beruhigen Sie sich. Schicken Sie Ihre Unterlagen an mich. Hier sind sie sicher."

„Die Unterlagen sind nirgendwo sicher. Hinter allem steckt die Stasi. Diese Spitzel gibt es immer noch", ruft sie zurück.

Mir fällt es schwer, einen sinnvollen, plausiblen Satz zu finden, um die Dame tatsächlich zu beruhigen.

Das Gespräch scheint endlos, nicht aufzuhören. Nach einer Stunde sage ich der Dame „Alles Gute für Sie. Wir bleiben in Kontakt."

Die Dame schreibt mir einen sechzehnseitigen Brief.

Ausführlich schildert sie mir darin die bis zum Jahr 2006 suspekten Sachverhalte. Vorsorglich hefte ich ihre Seiten zu den anderen Briefen.

Von unserem Verband erfahre ich, dass die Frau Professorin, die ich bereits in Chemnitz während eines Vortrags über die Folgen der Hepatitis-C-Virus-Infektion kennenlernen dufte, für Forschungszwecke neurologische Untersuchungen durchführt.

„Da wir auf kein Wunder zu hoffen brauchen, diene ich wenigstens da, wo ich selbst es für sinnvoll und notwendig erachte, der Wissenschaft", überlege ich.

Da Britta ähnliche Symptome aufweist wie ich, spreche ich mit ihr über das Vorhaben, uns neurologisch untersuchen zu lassen. „Irgendetwas stimmt einfach nicht mit uns."

Früh, um sechs Uhr, geht die Reise los. Gegen zehn Uhr betreten wir das Hochschulgelände. Vor uns türmen sich Gebäude auf, so hoch, so breit und in der Anzahl wie in einer Wohnblocksiedlung. Eine derartige Vielheit von medizinischen Bereichen haben wir nicht erwartet. Dorfduselig tauchen wir in eine Stadt der Hinweisschilder. An den einzelnen Gebäuden stehen große Buchstaben. „Hier kann doch das Alphabet gar nicht ausreichen. Wir müssen in die Neurologie", bemerke ich, während wir die Straße entlanglaufen.

„Notaufnahme, Wirtschaft, Personal … Weiter." „Diese enorm vielen Menschen. Alle haben irgendetwas zu tun", äußert sich Britta. Entweder reden sie beim Laufen mit einem anderen Menschen, telefonieren oder sie ziehen einen Koffer hinter sich her. Einige haben Blumen in der Hand, schauen suchend nach vorn und zurück. Andere hasten an uns vorüber. Ein kleineres Grüppchen, vermutlich Patienten, steht an Bänken und raucht.

„Gefunden, da vorn müssen wir hin", freut sich meine Tochter, und ich folge ihren Schritten. „Da ist der Haupteingang." „Prima, wir sind da." Und schon sind wir im Hauptgebäude.

Als erstes suche ich den Pförtner und muss feststellen, dass es keinen Pförtner gibt, sondern nur eine Information. Suchend sehe ich mich um. „Hier ist mehr zu finden, als in unserem Dorf. Sogar Geldautomaten gibt es hier. Eigentlich gar nicht zu vergleichen. Das ganze hier trägt Kleinstadtcharakter."

Den Patienten und Besuchern stehen ein Café, Friseurgeschäft, Läden mit gemischten Sortimenten, ein Buchladen, ein Zeitungskiosk zur Verfügung. Selbst frische Blumen und schöne Geschenkkarten sind hier zu erwerben. Ein grüner Park und Parkbänke laden an der frischen Luft zum Verweilen ein.

„Das finde ich aber gut. Hier hat einmal einer richtig mitgedacht", sage ich.

Eine Informationstafel mit blauen, grünen, roten und gelben Symbolen weist uns den Weg.

Wir erbitten den Kontakt mit der Frau Professorin Weiss... Sogleich erhalte ich einen Zettel mit einer Nummer und den Hinweis, an einem nahegelegenen Telefon den Kontakt selbst herzustellen. Der Herr an der Information verweist mit der Hand auf ein graues Gerät direkt an der Wand gegenüber.

Nachdem ich beim zweiten Anlauf die richtigen Nummern gedrückt habe, meldet sich eine Stimme. „Ihr Anruf wurde entgegengenommen." Das war alles. Irritiert hänge ich den Hörer in die Angel und sehe mich nach meiner Tochter um. Britta und ihr Freund stehen noch immer vor den Informationstafeln in etwa zehn Meter Entfernung vom Telefon. Ich geselle mich zu ihnen und überlege, was ich jetzt tun könnte. Unzählige Menschen eilen an uns vorbei. Plötzlich schellt das unscheinbare graue Wand-Telefon. „Ob das mich betrifft?" Ich schaue ungläubig in die Menschenmassen. Nicht eine Person außer mir selbst interessiert sich für das Telefon. Es klingelt und klingelt, als ob nicht schon genug Unruhe herrscht. Entschlossen laufe ich schließlich zu ihm, nehme den Hörer ab und melde mich mit meinen Namen. „Wie keck von mir", denke ich. „Hier laufen

Hunderte von Menschen umher, und ich nehme einfach diesen Hörer ab und melde mich mit meinem Namen."

Es meldet sich tatsächlich die Frau Professorin, die uns auch schon erwartet. Wir freuen uns, und wir drei warten etwa zehn Minuten, bis ein großer, sehr netter junger Herr Doktor zu uns kommt, der uns bis zu den Behandlungsräumen begleitet. Seine ruhige, freundliche Art wirkt auf mich sehr positiv und vertrauenerweckend. Das finde ich gut. Bis wir schließlich die richtige Ebene erreichen, antworte ich auf all seine Fragen. Ich kann es kaum fassen, hier werden meine Beschwerden und Ängste wirklich ernst genommen! Endlich einmal.

Nach einer ausführlichen Anamnese wird der erste Aufmerksamkeitstest gestartet. Weitere Tests folgen.

Nach einiger Zeit spüre ich, wie sich langsam eine Spange immer fester um meinen Schädel zieht. Ich strenge mich an. In mir besteht der feste Wille, alle Tests bestmöglich zu absolvieren. „Keine Schwäche zeigen, ich kann das! Ich kämpfe mich durch."

Nach den Tests, die alle Kräfte von mir abverlangten, finde ich einen bequem aussehenden Stuhl, der mir äußerst zupasskommt. Nach einer Weile verlasse ich den Raum und stoße mit meiner Tochter zusammen. „Du siehst ziemlich geschafft aus", sagt sie. „Du auch, mein Kind."

Nach mehreren Tests können wir noch die Frau Professorin begrüßen und mit ihr sprechen. Ernsthaft und geduldig hört sich Frau Professorin unsere Beschwerdebilder und Einschränkungen an. „Uns wird geglaubt, kein Zweifel", flüstere ich meiner Tochter ins Ohr. Eine völlig neue, gute Erfahrung.

An diesem Tag haben sich zwei Ärzte mehrere Stunden lang nur für uns zwei Probanden Zeit genommen. Ohne Druck, ohne Angst vor Denkblockaden haben wir die Möglichkeit, uns zu äußern. Ungewöhnlich in der heutigen Zeit, aber unendlich erfreulich.

Auf das Ergebnis sind wir sehr gespannt. Während der Heimreise werden Erfahrungen ausgetauscht über unsere Erfolge oder Misserfolge während der Untersuchungen. Dabei stellen wir gemeinsame Defizite fest.

Tief versunken, in einem Zustand wacher Schläfrigkeit, taucht urplötzlich eine Frage in mir auf. „Wieso wurde meine Krankheit auf dem Amt für Familie und Soziales eigentlich damals anerkannt? Mich hatte es enorm viel Mühe gekostet, um endlich an die Chargennummer zu kommen. Die Nummer war mir lange Jahre verborgen geblieben. Dennoch wurde ich 1995 anerkannt. Seltsam!“

Nach etwa zwei Stunden Fahrzeit legen wir eine Pause ein. Mein Kopf ist verstopft, ich kann nichts mehr aufnehmen, nicht mehr denken. An einer Raststätte steigen wir aus und bewegen uns ein wenig. Meine Gliedmaßen schmerzen. Die Bewegungen lockern die steifen Gelenke etwas auf. Arme nach vorn, zur Seite, nach links, nach rechts. Kopf zum linken Nacken, Kopf zum rechten Nacken, kreisen. Ein Bein hoch, das andere stehen lassen. „Ja wie denn auch sonst, ich will ja nicht umfallen.“

„Will jemand Kaffee?“ ruft der Freund meiner Tochter. Wie aus einem Mund kommt auf Kommando sofort ein gemeinsames „JA!“ Wir schmunzeln uns an. Während er sofort losprescht, rufe ich hinterher, „Ein Stück Schokolade wäre auch nicht schlecht. Oder zwei Kekse.“ Wir kichern. Auf dem belebten Parkplatz versuchen wir bis zum Eintreffen des Kaffees, vor den anderen pausierenden Verkehrsteilnehmern mehr schlecht als recht einen sportlichen Eindruck vorzutäuschen. Ich bin sicher, dass zumindest für Britta eine sehr gute A-Note drin wäre. Doch zur Bewertung kommt es dann nicht mehr. Stattdessen kommt Kaffee und zu unserer großen Überraschung, völlig unerwartet, auch eine Tafel Vollmilchschokolade. „Ein netter junger Mann, wirklich. Er denkt an alles.“

Die Fahrt geht weiter, und wieder schleicht sich das Wort „Chargennummer“ in mein Denken ein.

„Die Ämter müssen doch all die Nummern wissen, sonst wäre eine Anerkennung überhaupt nicht möglich. Die Nummern und all die Namen der Betroffenen müssen vorliegen. Anders kann ich mir die damalige Anerkennung einfach nicht erklären. Immerhin geht in unserem Staat überhaupt nichts ohne Nachweise und Beweise. Warum wurde ich dennoch zur Abklärung eines Sachverhaltes nie vorgeladen. Das ist doch fahrlässig und kriminell. Ich bin alleine gerannt und habe auf eine Untersuchung gedrängt. Ergebnis positiv. Meine Tochter, positiv. Seltsam, seltsam. Geheim, geheim. Oder, ja, sie erhalten einfach keinen Auftrag. Warum erfährt Flugente Carmen so spät von ihrer Infizierung? Geheim, geheim. Wieso hat mich Carmen überhaupt an meiner Stimme wiedererkannt? Ich habe doch in diesem Solebecken nur zwei Worte gesagt. Vielleicht fiel ihr aber auch meine Nase auf, und sie hat sich nicht getraut, mir das zu sagen. Geheim, geheim." Meine Gedanken werden oberflächlich, und ich schlummere auf dem Rücksitz ein.

Ein Krankenwagen mit Warnsignal weckt mich auf. Ich sehe das Fahrzeug von hinten. Schnell braust es davon. „Hoffentlich gibt es keinen Stau", sagt unser Fahrer.

„Unfall, Rollstuhl, Tod. Hoffentlich nicht", piepse ich von der Rückbank. Ich versinke in Erinnerungen an eine HCV-betroffene Dame, die in Ungarn wohnt. Tragischerweise sitzt diese Dame bereits im Rollstuhl und kämpft in ihrer Wahlheimat vergebens um Anerkennung.

Gut vorstellbar, dass es in einem anderen Land sicherlich schwierig ist, unser gemeinsames Anti-D-Anliegen verständlich darzulegen und die nötigen, richtigen Untersuchungsmethoden einzuleiten. Die ungarischen Mediziner und Behörden sehen sich nicht in der Pflicht, einige Tests zu veranlassen und durchzuführen, um das Hepatitis-C-Virus nachzuweisen, ohne die materielle Unterstützung aus Deutschland.

Deutschland, sprich das ostdeutsche Bundesland, in dem die Infizierung stattgefunden hat, müsste eventuelle Entschädigungen leisten. Kein Auftrag, keine Anerkennung, keine Hilfe, keine Leistung.

Wie überall wird auch diese Dame auf die lange Bank und in ihrem Rollstuhl durch das Land geschoben und erfährt keine Gerechtigkeit, ich wage zu vermuten, bis zu ihrem natürlichen Abgang.

Plötzlich schaudert es mich, und die Sätze einer Mitbetroffenen „Wer weiß, was DIE noch alles da reingemischt haben …" lassen mich fröstelnd nachdenken.

Mir wird schlecht, und ich öffne rasch das Autofenster, lasse mir den geräuschvollen Wind um die Nase wehen. Ich sehe in die Weite und fixiere den am weitesten entfernten Punkt. Dann schließe ich meine feuchten Augen und lasse den Wind die Tränen mitnehmen.

Da leben Frauen mit 90% ausgeprägter Fettleber, werden vom Amt nicht anerkannt, weil der Hepatitis-C-Virus nicht nachweisbar ist. Was ist mit dem Hepatitis-G-Virus? Kaum eine Betroffene weiß von diesem Forschungsbericht, der besagt, dass die Chargen nicht nur mit C verunreinigt waren.

Mir wird plötzlich klar, warum meine die Therapie begleitende Ärztin sagt „Sie können nicht alles auf die C schieben." Nein, ganz und gar nicht. Es kann auch die „G" sein, die diese Gelenk- und Muskelbeschwerden verursacht, die G, von der wir noch gar nichts wissen. Einfach scheußlich.

Endlich kann ich unsere Abfahrt erkennen. „Wir sind da. Toll gefahren. Danke, danke."

Völlig erschöpft sinke ich auf meine Matratze und denke über gar nichts mehr nach.

„Iris, liebe Iris, wie geht es dir?", frage ich meine Freundin und sehe dabei in hilflose müde Augen. Sie sieht mich kaum an. „Mir geht es sehr schlecht. Ich glaube, mit mir geht es bald zu Ende." Erschrocken verarbeite ich ihre Bemerkung.

„Ich weiß einfach nicht, was mit meinem Körper los ist. So träge war ich schon lange nicht mehr. Schau, was für blaue Flecken ich überall habe. Der geringste Druck auf meine Haut lässt einen blauen Fleck aufscheinen. Das ist doch nicht normal." Iris streift ihre Ärmel des Pullovers nach oben und zeigt mir die Flecken unterschiedlichster Färbung. „Die einen kommen, die anderen gehen", giftet sie.

„Sind sie schmerzhaft?"

„Nicht unbedingt. Manchmal bemerke ich sie überhaupt gar nicht. Meine Oberschenkel sehen aus. Als ob ich misshandelt worden wäre. Wo soll denn das hinführen?"

„Da werden wir heute nicht in die Sauna gehen können, oder?" „Ich werde mich mit einem Handtuch umwickeln und mich dann in die Sauna setzen, damit die Leute nicht erschrecken." „Du hast doch bestimmt einen Bademantel, den könntest du anlassen." Wir lachen über diesen scherzhaften Einfall. Iris erledigt noch einige Handgriffe, und wir fahren in die Sauna, die uns wärmen soll.

Wir sitzen allein in einem heißen Raum, und Iris schildert mir ihre Situation nach der Therapie. „Das ist erst jetzt so schlimm geworden. Von einer Besserung oder Hochstimmung habe ich noch nichts bemerkt, stattdessen fühle ich mich immer schlechter."

„Du brauchst unbedingt ärztliche Hilfe."

„Pass auf, ich werde dir schildern, wie die Hilfe aussieht." Iris kocht vor Hitze und Wut. „Statt eines Termins erhalte ich von der zuvor therapiebegleitenden Praxis per Post einen Laborzettel. Nicht von der Internistin persönlich ausgefüllt, sondern nur mit dem Vermerk, was sie für Blutwerte brauchen. Mit diesem Zettel solle ich zu meiner Hausärztin gehen und das Blut abzapfen lassen … Ist ja klar, dass da erst einmal die Schwestern wissen wollen, worum es geht, ehe ein Termin an meine Hausärztin vergeben werden kann. Mit Dringlichkeit versteht sich … Eine Woche später erhalte ich einen Termin zur Blutabnahme. Kurze Zeit später läuten die Alarmglocken. Meine Hausärztin kennt mich zwar, Hepatitis-C-Virus-Infektion und so, aber ein ganzes Jahr lang wurde ich von der Internistin überwacht.

Überweisungsscheine an die Internistin erhielt ich immer nur vor dem Ärztezimmer, vom Personal der Hausärztin … Die momentane Situation kann sie also nicht wissen.

Eine Telefonverbindung zwischen der Internistin und meiner Hausärztin war nach hundert Versuchen erst möglich.

Anrufbeantworter, Sprechstundenhilfe, Untersuchungen und … und … und … Der Bitte eines dringenden Rückrufs wurde nicht entsprochen. In der Nacht, um ein Uhr, schreibt meine Hausärztin dann einen Brief per Fax an die Internistin, mit der Bitte um Aufklärung über meine Person und um klare Anweisungen. Die Verantwortung musste sie ja nun übernehmen. In meinen Augen ist sie mit mir sichtlich überfordert. Eine Woche lang kam kein Kontakt zustande. Überleg dir das einmal.

Ich bat das Personal in der Praxis der Internistin, die meine Therapie begleitet hatte, mir die Befunde in die Hand zu drücken. Ich würde mich kümmern … Abends erhalte ich einen Anruf aus der hausärztlichen Praxis, die Internistin hätte angerufen. Aber diese Informationen von der Internistin könnten sie mir nicht am Telefon mitteilen. Noch an meinem Abendessen kauend, fuhr ich in die Hausarzt-Praxis. Sie empfing mich außerhalb der Sprechzeiten. Dort gab mir die Ärztin die Auseinandersetzung mit der Internistin bekannt. Erst einmal haben sich die beiden Ärztinnen telefonisch ihre Überforderung um die Ohren gehauen. Wie lange sie arbeiten müssten und wie viele Patienten sie zu behandeln hätten."

„Damit ist dir aber auch nicht geholfen", werfe ich ein, während Iris Luft holt.

„Weiter sagt die Hausärztin, ich solle wieder zum Blutabnehmen, aber in eine andere Praxis, wegen Urlaub … Da sagte ich, das fällt aus. In eine völlig fremde Praxis gehe ich nicht. Da weiß überhaupt keiner mehr Bescheid. Warum kann ich denn nicht zu meiner Internistin? Während der gesamten Therapiezeit bin ich wegen meiner Nebenwirkungen ständig zu fremden Ärzten geschickt worden. Irgendwann ist Schluss. Ich kann nicht mehr. Immer wieder muss ich meine Geschichte von Neuem erzählen, und alle schütteln nur den Kopf … Was soll denn dieses Theater? … Jedenfalls soll ich wahrscheinlich in ein Krankenhaus zu einer Knochenmarkpunktion, laut Aussage eines Hämatologen.

Meine Thrombozytenwerte liegen bei 17. Der Referenzbereich liegt zwischen 140 bis 430. Es liegt bei mir ein Zerfall der Blutblättchen vor. Deshalb habe ich so viele blaue Flecken. Es ist keine oder nur noch eine ganz geringe Blutgerinnung vorhanden."

Ich sehe Iris von der Seite an und empfinde nichts als Trauer.

„Ist das das Resultat dieser Therapie? Bei mir scheint auch eine Autoimmunerkrankung das Resultat zu sein. Ich könnte heulen, das kannst du mir glauben. Es tut mir unendlich leid für dich. Nichts wie raus hier. Ich koche sonst über."

„Was werden die mit mir im Krankenhaus anstellen? Meine Tochter meint, dass ich Infusionen bekommen müsste, aber die sind bestimmt zu teuer. Da ich nur ein Normalpatient bin, werde ich keine bekommen. Ich soll mich jedenfalls vorsehen und keine Risikosportarten ausführen. Da musste ich schmunzeln. Ich werde mich vorsehen und muss aufpassen, dass ich nicht stürze, denn wenn in meinem Gehirn eine Blutung stattfindet, dann war es das für mich." Ich schweige.

Nach Sekunden der Ruhe müssen wir beide feststellen, dass uns zeitweise ein Schwindelgefühl begleitet und eine unbekannte Taubheit in den Gliedmaßen spürbar wird.

Das Saunieren bekommt uns trotz allem sehr gut. Flüsternd sitzen wir zwischen den Gästen in den warmen Räumen.

Im Ruheraum machen wir es uns bequem, und ich erzähle Iris von einer Begebenheit zwischen einer Mutter, einer Schülerin und mir.

„Ohne anzuklopfen, kommt die Mutter in den Unterrichtsraum, der uns zuvor kurzfristig von der Leiterin des Objekts zugewiesen wurde. In diesem Raum befinden sich nur äußerst niedrige Stühle, sodass die Schüler auf einem Hocker unterrichtet werden. Die Mutter ist außer sich und beschimpft mich, was mir einfiele, die Kinder unter diesen Bedingungen zu unterrichten. Ich bezahle einen Haufen Geld, sagt sie, und die Kinder könnten sich nicht einmal anlehnen. So geht das aber nicht.

Iris, so wie diese Frau tobte, hatte ich das Gefühl, dass sie mir jeden Moment eine ins Gesicht schlagen wollte. Überleg dir einmal, dir wäre das passiert. Dein ganzes Gesicht wäre blau. Diese Frau war so außer sich, kochte vor Wut. Dennoch versuchte ich sie zu beruhigen und ihr zu erklären, dass beim Musizieren eine Lehne unpassend sei. Ich hatte keine Chance. Sie nahm ihr Kind und raste von dannen. Ich erwartete von ihr keinen Gruß, aber den des Kindes schon."

„So ist das heute, die Menschen werden immer nervöser, unausgeglichener, feindseliger und aggressiv. Viele kennen keine

Schmerzgrenze bei ihren Angriffen und Verletzungen. Achtung und Respekt? Kennen viele überhaupt nicht mehr, kannst du vergessen. Schlimm, schlimm."

„Iris, mir würde es nicht schwerfallen, dieser Mutter eine Kündigung meinerseits zuzuschicken, aber das würde nur dem Kind schaden. Ich glaube nicht, dass sie darüber nachdenken oder ihr Verhalten infrage stellen würde."

In unserer geliebten Gaststube erwarten uns in freundlicher Atmosphäre schon ein wunderbarer Tee und Kerzenschein. „Was nehme ich denn, was nehme ich denn?" Wie immer, die Angebote erscheinen sehr lecker, die Auswahl fällt schwer. Ich stöbere die Speisekarte durch, hoch und runter geht mein Blick. Wir entscheiden uns schließlich. Die Möhrensuppe für Iris und ein Fischgericht für mich, leicht und verträglich. Als das Essen serviert wird, sitzen wir schon beim zweiten Glas Tee und schnattern über Gott und die Welt. Nach einem gemütlichen Abendessen verabschieden wir uns. „Iris, ich muss dringend mit dir eine interessante Schrift auswerten. Es wäre nicht sinnvoll gewesen, diese mit in die Sauna zu bringen. Aber wir hören voneinander. Bis bald. Lass es dir gut gehen." „Ja, du dir auch."

In einer ruhigen Minute versuche ich, eine Verbindung zwischen den uns im DDR-Urteil dargebotenen Spendernamen in Zusammenhang mit der Massenseuche herzustellen, und überlege, ob die Infizierungen der vielen Frauen möglicherweise eine andere Ursache als das Geschehen in Halle haben könnten.

Es ist schon eigenartig, dass zwei Spender mit genau derselben Erkrankung, einer Hepatitis-C-Virus-Infektion, mit Genotyp 1b, zeitgleich im Spenderinstitut zusammentreffen.

Ist es ein Zufall, dass das Hepatitis-G-Virus in fast allen Chargen nachweisbar ist?

Laut Forschungsbericht vom 01.04.1998 mit dem Schlüsselbegriff „Hepatitis-C-Virus, Hepatitis-G-Virus, Anti-D" wurde das Projekt um die Untersuchung einer möglichen Co-Übertragung von Hepatitis-G-Viren im gleichen Patientenkollektiv und ihre Auswirkungen auf den Krankenverlauf erweitert.

Wie seither bekannt ist, enthielten von den 15 als kontaminiert geltenden Anti-D-Immunglobulin-Chargen 10 Chargen HCV-RNA und 14 Chargen HGV-RNA. Nachweisbar waren beide viralen Nukleinsäuren in den Seren der Erythrozytenspenderin und in den untersuchten Plasmaspendern. Unklar sei aber noch, ob das neu entdeckte Virus eine Lebererkrankung verursacht.

Aus geheimen Unterlagen erfahre ich, dass tatsächlich eine einzige Spenderin infrage kommt. Hatte diese Spenderin all diese Virengruppen im Blut? Gab es diese Spenderin leibhaftig? Woher hatte diese Frau die bis dahin unerforschten Viren?

Bei der Erythrozytenspenderin war am 27.01.1978 Blut entnommen worden. Zu diesem Zeitpunkt wurde der SGPT-Wert im Normalbereich gefunden und die Abwesenheit von HBsAg mittels Überwanderungselektophorese und Latextest nachgewiesen. Später stellte sich heraus, dass sich diese Spenderin am 10.01.1978 wegen „Oberbauchbeschwerden" in ärztliche Behandlung begeben hatte.

Stuhl und Urin waren unauffällig. Eine Behandlung erfolgte mittels Diät und Divatol. Nachdem Anfang April 1978 alle 5 Plasmaspender mit den Erythrozyten dieser Spenderin immunisiert waren, wurde die Erythrozytenspenderin am 14.04.1978 einer erneuten ärztlichen Untersuchung unterzogen und zur weiteren Abklärung an das zuständige Bezirkskrankenhaus überwiesen. Dort wurden weder klinisch noch durch Laboratoriumsuntersuchungen ein Anhalt für eine Hepatitis gefunden und deshalb von einer Leberpunktion Abstand genommen.

Am 23.02.1978 wurden 5 potenzielle Plasmaspender in N. mit je 1 ml gewaschener Erythrozyten der vorerwähnten Spenderin immunisiert. Alle 5 Plasmaspender erkrankten in der ersten Aprilhälfte 1978 an einer bioptisch gesicherten Virushepatitis. Von zwei dieser Spender wurde in der Zeit von 02.03. bis 28.03.1978 wiederholt Plasma durch Plasmaphores gewonnen, an das Produktionsinstitut in Halle geliefert und dort zur Herstellung von HIG „Anti-D" eingesetzt.

Die Produktion des Impfstoffes hätte sofort gestoppt werden müssen. Nein, wurde sie nicht. Befehl von oben. Die Produktion darf nicht unterbrochen werden. Impfstoff muss im vollen Umfang und ausreichend zur Verfügung stehen. Das ist der Beweis, dass wissentlich verseuchtes Impfmaterial zum Einsatz kam.

„Liebe Frauen, ich brauche dringend Ihre Mithilfe. Wir werden einen Forschungsauftrag bei der Bundesbeauftragten für die Unterlagen des Staatssicherheitsdiensts der ehemaligen Deutschen Demokratischen Republik auf den Weg bringen." Mit großen Augen und Ohren sehen und hören Betroffene in Chemnitz mein Anliegen an.

„Ohne Unterstützung unseres Verbands wird es schwer werden, noch mehr über die Verzweigtheit unserer Angelegenheit herauszubekommen. Desto mehr einzelne kleine Puzzle herausgefiltert werden können, umso genauer wird das Bild über Handlanger, Auftraggeber, die schwarze Spinne."

Aus meiner Mappe hole ich einen Packen Formulare heraus, die übersichtlich und unkompliziert angelegt sind. Vier Zeilen sollen ausgefüllt werden, der Grund muss erkennbar sein. Unterschrift, fertig. Ein Muster lasse ich vor Ort zurück, und nun geht die Suche nach bereitwilligen Frauen los. Die ersten Damen, die ihre Unterschrift leisten, sind jene, die im Büro trotz ihrer gesundheitlichen Probleme ihre Arbeit für uns verrichten.

Wieder zu Hause, führe ich meine Kontaktaufnahmen fort. Ein Glas Wasser steht immer in meiner Nähe. Die Telefonleitungen glühen. Nummern von Betroffenen, die ich bislang notiert habe, werden angewählt, und die Damen werden aufgeklärt. Erst eher skeptisch, dann mutig und entschlossen willigen sie ein.

„Noch habe ich die Unterschriften nicht", denke ich. „Erst wenn ich die schriftliche Einwilligung habe, hat sich ein Gespräch gelohnt." Immer und immer wieder erläutere ich das Anliegen.

„Es können nur geheime Unterlagen das damalige Zeitgeschehen wiedergeben, wir können der Wahrheit ein gutes Stück näherkommen. Wenn ich mir nur vorstelle, dass nette Ärzte und Professoren im Dienste der Staatssicherheit ihre Pflicht an uns ausübten, dann wird mir schlecht." Mitunter weiß ich nicht mehr, ob ich die eine Dame schon am Apparat hatte oder nicht. Beim doppelten Anruf wird mit einer Entschuldigung alles bereinigt, und weiter geht die Überzeugungsarbeit.

Ich spreche mit Anrufbeantwortern, hinterlasse meine Telefonnummer, fahre zu den Frauen nach Hause und kläre vor Ort über den Forschungsauftrag auf. Die Angst, das Wort Staatssicherheit über das Telefon zu äußern, ist allgegenwärtig.

„Sie sind mutig“, sagt mir während eines persönlichen Gesprächs eine Frau und schaut mich verängstigt an.

„Wovor haben wir denn noch Angst? Uns bleibt doch eh nur der Tod. So viel Zeit haben wir alle nicht mehr.“

„Und wenn sie umgebracht werden? Na, dann bin ich weg. Aber es gibt noch ein Dutzend Frauen da draußen, die dasselbe wollen. Aufklärung und Gerechtigkeit. Zumindest soll es so sein, dass wir angehört werden und dass uns wenigstens heute mit Anstand geholfen wird. Es werden Frauen abgewiesen, ihre Krankheit nicht anerkannt oder Kausalitäten nicht berücksichtigt, sprich Zusammenhänge nicht gewürdigt. Das empfinde ich als kriminell. Außerdem müssten die Attentäter tausendmal durchladen, um uns alle umzubringen. Die Wahrheit muss ans Licht.“

„Denken Sie, das geht so einfach?“

„Das ist nicht einfach. Natürlich nicht. Vielleicht werden sie sagen, da ist wieder die Verrückte am Apparat, die faselt etwas von biologischer Kampfwaffe oder Staatssicherheit.

Mein dringendes Anliegen ist es, Aufklärung zu finden und aufzuklären. Wissen Sie, auch mich verlassen die Kräfte. Für meine Tastatur reichen sie gerade noch. Wir werden sehen, was passiert. Schlimmeres, als das was uns bisher widerfahren ist, kann es nicht geben.“

In diesem Moment denke ich an Dörte, deren Mutter nicht einmal fünfundzwanzig Jahre alt wurde.

„Ich werde Sie unterstützen“ meint die Dame.

„Sie unterstützen nicht mich, sondern sich selbst. Es sollte auch in Ihrem Interesse sein, herauszufinden, was mit uns passiert ist und passiert. Die Welt soll erfahren, wie wenig wir unserem Land wert sind, da diese zur Aufklärung nicht beitragen. Diejenigen, die etwas zu vertuschen haben, können nicht alle kranken Frauen gleichzeitig über den Jordan gehen lassen. Wenn es so auch einfacher für die gesunde Zivilisation wäre. Ob überhaupt bei dieser Aktion etwas herauskommt, weiß ich nicht. Aber durch sie erfahren wieder einige Menschen mehr von dieser skandalösen Schweinerei.

Es geht nun einmal nicht so einfach, an geheime Dokumente heranzukommen, es ist bestimmt auch nicht vorgesehen, uns aus dem Weg zu räumen. Den mächtigen Pharmaindustrien würde eine attraktive Patientengruppe fehlen, zu welchem Zweck auch immer.

Wahnsinnig viele Unternehmen und Berufsgruppen leben nur von Kranken. Die Pharmafirmen, Mediziner, Psychologen, Apotheker, Physiotherapeuten, die Krankenschwestern und Krankenpfleger, Köche, Diätassistenten, Reinigungspersonal, Pförtner, Hausmeister, Landschaftsgestalter der Krankeneinrichtungen, Pflegeheime, häusliche Pflegedienste, Transportunternehmen, Zivilangestellte und Arzthelfer. Krankenhäuser werden nicht nur sanitär ausgestattet. Hightech wird erfunden, für die Betten und um die Betten herum. Hightech an Kaffeeautomaten für die Besucher, Hightech in den Parkuhren vor den Krankenhäusern.

Es leben Musikpädagogen und Floristen von dieser Branche. Die Telefongesellschaften schleichen sich in die Häuser. Die Laboratorien mit ihren Assistenten, Angestellten und Wissenschaftlern sind dabei, immer neue Viren, Bakterien und Bazillen ausfindig zu machen. All diese Menschen brauchen uns Kranke.

Selbst der Gesundheitsminister oder die Gesundheitsministerin müsste die Arbeit aufgeben, wenn es uns Kranke nicht gäbe. Warum die Politiker gerade unserer Kohorte, uns Müttern, so bockbeinig und verhärtet entgegentreten, bleibt mir ein Rätsel.

Für uns bleibt ein DDR-Urteil, das schon im Ansatz falsch angelegt wurde. Es hilft uns nicht weiter. Der Slogan, jede Wahrheit braucht einen Mutigen, hat mich stimuliert. Natürlich zieht mich die Wahrheit immer wieder in ein dunkles Loch. Doch ich besuche sehr viele Seminare, mit deren Hilfe ich es schaffe, mich immer wieder aus dem Loch zu holen. Bei den Schulungen geht es um positive Gedanken. Positiv, wie nett.

Ich soll aufpassen, was ich denke. Und so passe ich immer auf, dass ich alles positiv sehe. Es ist richtig und wichtig, dass Ihre Enkel, dass meine Enkel von diesem Skandal erfahren.

Wir befinden uns alle auf dünnem Eis. Aber wir dürfen nicht einfach kampflos aufgeben. Der Wille ist mächtig. Er ist es, der mich führt. Wir alle sollten nicht aufgeben, an unsere Stärke zu glauben."

Ich rede und rede. Mir geht es gut dabei. Ich habe das Gefühl, dass die unbekannte Dame solche Worte schon lange hören wollte.

„Wissen Sie", sage ich, „neulich, es ist noch nicht lange her, während eines Telefonats mit einer unserer Frauen, gelangten Worte an mein Ohr, die mich schockierten. Die Dame sagte, … ich lebe nicht mehr lange, mir geht es sehr schlecht …"

Bestürzt senkt meine Gesprächspartnerin den Kopf, und auch ich muss erneut schlucken. Stille tritt ein. Nach einigen Sekunden des Nachdenkens bedanke ich mich für ihre Einwilligung, ihren Mut und verabschiede mich.

„Viel Glück und Kraft."

„Das wünsche ich Ihnen auch."

Auf dem Weg nach Hause fällt mir der kurz bevorstehende Termin für die pünktliche Überweisung meiner Steuern ein. „Wenn ich diesen Termin wieder verpasse, dann hagelt es sofort Mahngebühren. Auf eine Rechnung brauche ich nicht mehr zu warten. Diesen Luxus gab es früher einmal, jetzt ist er Geschichte. Ein freundliches Entgegenkommen in Form einer Erinnerung hinsichtlich der überfälligen Einzahlung bringt der Kommune keine Mahngebühren."

Da ich den Termin vorsorglich in meinen Kalender geschrieben habe, brauche ich nur noch auf diesen zu schauen und die Überweisung der Steuer zu veranlassen.

Die Ampel geht Richtung Orange, dann auf Rot, also halte ich an und sehe kurz aus dem Seitenfenster. Am Straßenrand schlendern beschaulich Menschen entlang, von denen ich annehme, dass mindestens jeder Zweite von ihnen ein Säumiger ist. Ich schau sie mir an und denke „Da flanieren sie herum, lassen sich Zeit beim Trödeln, als würde es kein Morgen geben. Jetzt wird noch gemütlich geschlendert, und nachher kommt das böse Erwachen. Oh Schreck, die Versicherung ist nicht bezahlt, oh Schreck, die Telefonrechnung, ich muss gleich zur Sparkasse, oh Schreck, der TÜV."

„Oh, der TÜV!" Ich entsinne mich. „Der TÜV für mein Auto ist überfällig. Gleich morgen werde ich einen Termin vereinbaren."

Bei meiner Ankunft finde ich ein paar Blümchen und einen Zettel auf dem Tisch. Rainer ist schon wieder los, zum Treff mit seinen Biker-Kumpels. Sie werden wie jeden Dienstag, auch diesmal den ganzen Abend an ihren Maschinen herumbasteln, da lohnt es sich nicht, länger wachzubleiben. Das trifft sich sehr gut, denn ich bin müde.

Mein Bett erwartet mich bereits mit aufgesperrtem Maul. Mich fröstelt, darum werfe ich mir einen weiteren Pullover über. Das reicht mir nicht, und ich gehe auf die Suche nach meiner Lieblingsdecke. Gefunden, umgehängt, hingelegt, Federdecke drüber. Also liege ich da, versuche einzuschlafen, blase Trübsal. „Nur zu schade, dass ich nicht schon früher den Mut und die Kraft hatte, über unsere Geschehnisse zu schreiben. Viele Frauen hätte ich vielleicht ermuntern können, ihre alten Krankenunterlagen rechtzeitig anzufordern." Traurig und erschöpft lasse ich die Zeit der Tatenlosigkeit gedanklich an mir vorüberziehen. „Was hätte ich alles unternehmen können, um eine Aufklärung anzukurbeln und die Frauen rebellisch zu machen. Über dreißig Jahre sind seit der Infizierung vergangen, und das Archiv wird die entsprechenden Chargennummern an die Betroffenen eventuell nicht mehr herausgeben, für Aufbewahrungen von Unterlagen gibt es festgesetzte zeitliche Fristen. Möglicherweise werden Tausende Frauen so von ihrer Infektion nie etwas erfahren."

Meine Gedanken verklären sich. Für den morgigen Tag kann ich nichts mehr denken, und ich schlafe ein.

Unser Verband Anti-D-geschädigter Frauen versorgt uns Verbandsmitglieder regelmäßig mit Terminen zu Vorträgen über aktuelle Errungenschaften aus der Wissenschaft oder klärt uns über Gespräche und Ablehnungen aus der Politik auf.

Wir erhalten eine Einladung nach Leipzig, wo Professoren und Wissenschaftler Referate bereithalten. Sofort benachrichtige ich meine Freundin Iris und meine Tochter Britta, und wir rüsten uns für den bevorstehenden Tag. Im Zusammenhang mit der Hepatitis-C-Virus-Infektion soll unter anderem auch über die Gehirnforschung und Virologie gesprochen werden, genau diese Thematik interessiert uns brennend.

Nach etwa zwei Stunden erreichen wir Leipzig, das Haus, die Station und schließlich die Aula, in der wir die spannenden Vorträge mit anschließender Diskussion verfolgen dürfen.

In einem langen Gang, der zum Eingang der Aula führt, erkennen wir schon von Weitem viele Frauen wieder. „Wir sind pünktlich“, gebe ich bekannt und erschöpft lasse ich mich in den erstbesten Besucherstuhl fallen. Ohne weiter nachzudenken, bin ich sogleich dabei, mein Brot aus der Tasche zu nehmen und beiße hinein. Dabei zähle ich durch, zwei andere habe ich noch. An die dreißig Damen und Herren harren vor dem Saal aus.

„Wir haben noch fünf Minuten, dann soll es losgehen“, bemerkt eine Dame aus der wartenden Gruppe. Einige Männer schütteln ungläubig den Kopf. „Das kann hier nicht richtig sein“, ruft einer. Andere stimmen zu. Eine Viertelstunde später werden viele unruhig. Eine der Damen entschließt sich, den Heimweg anzutreten, und benachrichtigt ihren Mann, er möge sie abholen.

Eine andere Dame zückt kurzerhand ihr Handy und erhält die Auskunft, dass die Vorträge nicht hier, sondern ganz woanders stattfinden. Geschwind bewegen sich alle Anwesenden in die Richtung der medizinischen Einrichtung, die nun aktuell zu sein scheint. Flink entscheiden wir drei uns für ein Taxi. Wir wollen kein Risiko eingehen, da wir ortsunkundig sind und die zweite Hälfte der Vorträge nicht auch noch verpassen wollen.

Der Taxifahrer weiß sofort Bescheid, „Kenn ich, steigen Sie ein", sagt er und macht sich mit uns auf den Weg. „Sollten wir nicht am Hauptbahnhof vorbeifahren?", frage ich den Herrn in Lederjacke. „Wie viel wird es kosten?"

„Vierzehn fünfzig. Der Weg am Hauptbahnhof entlang ist meist verstopft."

Ich klopfe auf eine Zählerscheibe, die uns den Stand der verfahrenen Euros anzeigt. Der Taxifahrer lächelt mich an. „Ich denke, Sie haben es eilig? Ihre Vorgängerin jedenfalls hatte es. Sie müssen bestimmt in das Haus B."

„Kann sein", ruft Iris von der Rückbank. So scherzen wir noch eine Weile, und nach etwa zehn Minuten Fahrzeit sage ich „Noch ein Euro neunzig, dann sind wir da." Tatsächlich, bei 14,50 Euro hält unser Fahrer vor Haus B. „Stimmt so." Wir bedankten uns, und sofort nehmen wir den kürzesten Weg in Richtung Hörsaal. Uns schlägt ein Gemurmel entgegen.

Ein Mediziner kommt zielstrebig und direkt auf uns zu und fragte „Waren Sie schon zur Blutentnahme?" „Blutentnahme?" Wir drei schauten uns ahnungslos an. „Dann gehen Sie bitte noch zur Ultraschalluntersuchung und zum Fibro-Scan." Verblüfft starre ich dem fremden Herrn in das Gesicht, der wiederum nicht sonderlich beeindruckt von meinem entgeisterten Gesichtsausdruck zu sein scheint. „Von irgendeinem Bild her kenne ich ihn", denke ich. „War der nicht aus Leipzig? Ich glaube, er ist ein Professor."

Wie selbstverständlich weist uns dieser Professor den Weg und wendet sich von uns ab. Wir befinden uns nun nicht mehr in dem Raum, in dem die Vorträge gehalten werden, sondern in einem Nebenzimmer. Leider ohne die Anwesenheit der Wissenschaftler, wegen deren Vorträgen wir ursprünglich gekommen waren. Hier warten zahlreiche Ärzte, Reagenzgläser, Spritzen und Kanülen, Tupfer und jede Menge Stapel von Papier.

Sofort bekomme ich einen Fragebogen und eine Einwilligungserklärung in die Hand gedrückt, die ich ausfüllen soll und die ich perplex ausfülle. Ebenso suchen Iris und Britta eine feste Schreibunterlage, um die Fragen zu beantworten. Dann stellt sich Iris neugierig neben einen Arzt und fragt nach dem Grund dieser Untersuchung. Eine Antwort bleibt aus.

Da ihre Blutgerinnungswerte den tiefsten Stellenwert erreicht haben, ist die Frage nur gerechtfertigt. Ihr Körper ist übersät von blauen Flecken, und ihre Angst ist groß.

„Dieses Phänomen trat bei mir nach Beendigung der Interferontherapie auf. Haben Sie eine Erklärung dafür?", fragt Iris … Stille.

Mein Arm liegt wieder einmal brav zur Blutentnahme bereit, und meine Konzentration gilt dem Einstich.

Während sich drei Röhrchen füllten, setzt sich meine Tochter auf die mir gegenüberliegende Seite und ballt ihre Faust zu einem festen Klumpen. Wir nicken uns zu.

„Sonderbar, was für ein Interesse an uns Frauen gezeigt wird", rufe ich über den Tisch. Als Trio verlassen wir diesen Raum und werden auch schon in den nächsten gebeten. Ein geräumiger offener Saal wurde durch zwei hintereinanderstehende Liegen geteilt. Wie aufgefädelt sitzen Frauen auf den Stühlen.

Die eine Gruppe wartet auf eine Ultraschalluntersuchung des Oberbauchs, eine weitere auf eine Fibro-Scan-Untersuchung der Leber.

Von dieser neuen unblutigen Untersuchungsmethode, die nichts über den Grad der Entzündungsaktivität in der Leber aussagt und die selbst das exakte Stadium eines Leberumbaus nicht zeigen kann, hatte ich bereits erfahren. Dass ich so schnell an eine solche Untersuchung gerate, hätte ich nicht für möglich gehalten. Obwohl ich nicht darauf vorbereitet war, wird diese Untersuchung nun bei mir durchgeführt. Ich komme zu ihr wie die Jungfrau zum Kinde.

Inzwischen werden nebenan die interessanten Vorträge ohne uns gehalten.

Etwa fünfzig Frauen werden ärztlich untersucht, und ich bemerke, dass die Ärzte jeder einzelnen Dame nur das Nötigste erklären. Da dieser Raum, in dem wir uns befinden, völlig offen ist, können wir nicht nur bei jeder Dame das spannende Ritual der teilweisen Entkleidung miterleben, sondern auch noch dazu die jeweiligen Zahlzeichen für die Beschaffenheit ihrer Leberstrukturen mit anhören. Nicht eine Frau hat normale Leberstrukturwerte. Diagnosen und Zahlen werden genannt, und ich hoffe, dass mein Ergebnis zufriedenstellend ausfallen möge. Nachdem meine Vorgängerin sich eine Zahl 18,5 merken soll, kann ich über mein Ergebnis erleichtert sein. Was diese Zahlen genau aussagen, ich weiß es nicht, es hat ja keiner erklärt.

Die Untersuchungen sind beendet, die Vorträge ebenfalls, und so begeben wir uns auf den Heimweg.

„Kannst du mir einmal verraten, was das für Untersuchungen waren? Wurden wir mit den Vorträgen gelockt, damit sie an frisches Blut kommen?“, fragt Iris. „Vielleicht ist es so.“

Völlig schockiert über die schnelle, unangekündigte Untersuchung, treten wir unsere Heimreise an. Immer wieder schüttelt Iris, dann Britta sowie auch ich den Kopf. „Nein so was. Was war das? So viele Frauen. Massenabfertigung. Hoffentlich bekommt jedes Röhrchen den richtigen Namen.“

„Was würde das schon ändern, wenn auf meinem Röhrchen dein Name steht. Es geht bei dieser Aktion nicht um uns. Das kannst du mir glauben. Es geht um Erhebungen von Blutdaten im Allgemeinen, nicht um Britta oder dich oder mich. Warum die überhaupt unsere Namen wissen wollten, wundert mich.“

Einige Tage später erhielten wir die Aufklärung. Iris und Britta müssen davon erfahren.

„Der Sachverhalt soll so gewesen sein. Die Organisation dieser ärztlichen Forschungsuntersuchungen verlief scheinbar getrennt von den angekündigten Vorträgen der Wissenschaftler, wegen derer wir aber überhaupt nur gekommen waren. Beides hatte miteinander anscheinend nichts zu tun. Wir hätten einfach nur Nein sagen müssen. Nein, vielen Dank, ich wünsche keine derartigen Forschungsuntersuchungen. Wir hätten eben nur das tun sollen, was wir in der DDR nicht gelernt hatten, Nein sagen.

Nein. Schluss. Aus. Ende. Punkt. Dann hätten wir die Vorträge gehört. So einfach wäre es gewesen.

Es wurde sich unseriös einer Chance bemächtigt, an frisches Blut von zahlreichen Anti-D-geschädigten Frauen zu kommen. Noch ehe die seriösen Wissenschaftler die Situation erkannten, wurden wir Frauen bereits im Treppenhaus abgefangen und der Blutabnahme zugeführt. Unglaublich! Gleichzeitig wurde an uns die neue Messmethode eines Fibro-Scaners getestet. Ein Gericht erkennt diese Messergebnisse allerdings nicht an.

Iris, ich muss dir noch etwas zeigen." Gemeinsam lesen wir folgendes Schreiben. Zitat:

Halle, den 22.02.1979

Mündlicher Bericht des GMS Lehm …
Produktion von Human-Immunglobulin-Anti-D im Institut für Blutspende- und Transfusionswesen Halle – alleiniger Hersteller der DDR

Anfang Dezember 1978 traten bei den geimpften Frauen mit dem in Halle produzierten Anti-D-Komplikationen auf, die Frauen erkrankten an Hepatitis.
Diesbezüglich gab es mit dem Leiter des Instituts, Dr. Sch…, im Ministerium für Gesundheitswesen mehrere Aussprachen.
Der GMS ist bekannt, dass bereits im September bzw. Oktober 1978 in einer Dienstversammlung das zur Produktion des Impfstoffes benötigte Anti-D-Serum (aus dem Bezirk Neubrandenburg) beanstandet wurde.
Durch Dr. Sch… wurde daraufhin angewiesen, dass das beanstandete Serum auf die gesamte Produktion verteilt (untergemischt) wird, das „würde ja keiner merken".
Charakteristisch ist in diesem Zusammenhang für Dr. Sch…, dass „er für die verseuchten Anti-D-Seren aus Neubrandenburg verantwortlich gemacht wurde …"
Zitatende

„Liebe Iris, dieser Bericht wurde am 22.02.1979 verfasst. Trotz allem wurde noch immer infiziert, bis Mitte März 1979."

„Ich verstehe das alles nicht. Was ist das für ein Irrsinn."

Nach einer ausgiebigen Rederunde verabschieden wir uns.

Wochenlang kann ich mich mit dem Thema der Anti-D-Frauen nicht mehr beschäftigen. Mir fehlen die Worte. Mein Verstand reicht nicht aus, um diesen Skandal zu verstehen.

Meine Musikschule fordert meine ganze Kraft. Die Zeit ist anstrengend, und zahlreiche Konzerte müssen vorbereitet und schließlich aufgeführt werden.

Die ernst gemeinte Dankbarkeit vieler Eltern, meiner Schüler sowie das Engagement der Schüler selbst treiben mich voran.

Das begeisterte Publikum zeigt mir, dass Musik eines der schönsten Dinge im Leben ist. Wer musizieren kann, beherrscht ein Handwerk, das Herzen erwärmen, die Seele erfreuen, Kummer vergessen und Türen öffnen kann. Musik hilft den Menschen, die sie erlernen und spielen, aber auch den Menschen, die sie hören. Wir verschönern und bereichern goldene Hochzeiten, runde Geburtstage, Betriebsfeiern und Festlichkeiten der Gemeinden.

Über ein halbes Jahr lang ruhen meine Recherchen, bis zu dem Zeitpunkt, als ich endlich einen Forschungsbericht erhalte, der von der Behörde „Die Bundesbeauftragte für die Unterlagen des Staatssicherheitsdienstes der ehemaligen Deutschen Demokratischen Republik" zugeschickt wird und über 300 Seiten dick ist.

Große Überforderung treibt mich zu Iris. Mit der Bitte, viel Geduld mit mir aufzubringen und die Fassung zu bewahren. Ich lege die Unterlagen auf den Fußboden.

Zeit haben wir uns eingeplant. Nachschlagewerke stehen uns zur Verfügung. Iris, Kaffee und Kuchen erwarten mich. Doch bevor wir beginnen, uns diesen grausamen Unterlagen widmen, quasseln wir über allerlei Neues, allerdings nicht über das Wetter oder die Gartenarbeit.

Der Kaffeetisch wird freigeräumt. Jetzt geht es los, ich lege diesen dicken Ordner auf den Tisch.

Ich reiche ihr die ersten von vielen Blättern herüber. Weitere liegen auf meinem Schoß. Ruhig lesen wir gemeinsam Seite für Seite. Die schaurigen Stellen markieren wir farbig, dafür liegen die Marker bereit. Laut lesen wir uns auszugsweise vor.
Quellenangabe: MfS JHS 21907
Geheime Verschlusssache JHS 001 Nr.: 32/81 Archiv 0057
Ministerrat der Deutschen Demokratischen Republik
Ministerium für Staatssicherheit
Zitat: „Forschungsergebnisse
zum Thema

Die biologischen Mittel – ihre Funktion in der Strategie des Gegners, die Bedingungen ihres subversiven und militärischen Einsatzes und die Möglichkeiten ihres Erkennens und vorbeugenden Verhinderns durch die Arbeit des Ministeriums für Staatssicherheit

Der Juristischen Hochschule des Ministeriums für Staatssicherheit in Erfüllung eines vom Leiter des Zentralen Medizinischen Dienstes gestellten Auftrags
vorgelegt von:
Oberstleutnant …
Major …
Hauptmann Dipl. vet.-med. …
Blatt 9
Einleitung

Seit dem Entstehen der antagonistischen Klassenverhältnisse haben die herrschenden Kräfte mit den Mitteln der brutalsten Gewaltanwendung ihre machtpolitischen Ziele zu erreichen und ihre Gegner zu unterdrücken versucht. Barbarisch wurden Eroberungskriege durchgeführt, der Besiegte beraubt, verschleppt, versklavt und nach Belieben vernichtet …
… Ein wesentlicher und in seiner Rolle wachsender Teil dieser Mittel und Methoden im Arsenal des Feindes sind die biologischen und biotoxikologischen Mittel. (Möglicher

Einsatz von pathogenen Mikroorganismen und ihren Toxinen, die bei Mensch und/oder Tier Krankheit oder Tod hervorrufen können.)
Verfolgt man ihre Entwicklung und die Entwicklung ihres Einsatzes, verbunden mit der wissenschaftlich fundierten Einschätzung des Imperialismus allgemein und der konkreten Klassenkampfsituation im Speziellen, so wird die Tendenz ihrer planmäßigen Verwendung für offene militärische und subversive Zwecke offenkundig.
In diesem Zusammenhang sei darauf verwiesen, dass KLIEWE, H. (101), Mitglied des wissenschaftlichen Beirats der BRD, schon in den früheren Jahren vorschlug, unter den Bedingungen des zunehmenden Reise- und Transitverkehrs dazu überzugehen, einheimische Erregerarten als biologische und biotoxikologische Mittel einzusetzen, da bei ihrer Anwendung die durch sie ausgelösten Erkrankungen oder Epidemien nicht sofort, äußerst schwer oder überhaupt nicht als Angriff mit derartigen Mitteln aufgeklärt werden können. Dadurch würde es möglich, unerkannt, die Konvention über Verbot der Entwicklung, Herstellung und Lagerung von bakteriologischen (biologischen) und Toxin-Waffen und über die Vernichtung, zu unterlaufen.
Auch das im Mai 1978 in Washington beschlossene NATO-Langzeitprogramm schließe den Einsatz der biologischen Waffen auf möglichen Kriegsschauplätzen, insbesondere in Mitteleuropa, nicht aus …

Blatt 12 … Empirisch erkannten die Menschen schon früh den oft großen Einfluss von epidemischen Geschehen auf den Kriegsausgang. Wenn also unter bestimmten natürlichen Bedingungen eine Epidemie den Verlauf von Feldzügen wesentlich beeinflussen konnte, in denen sogar überlegene Truppen durch Einfluss der natürlichen Epidemieprozesse besiegt wurden, so müsste es also auch möglich sein, dieses Ergebnis ebenfalls durch künstliches Auslösen zu erreichen. Diese Grundüberlegung war die Voraussetzung für die unheilvolle

Entwicklung von Krankheitserregern oder ihre Stoffwechselprodukte zur biologischen Waffe und für die ständige Gefahr ihrer Anwendung, im heutigen Entwicklungsstadium sogar als Massenvernichtungsmittel …

… Die erste Anwendung von biologischen Materialien ist bereits von der Antike bekannt. Sie setzten die „biologische Waffe“ bereits gezielt ein …

… Im Altertum und Mittelalter wurde häufig die Praxis geübt, infektiöse Leichen und Tierkadaver in die belagerten Festungen zu katapultieren, um so durch Auslösen von Epidemien den Gegner zu schwächen …“ Zitatende

„Auch wurden Pestleichen über Stadtmauern geworfen, um die Einwohner zur Übergabe zu zwingen. Ein Beweisdokument um 1763 belegt, dass Indianerstämme durch die Bereitgabe von mit Pocken infizierten Decken verseucht wurden. Peruanische Indianer erhielten Kleidungsstücke von Pockenkranken. Iris“, sage ich laut, „es wurden Kleidungsstücke von Pockenkranken an peruanische Indianer ausgegeben. Das sollte den Ausbruch der Epidemie verursachen, durch die wahrscheinlich 3 Millionen Eingeborene getötet wurden. Ob dieser Menschenmord tatsächlich stattgefunden hat, lässt sich nicht nachweisen. Das Massensterben kann auch ein Zufall gewesen sein.“

Weiter bemerke ich „Auch das im Mai 1978 in Washington beschlossene NATO-Langzeitprogramm schließt den Einsatz der biologischen Waffen auf möglichen Kriegsschauplätzen, insbesondere in Mitteleuropa, nicht aus.“ Ich kratze mich an der Nase. „Iris. Biologischer Krieg. Pest, Fleckenfieber, Bakterien, Viren. Hörst du mir überhaupt zu?“

Iris liest tief versunken in ihren Papieren, und immer wieder kommt der Marker zum Einsatz. Still setze auch ich meine Leserei fort. „Künstliche Ausbreitung einer Epidemie“, murmle ich.

Zitat: Blatt 14 „… Neben den Krankheitserregern, die in der Folgezeit durch Robert Koch und seine Schüler und durch Forscher in allen Ländern der Welt gefunden wurden, schuf

Robert Koch vor allem auch die Grundlage zur Isolierung und Züchtung sowie zum färberischen Nachweis der Mikroorganismen. Mit diesen Methoden gelang die Erkennung einer Reihe der wichtigsten Infektionskrankheiten und ihrer Erreger; man vermochte einen gewissen Einblick in das Zustandekommen der einzelnen ansteckenden Krankheiten zu gewinnen ... Darüber hinaus wurden die Erreger einer anderen größeren Gruppe von Infektionskrankheiten in den Virusarten erkannt. Die weiteren Forschungen führten zum heutigen hoch differenzierten bakteriologischen und virologischen Erkenntnisstand, aber auch zum Missbrauch dieser von ihren Begründern zum Nutzen der Menschheit gedachten grandiosen Entdeckung ...

... In den USA versuchten 1917 und 1918 deutsche Agenten, Tiere, die nach Europa gebracht werden sollten, mit Krankheiten zu verseuchen. Sehr verdächtig waren zahlreiche Fälle des Wundstarrkrampfs in den USA nach ihrem Kriegseintritt. Die in dieser Angelegenheit durchgeführten Nachforschungen schlossen die Möglichkeit nicht aus, dass es sich hier um eine verbrecherische Diversion vonseiten Deutschlands handelte, das auf Umwegen einen größeren Posten Heftpflaster nach Amerika lieferte, das mit Wundstarrkrampf infiziert war. Der Infektionsmodus ist durchaus glaubwürdig, da bekannt ist, dass sich Sporen von Clostridium tetani (Erreger des Wundstarrkrampfs) viele Jahre infektiös halten können ...

Blatt 16 ... Während des 2. Weltkriegs bereitete sich das faschistische Deutschland aktiv auf die biologische Kriegsführung vor ...

... Die Gefahr der massenhaften Anwendung von BKM (biologischer Kampfmittel) wuchs zum Kriegsende sprunghaft, besonders nach Verkündung des „Totalen Krieges“ und der damit verbundenen Suche nach den „Wunderwaffen“ und der Drohung der faschistischen Führung mit ihrer Anwendung ...“ Zitatende

„Verseuchung von Städten, Dörfern, Gewässern, Brunnen, Vieh und Saaten. Irre, irre. Iris, Iris. Mir ist schlecht.

In den Badischen Anilinwerken in Ludwigshafen werden Züchtungen von Eiter, Rauschbrand, Typhus, Cholera, Tollwut, Pocken, Blattern, Tuberkulose und vieles mehr vorgenommen.

Im Jahr 1936 schuf der Generalstab der japanischen Armee zwei große bakteriologische Institutionen. Japaner züchteten erhebliche Mengen von Bakterien. Insgesamt wurden drei Hauptverfahren von den japanischen Imperialisten erprobt und angewendet. Es handelt sich dabei um die Zerstäubung von Bakterien aus Flugzeugen, den Abwurf von Bakterienbomben und schließlich die Sabotagemethode. Wasserbecken, Wohnungen und Brunnen wurden mit Typhus- und Paratyphusbazillen verseucht. Auch wurden 3.000 Brötchen mit diesen Erregern verseucht und an chinesische Kriegsgefangene verabreicht. Diese Gefangenen wurden nach erfolgter Ansteckung entlassen und konnten somit die Infektionskrankheiten weiterverbreiten. Bakterienzerstäuber, getarnt als Spazierstöcke und Füllfederhalter, wurden ebenfalls hergestellt."

> Zitat: Blatt 18 „… Das erste mikrobiologische Zentrum zur Untersuchung der biologischen Waffen in Europa entstand 1936 bis 1939 in Großbritannien. Es handelt sich dabei um das bis zum heutigen Tage existierende Institut in Porton, Wiltshire … Zu den bekanntesten Forschungsergebnissen aus Porton gehört sicherlich die kontinuierliche Züchtung von Bakterienkulturen … Weitere wichtige Forschungen galten dem Studium der krankmachenden Wirkung krankheitserregender Mikroorganismen und den Möglichkeiten ihres Einsatzes als BMK …" Zitatende

„Milzbrandbazillen für die bakteriologische Kriegsführung. Die vor der Nordwestküste Schottlands gelegene Insel wurde das Versuchsfeld. Die Insel ist bis heute verseucht und wird es aufgrund der langen Lebensdauer der Sporen von Milzbrand im Boden noch lange bleiben. Iris, und da suche ich nach möglichen

Motiven für unsere Verseuchung. Wenn ich das hier lese, kann es wirklich sein, dass wir einem solchen Anschlag zum Opfer gefallen sind? 1977 irländische Frauen, dann wir. Iris, Iris?"

Zitat: Blatt 19 „… Insgesamt bestanden 6 wichtige Zentren, die in den Staaten Maryland, Utah, Arkansa, Indiana, Colorado gelegen waren. Diese Einrichtungen standen unter der direkten Führung des Chemical Corp der US-Armee … Besonders in Fort Detrick wurden umfangreiche und intensive Forschungsarbeiten mit jenen Mikroorganismen und Toxinen betrieben, die als bakteriologische und toxikologische Kampfmittel von Interesse sind …
… Nach dem 2. Weltkrieg wurden in den imperialistischen Staaten die militärischen Einrichtungen zur Erforschung der biologischen Waffen nicht aufgelöst, sondern die Forschung wesentlich intensiviert und erweitert. Die imperialistischen Staaten versuchten jetzt mit allen Mitteln, das neue Klassenverhältnis im Klassenkampf, im Gefolge des 2. Weltkrieges war das sozialistische Lager entstanden, wieder zu ihren Gunsten zu verändern. In der Zeit des „roll back" sollte das vor allem mit militärischen Mitteln, die durch ihre Wirkungsweise besonders furchterregend wie die BMK waren, erzielt werden. Führend bei der Entwicklung von BKM wurde die USA, die auch die Ergebnisse der Forschungen zur Entwicklung biologischer Waffen in Deutschland und Japan auswerteten …
… Die Frage, ob den biologischen oder den Atomwaffen der Vorrang zu geben sei, wird bald ein militärisches Problem erster Ordnung sein …

Blatt 20 … Der damalige Leiter von Fort Detrick, … stellte folgende Forderung: „Wissenschaftliche Forschung jedoch muss genaue Prozentzahlen zur Grundlage haben. Bei unseren Hunden und Katzen, Mäusen und Meerschweinen haben wir diese Zahlen, aber bei den Menschen weiß man einfach noch nichts. Es kann sein, dass Menschen widerstandsfähiger sind. Hier kommt es nun auf wirklich groß angelegte Versuche an!“ Zitate aus Knobloch, H. „Der bakteriologische Krieg“ Dietz-Verlag, Berlin 1955 …

Blatt 25 … Angriffsobjekte des Einsatzes biologischer und biotoxikologischer Mittel sind Mensch, Tiere und Pflanzen, bei denen eine Beeinträchtigung der Gesundheit, der Leistungsfähigkeit, des Verhaltens sowie der biologischen Funktion bis hin zum Tod hervorgerufen werden soll …
… Je nach Grad der Einsatzwirkung, der Größe und Schwere des epidemischen Prozesses (Einzelerkrankung, Gruppenerkrankung, Massenerkrankung sowie Krankheit oder Tod) bei Mensch … sowie deren gesellschaftlicher Wertigkeit und Notwendigkeit, sind unmittelbare und mittelbare differenzierte politische, ökonomische, ideologische und militärische Schäden als Folge des Einsatzes biologischer und biotoxikologischer Mittel beabsichtigt und zu erwarten …“
Zitatende

„Im hohen Norden Kanadas brach unter mehreren Eskimostämmen die Pest aus. Lungenpest, Beulenpest. Fünf Eskimostämme wurden ausradiert.

1955 wurde die Schweinepest vorsätzlich verbreitet. Noch heute werden unter einem Deckmantel Arbeiten in Auftrag gegeben, die häufige in Osteuropa vorkommende Epidemien zum Untersuchungsgegenstand haben.“

Während meine Freundin immer noch vertieft und emsig ihren Stapel durchwälzt, lege ich die Blätter beiseite und sitze stumm auf meinem Stuhl.

„Wozu Menschen in der Lage sind.“ Iris holt tief Luft und spricht weiter „Es wird wohl besser sein, wenn wir uns trennen. Wir können uns auch über diese Inhalte nicht austauschen. Es geht nicht. Ich bin fassungslos und entsetzt. Du kannst dir die Stellen, die ich angestrichen habe und die ich für wichtig halte in aller Ruhe durchlesen oder auch nicht. Nach vorn, ich meine nach vorn im positivem Denken, bringen uns diese Ausführungen nicht.“

Wir tauschen unsere Stapel aus. Nach Stunden stillen Nebeneinandersitzens verabschieden wir uns. Iris schüttelt nur den Kopf.

Zitat: Blatt 26 „… Politische Ziele

Mit dem Einsatz biologischer und biotoxikologischer Mittel durch den Feind können unmittelbar und mittelbar politische Ziele angestrebt werden.
Die Durchsetzung unmittelbarer politischer Ziele ergibt sich aus der Möglichkeit der Anwendung biologischer und biotoxikologischer Mittel als Terrorwaffe. Sie kann so variiert werden, dass der Tod weniger Menschen ausreicht, um ein ganzes Volk zu demoralisieren. Der heimliche biologische Angriff mithilfe von Saboteuren hat die verschiedensten Formen. Der feindliche Agent kann versuchen, große Kollektive oder kleine Gruppen von Personen zu bedrohen …
… Der terroristische Einsatz kann sowohl von Geheimdiensten aber auch durch andere feindlich-negative Kräfte eingeleitet und durchgeführt werden, besonders wenn Letztere über eine entsprechende Sachkenntnis verfügen oder beruflichen Zugang zu einschlägigen Untersuchungsinstituten oder zu „Zielobjekten“ haben …
… Mittelbare politische Ziele sollen durch Verknüpfung von ideologischen, ökonomischen Zielen erreicht werden …
… Scheinbar ungefährliche, weil nicht tödliche Anwendung könnte hochgefährliche indirekte Wirkung zeigen. Massenhysterie beim Auftreten von durch B-Waffen hervorgerufener Seuchen …
… Die Hysterie kann, obgleich sie zunächst ganz unpolitisch sein mag, als Substrat für eine politische Misstrauens- und Hass-Eskalation dienen, die zumal bei Vorhandensein von schweren Streitpunkten in den Krieg oder Bürgerkrieg führen kann …
… Im Westen schreibt man auch, dass in der Vorbereitungsperiode des Krieges die Auslösung von einigen Tausenden

bis zu etwa 15.000 entsprechenden Erkrankungen für den Gegner eine solche Situation schaffen würden, die vom militär-medizinischen Standpunkt aus nicht unter Kontrolle zu bringen ist. Natürlich müsste dies entsprechende politische und militärische Folgen auslösen.

Blatt 27 … Ökonomische Ziele

Der Einsatz biologischer und biotoxikologischer Mittel kann unmittelbare und mittelbare ökonomische Schäden hervorrufen. Beim unmittelbaren Einsatz bestehen diese in der Vernichtung von Tierbeständen und Pflanzen. Aber auch die Kontaminierung von Lebensmitteln, Genussmitteln, Gebrauchsgegenständen und Wasser kann unmittelbare ökonomische Folgen haben …
… Mittelbar treten hohe ökonomische Schäden insbesondere dann ein, wenn der Feind beabsichtigt, in volkswirtschaftliche Schwerpunktbereichen große Betriebskollektive durch epidemisch auftretende Infektionskrankheiten zu schädigen. Durch die Bedingungen unserer hochentwickelten sozialistischen Volkswirtschaft sind epidemische bewirkte Arbeitskräfteausfälle mit sehr hohen gesellschaftlichen, insbesondere ökonomischen Verlusten verbunden – ein mögliches Kalkül, das dem raffinierten verdeckten Vorgehen seitens des Gegners entspricht und daher nicht außer Acht gelassen werden darf.

Blatt 28 … Ideologische Ziele

Der Einsatz von biologischen und biotoxikologischen Mitteln ist immer mit der Erreichung ideologischer Ziele verbunden. Jede angezielte politische und ökonomische Schädigung führt zur ideologischen Reflexion oder wird erst durch ideologische Vermittlung wirksam …
… Gleichzeitig muss man sich vor Augen halten, dass ein Angriff mit biologischen Kampfmitteln immer mit der Auslösung von Panik und Angst rechnet; die Angst vor der Be-

drohung durch etwas, was man nicht sieht, nicht hört, nicht spürt und das erst nach Ablauf einer unterschiedlich langen Zeit wirkt, schafft naturgemäß ideale Voraussetzungen zur Verbreitung von alarmierenden Gerüchten und zur Verwirrung …
… Die psychologischen Folgen der Furcht vor dem Krankheitserreger, … werden von allen heutigen Theoretikern des totalen Krieges entsprechend richtig eingeschätzt …

Blatt 29 … Militärische Ziele

Bei der Entwicklung, Erprobung und Anwendung biologischer und biotoxikologischer Mittel stand und steht die Erreichung militärischer Ziele immer im Vordergrund. Darin sind der subversive Einsatz in Friedenszeiten und im Verteidigungszustand sowie der offene militärische Einsatz mit eingeschlossen …
… Beim militärischen Einsatz biologischer und biotoxikologischer Mittel werden sowohl militärische Verbände als auch die für die Sicherstellung bedeutsame Zivilbevölkerung in den rückwärtigen Räumen betroffen …
… Verringerung des Verteidigungspotenzials des Landes durch den erzwungenen Einsatz. Von gewaltigen Kräften und Mitteln zur Verhütung und Beseitigung der folgenden biologischen Verseuchung. Desorientierung des staatlichen Verwaltungsapparats und der Kräfte der Territorialverteidigung des Landes.
Auslösen von Panik und aller Arten ihrer sekundären Konsequenzen. Vernichtung bzw. Schwächung der ökonomischen Basis durch Verseuchung der Zuchttiere, der Pflanzenkulturen sowie der Rohstoffe und Lebensmittel. Zusätzliche Vernichtung bzw. physische Außergefechtsetzung der Bevölkerung …
Auszug aus Zaltowski „Die biologischen Waffen und der biologische Krieg im Lichte der westlichen Doktrin des totalen Krieges“ Warszawa: Wydawnictow Ministerstwa obrony narodowej, 1969.

Aus diesem Programm wird ersichtlich, dass die militärischen Ziele stets im Zusammenhang mit den politischen, ökonomischen und ideologischen gesehen werden müssen und auch so geplant sind.

Blatt 29 … Angriffsobjekte des Einsatzes

… Die Angriffsobjekte selbst sind nicht die Ziele des Einsatzes von biologischen und biotoxikologischen Mitteln. Die Ziele sind immer politischer, ökonomischer, ideologischer und/oder militärischer Art. Die Angriffsobjekte … sind aber notwendige Mittler, um die Ziele zu erfüllen und gehören daher in den Kontext der Darstellung der feindlichen Zielstellung.
Die Angriffsobjekte des Einsatzes von biologischen und biotoxikologischen Kampfmitteln sowie BKM sind Mensch, Tier und/oder Pflanze, bei denen Krankheit, Tod hervorgerufen werden soll …

Blatt 30 … Angriffe

… Mit der Zielstellung der Tötung oder Schädigung der Gesundheit von Personen oder Personengruppen ist das Motiv verbunden, eine im Voraus berechnete Wirkung zu erzielen …
… Als Ziel standen dabei unter anderem … Personengruppen der DDR bzw. aus dem Ausland, durch Anwendung chemischer und bakteriologischer Stoffe zu schädigen oder zu töten, um somit zugleich Angst und Schrecken unter der Bevölkerung zu erzeugen. VVS JHS 001-90/75 …

Blatt 33 … Neben den Angriffen gegen führende Repräsentanten sowie Stäbe wirtschaftlicher und militärischer Organe ist der mögliche subversive Einsatz biologischer und biotoxikologischer Mittel zum Hervorrufen von Massenerkrankungen in großen Kollektiven und Menschengruppen hervorzuheben … … Ein Zieltyp für biologische Operationen sind Gebiete von Schlüsselindustrien, Masseninfektionen, die ein verlängertes Kranksein verursachen, würden die Kriegsführungskapazität des Gegners verringern und die Forderung nach medizinischen und Sanitätspotenzial erhöhen, denen die Streitkräfte nachzukommen hätten. Verborgene Operationen, die mitwirkende Epidemien provozieren und Epidemien eskaladieren, könnten Nahrung und Trinkwasser benutzen, um die infektiösen Mittel zu verteilen. Von diesen verursachen die Viren von Hepatitis lang andauernde und unfähig machende Erkrankungen …

Blatt 36 … Mithilfe des Einsatzes biologischer und biotoxikologischer Mittel lassen sich Schädigungen erzielen, Störungen verursachen, gesellschaftlich schwerwiegende allgemeine Wirkungen hervorrufen, die die Tätigkeit des Feindes nicht sofort erkennen lassen und die selbst lange Zeit in ihrem Wesen unerkannt bleiben.
Biologische und biotoxikologische Mittel können epidemische Prozesse künstlich auslösen und doch so erscheinen lassen, als ob natürliche Ursachen und Anlässe den jeweiligen Geschehen zugrunde liegen. Das gestattet dem Feind, versteckt zu bleiben und doch hocheffektive gesellschaftsschädigende Wirkung zu erzielen …

Blatt 37 … Man hält es für günstig, dass B- und C-Waffen die Möglichkeit eröffnen, Überraschungsangriffe zu führen, und zwar im offenen wie im verdeckten Krieg, ohne dass die Aggression und der Aggressor sofort eindeutig als solcher erkannt werden könnte. Dabei spielt z.B. der Umstand eine Rolle, dass bei vielen Mikroorganismen und Virusarten der Zeitraum zwischen Infektion und Krankheitsausbruch, die sogenannte Inkubationszeit, eine recht konstante Länge hat, die je nach der Art des Erregers Stunden, Tage oder auch mehrere Wochen betragen kann. So ist es möglich, dass künstlich erzeugte Seuchen ausbrechen können, nachdem diejenigen, die sie hervorgerufen haben, längst von der Bildfläche verschwunden sind. Quelle: Petras, E. „Das ABC des Todes" Urania 1970

Blatt 38 … Es könnte der Eindruck entstehen, dass der Tod oder die Erkrankung durch natürliche Ursachen hervorgerufen wurden. Knobloch, H. „Der bakteriologische Krieg" Dietz-Verlag, Berlin 1955
… Die Bedingungen der neuen Lage, der weltweiten Kommunikation, der Weltoffenheit und des zunehmenden Reiseverkehrs schaffen vielfältige, schwer zu kontrollierende Bedingungen. Unter Betrachtung der Möglichkeiten des Feindes ist daher die Frage, ob eine Epidemie zufällig aufgetreten, oder ob sie gezielt verursacht (introduziert) worden ist, ständig aus politisch-operativer Sicht zu betrachten und zu klären …

Ministerium für Nationale Verteidigung
Ausklärungsinformation Chemische Dienste 2/80
vom 23. 6. 1980 GVS-Nr. A 5/8 321

… Als wahrscheinlichste biologische Kampfmitteltypen werden Viren und Rickettsien angesehen …" Zitatende

Ich hocke auf meinem Stuhl, drehe mich einige Runden im Kreis, dann lege ich mich auf mein Bett. Sekunden später sitze ich wieder auf dem Stuhl. „Ob unser Fall jemals geklärt wird?" Noch einmal nehme ich diese Schriften in meine Hand, es kostet Überwindung.

Zitat: „… Als wahrscheinlichste biologische Kampfmitteltypen werden Viren und Rickettsien angesehen. Viele Mikroorganismen dieser Gattung verursachen Krankheiten, die nicht von Mensch zu Mensch übertragbar sind …
Blatt 40 … Der subversive Einsatz … durch den Feind ist nach unserer Auffassung in der Regel und im absoluten

Gegensatz z.B. zu den Demonstrativstraftaten durch seine Stille und heimtückische Planung, Vorbereitung und Durchführung charakterisiert, sodass durch die Vorspiegelung eines „natürlichen“ epidemiologischen Geschehens schon der Verdacht auf einen feindlichen Anschlag weitgehend ausgeschlossen werden soll …

… Wenn die Gerichtsakten keine zahlreichen Spuren dieser Verbrechen enthalten, so deshalb, weil das ein Verbrechen ist, das am schwierigsten aufzuklären ist, da es die bekannte und tägliche Krankheit auf das Genauste nachahmt …

… Die biologischen und biotoxikologischen Mittel, die Infektionskrankheiten auslösen, werden klassifiziert in

Viren, Rickettsien, Pilze und ihre Toxine sowie Bakterien und ihre Toxine. Diese Klassifikation ist insbesondere zur Beurteilung der Eignung dieser pathogenen Erreger für subversive Einsätze von Bedeutung.

Blatt 41 … Die hauptsächlichsten Anforderungen an die BKM als Massenvernichtungsmittel im biologischen Krieg …

erhöhte Infektionsgefahr …;
kurze Inkubationszeit, lange Handlungsunfähigkeit;
Möglichkeiten der Herstellung großer Mengen und der langfristigen Aufbewahrungsmöglichkeit mit Erhalt der Virulenz;
Resistenz gegen spontane bzw. künstliche Entseuchung:
Möglichkeiten … durch Krankheitsüberträger;
erhöhte Epidemiegefahr;
Schwierigkeiten der spezifischen Immunisierung;
Schwierigkeiten der Behandlung;
Schwierigkeiten beim Aufspüren und der schnellen Identifizierung des Erregers oder der Krankheit;
verminderte Ansteckungsgefahr für den Gegner;

… Die für einen subversiven Einsatz in der gegenwärtigen politischen Lage bis hinein in eine Spannungsperiode nach unserer Ansicht zu erwartenden und geeigneten biologischen und biotoxikologischen Mittel müssten dementsprechend folgende Anforderungen erfüllen:

1. Biologische und biotoxikologische Mittel, die in der DDR und Mitteleuropa sporadisch, endemisch oder epidemisch auftretenden, sogenannte „heimische“ Infektionskrankheiten ständig oder zeitweilig auslösen, wie z.B. die Hepatitis infectiosa, Typhus abdominalis, Samonellen-Enteritis, bakterielle Ruhr …

2. …

3. Biologische und biotoxikologische Mittel, die auf kleinste und unauffällig zu transportierende Menge begrenzt werden können …

4. …

5. …

6. … die normalerweise selten auftretende Infektionskrankheiten oder Intoxikation auslösen und damit zeitweilige diagnostische Probleme bedingen …

7. Biologische und biotoxikologische Mittel, die therapeutische Probleme bedingen. Hier sind insbesondere der Einsatz von Viren und mehrfach antibiotikaresistenter Bakterien sowie ausgedehnter Massenerkrankungen zu nennen …

Blatt 42 … Die Viren zählen zu den kleinsten mikrobiellen Krankheitserregern. Die meisten sind mit dem Elektronenmikroskop sichtbar zu machen. Allen gemeinsam ist, dass sie sich nur in lebenden Zellen vermehren können …

… Die Züchtung von Viren, auch in kleinster Menge ist nur von qualifizierten Kräften in speziellen virologischen Laboratorien … möglich …

Blatt 43 … Die mikrobiologische Diagnostik der Virosen ist schwierig und langwierig. Während die Elektronenmikroskopie, gerätetechnisch bedingt – auch in unserem Arbeitsbereich z.Z. nicht vorhanden – nicht im breiten Umfang eingesetzt werden kann, ist weder mit der Serologie noch der Virusanzüchtung und Typisierung eine exakte Frühdiagnose möglich …

… Therapeutisch gibt es z. Z. für die überwiegende Mehrheit der Viruskrankheiten keine spezifische Behandlung. Chemotherapeutika sind bis auf wenige Ausnahmen gegenüber Viren unwirksam …
… Ausgehend von der epidemiologischen Lage im Verlaufe der letzten Jahrzehnte in der DDR erscheint der subversive Einsatz der Hepatitis infectiosa gegen den Menschen … möglich, wenn entsprechendes infektiöses Material aus natürlichen Infektionsherden oder der künstlichen Keimanreicherung dem Feind zur Verfügung steht …

Blatt 47 … Quelle der Infektion kann das Objekt sein, das als Ort des natürlichen Aufenthalts und der Vermehrung der Erreger dient, in dem der Prozess der natürlichen Akkumulation der Infektion vor sich geht und von dem aus der Erreger auf die eine oder andere Weise die gesunden Menschen infizieren kann. Quellenangabe: GROMASCHEWSKI Kiew 1962
Der Mechanismus der Übertragung der Infektion

Blatt 49 …
Durch die Infektionsübertragungsmechanismen wird die Art des Eindringens des Erregers in einen neuen empfänglichen Organismus bestimmt …
Inokulation (Einimpfung, Infektion durch die Blutbahn).

Blatt 65 … Eine gewisse Sonderstellung nimmt der iatrogene (durch ärztliche Maßnahmen ausgelöste) Infektionsübertragungsweg ein, der beim subversiven Einsatz biologischer und biotoxikologischer Mittel ebenfalls beachtet werden muss …
… Die iatrogene Übertragung umfasst Infektionskrankheiten, deren Erreger durch therapeutische oder prophylaktische Präparate nach Kontamination in der Produktion verbreitet werden. Übertragungsfaktoren sind also zentral zubereitete Präparatchargen, die eventuell bei Tausenden von Individuen zur Anwendung kommen können. Die Streubreite der Über-

> tragungsfaktoren ist dementsprechend sehr groß, wenn viele Impfungen mit einer solchen Charge gleichzeitig durchgeführt werden. Bekannt geworden sind Unfälle dieser Art bei Anwendung verschiedener Impfstoffe und Seren, die zu … Hepatitis … führten. Ein entsprechendes Vorkommnis größeren Umfangs ereignete sich 1978/79 innerhalb der DDR. So erkrankten 2.636 Frauen nach Geburt, Abort oder Interruptio und 133 Säuglinge als Folge der Rh-Prophylaxe mit kontaminiertem Human-Immunglobulin „Anti-D" an Hepatitis infectiosa …" Zitatende

Nachdem ich durch diese Schrift erfahre, wie Viren transportiert und in ein gegnerisches Land eingeschleust werden können, verschlägt es mir erneut die Sprache. Wie ein derartiger Angriff durchgeführt werden konnte, lässt sich aus folgender Pressemeldung ableiten, die 1977 unter Berufung auf Zeugenaussagen von Geheimdienstmitgliedern sowie Angehörigen exilkubanischer Terrorgruppen von der westlichen Presse verbreitet wurde. „Der amerikanische Geheimdienst CIA lieferte das Virus, das 1971 in Kuba zum Ausbruch der Schweinepest führte. Ein Mitarbeiter des US-Geheimdienstes sagte, dass ihm Anfang 1971 das Virus in einem versiegelten, unbeschrifteten Behälter übergeben wurde. Der Informant sagte, er wurde instruiert, den Behälter mit dem Virus einer Gruppe zu übergeben."

Den Packen von über dreihundert Seiten zerlege ich in kleinere Stapel, säuberlich geordnet, loche die Blätter und hefte sie in einen Ordner. Schweigend stelle ich diesen weit weg.

Trotz aller Bemühungen, diesem Hefter fernzubleiben, flieht mein Blick immer und immer wieder zu dem Regal, in dem ich ihn platziert habe.

„Der Forschungsbericht trägt die Jahreszahl 1980. Es stehen Zahlen von Infizierungen darin. 2.636 Frauen, 133 Säuglinge, Kontaktpersonen, die an Hepatitis infectiosa erkrankten. Laut einer Tabelle wurden 6.773 Frauen geimpft. Was und wie wurde damals gezählt? Wurden nur Frauen, die in einem Krankenhaus lagen, statistisch erfasst? Wenn es so wäre, dann wurden 4.137 Frauen in kein Krankenhaus eingewiesen. Dazu zählt die verstorbene Gisela?

Sind die gezählten 2.636 Infizierungen diejenigen, die damals eine Anerkennung nach der DB erhalten haben? Bei denen das Virus schon nachgewiesen wurde? Den Namen Hepatitis C gab es damals schon. Stelle ich doch eine Zahl dar? Ohne damalige Anerkennung, ohne Virusnachweis?

Was ist mit Carmen, der Flugente, mit Iris, mit Sabine, die von ihrer HCV-Infizierung nach dreißig Jahren erfuhren? Was ist mit Marlies, meiner Bekannten, von der ich die Telefonnummer des Herrn Professors erhalten habe. Marlies hat trotz Infizierung noch nie eine anerkennende Rente erhalten. Zählen wir in dieser Statistik des Forschungsauftrags dazu oder nicht? Was ist das für eine Zahl? Wenn ich dazuzähle, warum wurde ich lange Zeit vergessen? Wenn ich nicht dazuzähle, ist das der Beweis dafür, dass Tausende von Frauen nichts von ihrer Infizierung wissen.

Diese Zahl wird heute noch als Basis für eine Verharmlosung dieses Skandals zugrunde gelegt. Wurden alle Säuglinge damals schon nach HCV untersucht? Wurden die danach geborenen Säuglinge untersucht? Meine Tochter nicht. Diese Säuglinge werden im Jahr 2011/2012 dreiunddreißig Jahre jung. Wissen die damaligen Säuglinge von ihrer Infizierung? Setzt sich die geheime Beforschung an ihnen fort?"

Ich starre immer und immer wieder auf diesen Ordner und komme einfach nicht los.

„Biologisches Kampfmittel als Massenvernichtungsmittel. Die hauptsächlichen Anforderungen an die BMK wurden in unserem Fall erfüllt. Schwierigkeiten der spezifischen Immunisierung. Schwierigkeiten der Behandlung. Schwierigkeiten beim Aufspüren und der schnellen Identifizierung des Erregers oder der Krankheit. Wenn es stimmt, dass erst weit nach der politischen Wende das Virus in uns nachgewiesen werden konnte, was sind das dann für Zahlen in diesem Forschungsauftrag? Ich muss diesen Ordner verstecken. Der Inhalt geht mir sonst nicht aus dem Sinn. Aber wohin damit?"

Ich ziehe die prall gefüllte Pappe heraus und halte die Aktendeckel in meinen Händen. „Wohin damit? Unter die Matratze? Oh, nein. So etwas praktizieren Schüler, wenn sie etwas auswendig lernen wollen. Vielleicht in die Garage? Nein, lieber nicht. Mäuse könnten daran herumknappern und sich an diesem Gift infizieren und es weitertragen. Obwohl? … Eine hauptsächliche Anforderung an die BKM besagt … eine verminderte Ansteckungsgefahr für den Gegner. Wohin mit dem Teil? Am besten in den Kamin damit. Mit diesem Wissen kann ich die drei Affen füttern, die auf dem Sims sitzen. Quatsch, so geht das nicht. Ab in den Wäscheschrank." Kurze Gedanken schiebe ich dem Ordner hinterher.

„Auch wenn diese Enthüllungen über BKM auf unsere vorsätzliche Straftat abgeleitet werden könnten, es ändert nichts an unserem derzeitigen Zustand. Mit einer sofortigen Vernichtung meiner Person hat es nicht geklappt. Mit einer dauerhaften Schädigung schon. Was für eine Welt."

Mir fällt ein, dass noch einige Stapel dieser geheimen Verschlusssache JHS 001 Nr.:32/81 Archiv 0057 bei meiner Freundin Iris verblieben sind. Ohne eine ausschweifende Auswertung erhalte ich von Iris die verbliebenen Blätter, mit den Sätzen „Ich bin sie endlich los. Die machen schon beim Lesen krank. Bitte schön."

Schon beim Tragen dieser wenigen Blätter werden Überlegungen freigesetzt. „Ich besitze nicht nur diese schreckliche, aber auch wertvolle Schrift, aus der ich ableiten kann, dass wir Frauen für die Forschung ein wertvolles Material in uns tragen. Ich schlussfolgere auch, da sich Viren nur in lebenden Zellen vermehren können, dass wir als Zuchtmaschinen benutzt werden." Diese Gedanken ängstigen mich. „Ab in den Kleiderschrank mit euch."

Immer wieder laufen neue Studien an. Nach dreißig Jahren unterscheiden viele von uns nach seriös und unseriös.

Auch ich stelle mich für die nächste seriöse Studie im Jahr 2009 zur Verfügung, eine zu der ich mich aus freien Stücken entschieden habe. Die „Cerebrale Mikroglia-Aktivierung bei Hepatitis-C-Virus-Infektion“ ist es, die jetzt genauestens erforscht wird. Die im gleichen Zusammenhang durchzuführenden Untersuchungen, die Kernspintomografie und Magnet-Resonanz-Tomografie bergen für mich keinerlei Gefahren.

Dennoch, für mich klingt dieses Vorhaben überirdisch. Zugleich finde ich es überaus wichtig. Diese Untersuchungen sind für mich selbst sehr bedeutsam. Denn nur so kann ich an eindeutige Ergebnisse kommen und möglicherweise meine kognitiven Störungen im Gehirn bildlich nachweisen. Noch immer läuft mein Widerspruchsverfahren mit Klageanhang gegen den Bescheid 0 Funktionsbeeinträchtigung. Ich habe die ganzen Sprüche von Ärzten so satt, die mir einfach nicht richtig zuhören und die mir seit Jahren sagen „Liebe Frau, wir sind doch alle einmal müde. Jeder vergisst einmal etwas, das ist doch alles ganz normal. Denken Sie mal nicht, dass sie da die Einzige sind. Beschäftigen Sie sich nicht so viel mit sich selbst. Denken Sie doch auch an etwas Schönes.

Gehen Sie spazieren, machen Sie ein bisschen Sport. Sie dürfen aber auch nicht alles auf die C schieben.“ …

Mir fällt es zunehmend schwerer, klare Gedanken zu fassen und diese so zu ordnen, dass ich sie verbal verständlich formuliere. Oft ist es schwierig, mein Denken verstopft. Dann stehe ich da, wie eine Tüte „Ata“, und weiß nichts zu sagen.

Was ich eben gerade noch sagen wollte, weiß ich im nächsten Augenblick nicht mehr, es ist weg. Total blockiert. Meine Vergesslichkeit nimmt zu und Aktivitäten ab. Eine Erklärung dafür habe ich nicht. Vielleicht kann diese neue Untersuchungsmethode Defizite im Gehirn nachweisen. Helfen wird mir diese Studie im Moment vermutlich noch nicht. Aber ich kann durch meine Mitwirkung dazu beitragen, dass das Hepatitis-C-Virus und die darauf stattfindende Reaktion im zentralen Nervensystem besser verstanden werden.

Vielleicht können diese Forschungen eine Grundlage dafür sein, dass in den nächsten Jahren Medikamente erfunden werden, die solche Störungen abschaffen oder zumindest ausgleichen.

Falls dies nicht sofort gelingen sollte, gibt es ja noch unzählige Hepatitis-C-Virus-infizierte Kinder, denen auf der Basis der jetzigen Ergebnisse vielleicht später geholfen werden kann. Ich erkläre meine Bereitwilligkeit schriftlich und werde daraufhin etwas später in den Ferien nach Hannover eingeladen.

In einem an mich mitgeschickten Informationsschreiben wird darüber berichtet, dass die Infektion mit dem Hepatitis-C-Virus bei etwa der Hälfte der Betroffenen zu einer schweren Beeinträchtigung der Leistungsfähigkeit führt. Die Patienten klagen über eine lähmende chronische Müdigkeit, Konzentrations-, Aufmerksamkeits- und Gedächtnisstörungen. Hinzu kommt eine verstärkte körperliche Erschöpfbarkeit. Die Symptome treten sowohl bei Menschen auf, bei denen das Virus im Blut nachweisbar ist, als auch bei den Personen, bei denen es spontan oder infolge einer Interferontherapie zu einer Viruselimination kam.

„So ist es." Anerkennend sage ich „Die wissen ja richtig Bescheid. Das kann ich nur bestätigen." Ich nicke dem Blatt Papier zu, lächle es sogar an.

„Das heißt, also auch bei den Patienten, bei denen das Hepatitis-C-Virus nach der erfolgreichen virusreduzierenden Therapie nicht mehr messbar ist, somit also nur nicht mehr nachgewiesen werden kann." Wieder bestätige ich durch ein Kopfnicken.

„Weiß man das in dem Gebiet der ehemaligen DDR auch? Also auch in meinem Amt? … Worüber wird noch informiert?"

Die Bedeutung dieses sogenannten chronic-fatigue-Syndroms in Folge einer Hepatitis-C-Virus-Infektion wird erst langsam erkannt. Bisher trafen betroffene Patienten vielfach auf Unverständnis und Ungläubigkeit, wenn sie ihre Symptome schilderten. In den vergangenen Jahren wurden bei der Infektion mit dem Hepatitis-C-Virus aber zunehmend objektive Hinweise auf eine Beteiligung des zentralen Nervensystems gefunden …

Ich bin baff und spekuliere. „Wen kenne ich, der mich persönlich kennt, der diese informativen Bekanntmachungen aufgeschrieben haben könnte? … Ärzte in der Familie, Fehlanzeige. Ärzte unter den Nachbarn oder den Eltern meiner Schüler?

Fehlanzeige. Es fällt mir keiner ein … Doch wer auch immer das geschrieben hat, er scheint mich gut zu kennen. Auf mich trifft der Inhalt dieser wenigen Sätze absolut zu.

Die Infektion mit dem Hepatitis-C-Virus führt zu Auswirkungen im zentralen Nervensystem", lese ich weiter. „Schon lange spüre ich diese tagtäglich. Wenn diese Funktionsstörungen gezeigt werden können, dann möchte ich eine Antwort darauf haben, ob meine Störungen von der Infektion kommen. Ich will wissen, was mit mir los ist! Und ob es Arzneimittel dagegen gibt. Eine einmalige Chance für mich. Da fahre ich hin."

Eine angenehme Ruhe, fast schon Freude schiebt mich in Richtung Hannover. Ich weiß, dass mich dort die Aufklärung erwartet, die ich jahrelang nicht erhalten habe.

Gegen elf Uhr betrete ich den Haupteingangsbereich der Hochschule. Zu meinem Glück werde ich von einem jungen Arzt erwartet. Für mich stellt diese Situation keine neue, aber eine kleine Sensation dar. Um mich herum ein Getümmel von umherlaufenden Menschen, und ich werde sofort erkannt und angesprochen. Nun gut, Frau, ungefähr fünfzig Jahre alt, ziellos, allein, suchend, scheues Auftreten. Umherstehender Mann in weißer Kleidung, erwartend, ebenfalls suchend, aufmerksam. Alles Faktoren, die zusammenführen.

Mit aufmunternden Worten führt mich der junge Herr durch scheinbar endlos lange Gänge. Zuerst bis zur Aufnahme, dann an Behandlungsräumen vorbei zu einer neurologischen Station.

In einem Vierbettzimmer komme ich unter und werde mit zwei Hannoveranerinnen und einer türkischen Dame, deren Wohnort ich nicht verstanden habe, eine Nacht verbringen. Sofort wollte eine Patientin wissen, woher ich denn komme, da der Slang meiner Begrüßung etwas anders klingt. Ohne Scheu oder Hemmungen beschreibe ich meine Herkunft, und wir kommunizieren nett miteinander.

Schon bald werde ich von einem jungen Arzt abgeholt, und wir begeben uns zur ersten Untersuchung. Ein unbekannter Herr Professor begrüßt mich in einem Raum voller technischer Gerätschaften, und ich denke verblüfft „So etwas habe ich überhaupt noch nicht gesehen. Das sieht ja aus, als wenn ich hiermit auch auf den Mond fliegen könnte."

Sofort sehe ich mich stehen, im Raumanzug für Damen, die letzte Flasche Wasser in der Hand. „Goodbye. Servus. Pfiat euch, Freunde. Es war mir sehr angenehm, aber jetzt muss ich los. Die Ferne ruft. Ich habe eine Mission zu erfüllen."

Die zahlreichen Achtungsschilder an den Wänden bringen mich auf den Boden der Tatsachen zurück. Sie verweisen auf eine mögliche Radioaktivität.

Wie ich soeben bemerke, stellt mir der Herr Professor gerade die obligatorischen Fragen über Anamnese, Allergien, Krankheiten, vorhandene Metallgegenstände in meinem Körper, und ich beantworte sie also nach bestem Wissen und Gewissen. Dann klärt er mich in aller Ausführlichkeit über die bevorstehende Untersuchung auf. Das Ziel ist, herauszufinden, ob es bei der Hepatitis-C-Virus-Infektion im Gehirn zu einer Mikroglia-Aktivierung kommt, also zu Veränderungen.

„Veränderungen", überlege ich mit, „darunter kann ich mir etwas vorstellen."

Zusätzlich möchte man herausfinden, ob jene Patienten, die mit oder ohne Virusnachweis im Blut im weiteren Verlauf über eine Einschränkung ihrer körperlichen und geistigen Leistungsfähigkeit klagen, eine anhaltende Mikroglia-Aktivierung im Gehirn zeigen. Das für die jetzige Untersuchung eingesetzte Verfahren nennt sich Positronen-Emissions-Tomografie (PET). Der Professor spricht ganz in Ruhe mit mir, präzise und verständlich. Punkt für Punkt wird mir erklärt. Solche Arzt-Patienten-Gespräche bin ich nicht gewohnt. Ich bin heilfroh, dass meine unerklärlichen Symptome hier tatsächlich ernst genommen werden. Wie eine mündige Patientin komme ich mir vor, ein gutes Gefühl.

Unterdessen befinden sich fünf weiß bekleidete Personen in dem Raum, und sie sind einzig und allein mit mir beschäftigt. Mir wird ein Zugang zur Vene gelegt, und ich werde für die Röhre vorbereitet. Eine gähnende Öffnung wartet auf meinen Körper.

Erst beim Vernehmen der Nachfrage, wann die Spritze mit der radioaktiven Substanz eintrifft, wird mir mulmig. Ich denke an die damalige DDR-Impfung. „Warum nur werde ich diese Bilder nicht los? Ein wenig ängstlich ziehe ich Parallelen zu der Hepatitis-C-Virus-verseuchten Spritze. Infolge dieser werde ich schließlich hier, in dieser Röhre, liegen und schon wieder eine Spritze bekommen, von der ich weiß, dass sie eine radioaktive Substanz enthält. Ich versuche mich abzulenken und sage mir „Nicht aufregen, ruhig bleiben, hier wird mir nichts passieren. Noch mal passiert mir so was nicht."

Blitzartig fällt mir die KFZ-Steuer ein, die ich letztens überweisen wollte. „Habe ich die nun bezahlt, oder nicht? Ich wollte, aber habe ich auch? ... Mir ist so. Aber sicher weiß ich es nicht."

Großartige Gedankengänge bringe ich nicht mehr fertig. Ich gebe nur kurze Antworten auf die Fragen „Liegen Sie bequem?", „Geht es so gut?"

„Mir ging es noch nie besser. Alles bestens."

Mein Kopf wird in eine Position gelegt, die ich eine Stunde lang nicht verändern darf.

Ich weiß, die eigentliche Untersuchung beginnt erst mit der Injektion der radioaktiv markierten Substanz in eine Vene.

Das Knacken, Summen, Knistern, Knirschen um mich herum beginnt. Nach einigen Minuten tritt der Herr Professor an meine Liege und sagt „Ich spritze Ihnen jetzt die Substanz." Eine entsetzliche Angst überkommt mich. Augenblicklich empfinde ich eine kalte, leicht brennende Flüssigkeit, die sich merklich schnell durch meine Adern bewegt. Ich spüre deutlich die Verästlung und Verteilung in meinem Körper. Argwöhnisch rufe ich sofort aus der Röhre „Es brennt." Der Herr Professor befindet sich ganz in meiner Nähe, beruhigt mich zuversichtlich und sagt „Sie haben es geschafft, jetzt kommt nur noch Kochsalzlösung." Und tatsächlich ließ das kalte Brennen sofort nach.

„Nun geht's los", denke ich, doch nach wenigen Momenten werde ich wieder aus der Röhre gefahren. Helle Lampen strahlen mich an. Wieder steht der Herr Professor neben mir und sagt „Wir haben ein technisches Problem, die Sicherungen sind raus. Wir probieren es aber weiter. Die Untersuchung beginnt ab jetzt. Eine Stunde bitte nicht bewegen."

„Na toll“, denke ich. „Wie soll ich nur diese Zeit überstehen. Meine Sicherungen fliegen auch gleich raus.Vermutlich habe ich durch die Substanz eine zu hohe Leuchtkraft, und das Gerät war irritiert.“

Abgelenkt durch die beginnenden unbekannten Geräusche, besinne ich mich auf Nebensächlichkeiten. Ich denke an Hunde und Katzen sowie Mehrschweine, die der Wissenschaft dienen und von denen bereits Forschungsergebnisse vorliegen. „So, nun bin ich Mensch dran.“ Ich spiele mit meinen Fingern, übe gedanklich Liedertexte durch, singe unsere Nationalhymne, denke an die vergangene Zusammenkunft mit den Nachbarn, Sonnhild und Rene, Erika und Hannes, Ramona und Mathias und fahre mit meinem Auto noch einmal durch Hannover.

Die Zeit scheint wie festgenagelt und will nicht vergehen. Mir kommt es wie eine Ewigkeit vor. Dann endlich werde ich lebend aus der Röhre gefahren, und ich öffne die Augen. Die Kanüle wird entfernt, und der Herr Professor erkundigt sich, ob ich noch Fragen habe.

„Hat alles geklappt, ich meine mit den Aufnahmen und so?“

„Wir hoffen, dass wir die Aufnahmen verwerten können.Wir stecken nicht in der Technik, sie lässt uns eben auch manchmal im Stich.“

„Na, dann wird das wohl nichts mit dem Mond“, denke ich und hake sogleich den Flug in den Weltraum ab.

Erleichtert strecke ich dem Herrn Professor meine Hand entgegen und verabschiede mich. In wenigen Stunden hofft die nächste Röhre auf mich, Magnet-Resonanz-Tomografie. Bis dahin will ich mich bewegen.

Der junge Arzt, der mich ursprünglich in Empfang genommen hatte, begleitet mich wieder, und ich fühle mich außerordentlich gut betreut.

Der große Park und eine schön gelegene Bank warten schon auf mich. Hier sitze ich nun nach einem ausführlichen Rundgang und strecke meine Glieder aus, alles noch dran. Ich schau mir meine Arme und Beine an, nichts leuchtet. „Radioaktive Substanz, und dann nicht einmal ein klitzekleiner Strahl?“ Ich kneife die Augen zusammen, doch es bleibt dabei, nix. Um mich herum stehen Bäume, umsäumt von Rasenflächen. „Schön angelegt“, stelle ich fest. Einige Patienten spazieren vorüber, Arm in Arm ziehen sie an mir vorbei. „Was die wohl haben?“, frage ich mich. „Kein Verband, kein Pflaster, keine Narben, kein Humpeln, … zwei Arme, zwei Beine … und trotzdem im Krankenhaus? Na ja, so ist das eben.“ Von eifriger Betriebsamkeit ist im Parkgelände keine Spur zu entdecken.

Ich sehe mich um. Müsste ich nicht langsam zurück? Eigenartigerweise vergehen zwei Stunden Erholungspause schneller als eine Stunde in starrer Lage.

„Haben Sie sich etwas erholt?“, fragt mein junger Begleiter. „Geht schon, bringen wir es hinter uns“, erwidere ich.

Von einem anderen, mir unbekannten Arzt mittleren Alters werde ich bereits erwartet. Die Befragung beginnt von Neuem. Leise sage ich zu meinem ärztlichen Begleiter „Eigentlich könnten Sie die Fragen beantworten, Sie kennen doch schon alle Antworten.“ Er schmunzelt.

Noch einmal rede ich über meine Vorgeschichte und lasse mich nach einer gründlichen Aufklärung in die Röhre schieben. Ich erhalte Ohrstöpsel. Gut gelagert, werden mir außerdem zwei Schaumstoffkörper über die Ohren gestülpt. Dies hat zur Folge, dass die Ohrstöpsel durch diese wieder herausgedrückt werden. Nach kurzem Beheben geht's los. Über meinen Kopf wird ein Spiegel angebracht. Der ermöglicht es mir, in die Freiheit zu blicken. Das finde ich gut. Meine Augen suchen die Füße, und ich zwinkere ihnen zu, um mich zu beruhigen. „Der Herr Doktor soll mich jetzt bloß nicht falsch verstehen.“

Was ich in dieser Röhre höre, ist mit Worten nicht zu beschreiben. „Nun aber wirklich in das All.“

Eine Sinfonie von Krach und Klanggeräuschen begleitet die nachfolgende Liegezeit. Meisterhafte Klänge, die ich einem jodelnden Truthahn zuordne, entzücken meine musikalisch geschulten Ohren. Ich höre laut und deutlich, wie eine Frau mit ihrer Kopfstimme aufbrausend gluckst und kreischt. Klappernd werden Metallschrauben angezogen. Und alle Klänge ertönen jeweils in einem bestimmten Rhythmus. Ein Schwirren, Sägen, Hämmern, Schlagen, Dröhnen, stolpriges Jammern saust um meinen Schädel, und ich liege starr wie ein Brett mitten in diesen Tönen. „Fabelhaft. Außerordentlich. Unbeschreiblich", denke ich. „Diese Geräusche sind einzigartig.

Eine unglaubliche Komposition, die auf eine CD gehört ... und die keines Textes bedarf." Ich bin fasziniert. Moderne Rockgruppen könnten so etwas locker verlauten lassen. „Das wäre endlich einmal ein originelles Konzert", denke ich und grinse schon wieder meine Füße an.

Die monotoneren Klänge von Elektrogitarren, die die Röhre augenblicklich ausstößt, erschrecken mich nicht. Ich höre sie täglich in allen Medien. All zu oft denke ich über die aktuellere, zum Teil harmonielose Musik nach, die von Musikern, die zumindest glauben, welche zu sein, heutzutage produziert wird.

Junge Musiker und Musikproduzenten fördern eine Musik, die ich als Musiklehrerin und singende Hausfrau nicht verstehe. Immer neue technische Möglichkeiten werden den jungen Leuten angeboten. Die Kompositionen bestehen letztlich aus Verzerrungen und Lautstärke. Meine Ohren halten das nicht aus. Werden Menschen heutzutage mit stärkeren Nerven geboren?

Da ich über Fünfzig bin und die moderne Musikproduktion mich nicht als Kundin im Visier hat, lasse ich das Getöse an mir vorüberziehen. Es betrifft mich nicht.

So wie ich das sehe, hat moderne Rockmusik nur noch selten einen Wiedererkennungswert. Somit ist so ein „One-Hit-Wonder" auch schnell wieder von der Bildfläche verschwunden.

Ritzeratze, ritzeratze, knack, knack, knack. Schwirr, schwirr, immer neue effektvolle Klänge ertönen.

Ich stelle mir vor, wie ich ein Orchester mit einem derartigen Arrangement zu leiten und zu dirigieren hätte. Es gelingt mir nicht, einen Gleichklang zu erreichen. Stattdessen starre Klänge, Jodelgesang, Verwirrung.

Schon wieder ändert sich das Thema. Immer wieder werden neue Taktarten und Tonhöhen angeboten.

„Grandios, einfach einzigartig … An der Lautstärke müsste noch gearbeitet werden."

Unbegreifliche erstaunliche Rhythmen, filigrane Sägearbeiten, kosmische Schläge erreichen mein Bewusstsein. Während ich versuche, mir meine eigene Komposition zusammenzustellen vergeht die Zeit.

„Eine Schulstunde müsste geschafft sein", überlege ich. „Noch eine Viertelstunde etwa." Als ob das klangvolle Spektakel dadurch exakter wahrzunehmen wäre, liege ich still wie ein Brett.

Plötzlich spüre ich Vibrationen. „So geht es aber nicht", denke ich. Ich öffne die Augen. Der Spiegel ermöglicht es mir, den weiter entfernt stehenden Arzt in seinem Arbeitsraum hinter einer Glasscheibe zu beobachten. Er starrt auf etwas, was ich nicht sehen kann. Er wischt sich über das Gesicht. Reibt seine Augen. Nun werde ich stutzig. „Warum reibt er seine Augen? Hat er so ein Gehirn noch nie gesehen? Leuchtet es etwa noch? Ist er schockiert von meiner Struktur? Ein grauer Klumpen etwa?" Standhaft behalte ich den Arzt und seine Augenwischerei fest im Blick „Habe ich etwas, was andere Menschen nicht haben? Sind große Löcher in meinem Gehirn? Tumore?" Um mich herum jodelt und hackt es, klopft und schlägt es, … sägt und vibriert es.

„Wie lange denn noch?" Langsam werde ich ungeduldig. Mein Arrangement, die Kompositionen sind abgeschlossen. „Eine Stunde müsste doch schon lange um sein. Will er eine Zugabe? Weil mein Gehirn so interessant ist?" Regungslos halte ich durch. Von fern schaue ich auf meine Füße. Sie bewegen sich nicht mehr.

In meiner Vorstellung beginnt die nächste Unterrichtsstunde. Ich begrüße die Kinder und befrage sie zur Schule, was heute ganz toll war und was weniger Freude brachte. Noch ehe mir die Schüler antworten, tritt um mich herum schlagartig Ruhe ein.

„Endlich, ich bin angekommen. Ruhe!" Meine Liege wird ins Freie gefahren. Nur Ruhe und Licht.

Die zwei Ärzte stehen neben mir und lächeln mich an. Die Schaumstoffkörper werden angehoben, und die Ohrstöpsel fallen auf die Liege. Ich erwidere ihre Geste mit einem Lächeln. Dabei verbiege ich meinen Körper und bewege die Beine, um zurück in die Horizontale zu kommen.

„Und, viel Graues bei mir zu sehen? Sie sahen so ernst aus."

„Ich kann Sie beruhigen, nichts Auffälliges. Sehr viele weiße Strukturen sind erkennbar", meint der Spezialist.

Während ich nach den Ohrstöpseln greife, geht der Mediziner zu einem Schrank. Dort holt er für mich einen kleinen harten Ball heraus. Den soll ich in meine Hand nehmen und dann ganz fest halten. So gut und so fest, wie ich kann, umklammere ich den Ball. Nun soll ich die Hand an den Eingangsbereich der Röhre führen.

Blitzartig wird der Ball aus meiner Hand gezogen. Erst, als er zweimal rechts und links gegen das Innere der Trommel schlägt, begreife ich die enorme Kraft des Magnetfelds. „Donnerwetter!" Ich bin perplex.Völlig überrascht und erstaunt sage ich „Ich hatte keine Chance, den Ball festzuhalten." „Geht auch nicht."

Dann holt der nette Arzt eine Metallplatte, ca. 30 x 30 cm groß, und stellt sie vor die Röhre. Ganz langsam legt sie sich vor meinen Augen auf die Liege, auf der kurz zuvor ich selbst lag. Der Vorgang verläuft in Zeitlupe, und wieder bin ich sprachlos. Er reicht mir die Platte. Auch ich darf ganz kurz mit dem Stück Eisen vor der Röhre spielen. Fast schwebend, neigt sie sich. „Lassen Sie sie vollständig los, sie wird nicht fallen." „Tatsächlich." Ich beobachte den Vorgang.

„Vielen Dank", sage ich und lächle die Herren an. „Ich bin um diese Erfahrung reicher. Unvorstellbare Kräfte", dabei schüttle ich den Kopf. „In diesem Magnetfeld habe ich gelegen?"

Sofort überprüfe ich meine Zahnfüllungen. „Was ist mit den Goldkronen? Alles gut, sie sind alle noch am alten Fleck."

Am nächsten Morgen verlasse ich die medizinischen Hochschulhallen. Vier Stunden später kann ich mein eigenes Reich erschöpft, aber glücklich begrüßen.

Von diesem Erlebnis muss ich Iris berichten. Vielleicht hat sie auch Interesse an dieser Untersuchung. Wir vereinbaren einen

Treff bei mir zu Hause, und wie immer haben wir uns sehr viel zu erzählen.

„Iris, ich muss an dieser Forschung teilnehmen. Meine Anerkennung ist weg. Mir geht es nicht besser. Ich brauche Testergebnisse als Beweis. Die Studie aus Irland zählt bei uns nicht. Deutschland muss seine eigenen Studien betreiben. Wissenschaftler brauchen uns. Wir leben schon sehr lange mit dem Virus. Wir sind höchst interessant. Anfangsstadium, Endstadium. Es wird natürlich eine Ewigkeit dauern, bis Ergebnisse vorliegen, aber für unsere Nachfolger sind sie einfach wichtig."

Iris sagt „Im Moment habe ich ganz andere Dinge im Kopf. Über eine sorgsame und ausführliche Behandlung meiner Frauenärztin kann ich dir etwas erzählen. Ich habe ihr meinen gegenwärtigen Befund gegeben und von den niedrigen Thrombozyten erzählt. Geduldig hörte sie mir zu. So umsorgt wurde ich noch nie. Da sich ein Eingriff bei mir nicht vermeiden lässt, musste ich die Gynäkologin vorsichtshalber über meine niedrige Blutgerinnung seit der Therapie aufklären. Wer weiß, was sonst alles hätte passieren können.

Traurig und ruhig sitzt die Ärztin vor mir und erzählt von einem Schicksal aus ihrer Familie. Sie berichtet, dass vor Kurzem die Schwiegermutter ihres Sohnes verstorben ist. Nach einer Lebertransplantation. Auch sie hat damals die Spritze bekommen. Sie hatte Zirrhose. Doch auch die neue Leber wurde von den Viren befallen. Zu einer weiteren Transplantation kam es nicht mehr."

„Ist das nicht furchtbar? War sie denn vom Amt anerkannt?

Wusste die Frau von den Viren?"

Iris antwortet „Sicherlich, sonst wüsste doch meine Gynäkologin nichts von der Spritze." „Richtig", erwidere ich. Iris fährt fort „Die Ärztin war so einfühlsam. Sie wollte noch einiges von mir wissen. Es war einmalig und wohltuend, dass ich so gut behandelt und verstanden wurde. Ja, so ist es eben. Erst wenn die eigene Familie betroffen ist, dann entsteht ein Sog der Hilfsbereitschaft und Fürsorge. Die verstorbene Frau war erst 47 Jahre. Was sie in ihrer letzten Zeit gelitten haben muss. Kein Mensch konnte ihr mehr helfen."

Wir sitzen nachdenklich am Tisch und schweigen. Wir sehen uns nicht an. Wir widmen diese Stille der verstorbenen Frau.

„Wie viele Frauen sind wohl in der letzten Zeit gestorben? Wer wird die Nächste sein?“, unterbreche ich flüsternd die Grabesstille.

„Ja, wer weiß?“

Iris erkennt meine Müdigkeit und beschließt, ihren Heimweg anzutreten. Auch sie gähnt, und wir verabschieden uns.

Die alltäglichen Aufgaben und Anforderungen zehren an meiner Kraft. Mein geschundener Körper gibt schon ab den Mittagsstunden keine Energie mehr frei.

Mit aller Deutlichkeit bemerke ich Tag für Tag, wie meine Konzentration und meine Denkleistungen nachlassen. Wie leicht betäubt, bewältige ich schließlich die Stunden bis zum Abend. Dieser Zustand ist allgegenwärtig. Ein erholsames Wochenende ist zu kurz. Zusätzliche Aktivitäten meide ich, und meinem Mann gehe ich großzügig aus dem Weg. Immer mehr und größere Wattefetzen umhüllen mich und schieben meine Aufmerksamkeit in einen Glastunnel, bis die Dunkelheit ihren Platz einnimmt und mir Schlaf einräumt.

Mit schmerzenden Gelenken befördere ich meinen Körper in jeden neuen Tag. Der Schwung scheint wie immer im Bett liegen geblieben zu sein, und unter diesen Umständen muss ich mich ohne diese Begleitung in den neuen Zeitraum begeben.

Die Helligkeit des Tages dringt nicht vollständig in mein Bewusstsein.

Ich weiß, dass es Tag ist, aber meine Empfindungen sagen immer öfter etwas anderes: „Ab, wieder ins Bett.“

„Von dort bin ich doch gerade erst hergekommen“, schnaufe ich.

„Ich muss zur Arbeit.“

„Ja, dann musst du eben zur Arbeit. Du wirst schon sehen, was du davon hast.“

„Wie schön wäre es, wenn ich einen Netzstecker in die Steckdose schieben könnte, einige Stunden nur dasitzen würde und dabei bemerke, wie sich mein Akku allmählich mit Energie füllt."

Langsamen Schrittes begebe ich mich ins Bad und erfrische mich unter der Dusche.

„Oh nein, zu kalt." Ich fröstele und drehe die Mischbatterie auf wärmer. „Verdammt, zu heiß. Ich koche." Sofort schiebe ich den Hebel wieder zurück. „Zu kalt! Was ist denn das bloß mit mir?! Schaffe ich es nicht einmal mehr, die Temperatur des Duschwassers einzustellen?" Wie noch im Traum, regele ich an der Mischbatterie hin und her. „Genug damit. Ich muss hier raus." Vorsichtig steige ich aus der Duschkabine und starre auf meine Kleidungsstücke. Lange überlege ich, was ich wohl zuerst anziehen muss. Mit Mühe gelingt mir die richtige Reihenfolge.

Nach dieser Aktion folgt die nächste. Wie nicht vollständig bei Sinnen lege ich mir mein Frühstück bereit. Beim Entnehmen der Nahrungsmittel aus dem Kühlschrank kann ich nicht einschätzen, wie viel und was ich kurz darauf essen werde.

Vor mir liegen Wurst und Käse. Ich stelle wie in Zeitlupe die Marmelade und den Honig bereit. Brot und Butter warten nun ebenfalls darauf, verzehrt zu werden.

Es passiert nichts. Ich sitze vor dem vollgestellten Tisch und starre auf Dinge, auf die ich nicht wirklich Appetit habe. Ich knappere an einer trockenen Brotrinde und trinke einen Tee. Danach stelle ich verzögert alles an seinen Ort zurück.

„Der Tag kann beginnen. Den gestrigen habe ich auch geschafft."

Von einer Stunde auf die andere werde ich von Atemnot gequält. Mein Körper reagiert mit Gelähmtheit. Unter großer Angst bewege ich mich in Richtung Bett und lege mich hinein. Meine Empfindungen sprechen zu mir „Was habe ich dir gesagt? Du wirst schon sehen, was du davon hast. Du wolltest ja nicht hören, und nun liegst du doch wieder im Bett."

„Ich muss dringend zur Arbeit." Ich hechle nach Luft. „Nein, ich kann nicht mehr. Ich muss zu meinem Arzt. Ich werde die Arbeit nicht bewältigen können." Mein Bett hält mich wie gefesselt zurück. Wie ein Wurm liege ich zusammengerollt auf der

Koje, und ich bemerke dabei nicht, wie die Stunden vergehen. „Ich muss meinen Schülern absagen. Für die nächsten Tage Unterrichtsvertretungen organisieren."

Es gelingt mir mit äußerster Kraftanstrengung vom Bett aus, alles Nötige einzuleiten. „Geschafft! Nun kann mich mein Bett weiter beherbergen. Guten Tag." Willenlos überlasse ich mich meinem Zustand, der einhergeht mit chronischer Müdigkeit und Abgeschlagenheit.

Wie in Trance schildere ich am folgenden Tag meine Beschwerden vor meiner Ärztin. Da ich erschwert unter starker Vergesslichkeit und Angst leide, schreibe ich meine Symptome auf ein Blatt Papier, um sie im Sprechzimmer auf den Punkt zu bringen. Sofort erkennt meine Ärztin meine Not. Sie füllt einen Überweisungsschein zu einem Neurologen aus.

Zusammengezogen und nicht klar im Denken, sehe ich mich schon im Krankenhaus, Abteilung Psychiatrie, liegen.

Mit einem Beruhigungsmittel im Hintern verlasse ich schleichend die Praxis und warte die nächsten Tage ab. Schließlich löse ich den Überweisungsschein bei einer Neurologin ein und erhalte als Diagnose: Fatigue-Syndrom (Erschöpfungssyndrom) und Angststörung.

Während meiner Monate andauernden Krankschreibung habe ich nun Zeit, mich neu zu ordnen und mich zu erholen.

Es erreicht mich während der Zeit die Ablehnung vom Kommunalen Sozialverband Sachsen aus Chemnitz über den Anspruch von Versorgungskrankengeld.

Fachbereich 5 Soziales Entschädigungs- und Fürsorgerecht
Zitat: „Sehr geehrte Frau …,

auf Ihren Antrag (Arbeitsunfähigkeitsbescheinigung) vom
25.03.2009, eingegangen am 31.03.2009 bei der …,
ergeht folgender
B E S C H E I D
Im Rahmen der Heil- und Krankenbehandlung nach
Anti-D-Hilfegesetz (AntiGHG) i.V.m. dem

Bundesversorgung (BVG)
Entscheidung
Ein Anspruch aufVersorgungskrankengeld besteht nicht.
Begründung

Gemäß § 2 AntiDHG haben Berechtigte, die in den Jahren 1978/79 durch die Anti-D Immunprophylaxe mit den in § 1 Abs. 1 Anti-DHG genannten Chargen mit dem Hepatitis-C-Virus infiziert worden sind, Anspruch auf Heilbehandlungen in entsprechender Anwendung der §§ 10 bis 24a BVG. Heilbehandlung ist daher grundsätzlich gem. § 10 Abs. 1 BVG für eine Gesundheitsstörung, die als Folge einer Schädigung anerkannt ist, zu gewähren, um die Gesundheitsstörung zu beseitigen oder zu verbessern, eine Zunahme des Leidens zu verhüten, Pflegebedürftigkeit zu vermeiden, zu überwinden, zu mindern oder eine Verschlimmerung zu verhüten, körperliche Beschwerden zu beheben, die Folge der Schädigung zu erleichtern oder um Beschädigte möglichst auf Dauer in Beruf, Arbeit und Gesellschaft einzugliedern.
Im Bescheid vom 07.12.1995 wurde festgestellt, dass Sie mit dem Hepatitis-C-Virus infiziert sind. Mit Änderungsbescheid vom 30.05.2006 wurde jedoch die Minderung der Erwerbsfähigkeit (jetzt Grad der Schädigungsfolge) für die vorliegende Gesundheitsstörung nach dem Anti-DHG mit 0 v.H. bewertet. Ein Anspruch auf Heil- und Krankenbehandlung besteht seitdem nicht mehr.

Gesundheitsstörung ist nach dem Bundessozialgericht vom 16.03.1978 ein „behandlungswürdiger Zustand“. Ein derartiger Zustand muss im Zeitpunkt der Bescheiderteilung und auch bei der Beantragung der Leistung der Heil- und Krankenbehandlung vorliegen. Ein solcher Zustand war als Folge der Infektion bei Ihnen nicht mehr festzustellen. Selbst eine mögliche zukünftige Krankheitsentwicklung muss außer Betracht bleiben.

Die bestehende Arbeitsunfähigkeit kann daher nicht im Zusammenhang mit der Virusinfektion stehen.
Versorgungskrankengeld kann somit nicht gewährt werden.

Rechtsbehelfsbelehrung
...

Freundliche Grüße
...
Sachbearbeiterin" Zitatende

Dieser Bescheid des Kommunalen Sozialverbandes motiviert mich, im Bett liegen zu bleiben. Völlig deprimiert und niedergeschlagen, rattern meine eingerosteten Gehirnmotoren.

„Was soll ich denn mit diesem Bescheid anfangen? Ich bin völlig erschöpft und muss wieder eine Frist von einem Monat einhalten, um Widerspruch gegen diesen Bescheid einzulegen, um Versorgungskrankengeld zu erhalten.

So viel geschrieben, und dann einfach abgelehnt."

Ich schließe die Augen. Schwere feste Seile ziehen sich um meinen Körper zusammen. Gefangen blicke ich aus meinen Augenschlitzen wieder in die Helligkeit. Nervös strecke ich meine Glieder, als wolle ich die Umfesslung sprengen. Sie sind steif und schmerzen.

„Paragrafen und Absätze begründen meine Zuordnung in eine Schublade, die nicht in das Anti-DHG passt. Wie einfach. Ich bin geheilt und basta. Was will ich denn in diesem Bett? Statt raus in die Natur zu springen und mich an der Schönheit zu erfreuen, liege ich hier auf meiner Matratze und sinniere in den Tag. Warum komme ich denn nicht auf die Beine? Hier in diesem Bescheid steht, dass ich 0 Funktionsbeeinträchtigung habe, also los, raus aus dem Bett."

Schon wieder sprechen meine Empfindungen mit mir.

„Du wirst schon sehen, was du davon hast. Dein Akku ist noch immer leer. Du brauchst Ruhe."

Ich falle in die Waagerechte zurück und liege leblos neben dem Bescheid.

„Nun befinde ich mich im Streit gegen den Bescheid von 2006, wo meine Schädigungsfolge nach der Interferontherapie mit 0 v.H. bewertet wurde, und nun folgt schon der nächste Streit. Ich will mich nicht streiten. Ich wäre froh und überaus erfreut, wenn ich das Leben in vollen Zügen genießen könnte. Was sind das nur für soziale Behörden, die die Folgeerkrankungen einer Hepatitis-C-Virusinfektion immer noch nicht kennen, aber beurteilen.

Rums, da saust sie wieder, die lange Nadel. Halb ohnmächtig liege ich abermals unter den Operationslampen in einem sterilen Raum und ertrage das Durchbohren meines Leibes. Doch wählte ich für diesen Eingriff ein Krankenhaus im Ruhrgebiet, etwa sechshundert Kilometer von meinem Heimatort entfernt, in der Hoffnung, dass der Herr Professor dieses Klinikums, der sich durch mehrere Publikationen über Hepatitis C auszeichnet, meine gesundheitliche Lage richtig einschätzt und die Diagnose gegen das Gericht auf den nötigen Punkt bringt.

Die nunmehr vorletzte Leberpunktion liegt einige Jahre zurück, und der entzündliche Befund wird nicht mehr anerkannt. Eine andere Wahl habe ich nicht.

Ich muss erneut beweisen, dass sich der Zustand der Leber nach Virusreduzierung nicht verbessert hat. Für eine Beurteilung kommt in Deutschland nur der Befund der Leber in Betracht.

Mein Körper zuckt zusammen, und an der Zange hängt der Beweis.

Zitat:
Diagnosen:
Zustand nach chronischer Hepatitis C als Folge einer Anti-D-Prophylaxe 1978 (HCV-RNA nach antiviraler Therapie mit pegyliertem Interferon und Ribavirin, seit 2003 negativ)
Jetzt: In der Leberpunktion weiter … Entzündung, Fatigue-Syndrom als Folge der Hepatitis-C-Infektion

Vorgeschichte und Epikrise:
… Wie bereits unter den Diagnosen aufgeführt, war die HCV-RNA … negativ gewesen, und die Transaminasen waren normal. Die Patientin litt aber weiter unter ausgeprägter Leistungsschwäche, Müdigkeit, Konzentrationsschwäche, Depression, Ängsten, Störungen der Gedächtnisleistung sowie Gelenk- und Muskelschmerzen. Es wurde jetzt noch einmal eine Abklärung mittels Leberpunktion gewünscht. Zuletzt war die MDE mit 0% angegeben worden, da angeblich keine Folgen der Hepatitis mehr festzustellen seien.

Untersuchungsbefund:
…
Sonografie:
…
Histologie der Leberpunktion:
…
Beurteilung:
Die jetzt noch einmal durchgeführte Leberpunktion zeigte in der Tat ein Fortbestehen der vormals beschriebenen entzündlichen Veränderungen … Damit bestehen sehr wohl noch Folgen der 1978 erworbenen Hepatitis-C-Infektion. Sicher sind auch die anderen Beschwerden der Patientin auf die durchgemachte Hepatitis C zurückzuführen. Es ist ja hinlänglich in mehreren Publikationen nachgewiesen, dass solche extrahepatischen Veränderungen viele Jahre auch nach Eliminierung der HCV-RNA fortbestehen können. Dies ist grade ja auch bei Frauen nach Anti-D-Prophylaxe beschrieben. Hierzu liegt eine ausgezeichnete Publikation aus dem irischen Schrifttum vor. Dies gilt sicher in ähnlicher Weise auch für unsere deutsche Patientin …

Mit freundlichen Grüßen

Prof. Dr. med. C.-U. Nieder …
Chefarzt“ Zitatende

Dieser Beurteilung lagen zusätzlich Befunde aus der Neurologie, Klinikum Hannover, von Frau Professor K. Weissen … vor.

Zitat:
„… Diagnosen:
Fatigue-Syndrom bei möglicher Hepatitis-C-assoziierter Enzephalopathie
Angststörung
…
Anamnese und Beurteilung:
… 2008 nahm Frau … an einer Studie zur Mikroglia-Aktivierung bei Pat. nach Hepatitis-C-Infektion unserer Klinik teil.
…
und eine ausführliche neuropsychometrische Testung. Hier zeigten sich eine pathologisch ausgeprägte Müdigkeit im Fatigue Impact Scale (FIS 92 Punkte), erhöhte Werte für Depression und Angst in den eingesetzten Tests (HADS-A 12, HADS-B 13 und BDI 13 Punkte) sowie ein Testergebnis für den d2-Test und verschiedene Tests der TAP-Testbatterie für Aufmerksamkeit unter anderem unterhalb der 10. Perzentile. Die Müdigkeit hat mittlerweile subjektiv und gemessen mit dem FIS zugenommen (aktuelles Testergebnis 135). Im BDI hatte Frau … nur 23 Punkte.
…

Mit freundlichen Grüßen

Prof. Dr. med. K. Weissen… A. Goldb…
Oberärztin Ass.-Ärztin“ Zitatende

Diese Befunde zeigen eine fortbestehende entzündliche Aktivität der Leber und Folgeerkrankungen dieser HCV-Infektion.

Was für ein Wunder.

1995 wurde meine Erwerbsminderung auf 30 v.H. eingestuft. Auf dem Bescheid standen die Worte „chronische Hepatitis C nach Rh-Immunprophylaxe."

Zweiunddreißig Jahre nach Infizierung und Fortbestehen der Infektion erhalte ich meine Anerkennung nicht zurück. Die Studie „Gut“ aus Irland bleibt außen vor.

Was für eine Welt.

Ich bedanke mich bei vielen Frauen für die Einwilligung, aus ihrem Leben berichtet haben zu dürfen.

Mein Dank geht an Betroffene, die in Vorarbeit geheime Dokumente aus dem Bundesarchiv aufspürten und mir zusandten.

Ein besonderer Dank geht an eine betroffene, schwer erkrankte Dame mit Namen Dagmar. Ohne ihre Hilfe und Unterstützung wäre das Buch nie fertiggestellt worden.

Mein Dank gebührt meiner Familie, meinem Mann Rainer, den Nachbarn und Freunden, die mich immer wieder auffangen, und natürlich dem novumverlag, der sich entschlossen hat, uns HCV-infizierten Frauen zu helfen, indem er die Augen nicht verschließt.

Die Autorin

Britt Brandenburger wurde 1957 in Bautzen, einer Kreisstadt in der ehemaligen DDR, geboren. Seit 1978 ist sie als Musikpädagogin tätig. Die Schreiblust entdeckte sie nach dem Auszug ihrer Töchter und dem Einzug der Computertechnik. Fakten über DDR-Unrecht können endlich ihre Akten und Schubfächer verlassen. Die Öffentlichkeit hat ein Recht darauf, Wahrheiten zu erfahren.